交通运输部科技示范工程丛书

贵州毕节至都格高速公路科技示范工程建设实践

贵州省交通运输厅　组织编写

人民交通出版社股份有限公司
China Communications Press Co.,Ltd.

内 容 提 要

本书以交通运输部科技示范工程——杭瑞高速公路贵州毕节至都格(黔滇界)段(全书简称“毕都高速公路”)建设成果为依托,全面系统地介绍了贵州毕都高速公路“安全保障、低碳环保”科技示范工程的组织、管理经验和推广应用技术实践及示范效果,为同类科技示范工程的实施提供了借鉴和参考,也为更好地发挥科技创新对交通运输科学发展的支撑和引领作用提供了技术支持。

本书可供公路设计、施工、管理人员使用,也可供高等院校相关专业师生参考。

图书在版编目(CIP)数据

贵州毕节至都格高速公路科技示范工程建设实践 / 贵州省交通运输厅组织编写. — 北京 : 人民交通出版社股份有限公司, 2017.10

ISBN 978-7-114-13973-4

Ⅰ.①贵… Ⅱ.①贵… Ⅲ.①高速公路—道路建设—工程技术—贵州 Ⅳ.①U415.12

中国版本图书馆 CIP 数据核字(2017)第 155203 号

书　　名: 贵州毕节至都格高速公路科技示范工程建设实践
著 作 者: 贵州省交通运输厅
责任编辑: 尤　伟
出版发行: 人民交通出版社股份有限公司
地　　址: (100011)北京市朝阳区安定门外外馆斜街 3 号
网　　址: http://www.ccpress.com.cn
销售电话: (010)59757973
总 经 销: 人民交通出版社股份有限公司发行部
经　　销: 各地新华书店
印　　刷: 北京盛通印刷股份有限公司
开　　本: 787×1092　1/16
印　　张: 19
字　　数: 448 千
版　　次: 2017 年 10 月　第 1 版
印　　次: 2017 年 10 月　第 1 次印刷
书　　号: ISBN 978-7-114-13973-4
定　　价: 120.00 元

《贵州毕节至都格高速公路科技示范工程建设实践》

编 委 会

贵州省地处中国西南腹地,素有“八山一水一分田”之说,是全国唯一没有平原支撑的省份。近年来,贵州交通不甘落后,以大手笔推进了系列会战决战、攻坚行动,连续四年交通投资超千亿,2015 年实现了“县县通高速路”,2017 年实现“村村通硬化路”,2019 年将实现“组组通硬化路”,走出了“小省办大交通”的新路。

小省办大交通,离不开科技的进步与发展。贵州省交通运输厅以交通运输部科技示范工程——“贵州乌蒙山区毕都高速公路安全保障科技示范工程”为典型,一面开展科研项目攻关,重点突破关键、共性技术难题,一面推广应用交通科技成果,提高山区高速公路建设质量和科技水平。坚持以“安全保障、低碳环保”为示范理念,针对贵州西部山区复杂的地质地形条件,全面展开技术研究,成功应用公路交通安全设计技术、煤系地层隧道建设关键技术、公路地质灾害监测预报技术等公路建设新技术,通过实施关键技术与科技成果再创新、再应用,将理念创新、技术创新与集成创新综合展现在工程中,填补了多项技术在山区高速公路建设中的空白,展现了交通行业与社会公众及自然环境的和谐关系,实现了交通行业内在综合效益与社会环境效益的融合与双赢,创建了“更安全、更通畅、更快捷、更经济、更可靠、更和谐”的山区交通运输环境。

蜀道难,黔道更比蜀道难。毕都高速公路示范工程中科技创新技术的全方位多层次应用,提高了科技成果对交通行业发展的贡献率,总结形成的山区高速公路修筑技术,为复杂山区环境高速公路项目建设积累了丰富经验,将在交通工程建设、创新发展方面引领前行。

2017 年 9 月

杭瑞高速公路贵州省毕节至都格段是国家高速公路网(7918网)杭瑞高速公路(第12横)的重要组成部分,属于国家重点工程建设项目,在贵州省乃至国家路网中具有联接东西、支持西部大发展的重要地位和作用。该工程地处崇山峻岭的贵州西部乌蒙山区,沿线气候条件恶劣,地形地貌复杂,地质灾害频发,路线海拔高,长大纵坡安全隐患大,多座隧道穿越煤系地层,三座特大桥建设工程技术复杂。此外,沿线为少数民族聚居区,人文环境和自然资源独特,生态脆弱,施工中生态环保压力大,这些均为毕都高速公路建设项目迫切需要解决的技术问题。

为解决贵州毕都高速公路建设中存在的技术难题,以及推进科技成果转化和推广应用的需要,2012年交通运输部将贵州毕都高速公路列为科技示范工程。该工程结合依托工程建设的实际需要,着重开展交通安全保障类和低碳环保类技术的推广示范,以创建安全、绿色科技示范工程为总体目标,突出应用已有的交通行业先进成果,有针对性地解决了一批复杂地质、地形、气候环境下山区高速公路建设和运营管理技术难题,提高了工程科技含量,形成了交通行业科技新成果的典型示范,培养了一批高素质的科技人才,推动了行业科技进步,使毕都高速公路成为贵州省乃至全国的样板示范路。

为充分发挥科技示范工程在加快交通运输行业科技成果转化,推动新技术、新材料、新工艺在交通建设中的应用,促进工程建设理念、质量和技术水平的提升,通过总结和凝练毕都高速公路科技示范工程的组织、管理经验和推广应用技术实践及示范效果,编写出版本书。

本书共分为3篇,共计16章。第1篇为毕都高速公路工程概况、技术需求分析以及科技示范工程实施的必要性、实施内容及组织管理经验。第2篇为安全保障类技术应用及示范,分为11章,主要围绕山区高速公路建设和运营安全,介绍了11项技术实践,包括高速公路交通安全设计技术、新型交通安全设施应用技术、雾区行车安全智能诱导技术、煤系地层隧道建设关键技术、地质灾害监测预报技术、隧道及长大纵坡路面抗滑技术、不良气候条件下沥青路面抗凝冰技术、隐伏岩溶综合物探技术、长大纵坡桥面铺装防水黏结层技术、锚索(锚杆)施工质量无损检测技术、公路隧道群运营安全保障技术。第3篇为低碳环保类技术应用及示范,分为

3 章，主要围绕绿色交通建设，介绍了山区高速公路生态修复与景观营造技术、隧道照明及供配电系统节能技术、机制砂高性能混凝土综合应用技术。

本书由交通运输部公路科学研究院、贵州高速公路集团有限公司、贵州省交通规划勘察设计研究院股份有限公司、招商局重庆交通科研设计院有限公司等单位相关技术人员共同编著。本书在编著过程中得到了西南交通大学、中交公路规划设计院有限公司、首钢水城钢铁(集团)有限责任公司、同济大学、中交第二公路勘察设计研究院有限公司等单位的大力支持，在此表示感谢！

限于时间和编者水平，书中遗漏、不足之处在所难免，敬请广大读者批评、指正。

作　者

2017 年 9 月

第1篇　绪　　论

第2篇　安全保障类技术应用及示范

第3篇　低碳环保类技术应用及示范

第1篇

绪　论

第1章 工程概述

1.1 工程项目概况

1）工程类型

杭瑞高速公路贵州省毕节至都格（黔滇界）段（全书简称“毕都高速公路”）起点为毕节市龙滩边，接在建的遵义至毕节高速公路，止于六盘水市都格乡，接云南省在建的普立至宣威高速公路，是国家高速公路网（7918 网）杭瑞高速公路（第 12 横）的重要组成部分。其中起点毕节至龙场段为杭瑞、厦蓉（第 16 横）高速公路的共线段，属于国家重点工程建设项目。根据交通运输部公交路发〔2011〕293 号文批复，核定概算总金额为 141.37289 亿元，建设工期 4 年。

2）地理位置

该项目位于贵州省西部毕节市和六盘水市，地处川、滇、黔三省结合部的中心，是连接我国较发达的东南沿海地区和西南内陆腹地的重要横向干线，如图 1-1 所示。路线起点（K79 + 000）位于毕节市城东南的龙滩边，北接拟建的厦蓉高速公路毕节至生机段，东接杭瑞高速公路遵义至毕节段，西接贵州省规划的毕节至威宁高速公路，路线自北向南，依次经朱昌、东关、化作至龙场，继续南行经勺坐大山西北，穿巴雍，在以角进入六盘水境内，由董地跨抵母河，从六盘水市城东侧穿过，经俄脚至终点都格，与云南规划路网相接。路线主要控制点为龙滩边、朱昌、总溪河、化作、龙场、勺坐大山、抵母河、老鹰山、俄脚、都格等。

3）建设规模

毕都高速公路路线全长 140.177km。全线设互通式立交 10 座；桥梁 115 座，其中特大桥梁 3 座；涵洞、通道 241 道；隧道 26 座，其中特长隧道 3 座；服务区 2 处；停车区 3 处。全线桥梁共长 25km，隧道（双洞）共长 38.5km，桥隧比例为 45.32%。

全线采用双向四车道高速公路技术标准建设，设计行车速度为 80km/h，整体式路基宽度 24.50m，分离式路基宽度 12.25m，设计荷载为公路—Ⅰ级，路面面层材料采用沥青混凝土，其余技术指标按《公路工程技术标准》（JTG B01—2003）执行。

4）重点和难点工程

（1）总溪河特大桥

总溪河特大桥桥址区跨越总溪河深切峡谷，路线经过桥址区的地面高程为 1200 ~ 1464m。总体上两岸微地貌由山顶陡崖和沟谷陡崖夹陡斜坡构成。沟谷陡崖沿河谷分布相对较为连续，其间有卸荷裂隙及受层间控制的小型溶洞发育。山顶陡崖多呈冠状，立于陡斜坡之上，其受垂直于河谷的"V"形沟谷控制呈断续分布，一般沟谷越深，山顶陡崖的间距越大。两岸的卸荷裂隙极发育，崩塌与岩堆在河床中随处可见，局部只见岩堆不见水流，地形较复杂。主桥采用跨径360m的上承式钢管混凝土拱桥，拱轴线采用悬链线。矢高68m，矢跨比$f=1/5.294$，拱轴系数$m=1.6$。

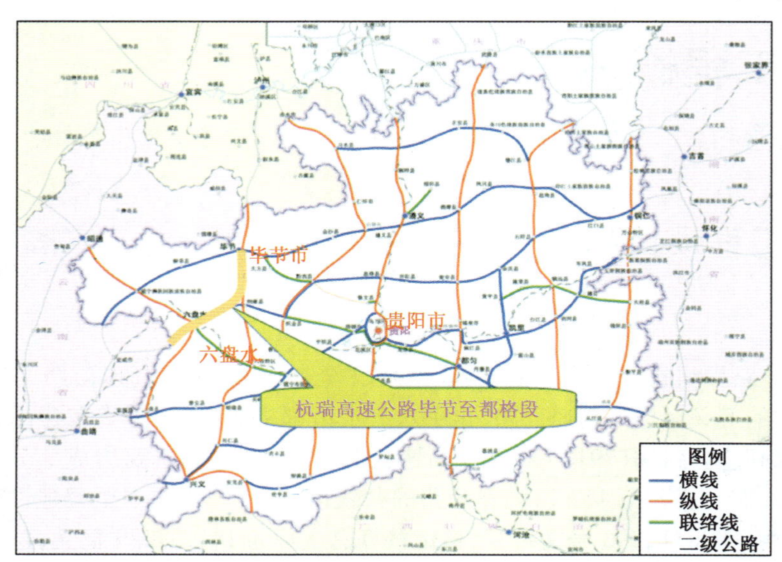

图1-1　毕都高速公路交通地理位置示意图

(2)抵母河特大桥

抵母河特大桥位于水城县董地乡东北约2km处跨越抵母河。桥位距水城至纳雍省道(S307)约2.5km，交通条件较差。桥区属溶蚀—侵蚀中山峡谷地貌，桥位处为不对称"U"形峡谷，两岸为陡崖及陡斜坡，两岸台地为宽缓山地地形，大部分基岩裸露，局部灌木发育。河谷底高程约1410.5m，坡口台地最高1791.2m，相对高差380m，坡口谷宽320m。桥梁上部孔跨布置为:4×45m先简支后结构连续预应力混凝土T梁+538m单跨钢桁梁悬索桥，桥梁全长728m。主塔采用薄壁空心钢筋混凝土门形框架结构，群桩基础;引桥桥墩为空心薄壁墩，群桩基础;锚碇为重力式锚，桩基采用挖孔(或钻孔)灌注桩。

(3)北盘江特大桥

北盘江特大桥位于六盘水市水城县都格镇上寨组与云南宣威市普立乡腊龙村交界的北盘江大峡谷，大桥跨越云贵两省交界处的北盘江，两岸地形陡峭，均需专门修筑施工便道至各塔、墩位和驻地，还应同时对现有的乡村公路进行加宽改造。经现场踏勘，初步估计该桥新修和加宽处理的施工便道总长度至少20.0km。大桥工程位于北盘江流域上游，河流以深切、冲刷作用为主，地表水侵蚀作用强烈。河谷两岸基本成陡壁状，陡壁高度超过200m。陡壁向两侧地形稍缓，其中云南岸坡度在20°~30°之间，贵州岸地形坡度约30°。主桥采用720m钢桁架梁斜拉桥方案，桥跨布置为:(72+72+96+720+96+72+72)m=1200m，贵州岸主桥直接接桥台，云南岸引桥采用3×40m先简支后结构连续预应力T梁，桥梁全长1320m。主塔采用H形索塔,贵州岸索塔塔高252m,云南岸塔高239m,基础采用群桩基础;辅助墩、过渡墩为空心薄壁墩,群桩基础;桥台均采用轻型桥台,贵州岸采用扩大基础,云南岸采用桩基础。

(4)岳家湾特长隧道

岳家湾特长隧道位于毕节市纳雍县化作乡至寨乐乡之间,进口位于化作乡小箐口附近,出口位于寨乐乡木花营村。隧道进口距碎石路约500m,交通较为不便。隧道全长4091m,为分离式隧道。隧道区属溶蚀峰丛及侵蚀中山沟谷地貌区,山体主要由三叠系下统永宁镇组(T1yn1)中厚层~块状灰岩、白云质灰岩,飞仙关组(T1f)泥质粉砂岩夹灰岩,二叠系上统长兴、大隆和龙潭组(P3l+c+d)薄~中厚层砂岩、泥岩夹煤层,峨眉山组(P3β)玄武岩,二叠系中统茅口组(P2m)中厚层~块状灰岩构成。隧道区山峦起伏相连,整体地形较陡,自然坡度角为40°~65°。出口段附近局部几乎呈直立状。隧道洞口围岩级别为Ⅴ级,洞身段围岩级别主要为Ⅲ~Ⅳ级。主要的工程地质问题是隧道进、出口处围岩易坍塌、冒顶,洞身大烂坝断层破碎带及煤层发育,洞身局部地段节理裂隙发育,可能存在瓦斯等有害气体;开挖时易坍塌,可能发生冒顶及突水等地质灾害。

(5)青山特长隧道

青山特长隧道位于六盘水市钟山区与水城县勺米乡交界处,隧道右线长3555m,左线长3440m,最大埋深约350m,设置为分离式。钻探揭露主要岩性为灰岩,褐灰~灰白色,强~中风化,层状构造。该隧道区不良地质现象当属含煤层、地裂缝、岩溶和崩塌。通过钻探发现,在隧道出口段可能含有一定的煤层。

(6)白龙山特长隧道

白龙山特长隧道位于六盘水市水城县玉舍镇,隧道右线长4040m,左线长4015m,最大埋深约350m,洞身段设置为分离式,洞口段设置为小净距。岩性主要为灰岩和玄武岩。灰岩呈褐灰色,强~中风化,隐晶~细晶结构,层状构造,泥钙质胶结;玄武岩呈褐黑~暗紫色,揭露强~中风化,微晶结构,杏仁状构造。该隧道区不良地质现象当属岩溶和崩塌。由于隧道埋深大,岩质硬,长度长,岩爆危险极大。

1.2 工程技术需求

该工程地处崇山峻岭的贵州西部乌蒙山区,沿线气候条件恶劣,地形地貌复杂,地质灾害频发,路线海拔高,长大纵坡安全隐患大,多座隧道穿越煤系地层,三座特大桥建设工程技术复杂。此外,沿线为少数民族聚居区,人文环境和自然资源独特,生态脆弱,施工中生态环保压力大,均成为该项目工程建设与运营管理的技术难题。该工程具有如下特点和技术需求:

(1)山区极端气候恶劣,安全保障难度大。

该路线区域属亚热带云贵高原湿润季风气候区,无霜期长,严寒酷暑时间较短,但常出现凝冻、冰雹、低温等自然灾害,平均风速0.8~2.5m/s,风力大时可达8级以上。纳雍县至白龙山多数路段,海拔均在1700m以上,常有雨、雾、凝冻天气,尤其是每年冬季凝冰现象,极易造成行车安全隐患,这不仅增加了工程建设的技术难度,也给今后运营管理带来巨大的挑战。

(2)特大桥梁建设技术难度高,长大纵坡安全隐患大。

全线桥隧比45.32%,特大桥梁有总溪河特大桥、抵母河特大桥、北盘江特大桥,其中北盘江特大桥为钢桁梁斜拉桥,主跨720m,为世界同类桥梁之最。路线连续长大纵坡路段有:梅花箐至总溪河段,平均纵坡2.8%,长约6.89km;法窝枢纽互通至北盘江段,平均纵坡2.83%,长约11km。毕都高速公路所面临的桥隧比例高、长大纵坡运营安全隐患大不仅对建设管理者是巨大的挑战,对于公路出行驾乘人员也带来了生命财产损失的危险,同时将严重影响该条连接东西贯通南北的贵州西部交通要冲的效益发挥,进而影响全国高速公路主干网的通行能力。

(3)地形、地质条件复杂,天然沙匮乏。

该工程项目区域地形总体上为南高北低,地形起伏为1000~2235m,路线海拔1500~1900m,受地质活动、岩性、气候等多因素综合影响,形成了岩溶、溶蚀—侵蚀和侵蚀—构造等三大地貌类型。沿线主要不良地质包括滑坡、岩堆、危岩体、岩溶、暗河、裂隙、崩塌等。复杂地形与地质条件决定了毕都高速公路建设需突破的技术难点多,工程建设和质量控制难度大,特别是岩溶空洞的处理、岩溶隧道突水突泥灾害防控等技术问题亟待解决。

(4)路线穿越煤系地层,施工风险高。

根据地勘资料,梅花箐隧道、岳家湾特长隧道、青山隧道、谢立大山隧道、水箐沟隧道、鱼塘梁子隧道等均穿越煤系地层,瓦斯安全监控、预警和封压排除等技术措施成为需突破解决的难题。毕都高速公路隧道全长38.5km(26座);其中,岳家湾特长隧道(4091m)处于大烂坝断层破碎带及煤层发育带,洞身局部地段节理裂隙发育,存在瓦斯等有害气体,属于高风险隧道;青山特长隧道(3555m)通过钻探,在出口段发现煤层,伴生有瓦斯逸出现象,初步判定为高瓦斯隧道。其余多座隧道,如梅花箐隧道、谢立大山隧道、水箐沟隧道、鱼塘梁子隧道等,均穿越煤系地层或在采煤区与煤田附近延伸,煤层与煤线发育,瓦斯灾害防治任务突出,安全形势严峻。

第2章 科技示范工程组织及管理

2.1 科技示范工程实施的必要性

2012年6月，经交通运输部批准，贵州乌蒙山区毕都高速公路安全保障科技示范工程被列为“十二五”交通运输部科技示范工程。该工程的实施既是工程建设所需又是国家科技发展所需，具体体现在以下三个方面：

1）毕都高速公路建设与运营管理的实际需要

毕都高速公路有着突出的特点和难点，其中地形起伏大，高程为1000～2235m，工程选线在1800m左右，再加之特殊的地理、水文和气候，项目建设困难重重，开展毕都高速公路科技示范工程是解决工程建设及运营管理问题的最好选择。

应用自身的科技攻关以及交通运输部科技成果及贵州省多年积累的交通科技成果，集中展示科技成果对交通行业提升的推动与示范作用，通过科技示范工程的形式直观准确地展现交通行业创新思想与实现方式，推动行业的技术进步与产业升级。因此，开展科技成果的集成示范应用是十分必要的。

2）落实国家中长期科学和技术发展规划纲要的需要

按照国家中长期科学和技术发展规划纲要的精神，交通运输部提出了建设创新型交通行业的总体要求，并相继印发了《公路水路交通中长期科技发展规划纲要（2006—2020）》《公路水路交通“十二五”科技发展规划》和《“十二五”西部交通科技发展规划》，其中科技成果的应用与推广被放在突出地位，是下阶段的工作重点。实施科技示范工程是落实国家中长期科学和技术发展规划纲要的有效途径和重要形式。

3）交通建设和科技事业发展的需要

“十五”“十一五”期间，交通科技取得了累累硕果。据不完全统计，仅针对西部地区特殊的经济、社会和自然条件，依托西部交通建设的重点工程，围绕西部交通建设长期存在并急需解决的技术问题共安排科技项目数百项，研究范围涵盖了道路桥隧、港口航道、运输组织、环保安全、生态环境、新材料应用等主要技术领域。截至目前，已有约200个项目通过验收，绝大部分达到了国际先进水平，形成了近十项成套技术与数十项重大关键技术。因此，开展科技示范工程可以有效地避免科研工作在低水平层面上重复，使得科研工作与工程实际更加紧密配合，既是交通建设科技事业前进的有效动力，又是行业技术进一步提升的重要途径和手段。

2.2 科技示范工程的总体目标

通过以创建科技示范工程为基本目标，重点攻克一批复杂地质、地形、气候环境下山区高速公路建设和运营管理技术难题，成功示范一批交通行业科技新成果，培养一批高素质的科技人才队伍，打造出一条安全高效、创新优质的科技示范路。

2.3 科技示范内容

毕都高速公路科技示范工程由贵州省交通运输厅负责，组织贵州高速公路开发总公司、交通运输部公路科学研究院、招商局重庆交通科研设计院有限公司、贵州省交通规划勘察设计研究院股份有限公司等单位实施。

毕都高速公路科技示范工程项目立项之初就对毕都高速公路沿线地形、地貌、地质环境、人文特点进行了详细而深入的调研，进行了有针对性的需求分析，以示范工程建设的实际需求为引导，统筹安排示范应用了2大类、14项先进的科技成果，形成了多个具有示范意义的工程实体，取得了大量科技成果推广应用的经验，这些技术为打造“安全保障、低碳环保”型高速公路工程提供了全方位的技术保障。

2.3.1 安全保障类技术

高速公路安全保障类技术主要针对毕都高速公路建设和运营过程中面临的安全保障问题，进行公路交通安全设计技术、高原山区高速公路新型交通安全设施应用技术、雾区行车安全智能诱导技术、煤系地层隧道建设技术、路基高边坡地质灾害监测预报技术、隧道及长大纵坡路面抗滑技术、不良气候条件下沥青路面抗凝冰技术、隐伏岩溶综合物探技术、长大纵坡桥面铺装防水黏结层技术、锚索（锚杆）施工质量无损检测与控制技术、公路隧道群运营安全保障技术等11项技术示范应用。技术来源以西部交通建设科技项目和贵州省交通运输厅科技项目为主。安全保障类技术成果的应用为建设一条安全高效的山区高速公路提供了强有力的技术支撑。

2.3.2 低碳节约类技术

低碳节约技术主要针对毕都高速公路建设对环境的影响，围绕山区高速公路生态修复与景观营造技术、山区公路隧道照明节能技术、机制砂混凝土应用技术等进行示范应用。低碳节能技术的应用，显著提高了公路绿色、环境友好程度，实现了打造安全、绿色交通科技示范路的目标。

2.4 科技示范成果

贵州毕都高速公路“安全保障、低碳环保”型科技示范工程，推广应用各类科技成果14

项，编制技术规程1部、技术指南9部、施工指导意见3项；出版学术著作3部；发表论文74篇；申请专利24项，其中已授权19项；获得软件著作权7项；培训高速公路建设与运营管理技术人员400人次，培养硕士研究生及以上学位人才5人，培养高、中级技术职称人才30人以上。毕都高速公路科技示范工程的实施，充分发挥了科技对工程建设与运营管理的支撑作用，示范作用显著，取得了良好的社会、经济及环境效益。

2.5　科技示范工程组织机构与管理

2.5.1　科技示范工程组织机构

毕都高速公路科技示范工程立项后，由贵州省交通运输厅成立了贵州毕都高速公路科技示范工程领导小组，贵州高速公路开发总公司成立了实施小组，并设立了专职科技管理办公室，成立了专家咨询组，为有效地组织和协调各方面资源和力量，确保毕都高速公路科技示范工程的高效、顺利实施奠定了组织基础。科技示范工程组织机构如图2-1所示。

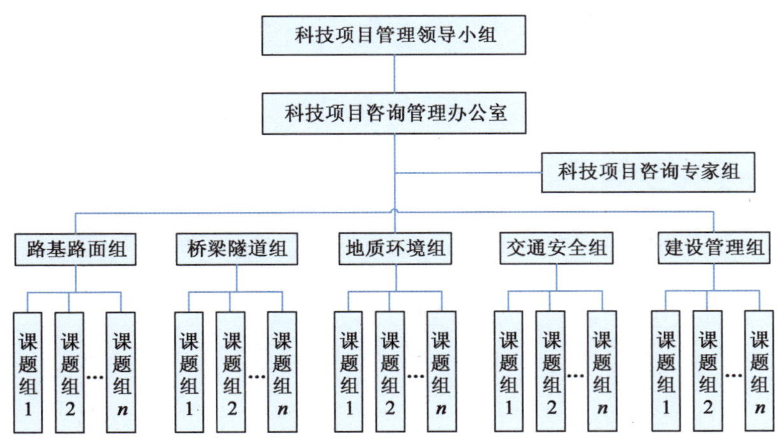

图2-1　科技示范工程组织机构

2.5.2　科技示范工程管理

1）加强示范工程管理制度建设

在管理制度建设方面，制定《毕都高速公路科技示范工程实施办法》，精细化开展科研项目组织实施，包括科研项目的合同管理、质量进度控制、经费支付管理、信息管理以及上下级公共关系管理等具体工作，使科技示范工程管理科学化、规范化。

2）引入全过程专家咨询机制

在科技咨询方面，创造性地引入国内顶尖的多家咨询单位，由交通运输部公路科学研究院牵头，联合招商局重庆交通科研设计院有限公司、贵州省交通规划勘察设计研究院有限公司共同开展科技示范工程咨询与管理服务，在示范技术立项、实施及验收全过程开展专家咨询。

在项目立项阶段，针对科研与工程如何紧密结合的问题，组织行业内专家进行会商分析，从源头抓好科研立项，遵循以解决该项目中存在的实际问题与工程通病，以及新技术、新工艺、新材料的运用为立项原则，申请立项的研究课题，都具有推广应用意义，有一定科技水平，并对工程建设有指导性和适用性，体现了本地区高速公路建设服务的精神。

在示范工程实施阶段，建立了科技成果应用于工程的实施方案，会同有关工程建设管理部门、设计单位直接参与科技示范工程的实施，使科技成果通过设计图纸直接得以体现，确保成果的有效推广示范。此外，调动施工单位积极参与科技示范工程的实施，保障各类示范技术在具体工程中得到顺利实施。

第2篇

安全保障类技术应用及示范

第3章 公路交通安全设计技术

3.1　概述

毕都高速公路工程地处崇山峻岭的贵州西部乌蒙山区，沿线气候条件恶劣，地形地貌复杂，地质灾害频发，路线海拔高，长大纵坡安全隐患大，交通安全方面面临较为严峻的挑战。因此有必要在设计阶段应用最新的研究成果和技术标准，提高设计的交通安全水平，从而降低毕都高速公路建成后发生重特大交通事故的概率，同时，对于促进贵州省交通安全设计水平的提升也有重要的意义。

针对贵州省自然环境特点，在深入分析历史交通事故数据、未来交通运输发展趋势和总结国内外先进的交通安全技术成果的基础上，贵州省交通运输厅联合交通运输部公路科学研究院，编制了《贵州省高速公路安全性设计指南》，在贵州全省范围进行推广，并在毕都高速公路进行示范应用。

毕都高速公路科技示范工程应用的总体目标是结合《贵州省高速公路安全性设计指南》的要求，以交通安全设施设计为重点，对毕都高速公路进行系统的交通安全设计，提高毕都高速公路的交通安全水平，使毕都高速公路成为贵州省乃至全国的交通安全设计样板示范路。

3.2　毕都高速公路面临的安全问题及推广应用的主要技术

3.2.1　毕都高速公路面临的与推广技术相关的安全问题

(1)不同专业(路、桥、隧道)的衔接过渡界面安全设施的关注度和连续性不足。

(2)存在凝冰、大雾、连续纵坡等特殊路段。

(3)新建高速公路的标志设计未放在整个路网的角度来考虑。

(4)隧道和隧道群的安全设施未得到重点关注。

3.2.2　推广应用的主要技术

《贵州省高速公路安全性设计指南》在毕都高速公路的示范应用主要体现在设计环节：一是进行交通安全性总体设计；二是应用新的设计理念，以及选择新的技术指标；三是进行长纵坡交通安全专项设计。示范技术与工程设计成果进行了有效结合，工程预算控制在预期目标以内，示范应用收到了较好的效果。

3.2.3 技术特点

公路交通安全性设计旨在合理地确定高速公路的交通安全设计目标，既要满足基本的交通安全要求，同时也要避免过高、不切实际的设计指标，按照“适合贵州，严于全国”的原则，保证车辆的安全需要，兼顾了一般与特殊情况。该项目既考虑了高速公路路线设计经过运行速度检验应满足一致性要求的特点，又提出全线宜满足运行速度要求的停车视距。同时，根据路网结构合理设置指路标志，还考虑了根据公路特征和气候特征设置必要的视线诱导设施，以及对受大雾和凝冰影响的路段进行针对性的设计等方面内容。

3.3 交通安全性总体设计及示范应用

3.3.1 交通安全性总体设计

1)交通安全性总体设计中的路线设计要点

在设计速度小于100km/h的山区高速公路设计中，平纵横指标不宜过度追求高指标，应注重前后的均衡和缓过渡。受地形条件或其他特殊情况限制时，可采用极限值，但应避免平面和纵断面同时使用极限值。应重视线形组合设计，采用路线透视图或三维视觉仿真进行检验。高速公路超低横坡度应根据设计速度、圆曲线半径、路面类型、自然条件、车辆组成等情况确定，并进行运行速度检验。高速公路运行速度检验流程如图3-1所示。

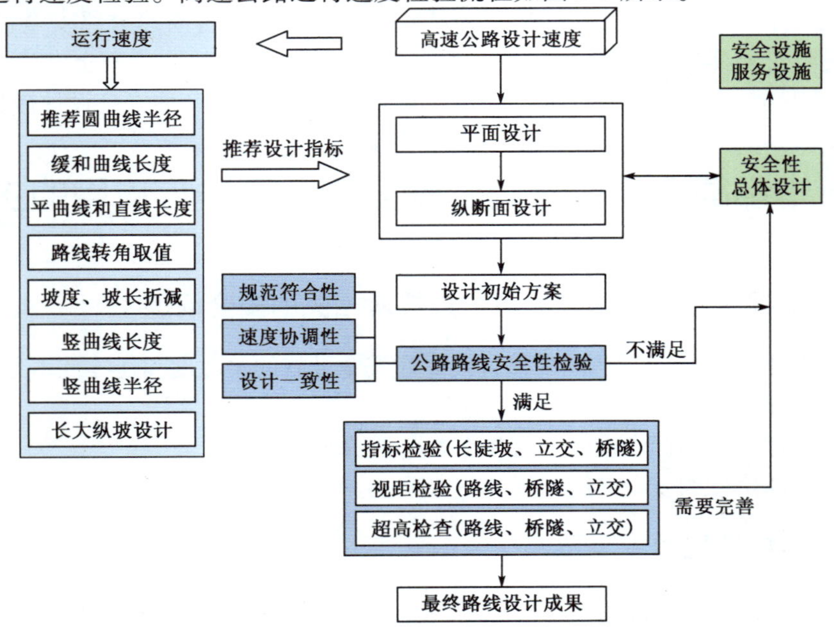

图3-1 高速公路运行速度检验流程

2)交通安全性总体设计中的桥梁设计要点

(1)跨线桥

上跨高速公路的跨线桥,不宜在中央分隔带内落墩。当条件受限确需中央分隔带内落墩时,宜对中墩进行防撞设计,但防撞设施不应侵入公路建筑限界;中墩采用扩大基础时,应综合考虑通信管道和防护设施的设置要求。

跨线桥的墩设置在下公路侧时,不得侵入公路建筑限界,也不能影响停车视距。桥墩宜设置在公路路侧净区以外,不能满足时应设置护栏予以保护,护栏与桥墩之间的净距应满足该类型护栏最大动态变形量要求。

(2)桥梁与路基、隧道过渡

路基宽度与桥梁或隧道宽度不同时应设置过渡段,过渡段渐变率不宜小于1/100,条件受限时渐变率不应小于1/30。过渡段内应设置宽度渐变标线。

桥梁与隧道相连,桥梁与隧道宽度不同时,宜设置过渡段,保持桥梁与隧道的顺畅连接。桥梁上设置过渡段困难时,可通过混凝土护栏设置渐变率不小于1/30的过渡段,使混凝土护栏在隧道口与检修边缘对齐。

当桥梁上使用混凝土护栏,且桥梁与隧道之间的路基段长度小于70m时,应在路基段使用与桥梁护栏形式相同的护栏,并通过渐变过渡与隧道口衔接。

3)交通安全性总体设计中的互通式立体交叉设计要点

高速公路互通式立体交叉的位置,应考虑周边路网、交通安全、地形地貌、其他服务设施等因素综合确定。高速公路互通式立体交叉范围内,相邻的两段间,一个方向行车道上的基本车道数变化不得大于1。当高速公路互通式立体交叉主线上相邻出入口之间距离较近时,宜在与主线物理分隔的集散道或匝道上进行出、入口归并。互通式立体交叉出口建议限速标志如图3-2所示。

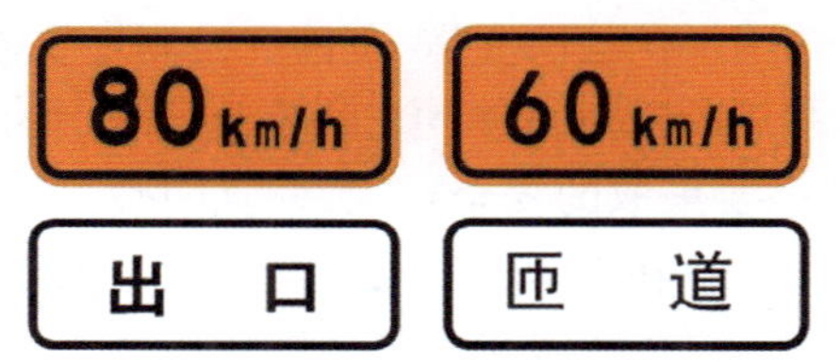

图3-2 互通式立体交叉出口建议限速标志

4)交通安全性总体设计中的服务设施设计要点

高速公路服务设施的选址应充分考虑高速公路网内服务设施的总体布局,同时结合应急救援与交通安全需求综合确定。当存在下列情况时,宜结合交通安全总体设计增设或者优化服务设施:

(1)存在连续长下坡路段时,宜充分利用路侧条件,在坡顶和坡中合适位置设置"制动自检站"。"制动自检站"内宜设置加水设施。

(2)存在大雾、凝冰等受恶劣天气影响的路段,宜在合适路段设置"小型休息区"。

5)交通安全性总体设计中的视线诱导设施设计要点

高速公路全线应设置完善的路侧和中央分隔带诱导系统,包括路侧和中央分隔带连续设置的轮廓标、平曲线路段线形诱导标以及匝道出入口的线形诱导标。

(1)平曲线半径不满足停车视距要求时,应设置线形诱导标。

(2)互通式立体交叉鼻端宜设置线形诱导标;小半径匝道曲线外侧应设置线形诱导标。

(3)长直线与曲线衔接,以及S曲线路段,宜设置线形诱导标。

(4)互通式立体交叉鼻端及不设置照明的曲线隧道等需要加强夜间视线诱导的路段,可设置主动发光视线诱导设施,该设施同时具备被动反光能力。诱导标设置示例如图3-3所示。

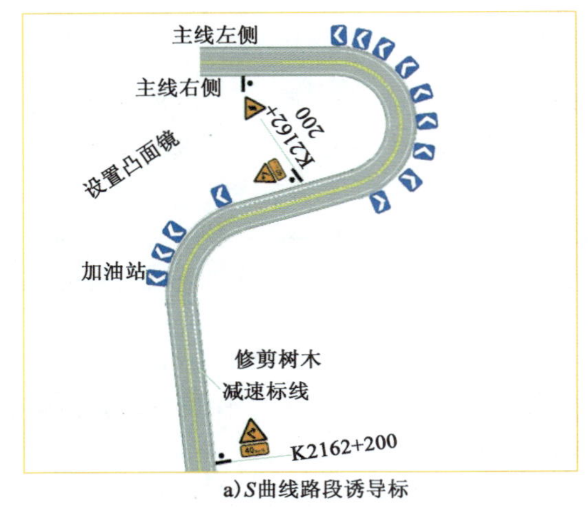

a)S曲线路段诱导标

b)隧道诱导标

图 3-3　诱导标设置示例

3.3.2　交通安全总体设计技术示范应用效果

以《贵州省高速公路安全性设计指南》为指导，以毕都高速公路主体设计单位编制的施工图设计文件，以及该项目主体工程施工图设计的验收意见为基础，开展以下分析：

(1)根据公路项目在路网中的位置、功能、交通流特征、交通组成、自然环境和气候特征，分析影响项目交通安全性的控制性要素，确定设计中要解决的主要交通安全问题。

(2)针对具体的交通安全问题，协调交通工程设计专业进行综合设计，明确每个专业在设计中要采取的安全对策，并且明确不同专业的界面和协调要求。

(3)在针对具体交通安全问题提出的安全设计方案基础上，根据全线情况进行设计方案整合，综合拟定交通安全系统化设计方案。

(4)分析公路互通立交、服务区、停车区、隧道等功能区和重要结构物的整体布局和间距设置是否满足交通安全需求。

(5)协调路线、路基、绿化设计与安全设施、机电设施等设计的关系。绿化设计应充分考虑高速公路视距、设置交通标志和监控设施的要求；安全设施与绿化设施并设时，必须考虑种植土对安全设施有效性的影响。

(6)协调桥隧等构造物与安全设施设计的关系，如桥梁护栏以及桥梁护栏与路基护栏的过渡翼墙的设计界面；隧道洞口接线横断面考虑路基护栏与隧道衔接的需要等。

3.4　毕都高速公路交通安全设施设计新理念和新要求示范应用

3.4.1　主要内容

(1)结合贵州地形和交通特征，改进路侧事故多发路段识别方法，提出更加合理的防护等级和防护形式，确定技术要求及更加细致的交通安全设施防护等级确定方法。

(2)针对贵州既往高速公路中央分隔带交通事故特征，提出中央分隔带护栏基础设计要求以及中央分隔带开口护栏的防撞等级和变形要求。

(3)从路网层面提出交通标志的设计要素，明确高速公路交通标志基准信息和分层信息的选择方法，提出基于路网信息逻辑性和连续性要求的指路标志设计要求，满足交通流在路网内进行安全转换的要求。

(4)提出隧道洞口和隧道群路段交通安全设计要求和具体技术方案，强化隧道内视线诱导设施的设置要求。

(5)提出凝冰和大雾路段的交通安全设计要求和具体的设计方案。

毕都高速公路交通安全设施设计新理念和新要求如图3-4所示。

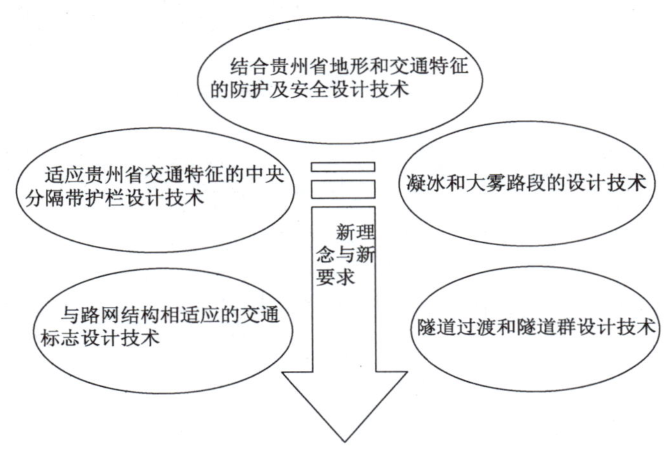

图3-4　新的设计理念和技术要求的主要内容

3.4.2　安全防护设计要点

公路路侧安全设计应通过采取系统化的工程技术和合理的路侧安全设施，降低路侧事故率和死亡率。主要考虑如下内容：

(1)采取诱导、提醒和警示等对策，避免车辆驶出行车道。

(2)通过设置路侧净区或者边坡、排水设施的无障碍设计，防止驶出行车道的车辆翻车或碰撞。公路路堑断面宜采用暗埋边沟，边沟设置盖板时应按公路—Ⅰ级进行结构设计，同时兼顾边坡养护的要求。边沟设计及实例如图3-5所示。

(3)合理设置防护设施，为发生事故的车辆提供保护，降低事故严重程度。防护设施形式选择应遵循以下原则：

①公路路侧护栏的动态变形量不能超过护栏面至障碍物的距离，常用护栏形式的最大动态变形量见表3-1。

②在防撞等级相当的情况下，优先选择碰撞加速度较小的护栏形式。

③新型的护栏在应用前应进行碰撞试验，验证护栏的防撞等级、动态变形量和碰撞加速度。

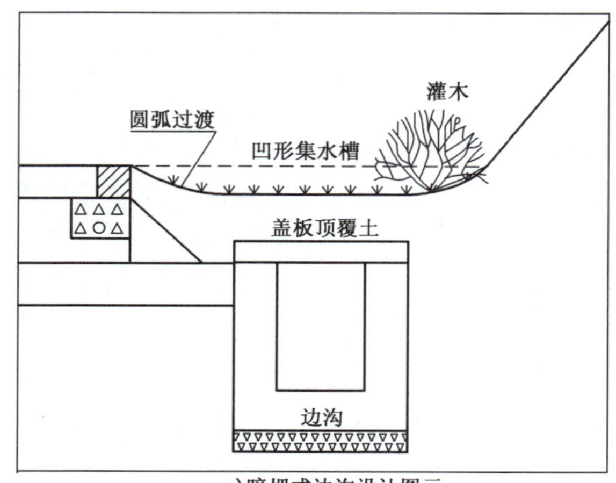

a)暗埋式边沟设计图示

b)暗埋式边沟实例

图 3-5 暗埋式边沟设计图示与实例

护栏最大动态变形量 表 3-1

护栏形式	最大动态变形量(mm)	护栏形式	最大动态变形量(mm)
刚性护栏	100	半刚性双波形梁护栏	1000
半刚性三波形梁护栏	750	缆索护栏	1100

④跨越峡谷的桥梁,以及悬索桥、斜拉桥、下承式钢管拱桥等特殊结构的桥梁,应进行桥梁护栏专项设计。

⑤在临水临崖、高边坡、高挡墙等路段宜采用混凝土护栏。

⑥公路护栏端头应结合路侧条件和几何线形综合确定:

a. 行车方向上游端头宜设置为外展式端头。如果条件允许,端头前方可放置防撞筒或警示桶以进一步提高护栏端头的安全性。

b. 外展式端头可埋入路侧边坡或山体,在外展过程中,护栏的高度宜保持不变。外展式端头应用实例如图 3-6 所示。

a)

b)

图 3-6 外展式端头实例

c. 在条件许可时,宜采用具有主动消能的护栏端头形式。主动消能护栏端头应用实例如图 3-7 所示。

d. 中央分隔带开口宜设置具有防撞能力的活动护栏，活动护栏防撞等级宜与两侧中央分隔带护栏保持一致，活动护栏的最大动态变形量不应大于中央分隔带宽度的一半。中央分隔带开口处护栏应设置端头，条件允许时可设置主动消能式端头，护栏端头应采用黄黑相间的诱导标志。

（4）中央分隔带设置混凝土护栏时，宜在安全性总体设计中协调超高路段的路基排水设计，避免超车道排水不畅。

图 3-7 主动消能护栏端头应用实例

3.4.3 交通安全标志设计要点

（1）高速公路指路标志的设置应在路网分析的基础上，综合考虑道路条件、交通条件、气象和环境条件等因素，根据道路使用者的行为特征和交通管理需要进行设置。驾驶人识认指路标志过程的建模示意图如图 3-8 所示，一条东西走向的高速公路和一条南北走向的干道相交，通过由西向南的出口匝道相连接，距离 D 为需要求解的匝道指示标志位置与匝道口的距离。

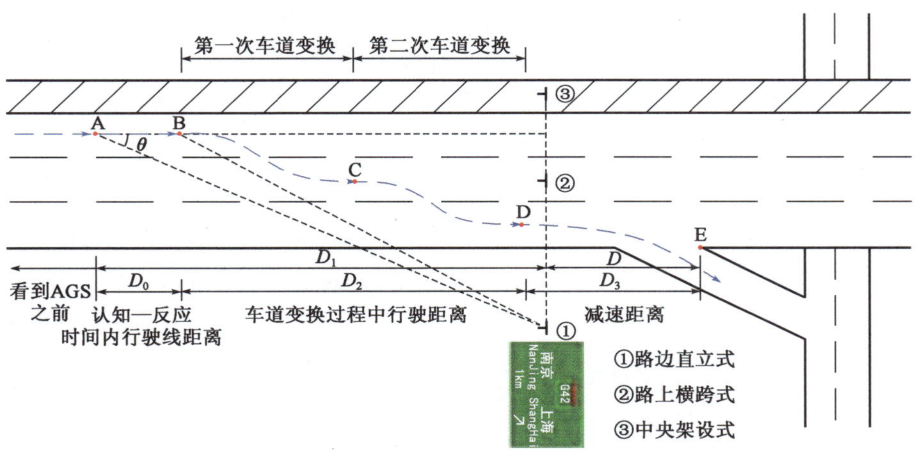

图 3-8 驾驶人识认指路标志过程的建模

道路指引系统工作流程如图 3-9 所示。

（2）交通标志的设计应构建连续性、逻辑性强的公路信息指引体系。

①交通标志应能为公路使用者提供下列功能：

a. 在互通式立体交叉处提供可到达的目的地或公路与城市道路的路线编号（名称）。

b. 提供高速公路的入口信息。

c. 在合流、分流前指引公路使用者进入适当的车道。

d. 指出路网中相关路线的名称及可达方向。

e. 显示到达目的地的距离。

f. 指出到达沿线服务区、停车区、旅游区（点）等设施的入口。

g. 提供行车安全提醒信息。

h. 为公路使用者提供其他必要的信息。

为实现上述功能，可通过设置路径指引、沿线信息指引、沿线设施指引和旅游区（点）指引及提供行车安全提醒信息等标志来实现。

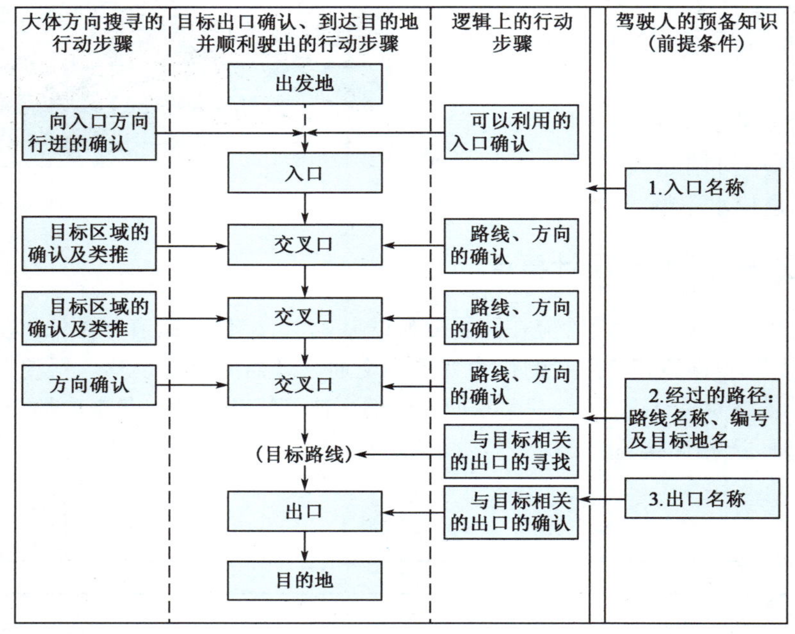

图 3-9　道路指引系统工作流程图

②交通标志的设计应遵循系统性、一致性的原则，保证各类交通标志提供的信息与驾驶人的预期保持吻合，使驾驶人从容调节行车方向和速度，有效地保证行车安全。应重点处理好以下重要问题：

a. 各类指路标志的设置顺序。

b. 指路标志设置的基准点。

c. 目的地信息的选取和层级划分。

d. 互通式立交出口的统一、连续编号。

e. 高速公路共线路段标志的设置。

f. 枢纽互通及互通间距较密情况下标志的设置。

g. 高速公路与其他道路网络（如城市道路网络、国省道网络）间指引体系的衔接。

h. 城内与城外指引体系的衔接。

③高速公路指路体系的信息应连续、响应，高速公路入口预告标志中的信息应全部体现在入口地点方向标志中；地点距离标志上的第一行信息应体现在出口预告标志、出口标志以及驶出高速公路后相衔接的一般城市道路或国道、省道平面交叉路口路径指引标志之中。某一指路信息一旦出现，应在到达该信息之前的指路标志中连续出现，不应中断、缺失。高速公路指路标志信息连续性示例如图 3-10 所示。

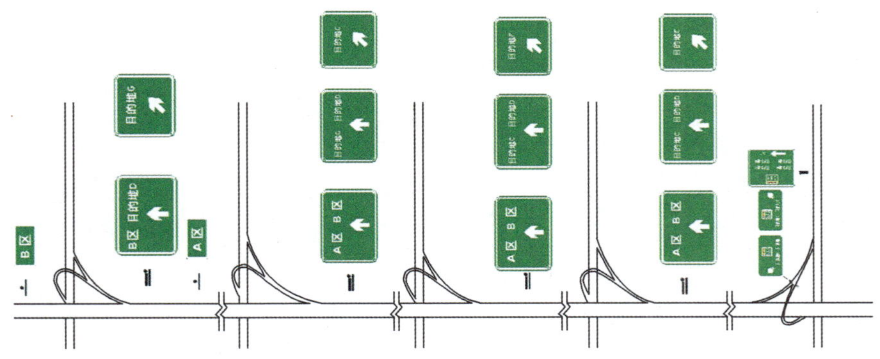

图 3-10　高速公路指路标志信息连续性示例

④根据指路信息分级细化的原则，可以引入信息重要度的概念来描述出行者对特定指路信息的需求，进而确定信息的分级或发布的优先级别。指路标志信息分层体系见表 3-2。

指路标志信息分层体系　　表 3-2

序　号	信息类型	A 层 信 息	B 层 信 息	C 层 信 息
1	路线名称信息	高速公路和城市快速路名称或编号，如 G76、G56、G60、G78、G75	普通国道编号、省道编号、城市主干道名称，如 G320、G326	县道编号、城市次干道名称，如 X352、X356
2	地区名称信息	省会城市、地级市（州）、存在三条及以上高速公路相交点的城市、高速公路端点所在县，如贵阳、安顺、遵义	县级市、省会城市，如赤水市	乡、镇
3	旅游景区信息	国家 5A 级旅游景点，如黄果树风景区、龙宫风景区	全国 4A 级旅游景点，如天河潭、南江大峡谷等	全国 3A 级旅游景点
4	交通枢纽或交叉结点	机场、城市交通枢纽	长途汽车总站、火车站、大型立交桥	重要路口、物流园区
5	重要地物	国家级产业基地、省部级政府机关	省级产业基地、科技园区、地级政府机关	县级政府机关、地级产业基地

⑤高速公路指路标志信息选取应满足以下要求：

a. 基准信息为高速公路上方向性的信息。对于国家高速公路网，根据路网架构及驾驶人需求，国家高速公路网上设置的指路标志应以为远途交通需求服务为主，指引信息应为全国性的控制性地点。

b. 省级高速公路入口预告标志宜采用 A 层地区名称信息作为基准方向信息，并通过箭头进行指引。

c. 地点方向标志中所指示的信息，应在到达相应行政区划或出口前保持连续，不应中断或缺失。

d. 公路指路标志系统的信息应前后对应。入口预告标志中的信息应全部体现在入口地点方向标志中;入口预告标志中的基准信息应与地点距离标志中的最下面一行信息相一致;地点距离标志上的第一行信息应体现在出口预告标志、出口标志以及驶出高速公路后相衔接的一般城市道路或国道、省道平面交叉路口路径指引标志之中。

e. 公路连接线上指路标志应与高速公路互通式立体交叉设置的出口标志保持信息的连续和一致。

(3)公路交通标志和交通标线应相互配合使用,与监控设施协调一致。

(4)高速公路上需要设置警告标志时,对交通安全影响较大警告信息宜使用黄底黑字黑图案的大型告示标志,如图 3-11 所示。

(5)高速公路交通标志信息量应满足驾驶人识别和理解的需要。驾驶人能够视认标志信息的时间是有限的。根据已有研究成果,在这一有限时间内,驾驶人最大的视认信息量为 6 条,因此,交通标志信息量设置应按以下原则进行:

图 3-11 大型告示标志示例

①单块指路标志上的地名信息不应超过 6 个,公路编号信息应计算在内。当单块指路标志信息超过 6 个或同一断面设置两块及以上指路标志时,宜重复设置。

②高速公路指路标志之间应保持一定的距离。重要指路标志之间的距离不宜小于驾驶人识别、判断距离。

3.4.4 隧道过渡和隧道群安全设计要点

(1)隧道洞外连接线应与隧道线形均衡协调,并符合以下规定:

①隧道洞口内外各 3s 运行速度行程长度范围的平面线形指标不应有突变。

②隧道进洞之前平面线形宜采用高指标;小半径隧道及隧道接线的超高不宜大于 4%;长大纵坡进洞时不应在洞口设置小半径平曲线和小半径凹形竖曲线进洞;隧道出洞前隧道内如采用长大纵坡,不应在洞外设置小半径平曲线和小半径凸形竖曲线出洞;隧道洞口竖曲线宜满足视觉所需要的最小竖曲线半径值。

(2)为满足眼睛适应性要求,在隧道洞口一定范围内同样需要一段作为明暗过渡,以保证一定的视力要求。通常可以利用隧道照明、曲线进出洞口、洞外植被等措施来降低隧道洞内外明暗对比度,从而使驾驶人在进出隧道口时,眼睛能够快速适应。隧道减光措施如图 3-12 ~ 图 3-17所示。

(3)相邻隧道之间距离不宜小于识别视距,否则应按隧道群统一考虑:

①隧道群相邻隧道均设置照明时,相邻隧道之间的路段应设置照明;相邻隧道均为不设置照明的短隧道时,应连续设置诱导设施。

②隧道群宜统一设置隧道信息交通标志、限速标志和隧道开车灯标志,隧道群长度较大时宜重复设置。

③隧道群相邻隧道之间路基长度过短时,宜进行遮光设计,如图 3-18、图 3-19 所示。

图 3-12　曲线进出洞口

图 3-13　洞外植被减光

图 3-14　削竹式洞门

图 3-15　喇叭式洞门

图 3-16　开放式遮阳棚

图 3-17　封闭式遮阳棚

图 3-18　隧道群连接处

图 3-19　栅格式洞门

3.4.5 凝冰路段安全设计要点

贵州地区凝冰产生时大气温度多在 -3℃左右,时间多集中在当年 12 月至次年 2 月,宜对具备凝冰发生条件的路段进行凝冰路段道路交通安全总体性设计。

(1)凝冰路段的路线应保持均衡,避免线形突变。

①平曲线之间的衔接要顺畅,相邻平曲线的半径差异不宜过大。需要连续布设多个平曲线时,平曲线的半径应尽可能地成序列变化,或由大到小逐减,或由小到大逐增的布置,一般相邻平曲线的半径比宜小于 1.5。而且在曲线衔接时,应设置足够长的缓和曲线以保证线形的连续,特别要注意避免出现直线接小半径平曲线的情况。

②高速公路纵坡设计应符合设计车型的动力性能,同时也应符合驾驶人的认知和判断特征。

③急转弯道是凝冰发生时最为危险的路段,在线形设计时应尽量避免产生急转弯道。凝冰路段平曲线最小半径推荐值应根据无凝冰路段最小半径推荐值提高一个等级。在曲线衔接时,应设置足够长的缓和曲线以保证线形的连续,特别要注意避免出现直线接小半径平曲线的情况。

④桥面所处位置冬季易受周围山谷包围形成道风,再加上钢桥面上下临空,进一步降低了桥面温度,凝冰发生的概率较高。如有条件,可将桥梁两侧护栏封闭,减少桥面受横向空气对流的影响。

⑤隧道进出口也是容易发生凝冰的路段,隧道进、出口与隧道外的温差加剧了进出口凝冰的产生与发展,隧道进出口"明洞""暗洞"效应也加大了凝冰对行车安全的不利影响,需加强隧道进出口交通标志、标线及诱导设施的设计。

隧道洞口内外各 3s 设计速度行程长度范围的平、纵面线形应一致,平面线形指标不应有突变。应在隧道进出口过渡段一定范围内设置彩色薄层铺装,改变路面颜色以警示驾驶人。

(2)应结合路面结构类型和路面材料进行凝冰路段路面的针对性设计。

从预防新建高速公路路面凝冰产生的角度出发,抗凝冰路面可采取粗糙路面、排水路面、自应力路面等路面结构,以提供足够的路表抗滑能力,减轻凝冰对路面行车的影响,并通过较大的表面或内部集料间隙提供顺畅的排水通道,使路面抗滑功能在凝冰期间得以有效地维持。

(3)互通立交、服务区、停车区以及养护工区和救援中心,应结合凝冰路段的交通分流和应急救援等需求设置。

(4)凝冰路段在凝冰期宜提前进行路面凝冰实时监控预警。

通过监控系统及时向道路使用者预报路面情况,及时发布应对策略。应在合适位置提前设置提示及测速装置,使驾驶人能够提前降低车速,确保车辆在进入凝冰路段时有较低的初始速度。

(5)凝冰路段应设置用于警告、提示、速度控制的交通标志和标线。

①凝冰路段起点应设置明晰的提示交通标志。警告驾驶人注意凝冰,并提示凝冰路段的长度信息。

②应在凝冰路段前方合适位置设置减速标线,纵向减速标线宜连续设置。

③根据道路安全性总体设计,设置车道控制和速度控制标志,根据凝冰路段长度,宜重复设置。

(6)应加强凝冰路段的安全防护。

①在可能的条件下,凝冰路段路侧宜设置路侧净区,路侧净区的宽度和坡度可参照普通路段路侧净区设置。

②在无法满足路侧净区设置条件的路段,宜对路侧障碍物和护栏的危险程度进行评估。当路侧障碍物危险程度大于护栏时,应设置路侧护栏。

③凝冰路段应根据载重车辆质量和失控行驶速度确定护栏防撞等级,并相应提高护栏防撞等级。

3.4.6 雾区路段安全设计要点

高速公路应采取气候资料分析、当地居民走访、路基工程施工期间重点观测以及土建主体工程贯通后的实地调研等方式,确定雾区路段。雾区路段分级见表3-3。

雾区路段等级划分标准 表3-3

雾区路段分级	能见度(m)	雾区路段分级	能见度(m)
四级	≤50	二级	100~200
三级	50~100	一级	200~500

高速公路一级及以上雾区路段宜进行安全性总体设计,雾区安全性总体设计内容如下:

(1)雾区路段的路线应保持均衡,避免线形突变。

(2)长隧道的布置宜避开雾区路段,难以避开时应在隧道入口接线路段设置照明,同时综合采取提示警示、速度控制、诱导等措施。

(3)互通式立体交叉、服务区、停车区以及养护工区和救援中心,应结合雾区路段的交通分流和应急救援等需求设置。

(4)高速公路三级及以上雾区路段监控系统,宜具备大雾能见度监控和预警功能。

(5)高速公路三级及以上的大雾路段,雾区路段监控系统宜制订速度控制策略,并根据能见度情况通过可变信息标志发布。

(6)高速公路四级大雾路段,应针对可能的分流需求进行专项设计。

3.4.7 安全设施设计新理念和新要求示范应用效果

《贵州省高速公路安全性设计指南》在现行国家技术规范的基础上,针对贵州省的实际情况进行了深化。在示范推广过程中,根据《贵州省高速公路安全性设计指南》的要求在交通安全设施设计过程中针对以下方面应用新的设计理念和技术要求。

(1)结合贵州地形和交通特征的防护及安全设计技术:改进了路侧事故多发路段识别方法,结合贵州特点,提出了更加合理的防护等级和防护形式确定技术要求;提出了更加细致的交通安全设施防护等级确定方法。

(2)适应贵州交通特征的中央分隔带护栏设计技术:针对贵州既往高速公路中央分隔带交通事故特征,提出了中央分隔带护栏基础设计要求以及中央分隔带开口护栏的防撞等级和变形要求。

(3)与路网结构相适应的交通标志设计技术:从路网层面提出标志的设计要素,明确了高速公路交通标志基准信息和分层信息的选择方法,提出了基于路网信息逻辑性和连续性要求的指路标志设计要求,满足了交通流在路网内进行安全转换的要求。

(4)隧道过渡和隧道群设计技术:提出隧道洞口和隧道群路段交通安全设计要求和具体技术方案。强化了隧道内视线诱导设施的设置要求。

(5)凝冰和大雾路段的交通安全设计要求和具体的设计方案。

3.5 长纵坡交通安全设计

3.5.1 长纵坡的判断标准

毕都高速公路长纵坡采用两种判断标准:

(1)连续下坡路段平均纵坡的路线长度大于表3-4 规定时,安全性总体设计应综合考虑主体工程、交通工程、沿线设施及管理措施进行专项设计。

平均纵坡度与路线长度　　表3-4

分　类	平均纵坡度(%)				
	3.0	3.5	4.0	4.5	5.0
建议值(km)	4.0	3.5	3.0	2.5	2.0

(2)有条件时可根据交通组成和运行速度分析连续下坡方向载重车辆紧急制动时车毂温度上升的情况,当载重车辆紧急制动,车毂温度超过200℃时,需要对连续长大下坡进行安全性总体设计。

3.5.2 长纵坡路段路线设计

连续长大下坡路段路线设计应进行专项的方案设计与比选,宜根据大型车辆运行速度控制平曲线指标;纵断面设计宜保持坡度均衡;应保持平面与纵面线形的均衡。

(1)合理选线控制纵坡坡度。

①翻越山岭时,可以充分利用地形台阶,在台阶上放缓纵坡,台阶间快速升坡,将连续长下坡用长的缓坡分隔,提高长纵坡的安全性。

②采用分离式路基,其中上坡的一幅采用较大纵坡以克服高差,而下坡的一幅则充分利用地形通过展线以较小的纵坡顺势而下。这样,下坡的路线长度增加,坡度变缓,可以有效降低车辆制动系统的负担。

③采用半幅隧道半幅路分离式路基断面形式,上坡一幅尽快克服高差,以隧道穿越山岭;下坡一幅则沿山腰顺势展线,以较缓的坡度越岭。

④采用半幅桥半幅路分离式路基断面形式,上坡一幅取高线,采用较高的坡度设计值,下坡的一幅以桥梁沿谷地在坡脚展线。分离式路基如图3-20 所示。

a)半幅桥半幅隧道

b)半幅桥半幅路

图3-20　分离式路基实例图

(2)重视连续长大下坡路段平面设计。

①尽可能避免使用低于运行速度对应的平曲线一般值的设计值。在进行速度连续性分析时,货车相临路段运行速度差宜小于10km/h。避免长下坡加S形连续弯、小半径与陡坡结合情况出现。

②重视平曲线设计与货车运行速度控制的结合,均衡设置半径600～1000m的平曲线,有效降低下坡路段货车的运行速度。

③在连续纵坡坡顶位置,通过平曲线半径的逐渐减小,控制货车进入下坡路段的初始速度不宜超过70km/h,在下坡路段也不宜采用较大的平曲线半径以控制货车速度不大幅度增加。

(3)考虑驾驶人驾驶习惯,高速公路选线时右侧傍山。

为避免与其他车辆碰撞或冲出路侧坠崖,创造条件,使得驾驶人有可能使车辆直接和右侧山体刮擦相碰以使车辆减速或停车。

(4)提供更良好的视距条件。

3.5.3　长纵坡路段隧道与互通设计

互通式立体交叉与隧道选址不宜位于连续下坡的坡底位置,也不宜位于经分析存在紧急制动失灵风险的路段,条件受限难以避免时,宜在互通式立体交叉和隧道上游设置避险车道,并综合采取速度控制、提示警示等措施。

连续长大下坡路段内的隧道洞口和互通式立体交叉分流鼻之前,宜满足识别视距要求,否则应在安全性总体设计中采取速度控制、提示警示等措施。

连续长大下坡路段内隧道,应加强隧道监控和防灾减灾设计。

3.5.4　长纵坡路段服务设施设计

(1)高速公路服务设施的位置和功能应结合连续长大下坡路段进行优化,在坡顶和坡中适当路段宜结合路侧条件设置小型"制动自检区",如图3-21所示。"制动自检区"内宜设置加水设施,在需要的路段可设置加水站。

(2)在制动检查站内宜设置路况描述标志,如图3-22所示,标示出连续下坡的具体位置、坡长及平均坡度、制动自检区、避险车道、休息区等设施的分布地点。

图 3-21　小型停车检修区

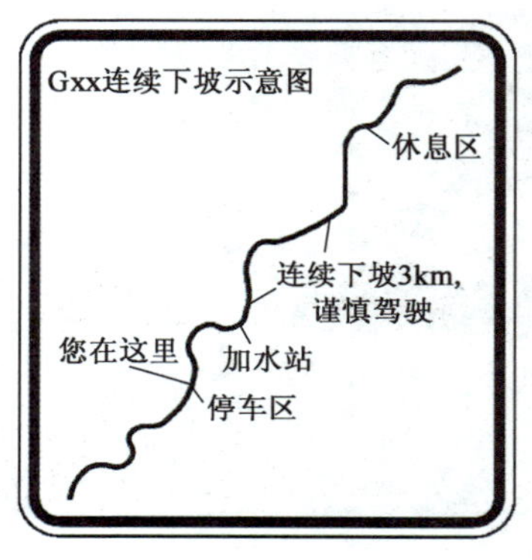

图 3-22　连续长大下坡路况描述标志

3.5.5　长纵坡路段避险车道设计

1)避险车道的构成

避险车道由引道、制动床、服务车道、配套设施、防护设施、视线诱导设施和救援地锚等组成。

2)避险车道设置位置

避险车道的设置位置应在综合分析坡度与坡长、平曲线、车辆组成、运行速度以及重要结构物布局的基础上进行设计。

(1)避险车道应设置在载重货车可能发生紧急制动失灵的路段,并结合路侧地形条件、平曲线、隧道和互通式立体交叉布局等因素综合确定。

(2)经分析存在制动失灵风险的路段,当失控车辆无法安全通过平曲线时,应在该平曲线之前设置避险车道。避险车道构成如图 3-23 所示。

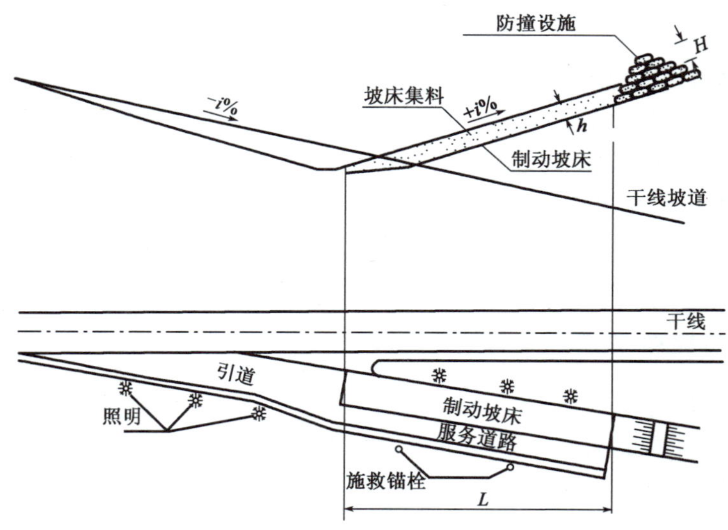

图 3-23　避险车道构成示意图

3）避险车道构造设计

避险车道构造设计包括平面、纵断面和横断面设计。

（1）避险车道路段的平面线形应设计成直线，避险车道夹角与主线行车道夹角以3°～5°为宜。

（2）避险车道的纵断面线形宜采用单向上坡。当需要设置竖曲线时，竖曲线半径应采用满足停车视距要求的半径值。

（3）避险车道的纵坡坡度应根据避险车道的长度和坡床材料综合确定，保证车辆不发生纵向倾覆和纵向滑动。避险车道制动床纵坡控制可参照以下原则：砂类材料不超过8%；碎石类材料不超过12%；砾石类材料不超过15%。

（4）避险车道制动床的宽度不宜小于4m。

（5）避险车道的长度应根据失控车辆驶入速度、避险车道纵坡及坡床材料综合确定。

4）避险车道路床设计

避险车道路床材料宜选择具有较高的滚动阻尼系数、陷落效果较好、不易板结和被雨水冲刷的非级配卵（砾）石材料，材料粒径一般以2～5cm为宜，制动床材料级配要求见表3-5。

制动床材料级配要求 表3-5

筛孔尺寸（mm）	2.36	4.75	12.5	25	37.5
通过率（%）	0～5	0～10	25～60	95～100	100

制动床集料的铺设深度应由浅入深逐渐过渡，如图3-24所示。制动床集料的铺设深度应沿着制动床方向在最初30～60m范围内从制动床入口处最小深度0.75m逐渐过渡到1.0～1.1m深度。

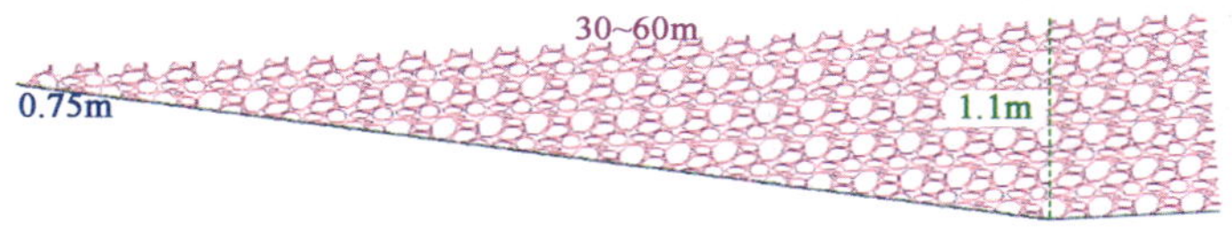

图3-24 制动床集料铺设深度应由浅入深逐渐过渡

5）避险车道末端

避险车道应在车道末端设置牢固的挡墙，在挡墙前增设砂桶、废轮胎护栏、阻拦索等合适的缓冲装置或设施，如图3-25所示。

6）避险车道排水

避险车道应设置良好的排水系统，避免制动床集料冬季冻结和集料的污染。

7）服务车道

服务车道的宽度宜不小于3m，服务车道的路面应与制动床有明显的区别，避免驾驶人将服务车道识别为制动床。

8）配套设施

避险车道应设置护栏，护栏防撞等级应按设计车型和避险车道入口速度选择，一般不应低于SB级，护栏形式宜选择刚性护栏。在有条件的地方，可以在避险车道入口处设置检测线圈，检测并记录紧急制动失灵车辆驶入避险车道时的速度。还可以设置自动报警设施，当有紧急制动失灵车辆驶入避险车道后，自动报警设施自动通知监控中心，便于及时采取措施救助紧急制动失灵车辆和车上人员，并及时拖出陷入避险车道制动床的紧急制动失灵车辆，减少救援时间。

a）消能桶

b）废旧轮胎

图 3-25　制动床末端减速设施

3.5.6　长纵坡路段交通标志与标线设计

1）交通标志设计

（1）应在长大下坡路段坡顶和下坡途中休息区提供避险车道的预告信息标志，包括避险车道的数量、大致位置等信息。同时应在坡顶向驾驶人提供连续长大下坡路段的坡度、坡长、平面线形等信息，如图 3-26 所示。

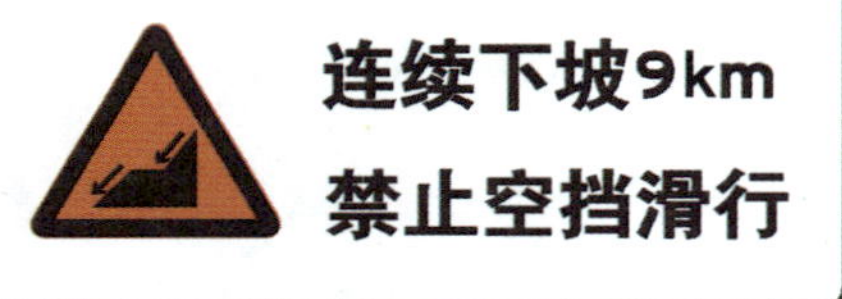

图 3-26　连续长下坡标志示例

（2）根据安全性总体设计，在需要的路段设置车道控制和速度控制标志，速度控制标志宜采用建议速度标志，重要的路段宜重复设置。连续长大下坡相邻路段大型车辆运行速度差大于 10km/h 时，宜设置速度控制设施。

（3）在避险车道之前应设置三块避险车道预告标志（前 2km、前 1km、前 500m），在避险车道入口处应设置“避险车道”标志，引导紧急制动失灵车辆驶入避险车道。如图 3-27 所示。

图 3-27　避险车道标志

在避险车道入口前应设置“禁止停车”标志，宜设置“紧急制动失灵车辆专用”标志。如图 3-28所示。

a)

b)

图 3-28　“紧急制动失灵车辆专用”标志

为使驶入避险车道的紧急制动失灵车辆能够及时得到救助，应在避险车道适当位置设置救援信息标志。如图 3-29 所示。

当连续下坡路段设置多处避险车道时，在避险车道入口之后主线上适当位置，宜设置“下一避险车道”标志。如图 3-30 所示。

图 3-29　避险车道救援信息

下一避险车道
前方 2km

图 3-30　连续下坡路段下一避险车道预告标志设置示例

当长大下坡路段设置了停车区、休息区、制动自检区等设施时，应在距相关设施前 1km、500m 及入口处设置三级预告标志。如图 3-31 所示。

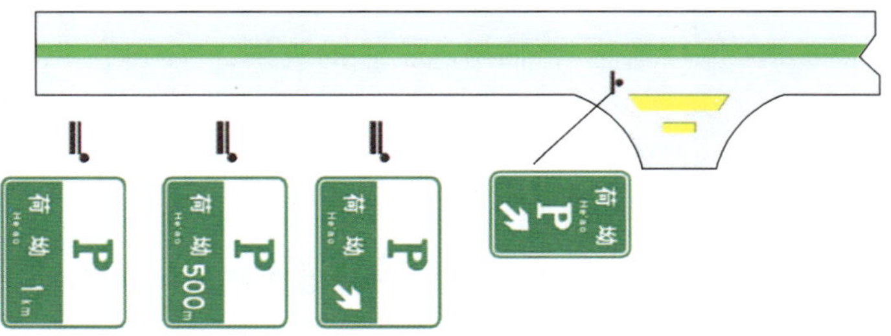

图 3-31　长大下坡路段服务设施预告标志设置示例

2）交通标线设计

连续长大下坡路段应在需要的位置设置减速设施，横向减速标线宜采用防滑涂层；纵向减速标线宜连续设置。如图 3-32 所示。

图 3-32　减速标线综合应用

3.5.7　防护设施

连续长大下坡路段上有可能出现紧急制动失灵事故的路段不宜采用路侧净区设计方案，护栏防撞等级宜提高一级或两级，护栏形式宜选择混凝土护栏。

3.5.8　毕都高速公路长纵坡安全设计技术示范应用效果

以调研分析、模型分析等为基础，分析毕都高速公路长纵坡交通安全水平、隐患路段分布和交通安全需求，制订毕都高速公路长纵坡交通安全保障措施，并将该措施通过交通安全设施设计应用于工程中。具体实施方案如下：

(1)以毕都高速公路预测交通流量、交通组成和线形条件为基础，运用长纵坡路段安全分析模型(以长纵坡路段货车紧急制动车毂温升模型为主)分析毕都高速公路长纵坡路段危险水平、危险路段分布。

(2)运用长纵坡路段安全分析模型分析 K207 ~ K218 路段危险水平、危险路段分布和交通安全需求。以此为参照制订 K99 ~ K106、K207 ~ K218 段交通安全保障措施，并纳入依托工程系统化交通安全设计成果。

(3)在连续长下坡路段坡顶前设置了限速标志，在下坡路段每隔 3km 设置了一组横向减速标线，在平曲线半径较小的路段设置了线性诱导标，在连续长坡路段设置了“大型车靠右”告示标志。

(4)以上述研究为基础，根据《贵州省高速公路安全性设计指南》的有关要求制订毕都高速公路长纵坡路段交通安全保障措施，评估措施实施的效果，并不断优化调整，达到最佳为止。

3.6　本章小结

毕都高速公路在贵州省乃至国家路网中具有至关重要的地位和作用，而且毕都高速公路存在桥隧比高、气象条件特殊等特点，交通安全方面面临较为严峻的挑战。因此在设计阶段应用最新的研究成果和技术标准十分重要，可以有效提高设计的交通安全水平，降低毕都高速公路建成后发生重特大交通事故的概率。同时，该项目的实施也为在贵州全省范围内推广《贵州省高速公路安全性设计指南》提供了示范和样本，对于促进贵州省交通安全设计水平的提升也具有重要的意义。

第4章 高原山区高速公路新型交通安全设施应用技术

4.1 概述

高原山区高速公路由于所处地理位置的特殊性，常规安全保障设施难以发挥作用，容易引发交通事故，直接制约着我国高原山区高速公路的进一步发展。因此，对高原山区高速公路的安全保障设施进行研究，提出适用于高原山区高速公路的交通安全设施的选用与布设方法，对缓解我国高原山区高速公路的交通安全压力，减少交通事故，保障出行安全，提高通畅程度，促进高原山区高速公路建设的和谐发展有着重要的现实意义和指导意义。

高速公路安全防护设施是由中央分隔带一般段护栏、中央分隔带开口处活动护栏、路侧一般段护栏、不同形式护栏之间的过渡段护栏等组成的一个系统。任何一个组成部分防护能力达不到要求，都会留下安全防护隐患。国内外的研究、设计人员越来越多地将"无缝防护"理念引入安全防护设施的设计中，将整条道路的安全防护设施作为一个整体进行考虑，以统一的安全防护标准设计、设置安全防护系统的各组成部分，使安全防护设施各组成部分保持防护性能的无缝连接。

根据毕都高速公路交通流和车辆组成的特点，"高原山区高速公路新型交通安全设施应用技术"将整条道路的安全防护设施作为一个整体进行考虑，解决现有中央分隔带活动护栏、三角地带、护栏端头、过渡段、急弯等防护能力不足而存在的安全隐患；通过解体消能标志结构的应用提供更加安全的路侧环境，达到安全防护设施各组成部分防护性能的无缝连接，保障毕都高速公路安全防护系统各组成部分的防护能力无断点、无薄弱环节，为安全出行提供保障。

通过调研，收集公路设计资料、交通资料和事故资料，以及对资料整理与分析，确定了毕都高速公路示范工程项目的安全防护需求，使用计算机仿真和实车碰撞试验对现有的新型交通安全设施技术进行集成，确定了该示范项目推广的主要技术如下：

(1)弹性转子防撞护栏应用技术。

(2)组合型波形板中央分隔带活动式钢护栏应用技术。

(3)吸能式三角端防撞垫应用技术。

(4)吸能式波形梁护栏端头应用技术。

(5)收费广场可移动式安全护栏应用技术。

(6)解体消能标志新型结构应用技术。

4.2 弹性转子防撞护栏

4.2.1 技术特点

高速公路路侧事故约占高速公路交通事故总量的1/3,肇事车辆冲出护栏或冲过中央隔离带造成重大事故及由此引发的二次交通事故屡见不鲜。毕都高速公路桥隧比例高、多路段存在连续长大纵坡,管理难度和交通安全隐患大。采用传统的波形梁防撞护栏,由于护栏刚度大,即使防撞等级较高,也经常出现车辆冲出护栏或冲过中央隔离带的情况,造成重大交通事故,危害人民群众生命和财产安全。

弹性转子防撞护栏是利用废旧橡塑材料作为弹性转子,针对路侧高危路段研发的新型防撞护栏,其设计防护等级为A级。弹性转子防撞护栏结构包括立柱、横梁、防阻块及弹性转子等构件,是一种将弹性转子与刚性钢架相结合,具有防护和导向性的新型护栏形式。转子护栏的结构如图4-1所示,这种结构既能高强抗撞保护衡梁,有效阻止车辆翻出路侧,又能通过护栏上设置的弹性转子矫正事故车辆的行驶方向,使其恢复到正常行驶轨道,避免冲击反弹造成二次事故。

当碰撞发生时,车辆与护栏间为滚动摩擦,护栏对车辆的反作用力小,撞击能量一部分被护栏吸收,一部分转化为转子的旋转动能,转子的旋转引导车辆沿正确方向滑动,使车辆迅速驶离事故区域,对人、车形成有效保护,如图4-2所示。

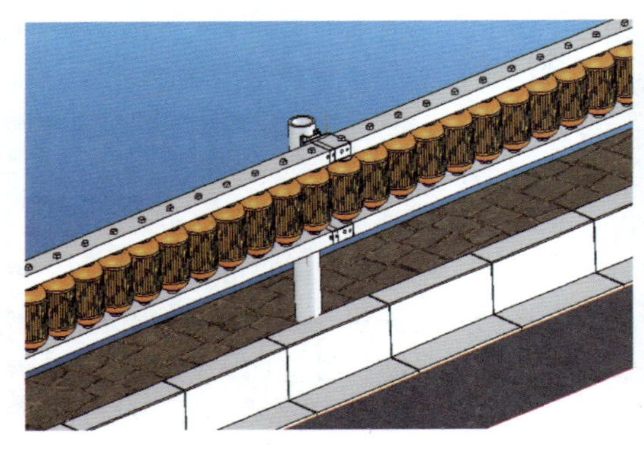

图4-1　弹性转子防撞护栏结构示意图

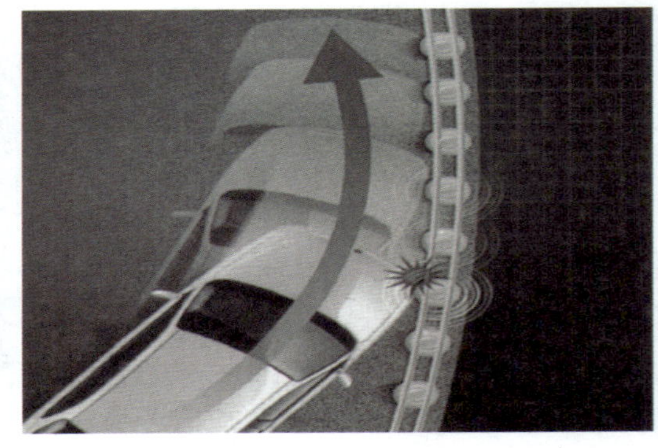

图4-2　弹性转子防撞护栏防撞机理示意图

弹性转子防撞护栏设置于路侧急弯等危险路段,具有以下几个性能优势:

(1)优异的安全性能。在保证防撞性能前提下,转子护栏的导向性能、缓冲性能相对传统护栏产品均具有突破性提升。护栏的基本功能可概括为防撞性能、导向性能和缓冲性能。从防护机理分析,失控车辆撞击转子护栏后,转子的旋转使失控车辆入射角度减小,进而减小车辆与转子间的横向压力;失控车辆与转子间的纵向作用力为滚动摩擦力,远小于传统护栏与失控车辆间的滑动摩擦力;转子的弹性材质可缓冲车辆横向减速过程,因此,受益于特殊的防护机理，旋转式防撞护栏的防撞性能可以保证，而且导向性能和缓冲性能可以得到突破性提升。

(2)较强的视线引导性。弹性转子防撞护栏具有出色的全天候引导功能。弹性转子防撞护栏的转子颜色可以根据需求定制使用红、橙、黄等色，在白天对驾驶人形成视觉冲击，用于特殊危险路段时，对驾驶人起到有效的警示作用；转子上安装有环状反光膜，夜间可提供有效的视线诱导。

(3)较低的横向宽度需求。弹性转子防撞护栏的横向宽度(约345mm)低于一般普通护栏，与山区公路相容性好，可在道路宽度受限的情况下使用。

(4)绿色、环保需求。弹性转子防撞护栏利用废旧橡塑材料作为弹性转子，体现了绿色、环保、安全的理念。其对促进废旧轮胎的回收利用，减少环境污染及由此产生的负面影响非常有利，另外应用弹性转子交通防撞护栏，也改变了我国公路面貌，美化了公路环境，社会、经济效益明显。

弹性转子防撞护栏，适用于路侧急弯、陡坡、长下坡路段等需要加强防护的危险路段及车辆驶出路侧事故多发的路段。

4.2.2 应用范围

弹性转子防撞护栏在毕都高速公路上的应用范围见表4-1，应用示例如图4-3所示。

弹性转子防撞护栏设置 表4-1

序号	起点桩号～终点桩号	长度(m)	备注
1	K204+675～K205+525(右线左侧)	810	长大纵坡起始段K204+750有40m活动开口
2	K205+087～K205+231(右线右侧)	154	
3	K207+783～K208+404(右线左侧)	621	中间段
4	K208+476～K208+714(右线左侧)	239	
5	K208+786～K208+858(右线右侧)	72	
6	K213+851～K214+104(右线右侧)	253	
7	K217+806～K217+914(右线左侧)	109	长大纵坡末段避险车道前方
8	K217+806～K217+914(右线右侧)	109	
总计		2367m	

a)

b)

图4-3 弹性转子防撞护栏

4.3 组合型波形板中央分隔带活动式钢护栏

高速公路的对向交通在正常情况下是完全隔离的，为方便特种车辆（如交通事故处理车辆、急救车辆等）在紧急情况下到反方向车道行驶，或一侧道路施工封闭时车辆可临时进入反方向车道通行，《公路路线设计规范》（JTG D20—2006）规定："高速公路应设置中央分隔带开口，最小间距应不小于2km，在中央分隔带开口处应设置活动护栏"。中央分隔带活动护栏必须同时具备两方面的使用功能：一是在正常情况下活动护栏应具有一定的隔离和防撞性能，防止车辆闯入对向车道，并且其防撞等级不应低于中央分隔带护栏；二是在道路临时开放时，活动护栏应能快速、灵活地移动。

目前我国高速公路常见的中央分隔带活动护栏形式有插拔式、伸缩式和充填式3种，其中插拔式和伸缩式活动护栏能够方便、灵活地移动，但只具有隔离作用，防撞能力低下，并且伸缩式活动护栏在车辆碰撞下极易破碎，产生大量飞溅物，容易引发二次事故。充填式护栏在充填细砂或水之后具有较大的自重，开启移动不方便，防撞能力达不到正常使用的要求，且对碰撞车辆的导向作用较差。上述活动护栏均不同程度地存在安全隐患，防撞能力的不足导致车辆碰撞后发生穿越活动护栏的恶性事故，对车辆和司乘人员造成严重伤害。中央分隔带开口处交通事故如图4-4所示。

a)

b)

图4-4　中央分隔带开口处交通事故

为提高中央分隔带活动护栏的安全性能，该项目示范应用了一种组合型波形板活动式钢护栏，碰撞能量达到160kJ，护栏设计防护等级为Am级。组合型波形板活动式钢护栏适用于中央分隔带开口处，用于防止失控车辆在开口处穿越活动护栏冲入对向车道，从而避免引发二次事故。同时可实现移动灵活、开启方便的功能。

4.3.1 结构特点

组合型波形板活动式钢护栏，在满足防护能力要求的基础上，可实现移动灵活、开启方便的功能。该组合型波形板活动式钢护栏高度为81cm，单元段长度为2m，单元段之间通过锁扣和螺杆进行连接。单元段由防护导向结构、支撑结构和连接结构3部分组合构成，如

图 4-5 所示。防护导向结构可拦挡碰撞车辆，并具有引导车辆回到正确行驶方向的作用；支撑结构加强活动护栏的横向连接，并通过竖向立柱将单元段固定于地面，控制碰撞后活动护栏的最大变形量在安全的范围之内；连接结构包括单元段之间的约束连接以及活动护栏端部与中央分隔带护栏的过渡连接。该护栏施工简便，旋转、拔出立柱后活动护栏单元段可通过人工推动，开启较方便，损坏后可分段更换。该活动护栏的设置应用消除了高速公路中央分隔带活动开口处因护栏防护能力不足而存在的车辆穿越中央分隔带而进入对向车道的事故隐患。

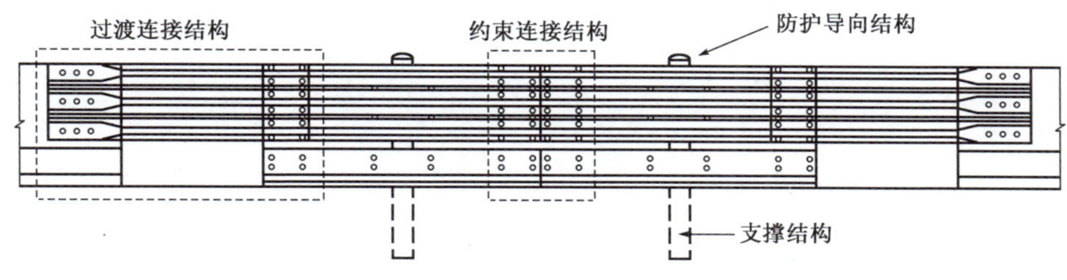

图 4-5　活动护栏结构示意图

1）防护导向结构

防护导向结构如图 4-6 所示，由三波形梁板、反 L 形侧板、端头挡板和顶板连接组合而成。对称设置在活动护栏单元段两侧的三波形梁板为受力主体，以较小的竖向倾角向行车道内侧倾斜，具有防护和导向的双重作用。三波形梁板下方设置反 L 形侧板，防止小型车辆碰撞后发生绊阻或下钻。单元段两端设置鱼骨形端头挡板，底部装有万向轮，可灵活移动。单元段顶部设置带孔的顶板，将内部空间封闭。

2）支撑结构

支撑结构由支架和可插拔立柱组成，如图 4-7 所示。支架位于单元段中心，与防护导向结构通过螺栓连接成一体，增强了两侧三波形梁板和侧板之间的横向作用。立柱位于支架中心，为 ϕ140mm × 4. 5mm 的圆形钢管，通过顶板的圆孔插入路基的预埋套筒中，埋置深度不小于 50cm，预埋套筒直径略大于立柱直径，立柱顶部带有圆柱形手柄，以便于旋转立柱并拔出。

3）连接结构

单元段之间的约束连接结构如图 4-8 所示。端头挡板的凹槽中安装锁扣，并通过螺杆将相邻两段活动护栏连接起来。单元段之间可沿行车方向相对旋转，最大旋转角能达到 6°。活动护栏端部的单元段底部无万向轮，端头挡板与路面直接接触，并通过螺栓锚固于路基。活动护栏端部与中央分隔带护栏通过三波形梁板实现强度和刚度的过渡连接。

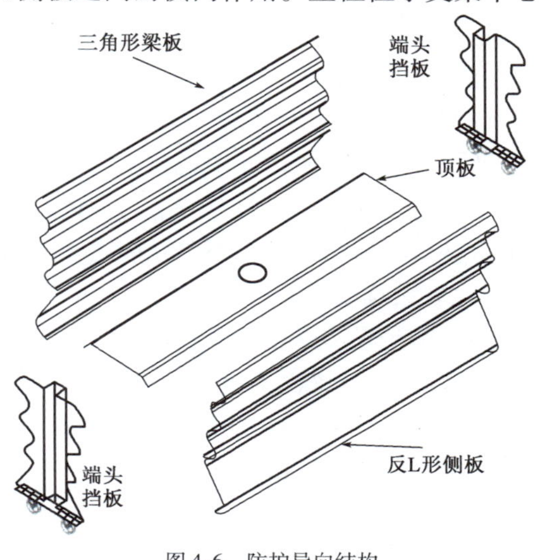

图 4-6　防护导向结构

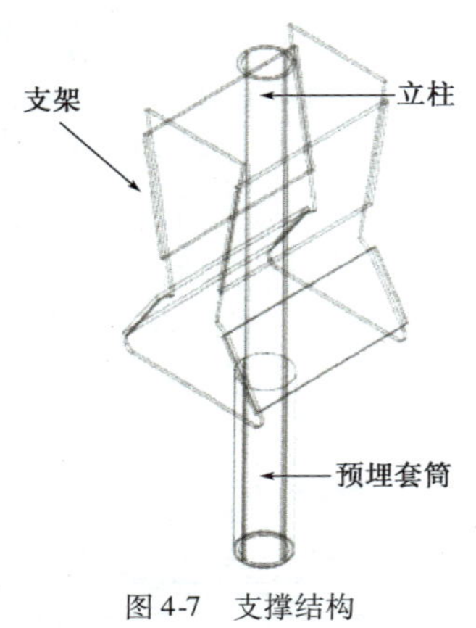

图 4-7 支撑结构

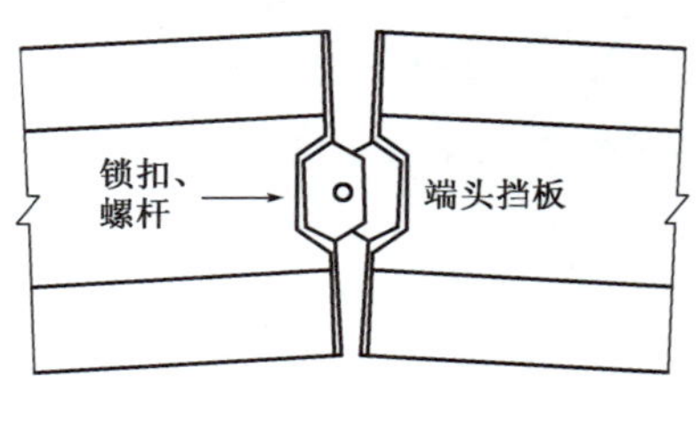

图 4-8 连接结构

4.3.2 施工技术标准

1)场地要求

中央分隔带开口处路面清洁、平整,无洒落物及杂物。路面铺装层以下 40cm 深度范围内无管线穿越。应做好施工交通组织、警示与安全防护工作。

2)施工机械要求

配备齐全满足施工要求的施工机械和配件,做好设备保养、调试运转工作,在施工期间不发生有碍施工进度和质量的故障。一个施工点必须配备货车、钻孔机、发电机、气焊枪、电锤等施工机械。

3)施工要求

(1)施工前的检查准备工作

中央分隔带开口处路面铺装层表面杂物清扫干净。做好施工交通组织、警示与安全防护工作。

(2)预埋套筒的定位及安装

以中央分隔带开口处两个混凝土护栏弧形端部的中心为主要控制点,进行测距定位,确定中点,中点两侧各 1m 处确定预埋套筒位置,以此为基点,间隔 2m 确定其余预埋套筒的位置。

定位完毕,以定位点为中心,钻孔或开挖 50cm × 50cm × 40cm 方孔,立模,预埋钢套筒,并浇筑混凝土基础。

(3)安装活动单元段

活动单元段按照设计图纸在工厂组装完毕。将活动单元段移动至预埋套筒上方,活动单元段中心与预埋套筒中心对齐。自顶板开孔处插入立柱,到位后旋转 90°,并拔出立柱顶部圆柱形手柄。将连杆插入相邻单元段之间的扇形连接件中。

(4)安装锚固单元段

锚固单元段按照设计图纸在工厂组装完毕。将锚固单元段移动至中央分隔带开口处两端的预埋套筒上方,锚固单元段中心与预埋套筒中心对齐。M24 膨胀螺栓通过锚固板开孔处打入路基中。自顶板开孔处插入立柱,到位后旋转 90°,并拔出立柱顶部圆柱形手柄。将连杆插入相邻单元段之间的扇形连接件中。

(5)安装过渡段

用于过渡连接的钢板分为两段,其中三波形梁护栏板与锚固单元段在工厂组装完毕,与混凝土护栏弧形端部连接的钢板现场定位后，与三波形梁护栏板焊接，M16 膨胀螺栓通过钢板开孔处打入混凝土护栏中。

4.3.3 质量检验标准

1)基本要求

(1)活动护栏的组装应符合图纸要求。

(2)预埋套筒应定位准确。

(3)相邻单元段之间采用销杆连接。

2)检查项目

组合型波形板中央分隔带活动式钢护栏的安装检查项目见表 4-2。

组合型波形板中央分隔带活动式钢护栏检查项目 表 4-2

项次	检查项目	规定值或允许偏差	检查方法和频率
1	镀锌层厚度(um)	≥85	测厚仪:抽检 5%
2	立柱中距(mm)	±50	尺量:抽检 5%
3	顶板距地面高度(mm)	810±20	尺量:抽检 5%

3)外观鉴定

(1)焊缝应平整，无焊渣、突起。构件镀锌层表面应均匀完整、颜色一致，表面光滑，不得有流挂、滴溜或多余结块。镀件表面应无漏镀、漏铁、擦痕等缺陷。

(2)波形梁板、摩擦梁和立柱不得现场焊割和钻孔。

4.3.4 应用范围

组合型波形板中央分隔带活动式钢护栏在毕都高速公路的应用范围见表 4-3，应用示例如图 4-9 所示。

中央分隔带开口处设置 表 4-3

序号	起终桩号	长度(m)	序号	起终桩号	长度(m)
1	K204+750	40	4	K210+440	40
2	K206+560	40	5	K214+000	40
3	K209+000	40	6	K218+280	40

a)

b)

图 4-9 组合型波形板中央分隔带活动式钢护栏示例图

4.4 吸能式三角端防撞垫

目前在高速公路出口三角端常用的处理方式是设置防撞桶，避免车辆与障碍物直接接触，通过防撞桶及桶内填充物的运动来转移碰撞车辆的动能。防撞桶的设置数量普遍为1～3个，防撞性能较差，碰撞后防撞桶的运动方向缺乏有效约束，可能对正常行驶的车辆造成影响。

吸能式三角端防撞垫设置在出口匝道三角端和分离式路基护栏端头处，车辆碰撞防撞垫后，通过端头部分的变形、吸能材料来吸收碰撞车辆的能量，后背支撑用来抵抗车辆的冲击力。经实车碰撞试验验证，碰撞条件为1.5t小客车、碰撞速度80km/h，碰撞角度分别为0°和20°时，对失控车辆起到良好的保护作用，司乘人员的各项安全性能指标均符合评价标准，对司乘人员安全具有良好的保护作用。

吸能式三角端防撞垫由圆形端头、端头支架、中间支架、后背支撑结构、轨道、缆索、锚具以及波形梁护栏板组成。波形梁护栏板位于吸能式可导向防撞垫两侧，与车辆行驶方向平行；支架通过一定的间隔垂直安装于两侧的波形梁护栏板之间；轨道锚固于路面上，支架可沿轨道滑动；后背支撑位于防撞垫末端，与地面锚固，抵抗车辆的冲击；缆索与波形梁护栏板平行，一端锚固于地面，另一端锚固在后背支撑结构上。车辆与吸能式三角端防撞垫的圆形端头正面碰撞时，在冲击力作用下，支架沿轨道滑动，波形梁板收缩和折叠，吸收车辆的碰撞能量，使车辆安全停止。车辆侧面碰撞时，导轨约束防撞垫的横向运动，波形梁护栏板展开变形，吸收碰撞能量，具有良好的导向作用，可将车辆导向至正确的行驶方向。

与高速公路主线出口匝道三角端普遍使用的防撞桶相比，吸能式三角端防撞垫可对失控车辆及车内司乘人员起到良好的保护作用，降低车辆碰撞三角端部事故的严重程度。

吸能式三角端防撞垫适用于高速公路主线出口匝道及服务区三角端、分离式路基护栏端头处、隧道洞口、桥梁护栏端部等需要防护的点段。

吸能式三角端防撞垫在毕都高速公路的应用范围见表4-4，应用示例如图4-10所示。

吸能式三角端防撞垫设置 表4-4

序　　号	三角端防撞垫设置地点	数　　量
1	双水互通	出口匝道2处
2	六盘水服务区	出口匝道2处
3	红桥互通	出口匝道2处
4	俄脚互通	出口匝道2处
5	法窝互通	出口匝道3处
总计		11处

a)

b)

图4-10　吸能式三角端防撞垫示例

4.5　吸能式波形梁护栏端头

护栏端头是指护栏标准段开始端或结束端所设置的端部结构。车辆撞到未经特殊处置的护栏端头时，由于碰撞角度大（基本上相当于正面相撞），对车辆的导向作用不显著，缓冲时间短，加速度大，因此，通常会对车辆和司乘人员造成严重危害。此外，护栏端头还可能刺穿车辆，或者导致车辆倾覆，其后果比车辆与护栏标准段碰撞相比更具危险性。

护栏端部作为护栏的重要组成部分之一，在世界范围内越来越受到人们的广泛重视。公路交通较发达的国家在高速公路出现初期就着手护栏端部的设计与研究。我国对护栏端部的研究起步较晚，但经过几十年的努力探索，也形成了适合我国公路护栏端部的处理方法。在《公路交通安全设施设计规范》（JTG D81—2006）中详细且明确地规定了：路侧上游、下游波形梁护栏端部处理，中央分隔带起点、终点及开口处波形梁护栏的端头处理，填挖交界处波形梁护栏的端部处理，交通分流处三角地带波形梁护栏的端头处理，紧急电话处波形梁护栏的端头处理以及隧道出入口处波形梁护栏的端头处理。

吸能式波形梁护栏端头设置于路侧波形梁护栏起始端，车辆正面碰撞波形梁护栏端头时，端头端部可以随车辆移动，以避免波形梁插入车体或导致翻车的事故发生，端头端部在移动的过程中，将其后的波形梁板展开并弯曲，以吸收车辆的动能，使其在一定的距离内停车；车辆碰撞到固定波形梁的立柱时，立柱能顺利倒下，防止绊阻车辆。经实车碰撞试验验证，碰撞条件为1.5t小客车、碰撞速度100km/h，碰撞角度分别为0°和20°时，均对司乘人员安全具有良好的保护作用。

吸能式波形梁护栏端头的材料为钢材，结构由吸能式装置、锚索约束装置、可解体立柱和支撑杆组成。波形梁护栏板与垂直于地面的立柱相连，吸能式装置安装在波形梁护栏板的起始端。吸能式装置的一端设置矩形接触板，车辆的正面碰撞荷载直接作用在接触板上。吸能式装置的另一端为波形梁护栏板的导入轨道，挤压轨道位于接触板与导入轨道之间。具体设计如图4-11、图4-12所示。

吸能式波形梁护栏端头在毕都高速公路的应用范围见表4-5，应用示例如图4-13所示。

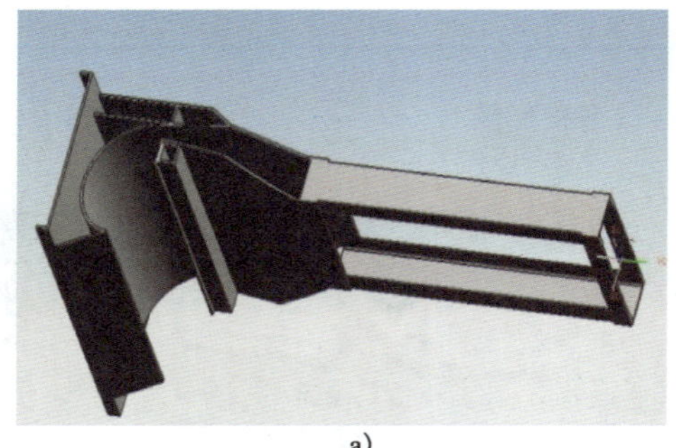

a)

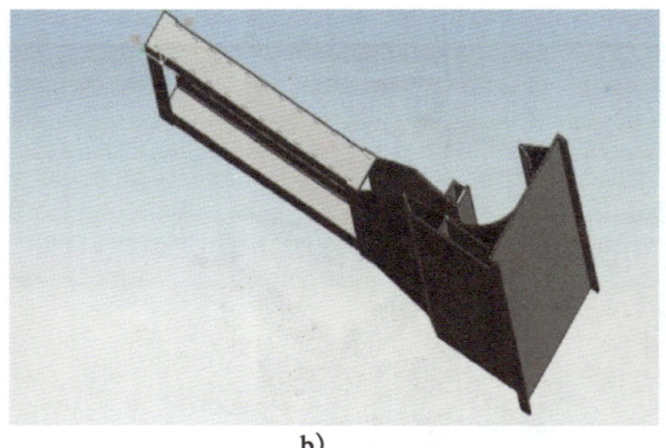

b)

图 4-11 吸能式波形梁护栏端头 CAD 效果图

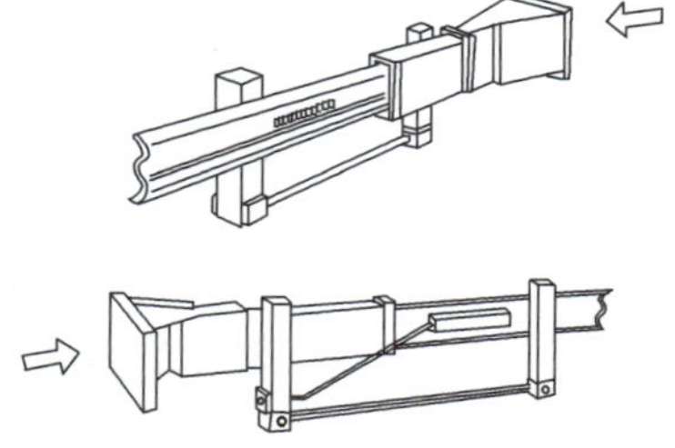

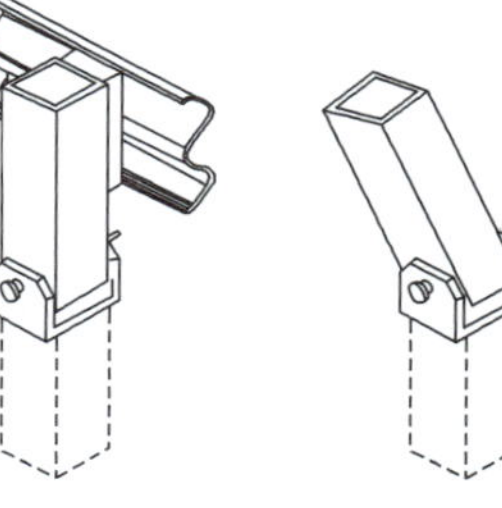

图 4-12 吸能式波形梁护栏端头设计图

吸能式护栏端头设置 表 4-5

序 号	起点桩号	序 号	起点桩号
1	K179 +622	7	K184 +919
2	K182 +988	8	K194 +480
3	K182 +657	9	K194 +877
4	K183 +625	10	K199 +931
5	K183 +990	11	K200 +150
6	K184 +751	12	K206 +474

a)

b)

图 4-13 吸能式波形梁护栏端头示例

4.6　收费广场可移动式安全护栏

1)收费广场开口安全设施一般要求

目前国内相关标准规范中未对高速公路收费站及收费广场的通道之间的安全防护作出明确的规定。在实际应用中,为适应交通流的快速增长,我国收费广场的修建规模及通道数日趋增大,而车辆性能的不断提高又导致驾驶人常常以较快的速度驶入收费广场,因此收费站及收费广场的安全防护不容忽视。

2)目前应用中存在的问题

目前高速公路收费广场开口处常见的安全设施为插拔式、填充式活动护栏或隔离墩。如图4-14所示。与中央分隔带开口处存在的安全隐患相类似,这些设施虽然能够方便、灵活地移动,但只具有隔离作用,防撞能力低甚至完全不具备防撞功能,失控车辆极易穿越活动护栏,从而引发二次事故。

a)

b)

图4-14　收费站广场活动护栏

3)收费广场可移动式安全护栏技术优势

该项目推广应用的高速公路收费广场护栏处置技术为设置可移动式安全护栏。可移动式安全护栏设计防护等级为B级,适用于高速公路主线收费广场各车道间的分隔、施工区车道分隔、高速公路匝道中央分隔带以及其他对护栏有移动需求的高风险路段,用于防止失控车辆穿越护栏冲入相邻或对向车道,从而避免引发二次事故。

可移动式安全护栏单元段长度为4m或6m,单元段之间相互连接形成整体。可移动式安全护栏主要由上横梁、连接立柱、下导向墩等构件组成,每个部件均采用型钢或钢板独立加工成型,再进行组装。下导向墩内设置有万向轮,移动方便,在连接立柱处设置反光轮廓标,具有夜间可识别性。可移动式安全护栏施工安装简便,护栏单元段可通过人工拆装和移动,开启方便,损坏后可分段更换。

与高速公路主线收费广场、施工区普遍应用的水马围挡、隔离墩或隔离栏杆相比,可移动式安全护栏具有较强的阻挡功能、导向功能及缓冲功能,能够有效避免收费广场或施工区因护栏防护能力不足而导致的失控车辆穿越护栏(隔离物)进入相邻或对向车道的事故。护栏碰撞后侧向动态变形量较小、结构易于拆装移动,可重复利用,具备防盗性能,便于运营期的养护、更换与维修。

4)应用范围

可移动式安全护栏在毕都高速公路的应用范围见表4-6,应用示例如图4-15所示。

可移动式护栏设置　表4-6

序号	名　称	设置长度(m)	序号	名　称	设置长度(m)
1	双水收费广场	70	3	俄脚收费广场	70
2	红桥收费广场	70	4	主线站收费广场	70

图4-15　可移动式安全护栏应用实例

4.7　解体消能标志新型结构

4.7.1　传统交通标志存在的问题

在国内,据统计每年因车辆冲出路外而引发的交通事故约占总事故数的三分之一,而驶出路外的部分伤亡事故是由车辆与交通标志杆柱发生剧烈碰撞所致。由于现有的交通标志杆柱多数仍沿用传统设计,标志的整体结构比较坚硬,车辆碰撞后对司乘人员的伤害很严重。因此,有必要改进路侧杆柱设施,使其更加安全实用。

4.7.2　解体消能标志新型结构原理

作为基于宽容理念路侧设计的一部分,可解体消能交通标志即为一种降低碰撞损失的方法,所谓“可解体消能交通标志”是指立柱、照明灯杆、交通信号灯柱等能抵抗风载和冰载,在受到车辆等的撞击时,通过自身的解体来吸收能量的一类标志,其通过滑动面、塑性铰链、易折元件或者它们的组合来实现解体,从而减小对车辆的冲击力,并避免标志支撑结构的倾倒可能对驾驶人造成的伤害,达到减轻交通事故严重性的目的。

根据其机理,解体消能结构主要分为断裂吸能型、屈服吸能型和剪切滑动型,解体消能结构设计的关键在于杆柱与底座的连接方式以及杆柱的特殊材料,不同类型的可解体标志有着各自的特点和适应性。

断裂吸能型可解体设施的断裂机理是通过缩小横截面的连接件或木质杆柱来实现的，当车辆撞击时，在横截面小的薄弱部位发生脆性断裂。木质立柱通常直接埋入土中，并在立柱上钻孔；钢制立柱则多采用法兰盘连接的方式，法兰盘间通过特殊设计的含有收缩截面的连接件相连。大部分连接件是多方导向性的，即：无论哪个方向来的撞击都能触发解体结构。图4-16为一种常用的多方导向性的连接件。

屈服吸能型可解体设施主要是通过杆柱的塑性形变来实现缓冲消能的作用，该类设施属于多方向性的，即：碰撞性能的发挥与撞击方向无关。屈服型杆柱的立柱一般为U形槽钢、打孔的方钢、薄壁铝管或薄壁玻璃纤维管。该类型杆柱的性能与其他类型杆柱相比更难预测，埋入深度、土壤特性、杆柱硬度、标志高度等因素都将影响其性能。如图4-17所示交通标志为屈服吸能类型中常见的一种，立柱材料为方钢，四周打孔以降低方钢的刚度，孔的直径与方钢截面尺寸有关。该结构一般用于版面尺寸小的交通标志，具有杆柱韧性好，安装和更换容易的显著特点。

图4-16　多方导向型连接件

图4-17　屈服吸能型连接件

剪切滑动类型可解体设施的解体机理为：当杆柱受到车辆撞击时，水平的剪力将束缚两个平行可相对滑动的法兰板的螺栓拔出，滑板自然分离，实现解体。这种设计可以是单方向导向型，也可以是多方向导向型。车辆撞击滑动型可解体杆柱后，速度减缓幅度不大，杆柱也会改变原来的位置，容易引发二次事故，不宜设置在人流密集区域。多方向滑动基础一般是三角形的，从任何一个方向撞击时均会解体分离。图4-18所示为多方向滑动可解体的一种典型设计。这种可解体杆柱适用于中间带、渠化岛、丁字路口、匝道末端或其他标志容易受到多方向撞击的地点。

图4-18　多方向滑动可解体

4.7.3　解体消能交通标志技术特点

可解体消能交通标志主要有以下特点：

(1)可解体消能设施在受到撞击后,通过弯曲、剪切或断裂实现解体,允许车辆通过,而设施的残留部分不形成行车障碍。

(2)当车辆从任何一个方向撞击立柱时,经过特殊设计底部连接法兰盘能够滑动解体,从而起到缓冲的作用,减轻碰撞的剧烈程度,同时,也能够防止标志戳进挡风玻璃,伤害司乘人员。

(3)基于理论计算、试件试验和计算机仿真等多种技术手段进行研究,结果表明可解体交通标志在满足固定载荷强度的前提下,当与冲出路外车辆或其他意外车辆碰撞后,具有减小车辆瞬间峰值加速度和作用力的显著效果,能够在一定程度上降低碰撞事故的严重性。

(4)可解体杆柱安装非常简便,一般无特别的工具和设备要求,只需用普通扳手将特殊的连接件及螺母旋紧即可,而不必考虑螺栓的扭矩。

(5)可解体交通标志可维护性好,当标志断裂解体后,仅需要将断裂残余的特殊连接螺栓进行更换即可。

4.7.4 施工技术标准

1)场地要求

路面清洁、平整,无洒落物及杂物。做好施工交通组织、警示与安全防护工作。

2)施工机械要求

配备齐全满足施工要求的施工机械和配件,做好设备保养、调试运转工作,在施工期间不发生有碍施工进度和质量的故障。一个施工点必须配备货车、吊车、混凝土罐车、发电机等施工机械。

3)施工要求

(1)施工前的检查准备工作。路面铺装层表面杂物清扫干净,做好施工交通组织、警示与安全防护工作。

(2)基础基坑定位、开挖。

(3)浇筑混凝土基础并预埋下部支撑杆。

(4)安装上部立柱。

(5)安装交通标志板。

4.7.5 质量检验标准

1)基本要求

(1)解体消能标志结构的制作、安装,应符合设计图纸要求。

(2)交通标志在运输、安装过程中不应损伤标志面及金属构件的镀层。

(3)标志面应平整完好,无起皱、开裂、缺损或凹凸变形。

2)检查项目

解体消能标志的安装检查项目见表4-7。

解体消能标志检查项目 表 4-7

项 次	检 查 项 目	规定值或允许偏差	检查方法和频率
1	镀锌层厚度(um)	≥85	测厚仪:抽检 100%
2	标志面反光膜等级及逆反射系数(cd · lxl · m^{-2})	反光膜等级符合设计要求	便携式测定仪:检查 100%
3	立柱竖直度(mm)	±3	垂线、直尺:抽检 100%
4	标志基础尺寸(mm)	-50, +100	尺量:抽检 100%
5	基础混凝土强度	在合格标准内	检查 100%

3)外观鉴定

(1)标志板安装后应平整,夜间在车灯照射下,标志板底色和字符应清晰明亮,颜色均匀,不应出现明暗不均的现象,不能影响标志的认读。

(2)标志金属构件镀层应均匀、颜色一致,不允许有流挂、滴溜或多余结块,镀件表面无漏镀、露铁等缺陷。

4.7.6 应用范围

解体消能标志结构在毕都高速公路的应用范围见表 4-8。

解体消能标志设置表 表 4-8

序 号	名 称	设 置 数 量
1	限速标志	K209 +940(主线右侧)单柱
2	连续下坡标志	K213 +900(主线右侧)单柱

4.8 本章小结

高原山区高速公路由于所处地理位置的特殊性,常规安全保障设施难以发挥作用,容易引发交通事故,直接制约着我国高原山区高速公路的进一步发展。因此,对高原山区高速公路的安全保障设施进行研究,提出适用于高原山区高速公路交通安全设施的选用与布设方法,对缓解我国高原山区高速公路的交通安全压力,减少交通事故,保障出行安全,提高通畅程度,促进高原山区高速公路建设的和谐发展有着重要的现实意义和指导意义。

第5章 雾区行车安全智能诱导技术

5.1 概述

5.1.1 雾对交通运行影响

近年来,在造成我国高速公路交通事故的诸多天气因素中,大雾天气已成为最为严重的灾害性天气之一。一旦有交通事故发生,将会形成特大型或大型、连环型交通事故,损失巨大,低能见度的浓雾已经成为高速公路重特大交通事故的主要诱因。2010 年 12 月 27 日,西南出海大通道贵遵高速公路因大雾 30 余辆机动车连环相撞,造成 7 人死亡、10 余人受伤;2012 年 2 月 5 日,兰海高速公路 K1297 处贵阳往遵义方向,因大雾能见度不足 5m,引发了 50 多起交通事故,其中一起 7 车连环追尾的交通事故,造成 2 死 3 伤。2016 年 4 月 2 日发生在沪蓉高速公路上,造成 3 死 31 伤 50 余辆车相撞的重大车祸,初步分析也与大雾、团雾相关。另据统计,仅大雾天气造成的高速公路阻断事件就占到全部阻断事件的 20% 以上。随着全球环境污染的加重,恶劣极端天气出现越发频繁,其中大雾天气对交通运行安全的影响也日益严重,雾区安全保障已成为交通运行安全保障的重要组成部分,引起交通运营管理部门的极大关注。

5.1.2 毕都高速公路面临的相关技术问题

毕都高速公路所在地区内地形起伏较大,高低悬殊,垂直温差大,加之降雨量及蒸发量大,山间沟谷易形成低能见度浓雾,在冬季地势较陡的山坡,细雨天气时易形成凝冻,公路运营面临安全隐患。

5.1.3 雾天交通安全保障技术发展

在应对大雾等低能见度条件下公路行车安全问题方面,国内外的研究人员、工程技术人员、公路运营管理人员基本上是围绕不良交通气象环境监测预警、车辆在途安全保障设施、车辆在途安全保障管理等几个方面展开。

在雾的监测方面,当前国内外公路沿线的低能见度监测均以前向散射式能见度仪为主。该类能见度监测仪器的特点是技术成熟,安装维护较为方便,实施成本相对较低;主要不足是用于监测的空气样本空间体积小,能见度数值的代表性不强,容易受到环境污染的影响,对于尺度小、局地性特征明显的雾,尤其是团雾的监测覆盖能力差。目前国内能见度仪器在高速公路的布设密度通常在 10~20km,不同省份、地区的地域差异性较大。目前,国内外也有不少研究关注于视频能见度监测技术,即通过对图像的特征提取分析来获取能见度状况或数值,但主要技术瓶颈在于全天候可靠监测、技术手段实施的便利性等方面。视频能见度监测技术的最大优势是能够利用公路沿线的视频监控资源,提高视频监控设备的利用效率,具有实现低成本高密度能见度监测的巨大前景,但目前视频能见度监测技术尚不够成熟。

雾的预测预警技术属于大气科学范畴,具体属于气象部门的天气预报业务,但从全世界范围来看,对公路交通产生明显影响、能见度小于 500m 雾的预报属于世界性难题,对于局地性气候特征突出的小范围或团雾的预测更加困难,雾预报准确性、及时性的提高取决于雾机理研究、预报模型与模式、监测网络等多方面因素的改建或完善。

关于雾天交通安全运营管理,国内外研究与应用基本类似,主要是从雾天限速管理、通行管理、信息发布等方面采取对策,这些对策的应用主要以公路监控系统为载体,系统主要包括三部分,即:气象监测、交通流监测、事件监测等相关信息采集设施设备;恶劣天气条件下运营管理策略和相关交通模型算法在内的信息处理系统;公路沿线可变信息标志、沿线交通广播,以及 APP 应用、政务微博等新媒体在内的信息发布手段。以美国田纳西州某州际高速公路一个 30km 大雾多发路段为例,管理部门在这一路段上高密度地布设 2 处交通气象站、8 套前向散射能见度仪、44 个车辆检测装置、2 处高速公路广播站、10 块可变情报标志、10 个限速标志、6 块闪动的静态标志,以及控制中心和决策支持系统共同构成了雾区监测预警系统。我国在雾区路段安全保障方面也借鉴了欧美这一思路与方法,取得了较好的效果,但是鉴于国内外的车辆技术状况、交通安全法规、驾驶人驾驶行为、监控与发布设施布设密度等方面的差异,以高密度布设监控设施为主要特点的应对雾区路段安全问题的这一思路,在国内进一步提升道路交通安全的空间已经不大。

在车辆在途安全保障设施研发与应用方面,与国外相比,国内在主动发光设施的研发和应用方面有所创新和突破。雾对驾驶人的最为直接和显著的影响就是视线,通过主动发光诱导设施来提高标志标线的可视性,更好地提示道路的轮廓,引导驾驶人以合理速度行驶是这类设施的主要作用。2005 年前后,国内陆续出现了雾灯(图 5-1)、主动发光突起路标(图 5-2)、主动发光轮廓标(图 5-3)、主动发光线形诱导标等主动发光设施,这些基于主动发光设施的雾区诱导系统研究和应用取得了快速发展并成为热点。随着技术发展,雾区主动发光诱导设施由早期电网供电、有线控制、单一模式向太阳能供电、无线控制、多种模式、组合应用方向发展。主动发光诱导设施与针对雾区路段特别设计的交通标志、标线等传统交通安全设施相结合应用,成为当前我国应对雾区路段行车安全的主要特征。主动发光雾区诱导设施在提升低能见度下行车安全方面发挥了积极作用,同时,也促进了交通安全设施行业的转型升级。但是,当前的雾区行车安全诱导系统主要是借助主动发光设施来提高道路轮廓的可视性,以及通过频闪工作方式警示驾驶人,对于防止车辆驶离车道具有较好的作用,但是却无法实现动态提示车辆前后间距,从而主动预防大雾等低能见度条件下最为致命的追尾事故。

a)

b)

图 5-1 传统雾灯应用实例

a)

b)

图 5-2 主动发光突起路标应用实例

a)

b)

图 5-3 主动发光同步闪烁轮廓标应用实例

5.2　雾区行车安全智能诱导技术与系统

5.2.1　系统概述

针对大雾条件下交通诱导对于车辆行驶速度限制和安全间距限制两个方面的需求，结合目前普遍应用的反光型突起路标、轮廓标、线形诱导标等静态交通诱导设施在雾天低能见度条件下视认性较差，且不能根据能见度大小调节发光强度的应用局限性的现状，研究和应用一种以道路轮廓强化、行车速度调节、安全间距警示为功能目标的雾区行车安全主动智能诱导系统。雾区行车安全智能诱导系统是一种集电子技术、计算机技术、自动控制技术、通信技术及主动发光诱导设施技术等多种现代应用技术的集成系统，旨在为高速公路雾天行车提供一种有利于安全通行的方案，或辅助管理系统。

雾天行车安全智能诱导系统利用设置在公路两侧的主动发光设施，为在途车辆提供安全引导。在控制系统的集中智能控制下，主动发光诱导设施会根据不同的能见度与车流情况，采用不同的发光亮度、颜色、闪频等组合来实施针对性的引导策略，为驾驶人提供安全信息提示管控与服务功能，从而实现具有交通环境自适应特点的低能见度大雾路段在途车辆的安全引导，有效降低浓雾天气车辆追尾事故发生的概率，特别是避免连环追尾重特大事故的发生。

雾天行车安全智能诱导系统主要由外场智能诱导装置、网关设备以及上位控制软件三部分组成，如图5-4所示。智能诱导装置是智能诱导系统的主体设施，主要通过装置实现各种诱导策略；网关设备是外场诱导装置与上位控制间的“桥梁”；上位控制软件主要实现对外场诱导装置设施的工作状态监测与工作模式控制。

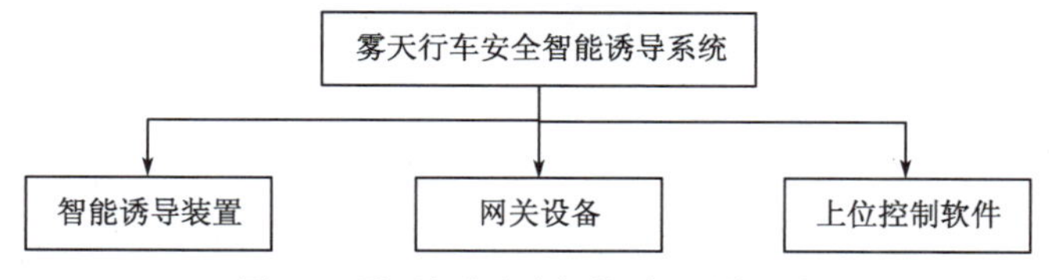

图5-4　雾天行车安全智能诱导系统组成

5.2.2　系统功能

雾天高速公路易发交通事故的主要原因是由于低能见度造成的道路线形模糊和道路湿滑，进而不清楚前方车辆动态，因制动距离不够造成碰撞和追尾事件的发生，行车安全智能诱导系统就是利用公路两侧的主动发光双色诱导设施（黄灯和红灯）为驾驶人提供道路轮廓强化、行车主动引导和防止追尾的警示功能，从而实现大雾条件下车辆的安全引导。

1）道路轮廓强化

通过主动发光双色诱导设施的黄灯常亮实现夜晚或雾天低能见度条件下的道路轮廓强化显示功能，灯亮度可根据环境光合能见度值自动调节。无雾天气时，功能的实现由主动发光设施自主产生，且点亮与关闭时间，遵循星历时间，即白天关闭、晚上点亮。道路轮廓强化功能示意如图5-5所示。

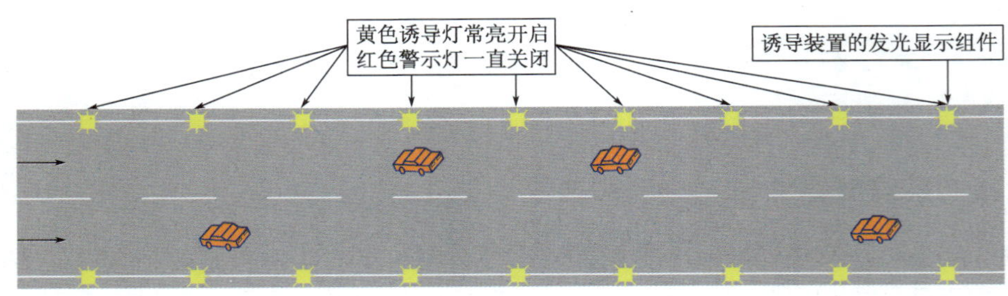

图 5-5　道路轮廓强化功能示意图

2)行车主动引导

利用主动发光设施的同步闪烁功能(30 次/min、60 次/min、120 次/min 可调),在低能见度条件下主动诱导驾驶人的视线,由于采取了不同闪烁策略,与常亮工作模式相比,进一步提高了对驾驶人的刺激和提示作用。依据驾驶人的心理特性,结合当前的能见度与交通条件,采取不同的闪烁频率,一般情况下可采用 60 次/min 的闪烁频率,在能见度更低时如能见度 300 ~ 500m,且交通流较大时,可以采用 120 次/min 的闪烁频率。行车主动引导功能示意如图 5-6所示。

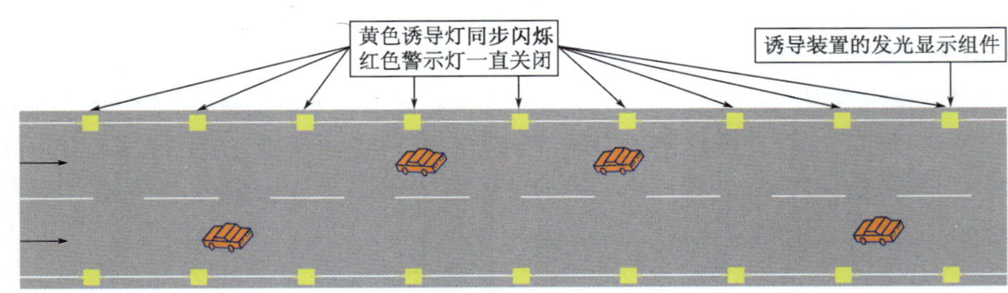

图 5-6　行车主动引导功能示意图

3)防止追尾警示

系统的双色诱导设施在没有车辆时,黄色灯同步闪烁模式,当车辆通过检测区域时,触发车后红色防撞警示灯,红色警示灯点亮期间同位黄色指示灯关闭,红色警示灯带代表后车应与前车保持的距离(灯带长度取决当前能见度条件下的安全距离),红色警示灯带随车同步前行,形成一个动态的防止追尾警示带。防止追尾警示功能示意如图 5-7 所示。

5.2.3　系统特点

雾天行车安全智能诱导系统除了实现上述三项功能,还具有以下特点:

(1)采用 GPS 同步技术,利用内置 GPS 的高精度授时信号,使系统中所有设备可实现无差异的同步闪烁,解决了不同设备之间的同步工作问题。

(2)应用了设备间无线链式组网技术,使得系统具有较强的抗毁坏自愈能力,因设备自身故障、车辆事故损毁、偷盗等因素造成个别设备缺失或无法正常工作时,不影响整个系统的正常运行。

(3)综合大气能见度、环境照度、星历时间等多种因素,实现智能自动控制,在某一因素监测数据缺失的情况下，系统仍可处于可接受的工作状态，一方面提高了整个系统运行的自动化程度，尽可能降低监控人员干预，另一方面，以最大限度提高主动发光设施的安全诱导与防撞预警效果。

(4)安装结构设计巧妙，最大程度地利用波形梁护栏或混凝土护栏设施，现场施工简便快捷。

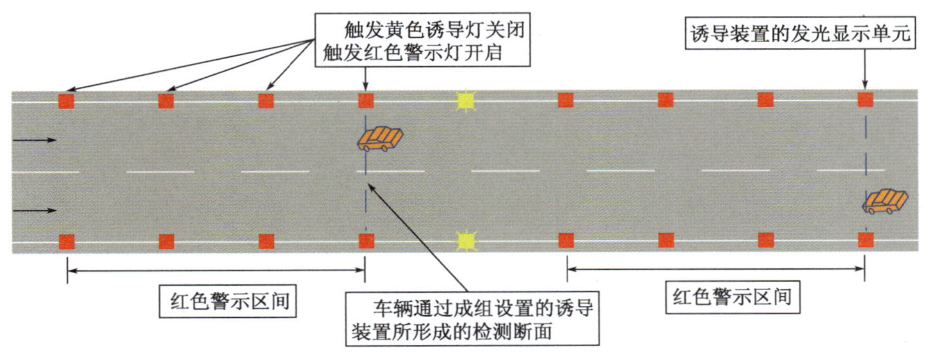

图5-7　防止追尾警示功能示意图

5.2.4　系统工作原理

雾天行车安全智能诱导系统以观测到的雾天能见度值为系统工作的触发条件。根据当前能见度值确定系统的功能模式以及主动发光诱导设施的工作状态。系统的道路轮廓强化、行车主动诱导以及防止追尾警示功能，主要是通过主动发光诱导设施的工作状态转换和控制来实现的，不同的工作状态对应不同亮灯的颜色、时间、闪烁频率以及占空比。系统具体工作原理如表5-1所示，系统工作流程如图5-8所示。

雾天行车安全智能诱导系统工作原理　　表5-1

序　号	能见度 V_i(m)	系 统 功 能	颜　色	频　率
1	$V_i > 500$	道路轮廓强化	黄色诱导灯	常亮
2	$500 > V_i > 300$	行车主动诱导Ⅰ	黄色诱导灯	60次/min
3	$300 > V_i > 100$	行车主动诱导Ⅰ	黄色诱导灯	60次/min
		防止追尾警示	红色警示灯	常亮
4	$V_i < 100$	行车主动诱导Ⅱ	黄色诱导灯	60次/min或120次/min
		防止追尾警示	红色警示灯	常亮

5.2.5　系统控制策略

雾天行车安全诱导装置组成的诱导系统具有自动控制和手动控制两种模式。手动模式是利用上位软件强制控制外场诱导装置；在自动模式控制方案中，诱导系统又具有星历控制和能见度自适应控制策略：星历控制是指系统能够根据当地日出日落时间自主运行；能见度自适应控制是指系统能够根据能见度条件来自动开启/关闭系统，自动启动防止追尾警示模式，自动调节发光显示组件的亮度等级，以实现最佳的安全诱导效果。

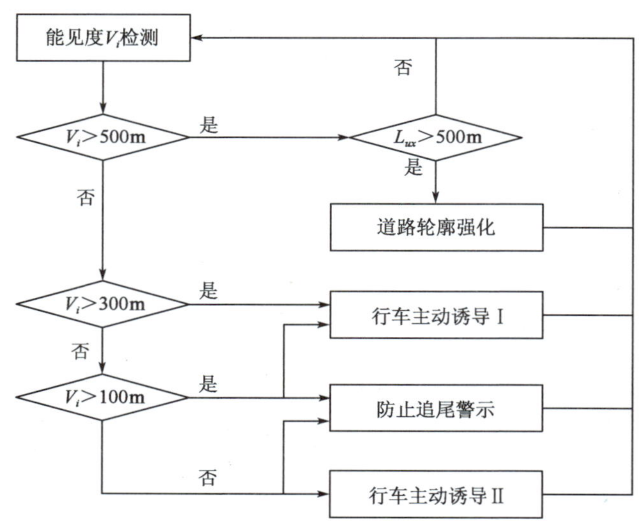

图5-8　雾天行车安全智能诱导系统工作流程

上位控制软件能够根据外场能见度条件、环境照度条件、日出日落时间等多重因素进行智能判断，当上述系统工作模式触发条件缺失或存在错误时，系统具有故障—安全导向模式，仍能自动选择合理的工作模式。

5.2.6　系统布设与安装

雾区行车安全智能诱导装置在中央分隔带和路侧成对布设，纵向间距是20m，如图5-9所示。雾区行车安全智能诱导装置主要采取附着式安装方案，即不安装额外的立柱作为支撑结构，利用沿线的波形梁护栏或混凝土护栏通过特殊设计的连接件实现附着式安装，其中波形梁护栏主要采用装置下部的带孔连接件与固定护栏板螺栓连接固定，混凝土护栏则需要在护栏上面采用膨胀螺栓固定法兰座，再通过法兰座与装置连接固定，如图5-10所示。

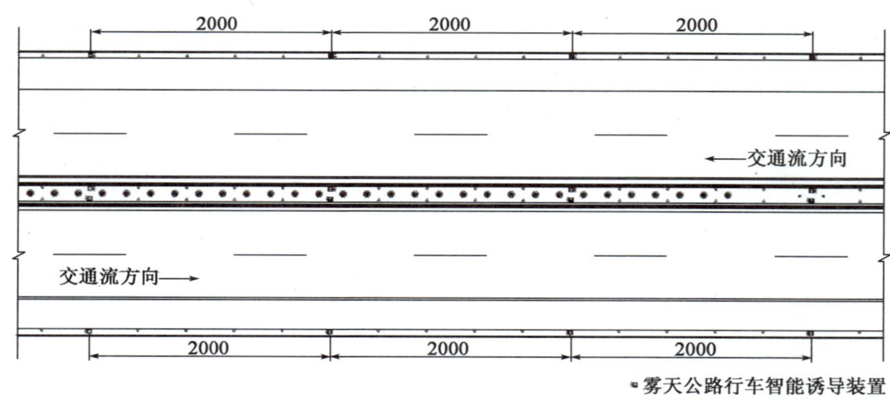

图5-9　雾区行车安全智能诱导装置布设(尺寸单位：cm)

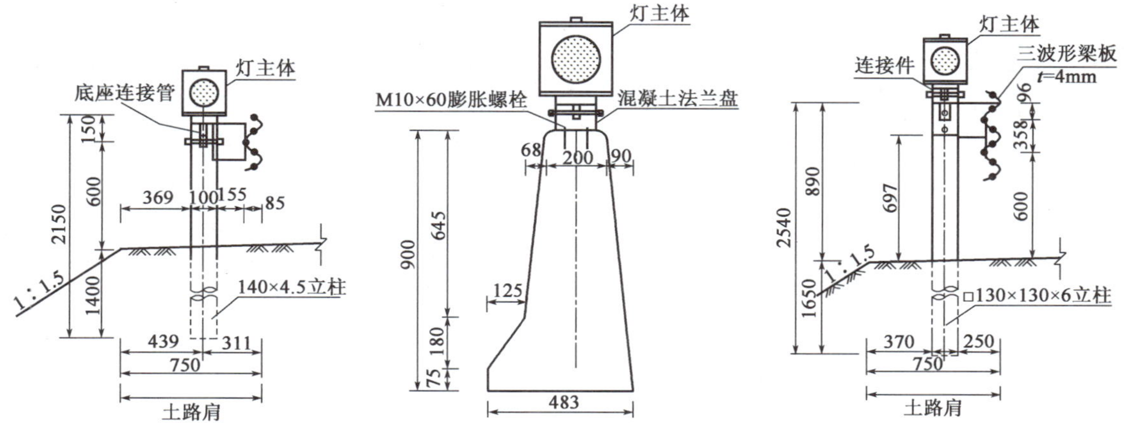

图 5-10　雾区行车安全智能诱导装置安装(尺寸单位:cm)

5.3　示范工程实施及效果

5.3.1　示范点选择

示范路段里程桩号位置的准确把握对于提高建设投资的利用效率,更好地发挥诱导装置实际作用至关重要。该项目对示范路段的选择进行了周密审慎的论证,首先根据工可文件大致确定沿线主要不良天气影响路段,其次通过气象部门获取沿线气象的一些历史资料的统计数据,再者,在土建施工阶段向各施工标段发放问卷调查表,如图 5-11 所示。最后,根据资金约束条件,召开论证会来确定将有限的资金投入具体安排在哪些路段。

毕节至都格高速公路多雾路段调查表

标段:＿＿＿＿＿填表人:＿＿＿＿＿联系电话:＿＿＿＿＿

说明:多雾路段主要是指一年内,估计出现能见度较低(小于 300m)的天数累计达到 30 天及以上,隧道路段除外。

联系人:XXX

调查问卷请于 X 月 X 日中午前发送至 XXX@qq.com

多雾路段	起点桩号	终点桩号	备注
1			
2			
3			
4			
5			
6			
7			
8			
9			
10			
11			

图 5-11　土建阶段各标段沿线雾情调查表

5.3.2　示范工程实施

根据毕都高速公路的特点、线形走向、气候特点、行车安全需求以及监控中心管理的需求,雾天行车安全智能诱导系统布设如表 5-2 所示。

毕都高速公路雾天行车安全智能诱导系统布设　　表 5-2

序　　号	桩　　号	系 统 配 置	通 信 方 式	供 电 方 式
1	K158 +400	控制器	光纤	市电
2	K154 +900 ~ K158 +400	诱导装置	无线	市电
3	K184 +000	控制器	光纤	市电

续上表

序　　号	桩　　号	系统配置	通信方式	供电方式
4	K183 +500 ~ K186 +100	诱导装置	无线	市电
5	K195 +500	控制器	光纤	市电
6	K194 +100 ~ K196 +100	诱导装置	无线	市电
7	K208 +800	控制器	光纤	市电
8	K208 +800 ~ K209 +900	诱导装置	无线	市电

5.4　本章小结

依托毕都高速公路科技示范工程,毕都高速公路建设方结合建设项目沿线的交通气象环境、桥隧等重要结构物分布以及运行管理需求,在大雾多发路段实施贵州省首个雾天行车安全智能诱导系统项目。经过近半年的试运行,系统工作稳定,运行效果良好,在雾天行车安全智能诱导系统实施路段尚未发生交通事故,与贵州省其他高速公路的大雾多发路段相比,显著提高了行车安全保障水平,减少了事故发生的概率,社会反映良好。同时,雾天公路行车安全智能诱导示范项目的实施,也给类似高速公路雾天影响路段提供了借鉴和指导的案例。工程实施效果如图 5-12 所示。

a)　b)　c)　d)

图 5-12　毕都高速公路雾天行车智能诱导系统实施效果

第6章 煤系地层隧道建设关键技术

6.1　毕都高速公路煤系地层隧道建设面临的安全问题

毕都高速公路全线隧道38.5km/26座，瓦斯隧道有6座，占比23.1%，远高于国内同类高速公路水平。瓦斯隧道是毕都高速公路的重大风险控制源。其中，岳家湾特长隧道长4091m，洞身大烂坝断层破碎带及煤层发育，存在瓦斯等有害气体，属于高风险隧道。青山特长隧道长3555m，通过钻探，在出口段发现煤层，伴生有瓦斯溢出现象。除此之外还有多座隧道，如梅花箐隧道、谢立大山隧道、水箐沟隧道、鱼塘梁子隧道等，均穿越煤系地层或采煤区与煤田附近延伸，煤层与煤线发育，瓦斯灾害防治任务突出，安全形式十分严峻。

根据施工阶段实际开挖后揭示，梅花箐隧道、水箐沟隧道在正常通风条件下回风巷瓦斯浓度高达4%～5%，局部位置浓度10%，远超过0.5%的正常施工作业水平。经第三方检测机构检测，其他各项指标，如瓦斯压力、绝对瓦斯涌出量等也均达到瓦斯突出隧道标准，鉴定为瓦斯突出隧道。施工期间，两座隧道均发生了瓦斯突燃等事故，其中梅花箐隧道还有一次瓦斯突出现象。

与煤矿井巷系统相比，公路隧道的技术标准、断面形状、平纵线形、结构特点、施工方式、施工设备与人员组成等均存在很大差别。在毕都高速公路中应用煤系地层隧道建设关键技术，采取有效措施和科学防治方法，满足了公路大规模瓦斯隧道灾害防治的迫切需求。

6.2　瓦斯隧道建设推广应用的关键技术

瓦斯隧道建设推广应用的关键技术是交通部西部交通建设科技项目（2007年）——“西部地区公路瓦斯隧道设计与施工技术研究”和四川省交通建设项目——“高瓦斯特长隧道建设关键技术”的研究成果。该项目在公路瓦斯隧道勘察技术与方法、瓦斯隧道分级标准、瓦斯隧道揭煤防突技术、瓦斯隧道运营监测和通风技术方面取得了多项突破，研究成果在四川省都江堰至汶川高速公路紫坪铺隧道、龙溪隧道，四川广安至邻水高速公路华蓥山隧道，映汶高速公路映秀隧道、雅泸高速公路勒不果喇吉隧道等多座公路隧道中获得成功应用。结合毕都高速公路隧道特点，该示范工程项目主要推广以下技术，以解决煤系地层隧道建设中面临的技术难题。

6.2.1 公路瓦斯隧道分级技术

公路瓦斯隧道分级标准是对瓦斯隧道进行设防并采取对应防护措施的基础。将我国现有的矿井瓦斯分级标准照搬于公路隧道存在种种问题,首先是瓦斯隧道防护过当与防护过轻的问题,对应在技术层面,即公路瓦斯隧道的分级标准。瓦斯分级不当将给隧道的施工带来极为重要的影响。

技术特点:基于公路隧道施工所需合理风量以及安全施工瓦斯浓度,通过分析计算隧道瓦斯工区掌子面附近绝对瓦斯涌出量,将毕都高速公路隧道评判为微瓦斯、低瓦斯、高瓦斯、瓦斯突出4种等级,作为设计变更以及采取各种对应防护措施的依据。

6.2.2 揭煤防突技术

与常规隧道施工不同,瓦斯隧道在开挖煤层及煤层前的岩层时,需有针对性地采取一些特殊的工程技术方法与施工方案。拟推广的揭煤防突技术其特点在于:利用超前钻探,确定隧道掌子面前方煤层的倾向、倾角以及与隧道轴线的方位关系;通过钻孔测试,进行揭煤前突出危险性预测;制订预抽瓦斯、排放钻孔等防治煤(岩)与瓦斯突出措施并进行防突效果检验。

对于过煤系地层的隧道而言,超前钻探可提前发现:

(1)前方岩体破碎程度及范围、岩体裂隙及发育状况。

(2)煤层分布、厚度、倾向与倾角及走向,煤的破坏类型。

(3)瓦斯涌出量及涌出初速度。

6.2.3 防爆机械与设备选型技术

现代隧道施工是由大型行走交通工具、自动化钻孔开挖机具、各种声光电与通风设备构成的机械化、信息化综合系统,在隧道内存在瓦斯的条件下,上述设备是产生瓦斯爆炸与燃烧的重大风险来源。有效进行防爆机械与设备选型,是高瓦斯隧道安全风险控制的重要工作任务之一。

技术特点:提出毕都高速公路高瓦斯隧道开挖、通风、装运、支护等主生产线设备的配置原则,确定主生产线机械的配置模式,制订挖装运、锚喷、衬砌生产线的预置改装目标;确定动力系统、电力系统两大关键系统的防爆改装关键部位及改装技术要求;提出进行改装机械设备管理程序及要求。

6.2.4 瓦斯隧道施工通风技术

施工通风是瓦斯隧道灾害控制的关键与核心技术之一,工作原理是通过输入新鲜空气降低隧道内瓦斯浓度,降低瓦斯爆炸与人员伤害。

技术特点:该技术通过对瓦斯公路隧道的规模、长度以及施工组织方案来进行针对性通风方案设计,根据公路隧道双洞推进的特点,利用双洞间的车行、人行横通道,确定分段压入式与巷道式施工通风方案,确定瓦斯隧道的进风道与回风道,综合计算分析风机的功率、布置方式,以及风管口径大小,明确掌子面、回风道等控制点的瓦斯浓度及风速要求。

6.2.5 瓦斯隧道远程自动监测与预警技术

采用现代的传感器设备和自动采集与显示系统，可做到对瓦斯浓度的实时、自动和远程监控，并通过预设瓦斯浓度报警值，实现对瓦斯浓度超限的自动化控制，有效克服人工检测漏检、误检、报警不及时等重大缺陷，为瓦斯隧道施工安全保驾护航。

技术特点：在对公路隧道各施工期瓦斯浓度控制的技术标准、要求进行全面分析的基础上，构建覆盖全隧道危险部位的瓦斯实时远程自动化监控网络，并积极探索与人工巡检相结合的瓦斯监控报警制度。

6.3 瓦斯灾害综合防治技术框架体系

通过上述关键技术分析，并系统梳理国内公路、铁路、矿井等相关行业的技术规范、研究成果，毕都高速公路瓦斯隧道群灾害遵循系统防治、综合治理的技术思路，按照超前探测、瓦斯工区等级与隧道设防等级、防爆设备改装、施工通风、揭煤防突、钻爆开挖、瓦斯监控等 8 个方面构建公路瓦斯隧道综合防灾技术体系，瓦斯灾害综合防治技术框架如图 6-1 所示。

6.3.1 煤层瓦斯隧道超前探测

煤层瓦斯隧道超前探测是在地质分析和物探预测的基础上，当接近煤层和其他不良地质体时通过超前钻探准确查明煤层走向、倾角、厚度以及瓦斯压力、涌出量、涌出初速度等参数，从而进一步确定瓦斯隧道工区等级与衬砌结构设防等级。

瓦斯隧道务必贯彻长短结合的探测原则，其探测方法宜根据图 6-2 所示方案，进行综合探测预报。对于煤层，应采取长距离预报与短距离预报相结合的方式，提前发现煤层产状与位置。对于瓦斯，应采取以超前钻孔为主的探测方式。

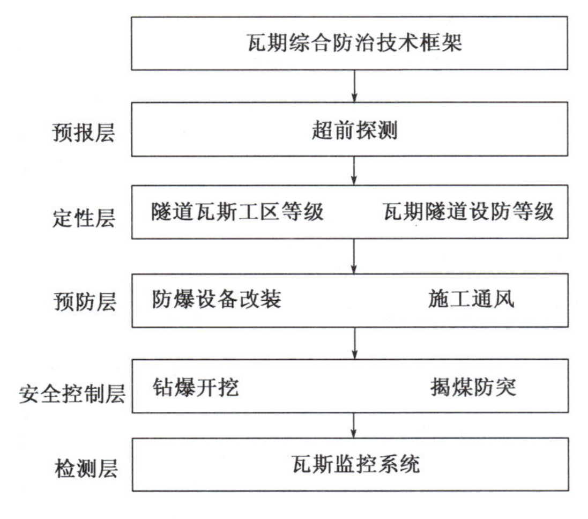

图 6-1 公路隧道瓦斯灾害综合防治技术框架体系

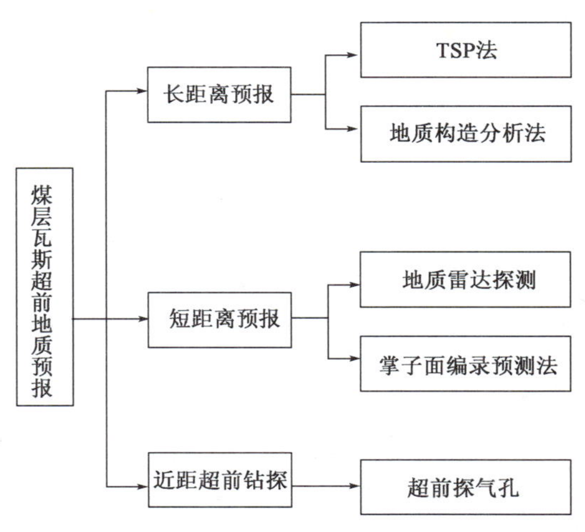

图 6-2 煤层瓦斯超前探测综合方案

超前钻孔的布置应遵循以下原则：

（1）采用防爆型液压钻机钻孔。

（2）超前钻孔探测距离不小于20m，超出隧道轮廓5m，两循环搭接10m以上。

（3）应结合超前钻孔测量瓦斯相关技术参数（组分、流量、压力等）。

超前钻孔的布置如图6-3所示，其工作程序如下：

（1）20m时钻孔1个，穿透煤层。

（2）10m时钻孔数量>4个，穿透煤层，取芯。

（3）注意观察孔内排出的浆液、煤屑、瓦斯动力现象等，并记录。

（4）按各孔见煤、出煤点计算煤层厚度、倾角、走向及与隧道的关系，分析煤层顶、底板岩性。

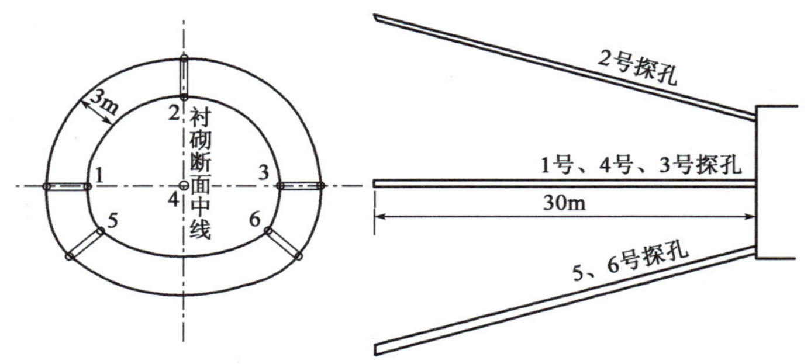

图6-3　公路瓦斯隧道超前探测钻孔布置

如需测定煤层的准确位置，按照空间几何，最少需要3个点才能确定煤层产状平面。但鉴于煤层在大范围内是任意不规则的曲面，一般需要5个以上的钻孔测点。在隧道附近的小范围内，可以假定煤层是平面，设其方程如下：

$$Ax + By + z + C = 0$$

若探测孔为3个，其见煤点坐标为：$A_1(x_1, y_1, z_1)$、$A_2(x_2, y_2, z_2)$、$A_3(x_3, y_3, z_3)$，则煤层面的方程为：

$$\begin{vmatrix} x & y & z \\ x_1 & y_1 & z_1 \\ x_2 & y_2 & z_2 \\ x_3 & y_3 & z_3 \end{vmatrix} = 0$$

为了精确确定煤层厚度和位置，除探测孔外，应利用瓦斯预测、排放孔的参数，共同确定煤层的平面方程。此时，理想的煤面方程应满足煤面至各探孔过煤点垂距平方和最小的条件。

6.3.2　瓦斯隧道工区分级与隧道衬砌设防等级

瓦斯隧道工区等级与瓦斯隧道衬砌设防等级是两个不同的概念。瓦斯隧道工区等级的划分针对施工阶段，是根据施工组织及瓦斯设防需要，经技术经济比较后确定。划分为不同类型的工区后，在施工机械和施工方法上可区别对待，从而达到简化施工和降低造价的目的。瓦斯隧道衬砌设防等级主要是针对衬砌与支护结构的强弱，是针对设计阶段而言的。

根据毕都高速公路隧道现状，瓦斯工区根据其瓦斯含量的情况，可分别采用不同的衬砌结构。瓦斯工区分级见表6-1，衬砌设防等级划分见表6-2。

瓦斯工区等级　表6-1

瓦斯工区等级	绝对瓦斯涌出量 $Q_{绝}$(m^3/min)	瓦斯工区等级	绝对瓦斯涌出量 $Q_{绝}$(m^3/min)
微瓦斯	$Q_{绝}<0.5$	高瓦斯	$Q_{绝}\geqslant 1.5$
低瓦斯	$0.5\leqslant Q_{绝}<1.5$	瓦斯突出	发生突出现象并经突出危险性鉴定

衬砌结构设防等级划分　表6-2

衬砌结构等级	瓦斯压力(MPa)	衬砌结构等级	瓦斯压力(MPa)
Ⅲ	$P<0.20$	Ⅰ	$P\geqslant 0.75$
Ⅱ	$P\geqslant 0.20$ 且 $P<0.75$	—	—

表6-2中关于0.2MPa的界限取值原因：含瓦斯地段分为三、二、一共三级，经检算，当瓦斯压力小于0.2MPa，结构采用一层40cm厚气密性混凝土即可有效封闭瓦斯。关于瓦斯工区等级与衬砌设防等级的综合评定技术路线如图6-4所示。

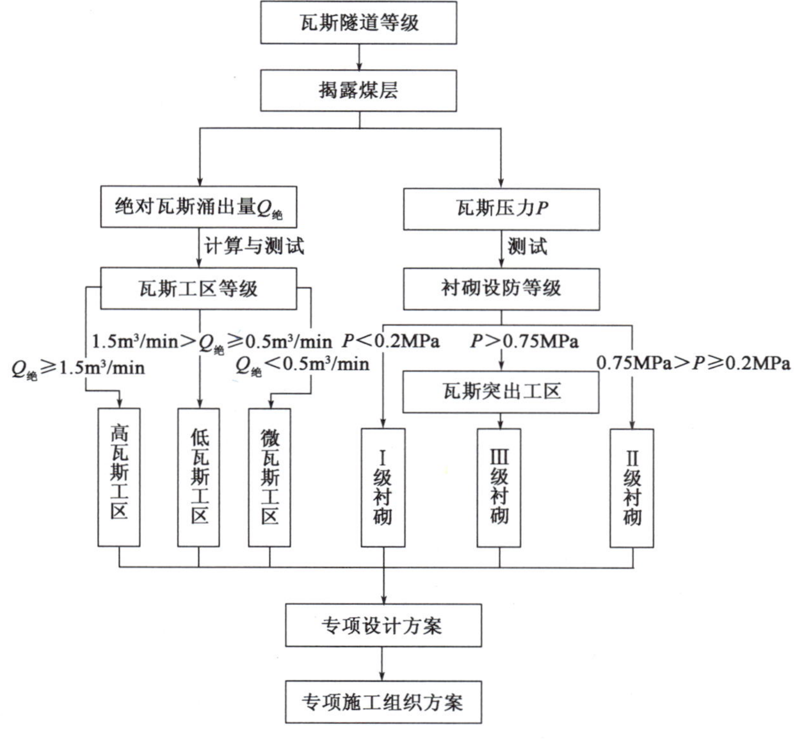

图6-4　公路隧道瓦斯分级技术路线

6.3.3 施工通风

经过若干瓦斯隧道工程试验与实践，公路瓦斯隧道施工通风应遵循以下原则：非瓦斯工区的施工通风方式宜采用压入式或混合式；低瓦斯工区的施工通风方式应采用压入式或巷道式；

高瓦斯工区和煤与瓦斯突出工区或整个瓦斯隧道，施工通风方式宜采用巷道式。

1）压入式通风

经调研，独头掘进长度小于2km的瓦斯隧道多采用压入式通风，是目前隧道施工通风的主要方式。发耳隧道等众多独头掘进瓦斯隧道均采用压入式通风。

2）巷道式通风

巷道式通风适用于设有平导的长隧道或左、右线分离的公路隧道，尤其适用于瓦斯隧道特别是高瓦斯隧道施工通风，技术原理如图6-5所示。正洞和平导前面的独头掘进隧道，可以采用局部的风管式通风。《公路隧道施工技术规范》（JTG F60—2009）中规定，高瓦斯工区的施工通风宜采用巷道式。

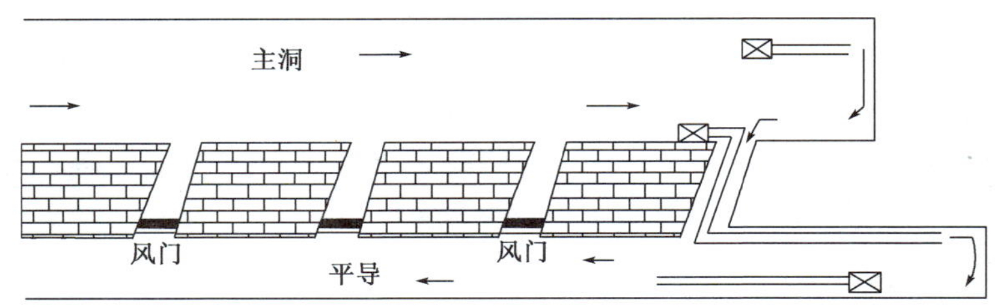

图6-5 巷道式通风技术原理

射流巷道式通风充分发挥了巷道式通风的优势，具有通风效果好、能耗低、现场操作简单、可靠性高等优势，是长大高瓦斯隧道（双线隧道或有平导的长大隧道）最适合的施工通风方式，在近几年瓦斯隧道建设中得到大量推广应用，如都汶高速公路紫坪铺隧道、龙溪隧道；垫邻高速公路明月山隧道、铜锣山隧道以及忠垫高速公路谭家寨隧道等均采用此种施工通风方式，取得了显著的防治瓦斯的效果。

3）瓦斯隧道施工通风计算方法

瓦斯隧道通风除了按照爆破排烟、同时工作的最多人数、洞内施工机械排放废气量等常规项目分别计算通风所需风量外，还必须根据瓦斯涌出量计算需风量，并按最小允许风速进行检验，采用其中的最大值，以确保风量和风速满足瓦斯防治要求。

按瓦斯涌出量计算瓦斯隧道通风量，按式（6-1）进行计算：

$$Q = Q_{绝} \cdot \frac{k}{r} \tag{6-1}$$

式中：Q——瓦斯隧道通风量；

$Q_{绝}$——瓦斯绝对涌出量；

k——瓦斯涌出不均匀系数，取1.5～2.0；

r——工作面回风流瓦斯允许浓度。

4）通风系统设计

瓦斯隧道通风系统设计应充分考虑以下几个因素：

（1）漏风系数。

（2）风机供风量。

（3）风阻系数。

(4)管道阻力损失及通风机全压。

(5)风机选型及系统工况。长大隧道在0～600m、600～1900m两阶段的巷道式通风方案如图6-6所示。

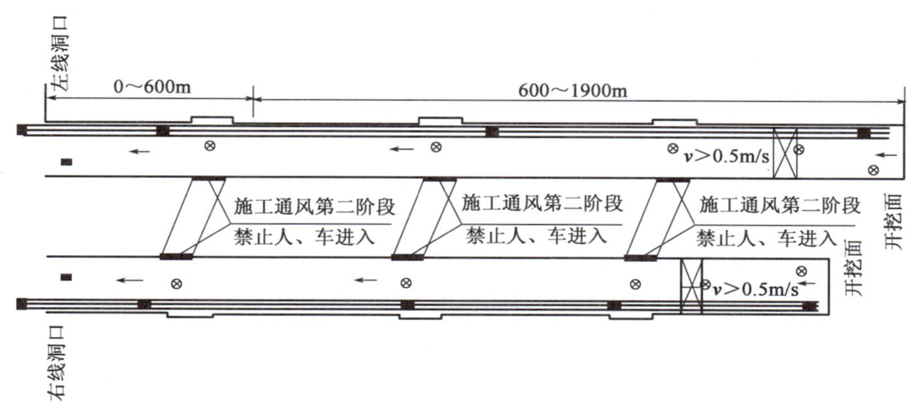

图6-6　长大隧道两阶段施工通风方案

6.3.4　防爆设备改装

瓦斯隧道防爆改装可遵循图6-7所示的基本原则，即在瓦斯工区不长、工期短的条件下，可以通过加强通风，降低瓦斯浓度并采取严格检测监控的方式，降低防爆高投入与工效低产出之间的矛盾。

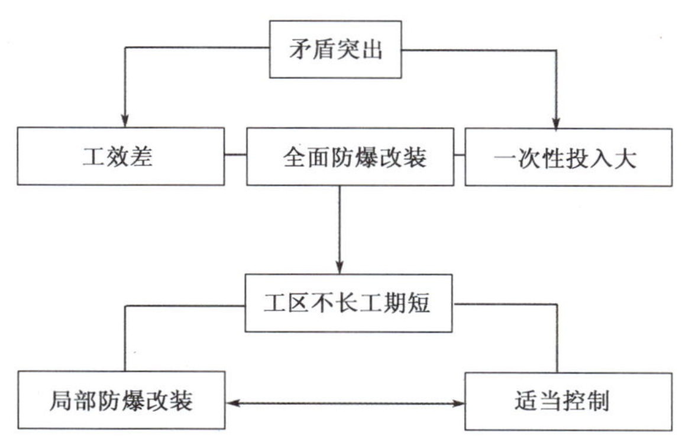

图6-7　瓦斯隧道防爆设备改装基本原则

瓦斯隧道施工设备(含照明灯具、供配电设施、通风设备、行走机械等)配置是否要全部采用防爆型，不能仅根据是否为"高瓦斯隧道"或"瓦斯突出隧道"来定性确定，而应根据隧道实际瓦斯浓度、高瓦斯及瓦斯突出区域长度、通风条件等具体条件综合确定：

(1)隧道内瓦斯浓度高，高瓦斯及瓦斯突出区域长度大，隧道可全面配置防爆型设备。

(2)隧道内瓦斯浓度高，高瓦斯及瓦斯突出区域长度有限，通风良好，可在设置瓦斯监控系统及风、瓦、电连锁系统的前提下，根据实际情况对隧道内的电气设备、线路、局部风机、搅拌机、注浆机及二次衬砌台车电机等固定设备采用防爆型设备，隧道内施工的行走设备，如挖掘机、装载机、出碴机车等可考虑使用非防爆型设备。

公路隧道设计断面通常较大,在满足机械化施工需求的前提下,宜尽可能减少大型作业机械的配置数量,以控制机械改装工作量,作业机械按下列原则配置:

(1)中、长隧道可按无轨运输模式组织施工。

(2)各生产线生产能力基本均衡,且能满足施工进度指标要求。

(3)配置必要的备用设备,主要是运输设备、混凝土喷射机、抽水机等。

(4)设置专门维护、修配工作间,储备一定数量的零部件和原材料,特别是防爆型部件。

(5)严禁使用汽油机械。

(6)针对软质岩比例高的实际情况,增加轻型风钻数量。

(7)混凝土拌和站全部设置于洞外。

高瓦斯公路隧道施工机械设备防爆要求如下:

(1)防爆装运机械主要是有轨运输的,如扒渣机、梭式矿车等。

(2)其他施工设备如混凝土喷射机、水泵、液压钻机、电煤钻等,均可选择防爆型的。

(3)其他非防爆施工设备如电焊机、混凝土输送泵、振动机、振动棒等,在这些机械设备附近安设瓦斯传感器,并与瓦斯断电仪或瓦斯监测分站连接。

(4)非防爆施工设备如果要在高瓦斯隧道施工中使用,必须采取严格防爆措施。如在挖掘机、装载机、翻斗汽车上安装瓦斯断电仪,控制打火电源。

6.3.5 瓦斯监测与检测

全面、实时把握隧道内瓦斯状况是采取相应防治措施、防止瓦斯灾害事故的重要依据。对于公路高瓦斯隧道,应通过系统自动监控和人工检测相结合,建立覆盖全瓦斯工区的瓦斯实时监测网络,有效解决瓦斯漏检漏测难题。

隧道瓦斯检测点位设置如图 6-8 所示。

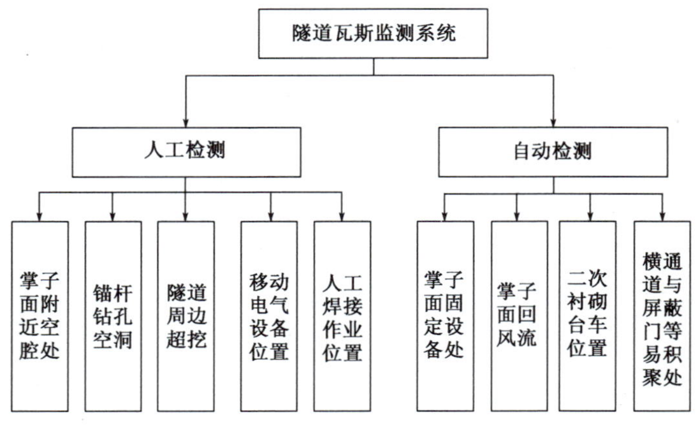

图 6-8 隧道瓦斯检测点位设置

关于自动监控系统,国内各主要科研单位和生产厂家相继推出了 KJ90、KJ95、KJ101、KJF2000 和 KJG2000 等监控系统,以及 MSNM、WEBGIS 等煤矿安全综合化和数字化网络监测管理系统。

各瓦斯监控系统千差万别,但就系统的整体结构和技术特征而言大体相同,主要由 4 部分

组成:

(1)监控主机、计算机网络及监控软件。

(2)传输接口和传输通道。

(3)井下数据采集分站。

(4)各种传感器及执行器,瓦斯隧道自动监控系统构成如图6-9所示。

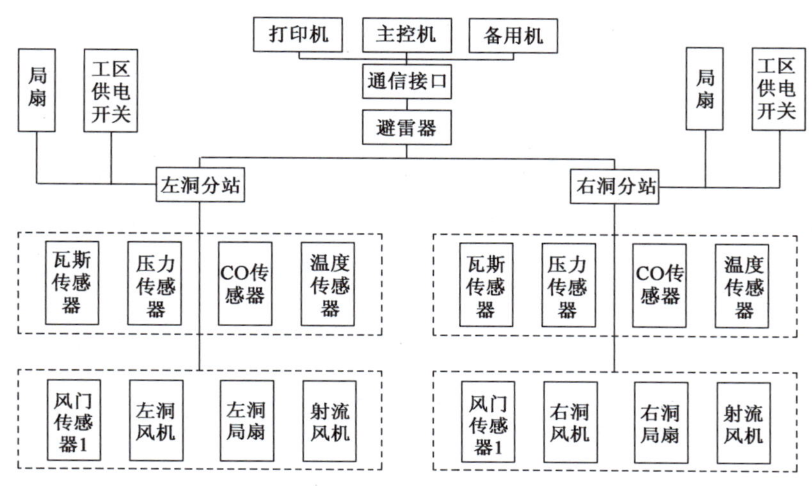

图6-9 瓦斯隧道自动监控系统构成

6.4 瓦斯突出隧道防治技术示范应用

该项目组收集了毕都高速公路全线瓦斯隧道勘察设计资料,分析了全线6座瓦斯隧道的煤层地质条件;通过现场踏勘,确定了以梅花箐隧道为典型依托工点。

6.4.1 梅花箐隧道简介

梅花箐隧道是一座上下行分离式四车道高速公路长隧道,位于毕节市纳雍县库东关乡境内,隧道左线长1887m(ZK97+203~ZK99+090),右线长1922m(YK97+185~YK99+107),设计行车速度80km/h。

梅花箐隧道原设计为低瓦斯隧道,2013年2月27日发现瓦斯异常,经专业部门检验为瓦斯突出隧道。施工过程中共揭露18层厚度在0.5m以上的煤层,所揭煤层最大厚度为12m,每吨煤最大释放瓦斯含量达11m^3,属瓦斯突出隧道。同时该隧道所处地理位置又为煤与瓦斯突出矿区,整个洞身穿越煤系地层,穿越多处老煤窑涌水涌泥地段,洞身围岩极其破碎,地质条件十分复杂、施工支护十分困难。

梅花箐隧道是煤与瓦斯突出隧道,在施工工序、施工工艺、作业人员配备、机械设备、电气设备、通风系统、防火防尘、爆破器材、安全防护等方面给施工方提出了较高的要求。梅花箐隧道地质纵剖面如图6-10所示。

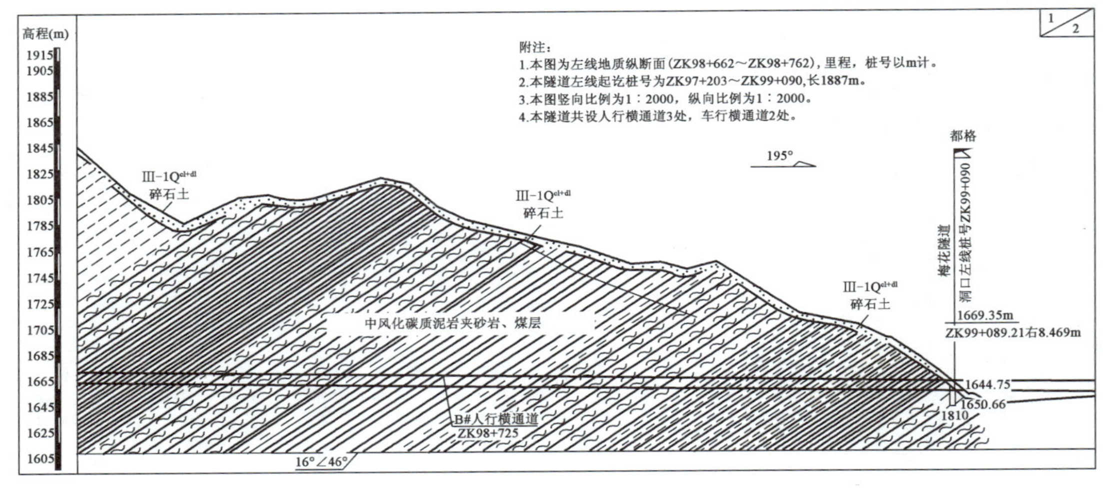

图 6-10　梅花箐隧道地质纵剖面图

为确保该隧道安全顺利施工，参建各方培训和配备瓦斯隧道特殊工作人员近 160 人，改装防爆行走机械设备 16 台，组建了对应的防突队、地质队、抽放组、监控组、通风组，建立了完善的煤矿防爆电气系统、通风系统、瓦斯监控系统、瓦斯抽放系统，同时，还为梅花箐隧道购置了防突仪、危险预报仪、瓦斯抽放等设备，专门聘用第三方咨询机构和具有煤矿施工经验的各类技术人员 10 人进驻现场进行揭煤设计和技术指导，为梅花箐隧道安全顺利贯通提供了可靠组织、技术保障，成功处置了左洞瓦斯燃烧及右洞瓦斯突出等地质灾害，也为今后贵州省乃至全国在公路工程隧道瓦斯治理、揭煤防突方面积累了宝贵经验。

在各参与部门的共同努力下，梅花箐高瓦斯突出隧道在近 30 个月的施工过程中，实现了施工过程零事故、零伤亡，取得了良好的社会经济效益。梅花箐隧道已于 2014 年 12 月 31 日建成通车。

6.4.2　煤与瓦斯突出鉴定

1）揭煤施工概述

梅花箐隧道于 2012 年 6 月 21 日开始施工，2013 年 4 月 3 日，右线出口端已施工至 YK98 + 748 里程处（即右线总进尺为 359m）时，炮后掌子面顶部揭露一层厚约 1.8m 的煤层，煤层倾角 25°（属正向揭煤）。炮后掌子面瓦斯大量涌出，正常通风情况下局部瓦斯浓度超过 10%，回风瓦斯浓度 4% 左右。施工单位立即对右线出口停工整改。停工期间，左线出口端 ZK98 + 762 掌子面上台阶施工了一个水平超前探孔，探测结果显示掌子面前方 20m 处存在一层 1.8 ~ 2.0m厚的煤层，探孔瓦斯大量喷出，经分析，该煤层与右线出口端 YK98 + 748 掌子面揭露煤层应为同一煤层。根据隧道施工记录，右线出口端已揭穿 3 层煤、揭露 1 层煤，左线出口端已揭穿 3 层煤，揭煤过程掌子面瓦斯涌出量较大，已揭煤层相关赋存参数未记录。经调研，邻近矿井马驼子煤矿主采 M16、M18、M29、M73 四层煤，均为突出煤层，因矿井已关闭，且缺乏隧道已揭煤层的相关赋存特征参数，因而无法将隧道煤层与邻近矿井煤层进行对比。因此，将出口右线 YK98 + 748 掌子面揭露的煤层命名为“自编 4 号”。

梅花箐隧道施工揭煤现场照片如图 6-11 所示。

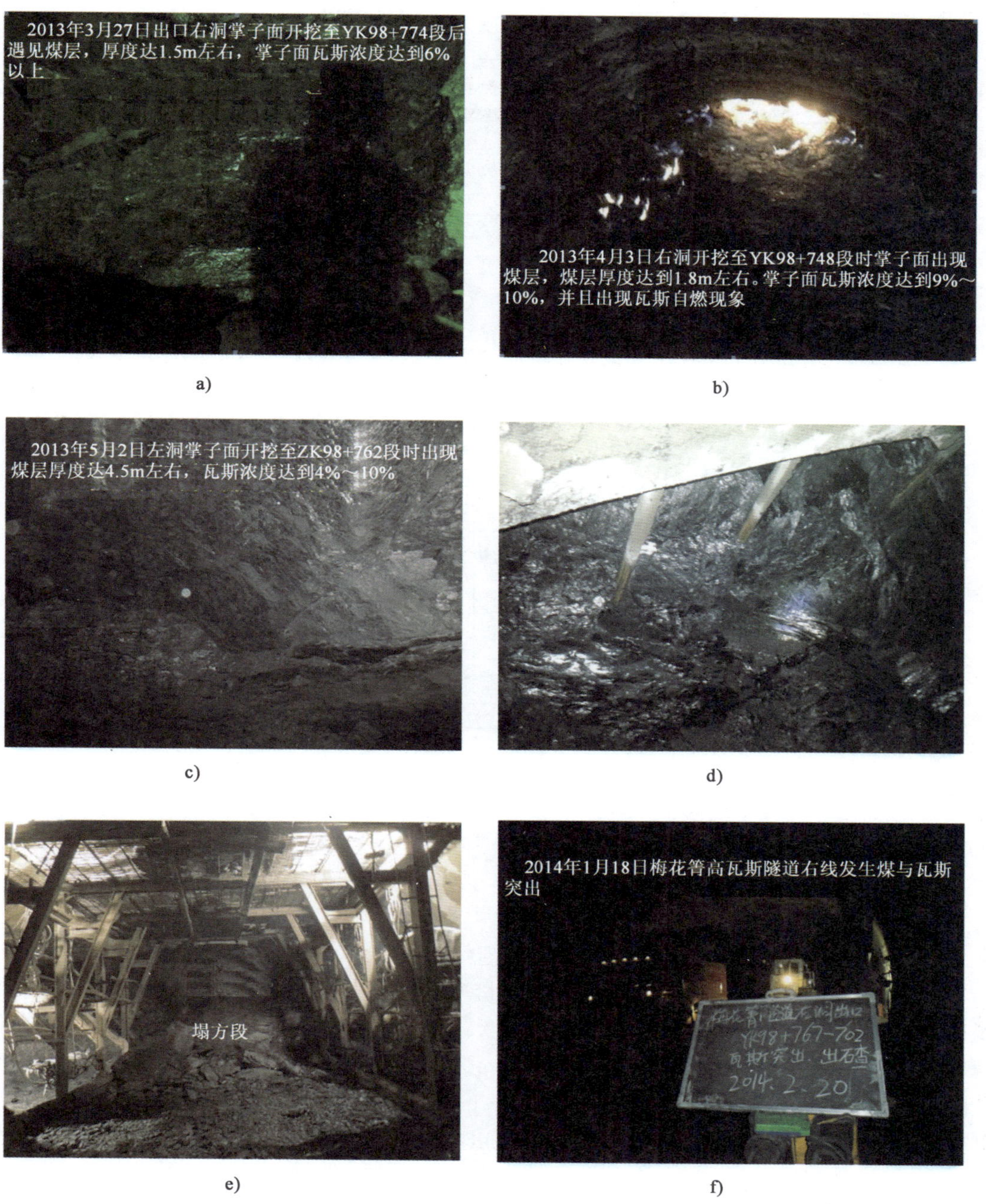

a)　　b)　　c)　　d)　　e)　　f)

图 6-11　梅花箐隧道施工揭煤照片

2）超前钻孔探煤

梅花箐隧道右洞 YK98 + 748 掌子面钻孔见煤标志如图 6-12 所示，梅花箐隧道左洞 ZK98 + 762 掌子面钻孔见煤结构示意如图 6-13 所示。

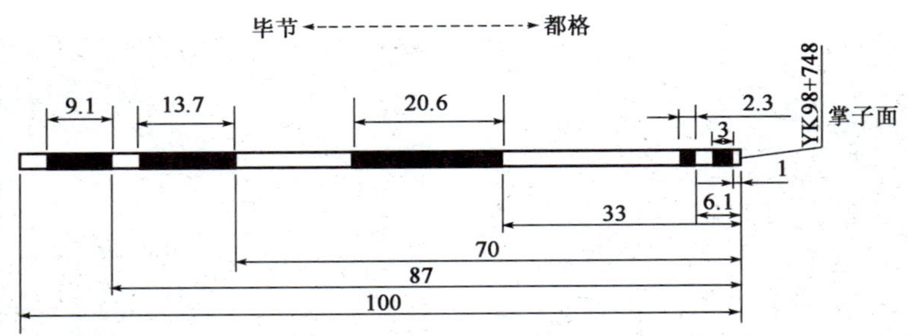

图 6-12　梅花箐隧道右洞 YK98 +748 掌子面钻孔见煤标识图

注:1. 图中单位以 m 计;

2. 2013 年 10 月 15 日至 10 月 20 日,隧道右洞施工 1 个探孔,长度为 100m。钻孔在 1m 见煤,见煤长 3m;在 6. 1m见煤,见煤长 2. 3m;在 33m 见煤,见煤长 20. 6m;在 70m 见煤,见煤长 13. 7m;在 87m 见煤,见煤长 9. 1m。

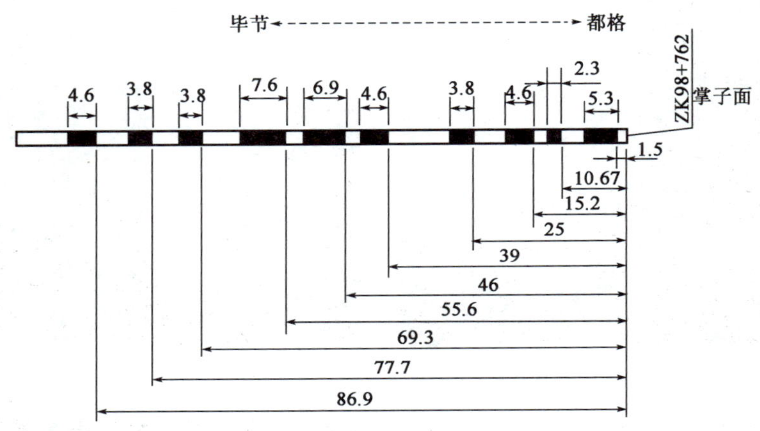

图 6-13　梅花箐隧道左洞 ZK98 +762 掌子面钻孔见煤结构示意图

注:1. 图中单位以 m 计;

2. 2013 年 10 月 20 日至 10 月 21 日,隧道左洞施工 1 个探孔,长度为 100m。探孔共见煤 10 层。

2013 年 8 月专业技术人员对钻孔揭示的自编 4 号煤层瓦斯突出危险性进行预测,现场实测自编 4 号煤层瓦斯含量高达 11. 69m³/t,大于《防治煤与瓦斯突出规定》(国家安全生产监督管理总局令 第 19 号)判定突出的瓦斯含量 8m³/t 的临界值,现场实测掌子面自编 4 号煤层的钻屑瓦斯解吸指标 K_1 值最大值为 0. 65mL/g · min1/2(湿),超过《防治煤与瓦斯突出规定》判定突出的钻屑瓦斯解吸指标 K_1 值临界值 0. 4mL/g · min1/2(湿)。因而判定梅花箐隧道出口端自编 4 号煤层具有瓦斯突出危险性,梅花箐隧道出口端为瓦斯突出工区。

6.4.3　专项施工方案

1)总体施工方案

瓦斯隧道施工,是以超前地质探测、移动设备防爆改装和施工用电设备器具防爆改装为前提,以瓦斯检测和监控为根本,以瓦斯预防与防治相结合进行的隧道施工组织,如图 6-14 所示。

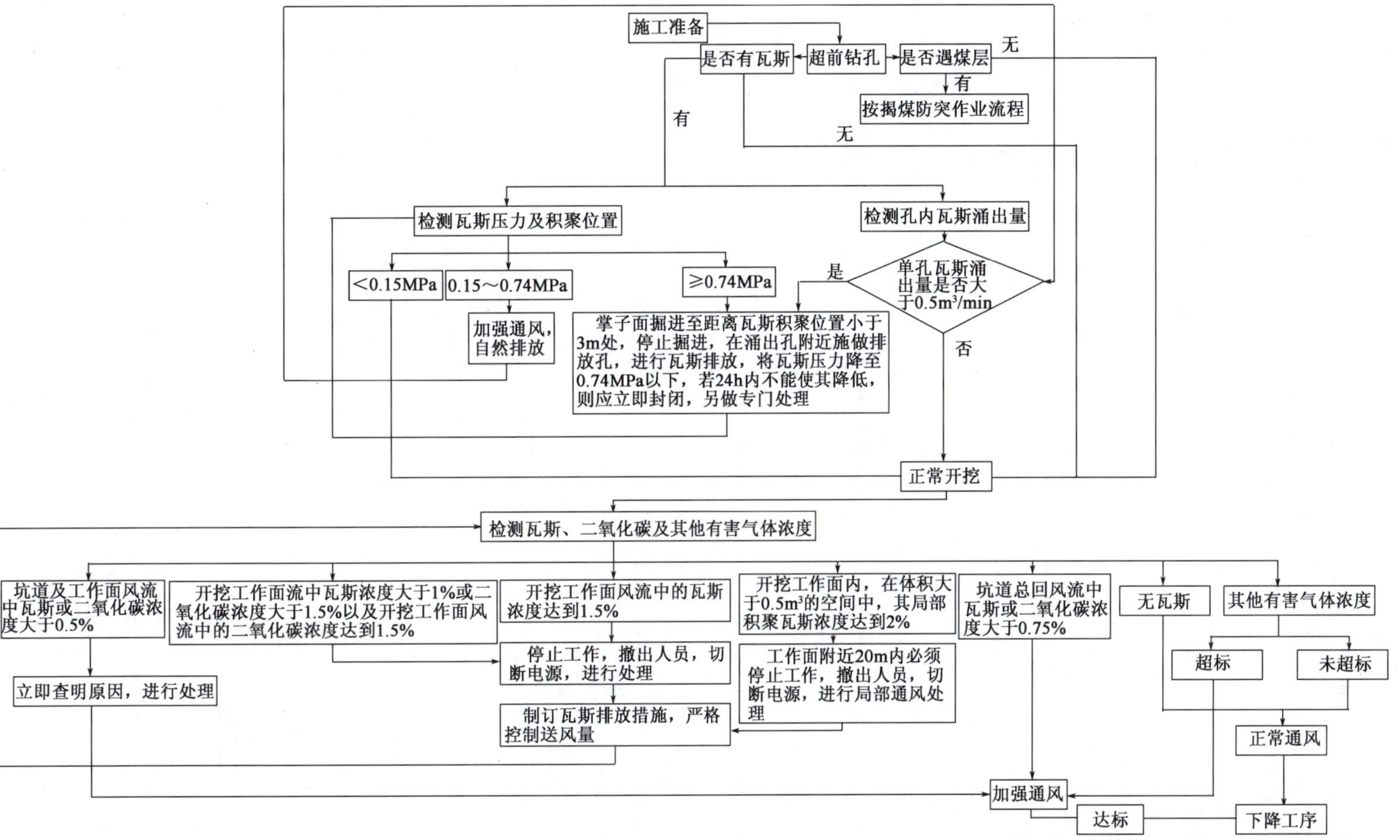

图6-14　梅花箐瓦斯突出隧道施工工序

瓦斯隧道施工的关键点在于：加强瓦斯预测及瓦斯浓度检测，加强通风（稀释瓦斯浓度、减少瓦斯局部聚集）；控制火源点（防爆设备和防爆电器设备不产生火花，加强人员管理，不带入火源和产生火花）；制订严格瓦斯隧道安全管理制度并一丝不苟地执行各种安全制度，才能确保瓦斯隧道施工安全。

2）超前地质探测

该隧道采用的超前地质预报方法主要有地质分析法、地震波反射法中的TSP203超前探测、超前钻探和炮眼加深。

瓦斯隧道超前地质探测，主要是对煤层的探测和煤层瓦斯含量等参数的检测，在超前地质探测的基础上，辅以超前地质钻孔探煤，当接近设计煤层段落或其他不良地质时，通过超前钻孔取得煤层走向、倾角、厚度，做出瓦斯涌出量多少的判断，确定瓦斯隧道风险等级；超前钻孔中对煤样测试钻屑解吸指标 K_1 值，初步判断煤层地段有无煤与瓦斯突出风险。若有突出危险需请专业机构对煤层“突出”危险性预测。

3）防爆机械设备改装

防爆改装原则为：隧道内非瓦斯区的电气设备与作业机械可使用非防爆型，其行走机械严禁驶入高瓦斯区和瓦斯突出区；隧道内高瓦斯区和瓦斯突出区的电气设备与作业机械必须使用防爆型。机械防爆改装方案如下：

（1）总体方案

针对梅花箐瓦斯隧道内燃施工机械设备选配了一套适合于车载的瓦斯自动监测报警闭锁系统。该系统安装于内燃施工机械设备上，实时监测其周围环境空气中的瓦斯浓度，当环境瓦斯浓度超过报警限值，系统发出声光报警，浓度继续上升，超过断电上限后，监控系统发出车辆自动断油断电信号，控制车辆上相关电子装置实现自动断电熄火功能。当环境瓦斯浓度降到安全限值以下报警解除后，该内燃施工机械设备方可再次启动。

（2）系统选型

煤矿瓦斯监测设备目前市面上型号众多，但多数设备都比较笨重，价格质量也参差不齐，设备的安装维护也各有不同。考虑到监测系统在内燃施工机械设备上应用与矿井的条件差别，选用山东淄博雍利安自动化设备有限公司研制的车载式甲烷断电仪主机（DJ4Y220-Z）和GJC4（B）低浓度甲烷传感器，该系统具有体积小巧、安装方便、运行稳定、价格便宜的特点。

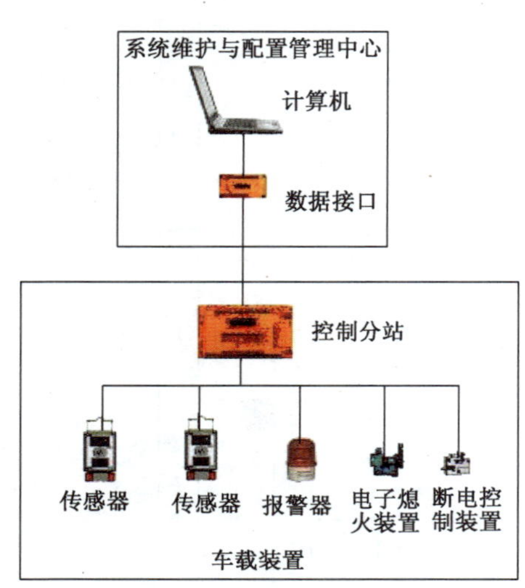

图6-15　系统结构

（3）系统组成

该系统主要由系统维护与配置管理中心、控制分站、检测控制器三部分组成，如图6-15和图6-16所示。报警器接收分站发来的报警信号，发出声光报警提示，提前发出预警。

（4）安装方法

监测分站安装位置可根据内燃施工机械、设备本身的结构特点进行选择，可安装于驾驶室、内燃机械设备底部或侧面以及驾驶室与车厢连接处等。传感器安装于驾驶室顶部通风处。由于内燃施工机械、设备在运行时是一个振动剧烈的载体,因此相关设备需要做加固与防振设计。

(5)系统特点

①设备轻便,价格实惠。

②安装快捷,维护简便,只需要施工维修场地即可完成安装。

③系统运行稳定可靠。

④不会改变该内燃施工机械设备的动力特性。

(6)机械的改装

应对施工机械进行防爆性能改装,以满足施工要求,进行防爆改装的机械见表6-3,车辆防爆改装示意如图6-17所示,改装效果如图6-18、图6-19所示。

防爆改装的机械　　表6-3

序　　号	机械设备名称	单　　位	数量(台)	备　　注
1	挖掘机	台	1	防爆性能
2	装载机	台	2	防爆性能
3	出渣运输车	台	6	防爆性能
4	混凝土罐车	台	2	防爆性能
5	输送泵	台	1	防爆性能
6	喷浆车	台	1	防爆性能

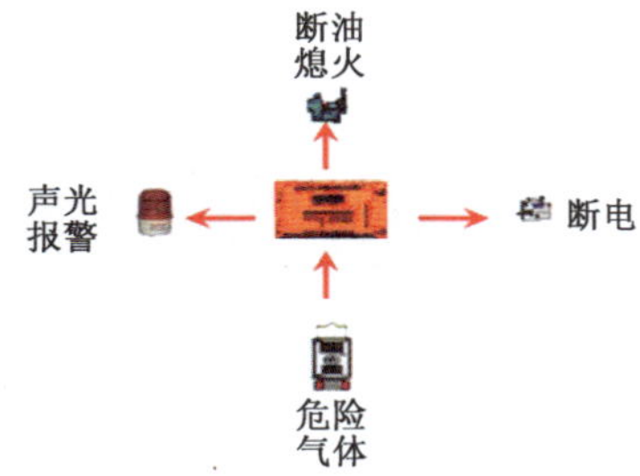

图6-16　系统工作原理示意图

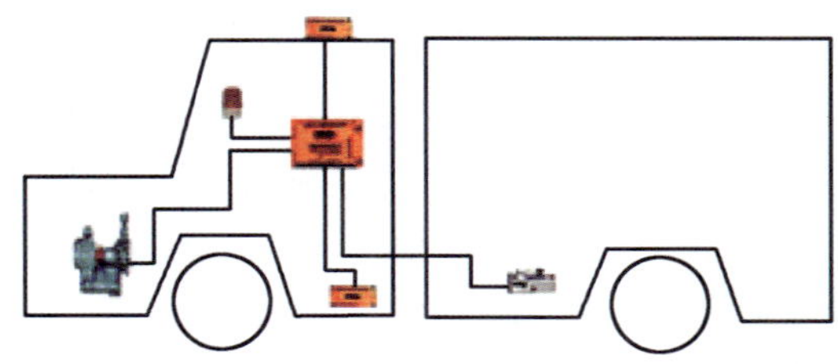

图6-17　车辆防爆改装示意图

图6-18　装载机现场改装

图6-19　出渣车现场改装

4)施工通风

梅花箐隧道为瓦斯突出隧道,需要24h通风稀释瓦斯浓度,瓦斯段在洞口附近200m距离,采用压入式通风,风机装设在距离洞口20m处,采用250kW的发电机作为备用电源,并于瓦斯监控主机上安装风电闭锁装置,确保瓦斯浓度偏高时自动增加风量。隧道内防止瓦斯浓度聚集的风速不低于1m/s。在梅花箐隧道出口左右洞各配置一台2×75kW矿用防爆型通风机,ϕ120cm的抗静电、抗阻燃螺旋式软式风带。梅花菁隧道洞内风管布置如图6-20所示。

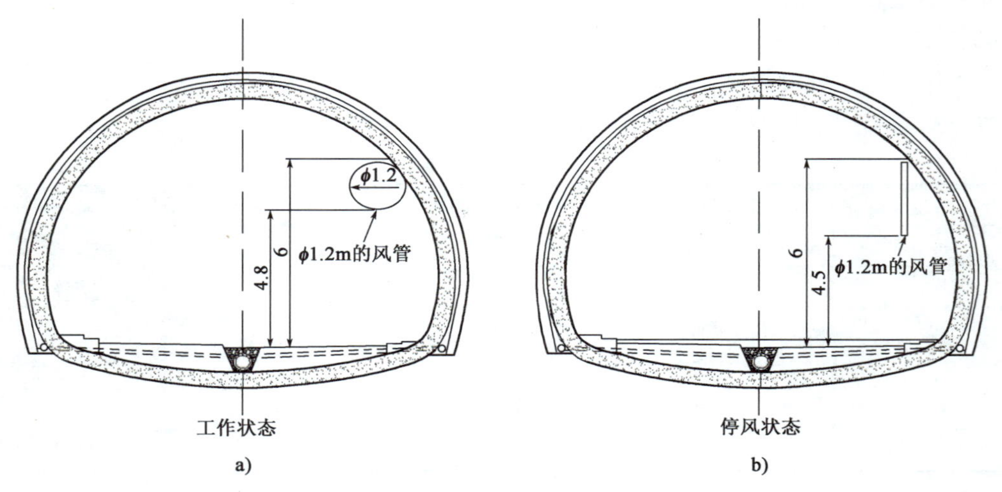

图6-20 梅花箐隧道洞内风管布置(尺寸单位:m)

(1)通风方式

梅花箐隧道出口为煤与瓦斯突出隧道,隧道净空尺寸为10.25m×7.1m,在满足最大高度的混凝土罐车通过高度3.85m基础之上,预留0.5m高度的富余量,拱顶剩余2.75m,梅花箐隧道高度可以考虑采用直径1.2m的风带,正洞断面在紧急停车带Ⅲ级围岩段断面最大,为116.3m^2,左右洞均采用压入式通风。

(2)设备配置

梅花箐隧道出口左右洞各配置一台2×75kW通风机,ϕ1.2m风管均采用抗静电、阻燃的柔性风管。根据通风检测情况,对瓦斯易于积聚的空间,实施局部通风的方法,消除瓦斯积聚。梅花箐隧道通风设备配置如图6-21所示。

(3)各工序、各作业点对施工通风的要求

瓦斯隧道各开挖工作面必须采用独立通风,严禁任何两个工作面之间串联通风,实施24h不间断连续通风。在衬砌台车附近及其他瓦斯易于聚集的空间,设置空气引射器、气动风机等设备,以达到局部风速不小于1m/s,防止瓦斯聚集。因检修、停电的原因停风时,必须撤出人员,切断电源,恢复通风前,必须检查瓦斯浓度。当停风区中瓦斯浓度不超过1%,并在压入式局部通风机及其开关地点附近10m以内风流中的瓦斯浓度均不超过0.5%时,方可人工开动局部通风机。当停风区中瓦斯浓度超过1%时,必须制订排除瓦斯的安全措施。回风系统内还必须停电撤人。只有经检查证实停风区的瓦斯浓度小于1%时,方可人工恢复局部通风机供风的坑道中一切电气设备的供电。

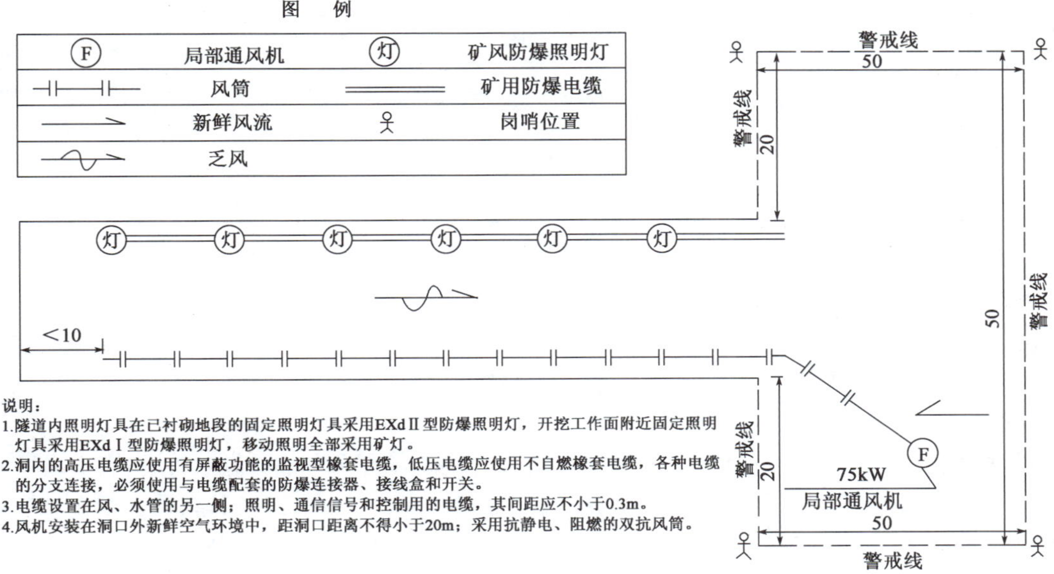

图6-21 梅花箐隧道风筒、电缆和防爆灯具位置布置示意图(尺寸单位：m)

(4)施工通风保障措施

隧道瓦斯监测与通风组日常职责见表6-4。

隧道瓦斯监测与通风组日常职责　　表6-4

类别	班组		职责
瓦监组	瓦检组	人工监测	(1)负责按规定进行分工区域内瓦斯、二氧化碳及其他有害气体的检查测定与汇报； (2)负责对分工区域内通风、防尘、防火、防突、瓦斯抽放、安全监测及“一通三防”安全设施等设备的使用情况和工作状态进行检查、维护与管理； (3)负责及时发现和汇报分工区域的通风、瓦斯、煤尘、突出、自燃等隐患，并采取有效措施进行处理； (4)分工区域一旦发生灾害事故，负责组织遇险人员自救、互救、安全脱离险区和参加抢险救灾工作； (5)负责领导交办的其他有关“一通三防”的临时性和紧急性工作； (6)至少每旬进行一次风量测定，更换风机、风筒，瓦斯有异常涌出时应加强测风，并填写风量测定登记簿； (7)按操作规程开展测风工作，并做好测风仪表的维护、保养工作； (8)每天进入隧道检查监控系统的传感器、分站及传输线是否完好，发现问题及时处理，并向有关负责人汇报
		自动监测	(1)值班员实行现场交接班制度，坚守岗位，保证瓦斯监控系统正常运行，发现系统出现故障时立即处理，并向有关负责人汇报； (2)每天打印前一天的监控日报表送项目部有关负责人签阅； (3)必须认真填写系统运行记录； (4)系统运行记录、监控日报表及主机内的数据和曲线必须永久妥善保管备查；严禁任何人删除主机内的历史数据； (5)做好便携式报警仪的发放、登记和管理工作

续上表

类别	班组		职责
瓦监组	通风组	驾驶人	(1)掌握隧道施工中通风情况,检查通风存在的问题并及时处理和汇报有关负责人; (2)值班期间不得脱岗,做好通风记录; (3)加强通风系统管理和维护,确保系统有效运行

5)瓦斯监测

将梅花箐隧道出口左右洞作为一个整体,建立一套自动瓦斯监测系统对隧道的掌子面、二次衬砌台车和洞口处的瓦斯浓度、风速、温度和 CO_2 进行 24h 监控,在隧道洞口设置瓦斯监控室,安排专人 24h 值班,随时监控洞内瓦斯浓度,将隧道内三个点的监测数据随时更新显示于设置在洞口的 LED 屏幕上。

同时设置人工监测,安排有专业资质的瓦检员对隧道掌子面拱部、发生坍塌处、上台阶拱脚处、中台阶或下台阶左右侧与上台阶交界处、各种配电柜开关处、人行通道、二次衬砌台车前后拱顶处、防水板台车和钢筋绑扎台车拱部,以及各种瓦斯浓度容易聚集处的瓦斯浓度进行检测,每班至少 3 次,在有煤(岩)与瓦斯突出危险的采掘工作面,有瓦斯喷出危险的采掘工作面和瓦斯涌出较大、变化异常的采掘工作面,必须设有专人经常检查。

在洞口设置瓦斯监控室,设专业监控人员 3 人,24h 轮流值班,监控自动监控系统采集的数据;洞内设流动性瓦斯检测员 24h 值班,人工采集的数据统一汇报于监控室印证。

(1)自动监控系统的选型与配置

选用 KJ-90 型煤矿综合监控系统。监控系统计划配置见表 6-5,系统结构和系统配置方案分别如图 6-22、图 6-23 所示。

监控系统计划配置　　表 6-5

序号	产品名称	产品型号	数量
1	监控主机	工控机	1 台
2	监控软件	KJ90NA	1 套
3	数据传输接口	KJJ46	1 台
4	馈电断电仪	KDG3K	2 台
5	电源避雷器	KHD90	1 台
6	信号避雷器	KHX90	2 台
7	监控大分站	KJF-16(D)	1 台
8	高低浓度甲烷传感器	KG9001C	4 台
9	一氧化碳传感器	GTH500(B)	4 台
10	设备开停传感器	GT-L(A)	4 台
11	硫化氢传感器	—	2 台
12	风速传感器	—	2 台
13	线缆及接线盒等	含 1km 线缆	—

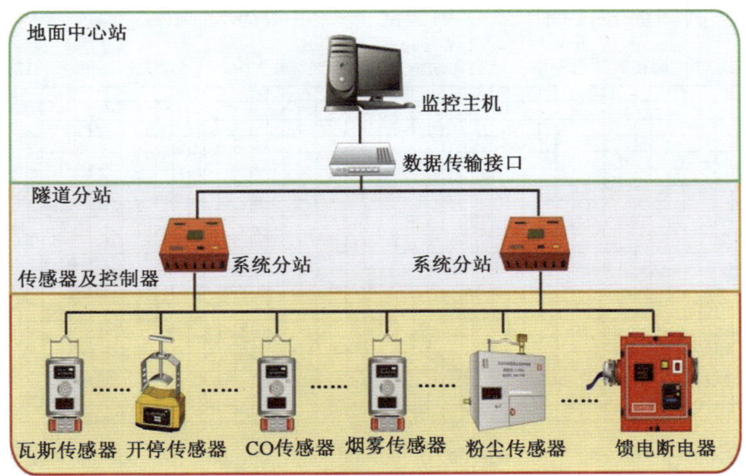

图 6-22　KJ90 监测系统结构示意图

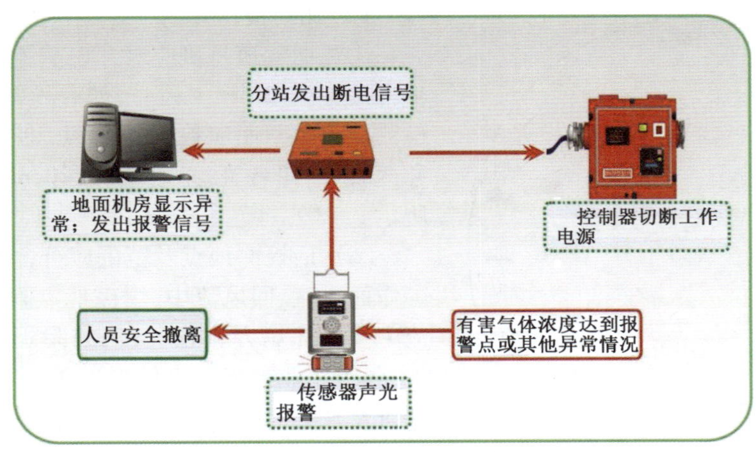

图 6-23　KJ90 监测系统断电方案

系统现场布置如图 6-24 所示。

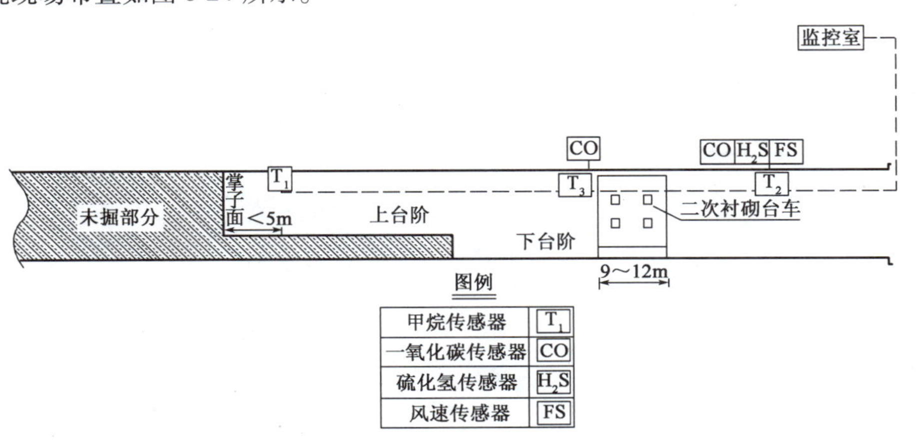

图 6-24　传感器布置

梅花菁隧道左洞回风巷瓦斯浓度现场监测曲线如图 6-25 所示。

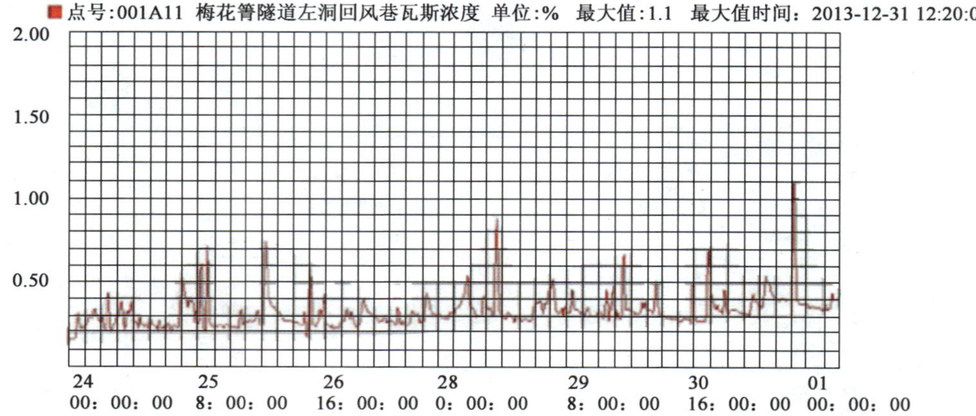

图 6-25　梅花菁隧道左洞回风巷瓦斯浓度现场监测曲线

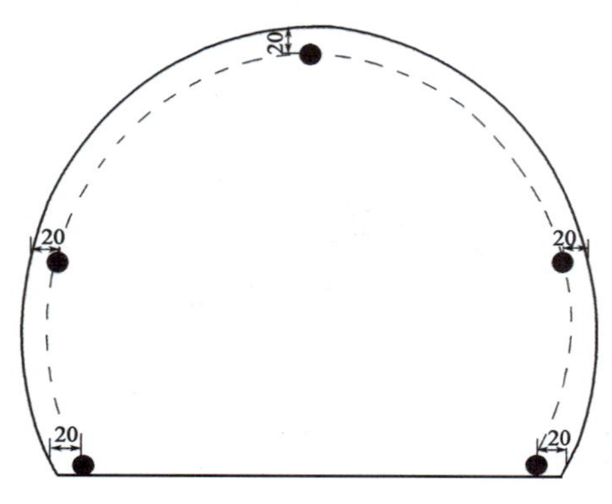

图 6-26　瓦斯检测部位示意图(尺寸单位:cm)

(2)瓦斯检测方法

①瓦斯隧道每班应对开挖掌子面按规定检查，平常按 1 次/2h 频率检查，如有异常情况时应随时检测。每个断面应检查 5 个点，即拱顶、两侧拱脚和两侧墙脚各距坑道周边 20cm 处，如图 6-26 所示。

②瓦斯检测地点及范围应符合下列要求：开挖工作面风流、回风流中，爆破地点附近 20m 内的风流中及局部塌方冒顶处；局扇附近 10m 内的风流中；各种作业台车和机械附近 20m 内的风流中；电动机及开关附近 20m 内的风流中；隧道洞室中，如变电所、水泵房、车行横通道、人行横通道、衬砌端头、接近地质破碎带处等。

(3)瓦斯和有害气体浓度规定

有关瓦斯和有害气体浓度规定见表 6-6。

隧道内瓦斯浓度限值及超限处理措施　　表 6-6

序号	地　点	限值(%)	超限处理措施
1	低瓦斯工区任意处	0.5	超限处 20m 范围内立即停工，查明原因，加强通风监测
2	局部瓦斯积聚处(体积大于 0.5m^3)	2.0	附近 20m 停工，撤人，断电，进行处理，加强通风
3	开挖工作面风流中	1.0	停止电钻钻孔
4	爆破后工作面风流中	1.0	超限时继续通风不得进人
5	局部通风机及电气开关 20m 范围内	0.5	超限时应停机并不得启动
6	钻孔排放瓦斯时回风流中	1.5	超限时撤人，停电，调整风量
7	竣工后洞内任何处	0.5	超限时查明渗漏点，并向设计单位反映，增加运营通风设备

6)突出揭煤施工

(1)总体技术方案

作为瓦斯突出隧道,梅花箐隧道揭煤流程如图6-27所示,具体的步骤及技术方案如下:

①对预揭煤层进行地质分析,并在距离煤层最小垂距15m前至少施工2个超前勘探钻孔,以探明煤层的相对位置及赋存情况。

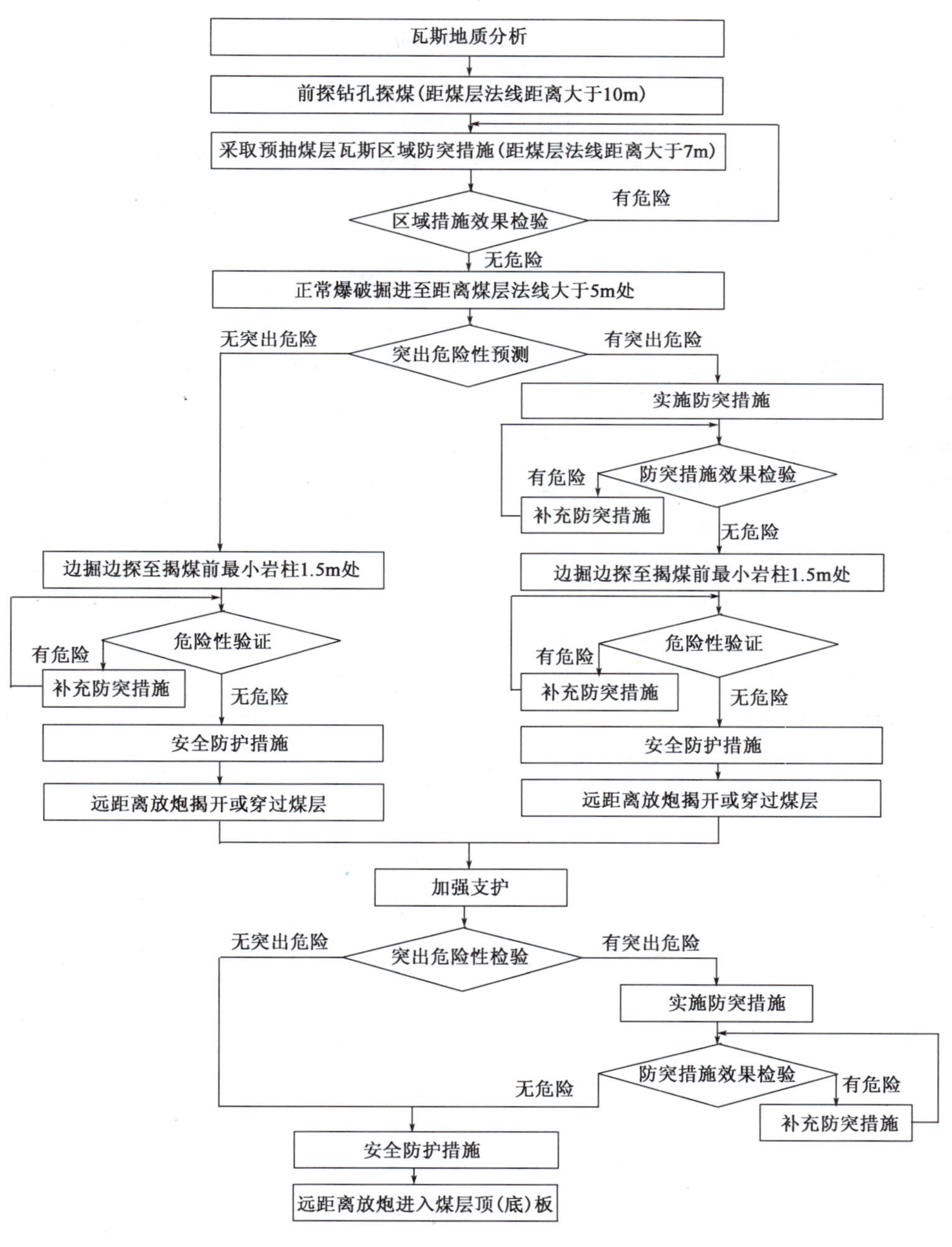

图6-27　梅花箐隧道揭煤流程

②在距离煤层最小法向距离10m前采用瓦斯压力或者瓦斯含量测定法对煤层的突出危险性进行区域预测，同时测定相关煤层的瓦斯基本参数及抽采参数。

③若区域预测煤层有突出危险，则需要掘进至最小方向距离7m前进行瓦斯预抽的区域，预抽完成后采用瓦斯含量直接测定法进行区域措施效果检验。若效果检验有效，正常掘进至最小法向距离5m处进行工作面突出危险性预测；若校检无效，则补充区域防突措施。

④在最小法向距离5m处采用钻屑瓦斯解吸指标法进行工作面突出危险性预测，若工作面预测有突出危险性，则进行施工排放钻孔的工作面防突措施，排放完成后采用钻屑瓦斯解吸指标法进行效果检验，若效果检验有效，则边探边掘至最小法向距离1.5m处进行突出危险性验证；若效果检验无效，则继续补充工作面防突措施。

⑤在最小法向距离1.5m处采用钻屑瓦斯解吸指标法进行突出危险性效果验证，若验证无突出危险性，则准备揭开煤层，若验证有突出危险性，则需要继续补充排放钻孔，直到验证无突出危险性为止。

⑥采取远距离爆破方式揭开煤层，若一次不能全部揭开煤层，则需要在每个循环进行工作面突出危险性预测，当预测有突出危险性时，需要补充排放措施，若无突出危险时，继续远距离放炮直到进入煤层顶(底)板2m为止，在过煤段应同时采用加密工字钢和锚索等加强支护。

经区域突出危险性预测，有突出危险的煤层揭煤工艺流程见图7-27。

(2)隧道揭煤防突措施

梅花箐隧道经预测所揭煤层有突出危险性，则揭穿煤层采取预抽煤层瓦斯区域综合防突措施为主，局部预抽瓦斯、排放钻孔等局部防突措施为补充的防突措施。

(3)区域防突措施

穿层钻孔预抽隧道揭煤区域煤层瓦斯区域防突措施应当在揭煤工作面距煤层的最小法向距离7m以前实施(在构造破坏带应适当加大距离)。钻孔的最小控制范围是：隧道揭煤处巷道轮廓线外12m，同时还应当保证控制范围的外边缘到巷道轮廓线(包括预计前方揭煤段巷道的轮廓线)的最小距离不小于5m，且当钻孔不能一次穿透煤层全厚时，应当保持煤孔最小超前距15m。隧道揭煤预抽煤层瓦斯区域防突措施钻孔布置示意图如图6-28所示。

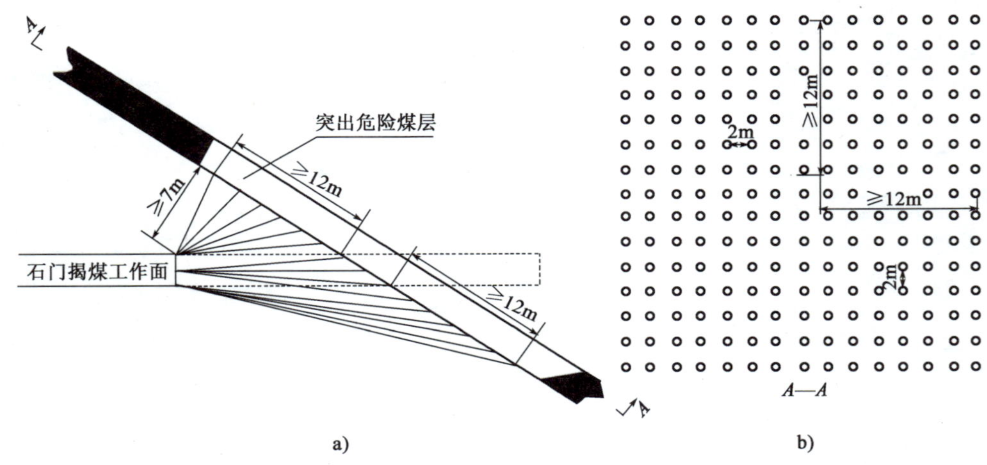

图6-28 隧道揭煤预抽煤层瓦斯区域防突措施钻孔布置示意图

钻孔施工前必须对隧道穿层预抽煤层瓦斯钻孔进行专门设计，设计应包括钻孔布置平面图、剖面图、开孔位置图、钻孔设计参数表、施工要求等。竣工后，对预抽煤层瓦斯区域防突措施进行检验时，均应当首先分析、检查预抽区域内钻孔的分布等是否符合设计要求，不符合设计要求的，不予检验。

(4)防突措施效果检验

隧道揭煤工作面存在两种防突效果检验。即采取区域预抽后的区域措施效果检验和采取局部防突措施后的效果检验。石门揭煤区域防突措施执行后，可采用残余瓦斯压力、残余瓦斯含量指标进行区域措施效果检验，但必须依据实际测定值。

对穿层钻孔预抽隧道揭煤区域煤层瓦斯区域防突措施也可以采用钻屑瓦斯解吸指标进行措施效果检验。采用钻屑瓦斯解吸指标法进行隧道揭煤区域措施效果检验时，由工作面向煤层的适当位置至少打3个钻孔，在钻孔钻进到煤层时，每钻进1m采集一次孔口排出的粒径1～3mm的煤钻屑，测定其瓦斯解吸指标 K_1 或 $\triangle h_2$ 值。测定时，应考虑不同钻进工艺条件下的排渣速度。

6.5　本章小结

作为科技推广示范点的梅花箐瓦斯隧道始终遵循“管超前、严注浆、早封闭、短进尺、弱爆破、多循环、强支护、紧封闭、勤量测、强通风、预排放、早衬砌”的原则，精心组织施工，于2014年12月31日顺利贯通。全程实现施工过程“零事故，零伤亡”，得到了各级领导的好评和认可，保障了隧道作业安全，社会经济效益十分突出。梅花箐瓦斯突出隧道左右线顺利贯通如图6-29所示，梅花箐高瓦斯隧道实现顺利通车如图6-30所示。

图6-29　梅花箐瓦斯突出隧道左右线顺利贯通

图6-30　梅花箐高瓦斯隧道实现顺利通车

第7章 山区高速公路地质灾害监测预报技术

7.1 毕都高速公路面临的地质灾害问题

毕都高速公路地处山岭重丘的贵州西部地区,气候条件恶劣,地形地貌极其复杂,加之地层岩性组合多变、地质构造发育,水文地质条件复杂。受线路区地质环境因素影响,区域内滑坡、崩塌及岩溶塌陷等地质灾害问题突出,毕都高速公路在建设及营运期间面临大量的地质病害问题。据统计毕都高速公路全线高边坡共127段。

为此,从毕都高速公路施工安全、经济的角度出发,将“山区高速公路地质灾害监测预报技术”应用于沿线地质灾害严重路段,确定灾害发展规模和趋势,客观合理地做出监测预报,为工程设计、施工提出针对性的工程措施,节约了工程成本、避免了工程安全事故,具有重要的实际意义和工程应用价值。

7.2 地质灾害监测预报技术及实施方法

7.2.1 技术概况

“山区高速公路地质灾害监测预报技术”是科研项目“西部地区公路地质灾害监测预报技术研究”成果的主要技术。该套技术已在贵州省镇宁至胜境关公路晴隆滑坡、永宁滑坡,贵阳至新寨公路牟珠洞滑坡,三穗至凯里平溪特大桥滑坡,余庆至凯里高速公路(含施秉连接线)、凯里至羊甲高速公路等数十个已建高速公路的三十几个滑坡中进行了推广运用,取得了显著的社会、经济和环境效益,验证了各项研究成果的可靠性和先进性。主要技术如下:

(1)西部地区公路崩塌、滑坡监测预报技术。

该技术通过地下深部位移监测、地表位移监测、地下水位监测、地表巡视等技术对边坡进行多维监测,采集分析数据后,判断边坡的滑动方向、滑动面深度、滑动速率等信息,为动态设计提供科学依据,并且可以分析边坡下一步变形趋势,对于有可能发生大变形的边坡发出预警报告,保障施工人员、机具的安全。

(2)基于GIS的公路崩塌、滑坡监测预报的集成系统。

该系统将多样性的数据按照标准格式录入GIS,实现基本的地图操作功能,各种基本信息的可视化、查询、专题图与输出等功能，并根据不同用户、不同层级对系统进行权限设定，采用用户名和密码管理的方式，保证系统的安全，最终实现公路地质灾害的快速传输、查询、预报以及决策支持，为公路运输安全提供保障。

7.2.2 实施方法

以“西部地区公路地质灾害监测预报技术研究”课题的研究成果为理论指导，紧密结合毕都高速公路建设的实际工程情况，在收集相关资料后对毕都高速公路进行实地考察，选取典型的灾害点进行项目的可行性分析，最终选取该技术的推广应用点，进行监测方案设计、现场监测，在此基础上，通过监测数据结合相关资料，分析该技术的科学性，总结相应经验。具体的技术路线如图7-1所示。

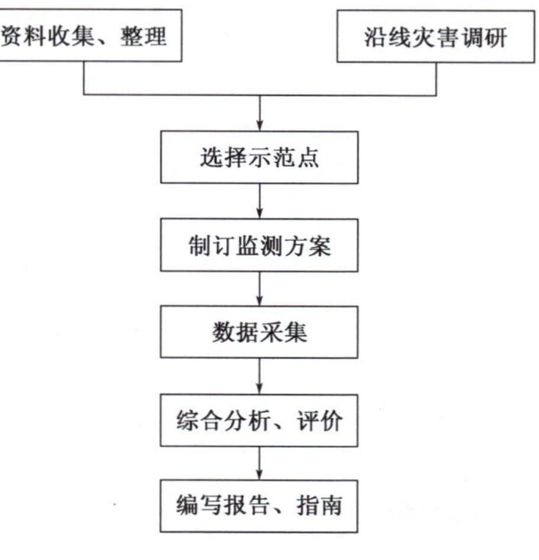

图7-1 项目实施的技术路线图

1）建立监测网

（1）深部位移监测网

综合滑坡的工程地质情况、规模，参考相关规范规程，选择几条能够控制滑坡发展趋势的横断面，根据施工监测和工后监测的目的布置深部位移监测网。监测传感器可以通过钻孔施工独立完成或随防护结构施工完成。

（2）地表位移监测网

在稳定地层上选择满足要求的基站点和后视点作为滑坡地表位移监测的控制点，并在坡面上布置相应监测点构成监测网。坡面地表监测点一般呈梅花形或断面形式布置。常用非实时性的地表位移监测仪器有经纬仪、全站仪、测量机器人等。

2）数据采集分析

（1）深部位移

①监测仪器

推广技术采用美国新科测斜仪进行深部位移监测，测斜仪的工作原理是量测仪器轴线与铅垂线之间的夹角变化量，进而计算出岩、土体不同高程处的水平位移。用适当的方法在岩、土体内埋设一垂直并有4个导槽的测斜管，当测斜管受力发生变形时，测斜仪便能逐段（一般50cm一个测点）显示变形后测斜管的轴线与垂直线的弧度偏移夹角θ_i。按测点的分段长度，分别求出不同高程处的水平位移增量Δd_i，按式（7-1）计算。

$$\Delta d_i = \sum L \cdot \sin\theta_i \tag{7-1}$$

由测斜管底部测点开始逐段累加，可得任一高程处的实际水平位移，按式（7-2）计算。

$$b_i = \sum_{i=1}^{n} \Delta d_i \tag{7-2}$$

式中：Δd_i——测量段内的水平位移增量；

θ_i——测量段内管轴线与铅垂线的夹角；

b_i——自固定点的管底端以上 i 点处的位移；

n——测孔分段数目，$n=H/0.5$，H 为孔深。

测斜仪的工作原理如图 7-2 所示。

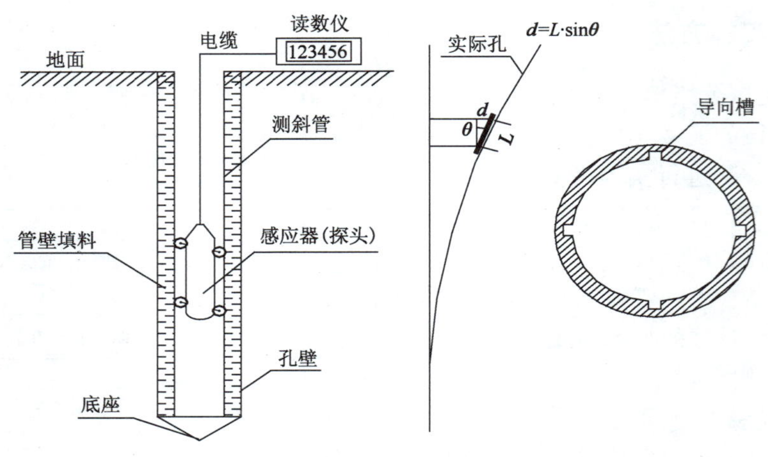

图 7-2　测斜仪的工作原理

②数据处理

利用测斜仪测读设备读取数据，即对位移、倾角的物理量量测。A_0 方向位移按式(7-3)计算，B_0 方向位移按式(7-4)计算，任一高程处实际合成水平位移按式(7-5)计算；任一高程处实际水平位移按式(7-6)、式(7-7)计算。

$$\Delta A_{0i}=L\cdot\frac{\left(\dfrac{A_{0i}-A_{180i}}{2}\right)}{25000} \tag{7-3}$$

$$\Delta B_{0i}=L\cdot\frac{\left(\dfrac{B_{0i}-B_{180i}}{2}\right)}{25000} \tag{7-4}$$

$$d_i=\sqrt{\left[\left(\sum_{i=1}^{n}\Delta A_{0i}\right)^2+\left(\sum_{i=1}^{n}\Delta B_{0i}\right)^2\right]} \tag{7-5}$$

$$A_{0i}=\sum_{i=1}^{n}\Delta A_{0i} \tag{7-6}$$

$$B_{0i}=\sum_{i=1}^{n}\Delta B_{0i} \tag{7-7}$$

式中：d_i——测量管的分段长度，一般取 0.5m(探头上下两组滑轮间距离一般为 0.5m)；

$A_{0i}(B_{0i})$——测斜管分段长度 $A_0(B_0)$ 方向的水平实际位移，A_{0i} 方向常设定为滑坡方向，B_{0i} 为垂直于滑坡方向。

(2)地表位移

①监测仪器

此次技术推广采用监测仪器为 TCR802 型全站仪，仪器基本参数如下：测程，大气一般或好时，圆棱镜（GPR1）为3500m，反射片（60mm×60mm）为250m；测距精度见表7-1；一次测距所需时间见表7-2。

测距精度（单位：mm） 表7-1

精测	2+2×10-6D
快速	5+2×10-6D
跟踪	5+2×10-6D

测距时间（单位：s） 表7-2

精测	2.4
快速	0.8
跟踪	<0.15

②数据处理

根据监测需要将所采集数据处理为累积相对 x 向位移、累积相对 y 向位移、累积相对 z 向位移，以及相对变位的合位移。处理过程简单，不作赘述。

7.3 公路崩塌、滑坡监测预报技术示范点选择

通过收集毕都高速公路全线的勘察设计资料，按物质组成、岩土体性状来推测开挖坡体的岩土结构类型。经过综合分析，将边坡分为土质边坡、岩质边坡、混合质边坡三种类型，毕都高速公路的高边坡共有52处，其中土质边坡6处，岩质边坡32处，混合质边坡14处。在实地考察沿线边坡后，从边坡的地层岩性、边坡规模、地形坡度、地质构造、支护形式等因素综合分析，对毕都高速公路选取了K141+080~K141+380左侧边坡、K207+900~K209+100右侧滑坡、K218+040~K218+380右侧边坡3段典型边坡作为示范点。

在该3段边坡上采用了地表位移监测、地下深部位移监测、地下水位监测等监测方法，共布置地表监测点46个，监测孔47个，累积监测1751.5m，监测工作量见表7-3。

监 测 工 作 量 表 表7-3

工点名称	监测内容	监测仪器	监测工作量		
			地表位移监测点（个）	深部位移孔（个）	累积米数（m）
K141+080~K141+380左侧边坡	地面巡视、地表位移、深部位移、地下水	全站仪、钻孔测斜仪、TDR-100监测系统、钢尺	46	11	351
K207+900~K209+100右侧滑坡	地面巡视、深部位移、地下水	钻孔测斜仪、钢尺	—	29	1213
K218+040~K218+380右侧边坡	地面巡视、深部位移、地下水	钻孔测斜仪、钢尺	—	7	187.5

7.4 监测预报技术在软质岩组边坡段示范

7.4.1 示范点选择

1）K141+080~K141+380左侧边坡工程概况

毕都高速公路K141+080~K141+380左侧边坡全长约300m，均为挖方边坡，路基左侧

距坡顶平面距离为 222m，路基面与坡顶高差 127.4m，出露岩性为二迭系上统龙潭、大隆组（P2l + d）粉砂岩、粉砂质泥岩煤系、玄武岩地层，岩层产状 280°∠24°，上覆粉质黏土厚 1 ~ 4m。2013 年 9 月边坡开挖至二级坡面后（抗滑桩施工平台，桩未开始施工），坡体发生开裂，裂缝延伸到了边坡后面的山体，部分框架梁也已经开裂、坍塌，部分锚索失效，整个边坡已经产生变形，随时有滑坡的可能，边坡全貌如图 7-3 所示。

图 7-3　K141 + 080 ~ K141 + 380 左侧滑坡全貌

2）边坡治理设计

监测以来发现边坡极不稳定，于 2015 年 12 月进行了设计变更。一级坡坡脚原设计的抗滑单桩变更为附加圆形抗滑桩和连系梁组合成 h 形桩，在原抗滑桩的悬臂段加锚索；一级坡坡面原设计锚索格构梁变更为附加钢管桩注浆。三、四级坡原设计采用框架锚索（杆）进行防护变更为分别按 1∶1.25、1∶1 坡率进行放坡后采用框架锚索防护。设计变更前后的断面如图 7-4、图 7-5 所示。

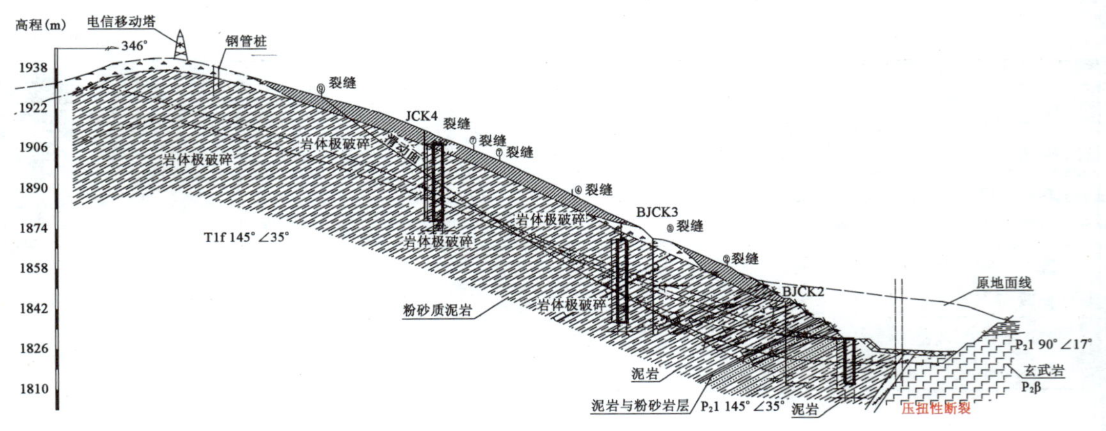

图 7-4　原设计断面

7.4.2　监测方案

1）监测方法及仪器

经现场调研发现坡体裂缝呈“羽状”发展，最大裂缝宽度为 20cm，并有继续发展趋势，已施工的框架锚索部分被拉断、推移。设计单位不能准确判断滑动面位置，以及坡脚抗滑桩桩长是否嵌入滑动面以下。为此，采用地表巡视、地下深部位移、地表位移与地下水位监测4种方式对该边坡进行监测。地表巡视采用人工巡视的方法，地下位移监测采用钻孔测斜仪与TDR自动监测系统进行监测，地表位移采用徕卡全站仪进行监测，地下水位在监测孔内进行监测。监测仪器见表7-4。

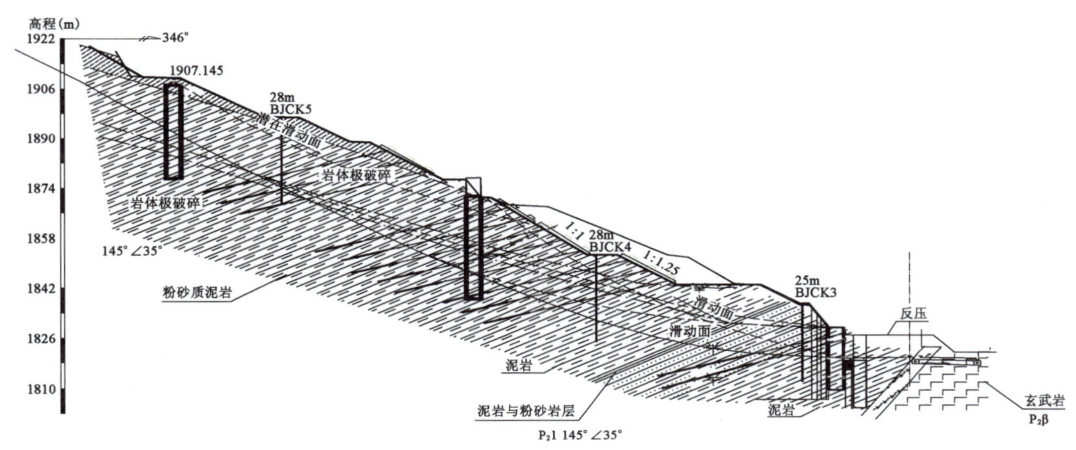

图7-5 变更后设计断面

监测仪器一览表 表7-4

序号	仪器名称	功效	精度要求	备注
1	钻孔测斜仪	测量坡体深部位移	灵敏度8s即0.02/500mm，精度±6mm/30m，量程0~±53°	—
2	TDR自动监测系统	测量坡体深部位移变化趋势、自动传输	—	—
3	徕卡全站仪TCR802	地表位移	测距：2mm+2ppm（IR单棱镜），测程：3000m（IR单棱镜）	—

2）监测点的布置

（1）深部位移监测

根据边坡实际情况，在坡面上均匀地布置了第一批深部位移监测孔8个（JCK1~JCK8），构成了4条监测横断面，其中JCK1、JCK2、JCK5为钻孔监测孔与TDR自动监测孔共同用孔。2014年5、6月雨季来临，且路基开挖，造成滑坡前缘临空，滑坡推力过大，第一批监测孔全部被剪断，2015年2月补充第二批监测孔3个（BJCK2、BJCK3、BJCK7）。监测布置平面图如图7-6所示。

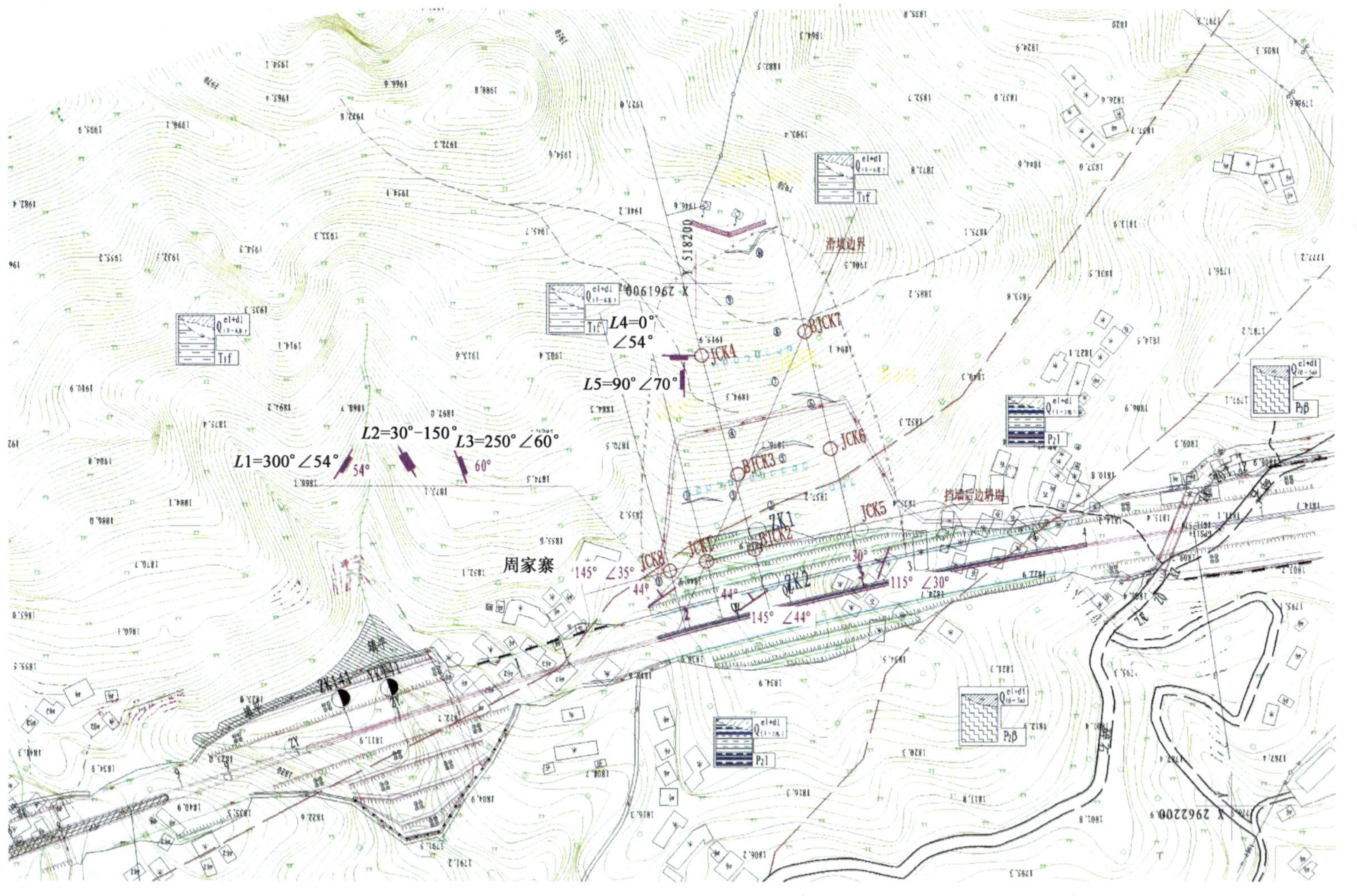

图 7-6 深部位移监测平面布置图

(2)地表位移监测

地表位移监测点应尽量布置在施工干扰小、不宜被破坏的地方。该边坡地表位移监测点共布置46个,其中ZK141+180~ZK141+380段滑坡框架梁布置33个,抗滑桩桩顶布置7个,ZK141+080~ZK141+180段滑坡坡面及其抗滑桩桩顶布置6个。后因施工破坏,最终还能继续使用的地表监测点为39个。监测布置平面图如图7-7所示。

对该段边坡监测工作量见表7-5。

监测工作量　　表7-5

边坡名称	地表巡视次数(次)	地表位移监测次数(次)	TDR监测次数(次)	钻孔测斜监测次数(次)	地下监测情况			
					孔号	位移突变处距孔口(m)	突变点累积位移(mm)	地下水位(m)
K141+080~K141+380左侧边坡	240	3851	213	847	JCK1	11	153(11m)(2014.6.26后被剪断)	孔口以下12.0m,高程1832.44m
					JCK2	19	75.52(2014.6.26后被剪断)	孔口以下10.0m,高程1834.10m
					JCK3	29	43.23(2014.5.23后被剪断)	孔口以下27.0m,高程1842.6m
					JCK4	17.5	21.58(2015.7.30后被剪断)	孔口以下20.0m,高程1890.79m
					JCK5	6.5	76(2014.5.23后被剪断)	孔口以下7.5m,高程1830.66m
					JCK6	31.5	120(2015.8.18后被剪断)	孔口以下31.0m,高程1839.70m
					JCK7	28.5	34(2014.5.23后被剪断)	孔口以下20.0m,高程1889.65m
					JCK8	19.0	77.99(2015.8.18后被剪断)	孔口以下13.0m,高程1828.68m
					BJCK2	23.5	120(2015.8.18后被剪断)	孔口以下10.5m,高程1833.70m
					BJCK3	28.5	170(2015.8.18后被剪断)	孔口以下27.7m,高程1841.8m
					BJCK7	28	80(2015.8.18后被剪断)	孔口以下20.4m,高程1889.15m

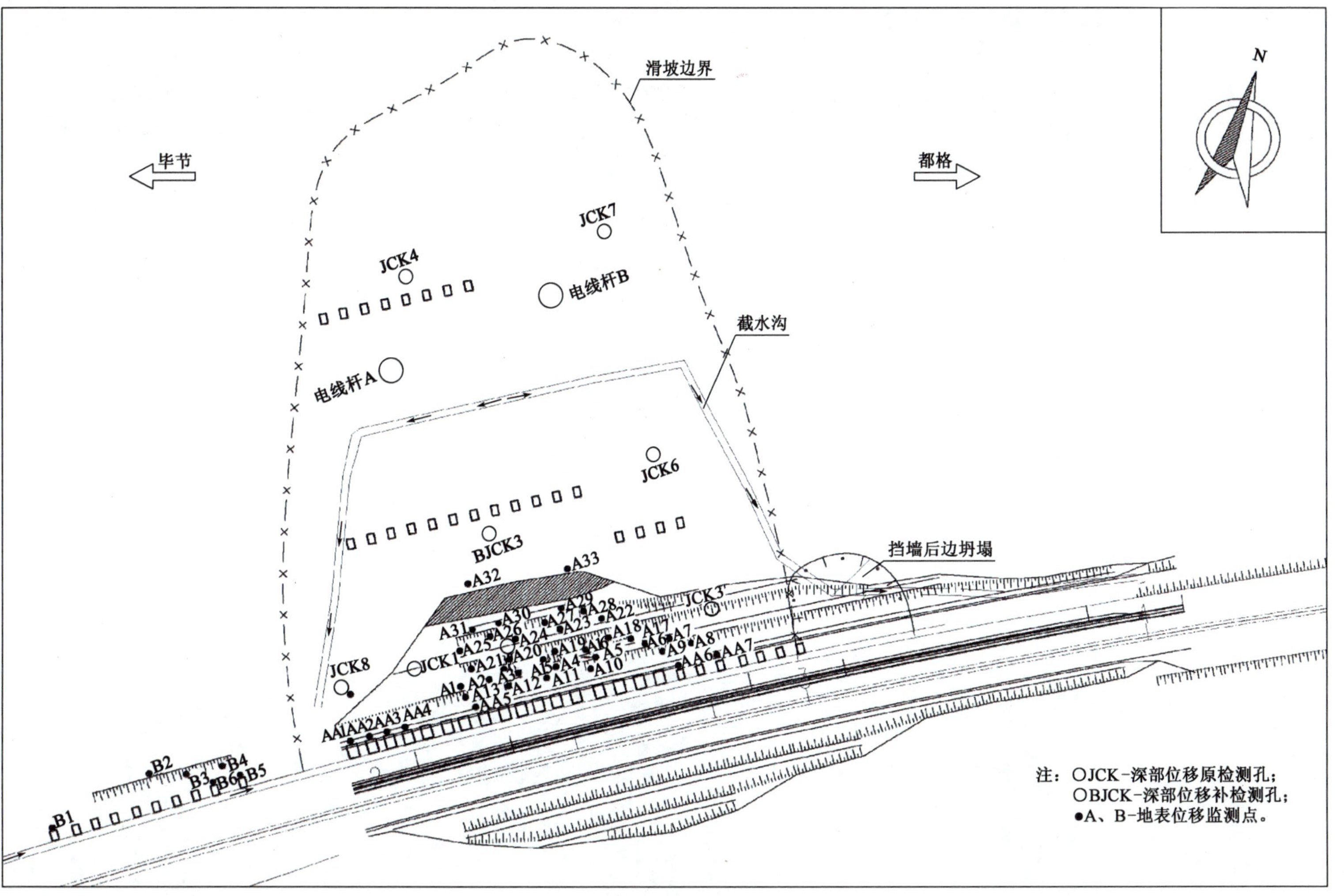

图 7-7 地表位移监测点布置

7.4.3　监测成果

1）地表巡视

地表巡视为人工巡视，通过观察和简易测量，掌握边坡的发展趋势。坡面巡视主要从地表裂缝的新生、发育及结构物破坏方面进行，裂缝的发展主要受到施工开挖、降雨两个因素控制。从地表巡视可知，一旦施工开挖，路基坡体很快就从平衡状态过渡到运动状态，坡面裂缝就随着施工开挖表现为裂缝新生或发展；回填反压停止开挖路基，则坡体几乎就可以维持平衡状态，坡面裂缝表现为缓慢发展或停止发展。

综上，将该边坡的裂缝发育、发展按施工开挖、降雨入渗等因素综合考虑分为初始形成、缓慢发展、加速发展三个阶段。

（1）裂缝初始形成阶段

坡面进行施工到框架锚索施工完毕（2014 年 5 月），坡脚抗滑桩还未进行施工。期间，坡顶电信塔下方开始出现拉裂缝，框架梁上出现剪切裂缝，均为前缘施工开挖牵引导致，此阶段为裂缝初始形成阶段，如图 7-8、图 7-9 所示。该阶段坡体的滑动表现为蠕动，又可称为坡体的蠕动变形阶段，因此坡体从边坡转变为滑坡。

图 7-8　坡面新生裂缝分布

图 7-9　框架梁上剪切裂缝

（2）裂缝缓慢发展阶段

由于坡面出现裂缝，2014 年 5 月停止路基开挖且进行回填，如图 7-10 所示，但是该阶段电信塔下方的裂缝有明显的增大迹象，如图 7-11 所示。推测为回填后坡面受到降雨影响，以及开挖的路基部分影响坡体应力分布不能瞬间平衡，因此裂缝缓慢发展。

图 7-10　第一次路基回填

图 7-11　电信塔下方裂缝增大

(3)裂缝加速发展阶段

2015 年 8 月由于路基开挖(图 7-12),坡面裂缝发育较多(图 7-13),且从坡脚到坡顶均有裂缝(图 7-14)。坡脚处表现最为突出(图 7-15),框架锚索破坏,格构梁翘起,锚索破坏。

图 7-12　第二次路基开挖

图 7-13　框架锚索结构破坏

a)

b)

图 7-14　坡面裂缝情况

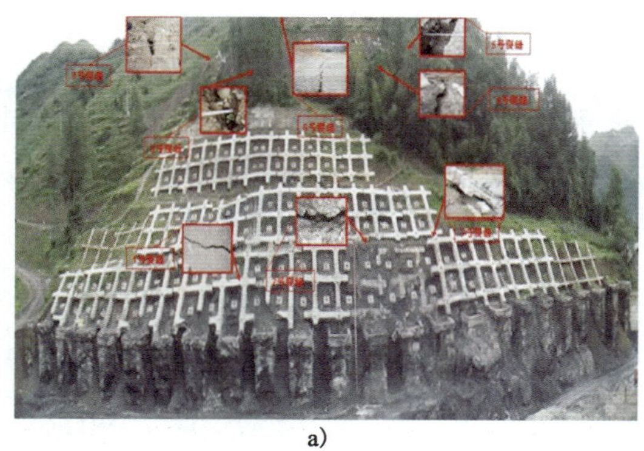

a)

b)

图 7-15　坡面裂缝分布及框架梁破坏

2)地下深部位移监测

地下深部位移监测主要是了解场区深部位移情况,为整治工程设计、施工及对地质灾害的研究提供科学依据和安全保证。通过监测获取监测数据,绘制相对位移变化曲线,更直观、更清晰地表达出各监测点位移变化情况,现以主滑断面上的监测孔 JCK2、JCK3、JCK4 为例,详细介绍累积相对位移曲线。

(1)JCK2 监测结果

JCK2 号孔监测时间为 2014 年 1 月 17 日至 2014 年 6 月 26 日,后因变形过大,测斜孔被剪断,不能再继续监测。A_0 方向为东南,监测数据均为正值说明位移变形方向在东南方向。监测结果显示在距孔口 13m 处、19m 处、0.5m 处均有突变点,说明在这 3 处有明显的位移变化,累积最大位移分别为 55.51mm、92.13mm、127.93mm,如图 7-16 所示。

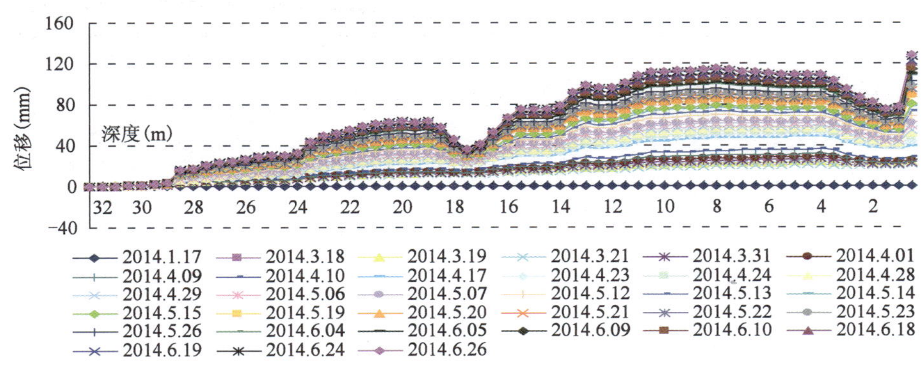

图 7-16 JCK2 A_0 方向累积相对位移图

B_0 为西南方向,监测数据大多数为正值说明位移变形方向在西南方,监测结果显示在距孔口 19m 处、16m 处、4m 处有位移突变点,说明 B_0 方向上这 3 处有明显的位移变化,累积最大位移分别是 55.31mm、62.13mm、121.58mm,如图 7-17 所示。

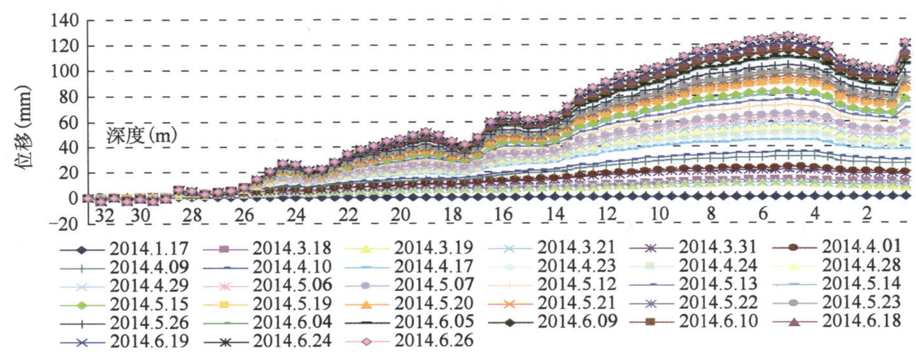

图 7-17 JCK2 B_0 方向累积相对位移图

通过 A_0、B_0 方向数据数学叠加,得到合成方向相对累积位移曲线,方向为 A_0 方向,即东南方向,且分别在距孔口 19m、16m、13m、4m 处有突变点,累积相对位移分别为 75.52mm、97.68mm、172.36mm、176.49mm,推测在这 4 处可能存在滑动面。如图 7-18 所示。

图 7-19 为 JCK2 钻孔的 TDR-100 监测系统的监测曲线图,于 2014 年 3 月 21 日第 1 次监测,截至 2015 年 7 月 30 日累计监测 71 次,经分析对比,选择 3 月 21 日的监测数据作为该孔监测初值,以后监测结果与之对比来反映该孔深部位移变化情况。从该孔监测曲线图可以看出,该孔埋设的同轴电缆反射系数离地表 4m 位置附近产生明显突变,与上期监测的同轴电缆反射系数相比略有增加,说明此监测周期内该处有位移发生。虽然该孔由于累积位移过大已

被剪断,但利用 TDR 仍能进行监测,体现了该技术的优越性。最后遭人为破坏,无法进行正常监测。

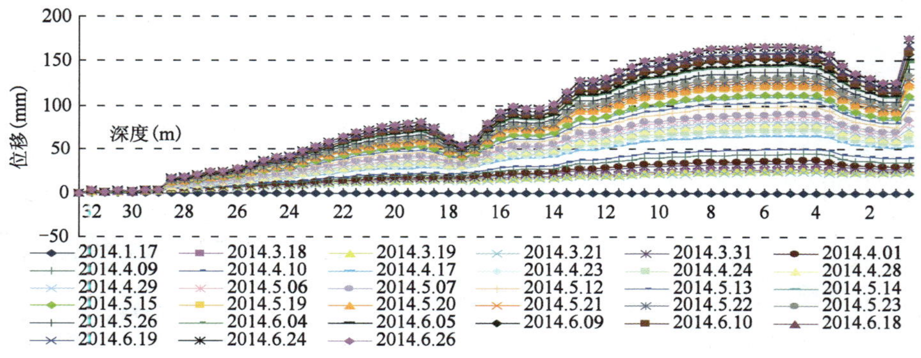

图 7-18 JCK2 合成方向累积相对位移图

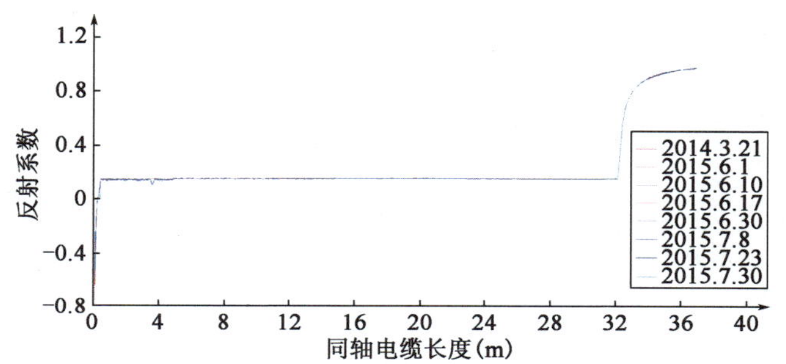

图 7-19 JCK2 中同轴电缆反射系数沿其长度方向变化关系图

(2)JCK3 监测结果

JCK3 号孔监测时间为 2014 年 4 月 10 日至 2014 年 5 月 23 日,后因变形速率过大,测斜孔被剪断,不能再继续监测。A_0 方向为东南,监测数据均为正值说明位移变形方向在东南方向。监测结果显示在距孔口 30m 处、10m 处均有突变点,说明在这 2 处有明显的位移变化,累积最大位移分别为 39.13mm、72.52mm。A_0 方向累积相对位移如图 7-20 所示。

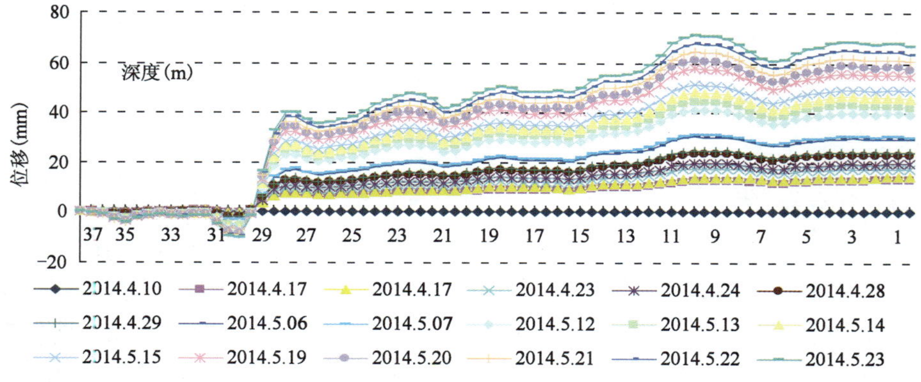

图 7-20 JCK3 A_0 方向累积相对位移图

B_0 为西南方向，监测数据大多数为负值，说明位移变形方向偏向东北方，监测结果显示在距孔口 29m 处、4m 处有位移突变点，说明 B_0 方向上这 2 处有明显的位移变化，累积最大位移分别是 18.11mm、-56.63mm。B_0 方向累积相对位移如图 7-21 所示。

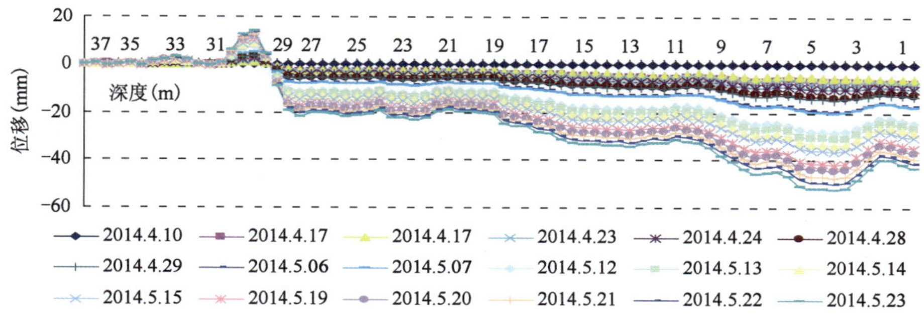

图 7-21　JCK3 B_0 方向累积相对位移图

通过 A_0、B_0 方向数据数学叠加，得到合成方向相对累积位移曲线，方向为 A_0 方向，即东南方向，且分别在距孔口 29m、9m、13m、4m 处有突变点，累积相对位移分别为 43.21mm、81.02mm、82.65mm，推测在这 3 处可能存在滑动面。JCK3 合成方向累积相对位移如图 7-22 所示。

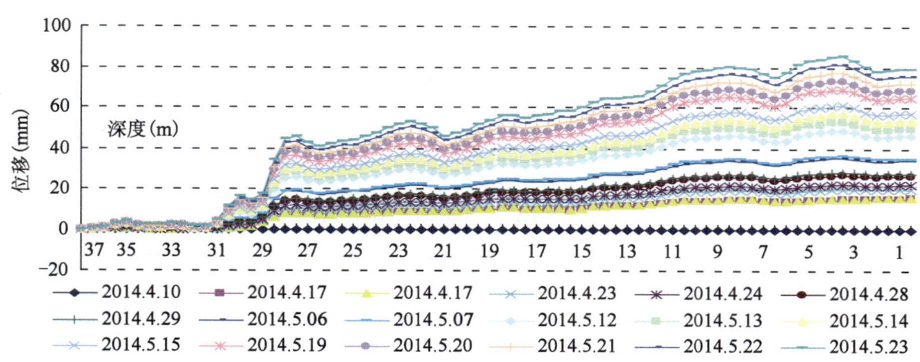

图 7-22　JCK3 合成方向累积相对位移图

(3)JCK4 监测结果

JCK4 号孔监测时间为 2014 年 4 月 17 日至 2015 年 7 月 30 日，后因变形过大，测斜孔被剪断，不能再继续监测。A_0 方向为东南，监测数据均为正值说明位移变形方向在东南方向。监测结果显示在距孔口 13m 处、0.5m 处均有突变点，说明在这 2 处有明显的位移变化，累积最大位移分别为 57.65mm、82.52mm。JCK4 号监测孔 A_0 方向累积相对位移如图 7-23 所示。

B_0 为西南方向，监测数据大多数为负值说明位移变形方向偏向西南方，监测结果显示在距孔口 17.5m 处、13m 处、0.5m 处有位移突变点，说明 B_0 方向上这 3 处有明显的位移变化，累积最大位移分别是 21.13mm、-20.02mm、53.61mm。JCK4 号监测孔 B_0 方向累积相对位移如图 7-24 所示。

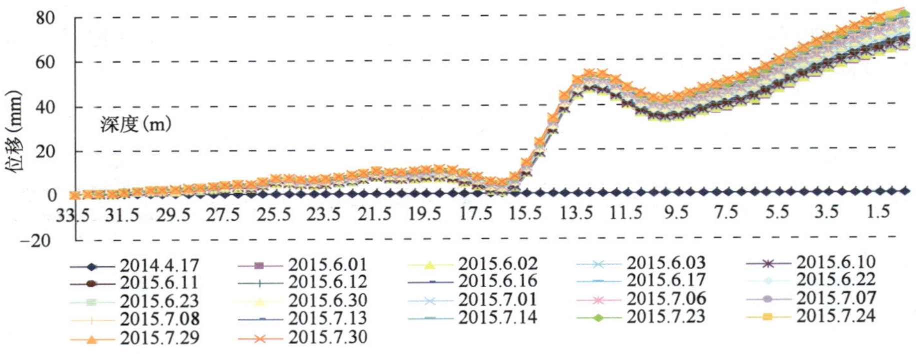

图 7-23 JCK4 A_0 方向累积相对位移图

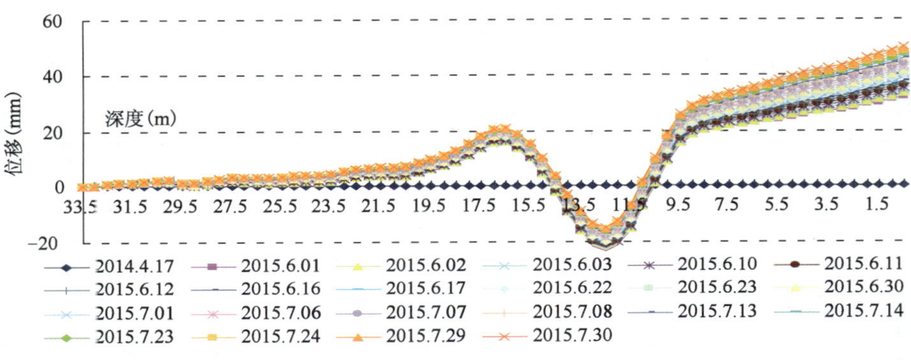

图 7-24 JCK4 B_0 方向累积相对位移图

通过 A_0、B_0 方向数据数学叠加，得到合成方向相对累积位移曲线，方向为 A_0 方向，即东南方向，且分别在距孔口 17.5m、13m、0.5m 处有突变点，累积相对位移分别为 21.58mm、58.52mm、96.47mm，推测在这 3 处可能存在滑动面。JCK4 合成方向累积相对位移如图 7-25 所示。

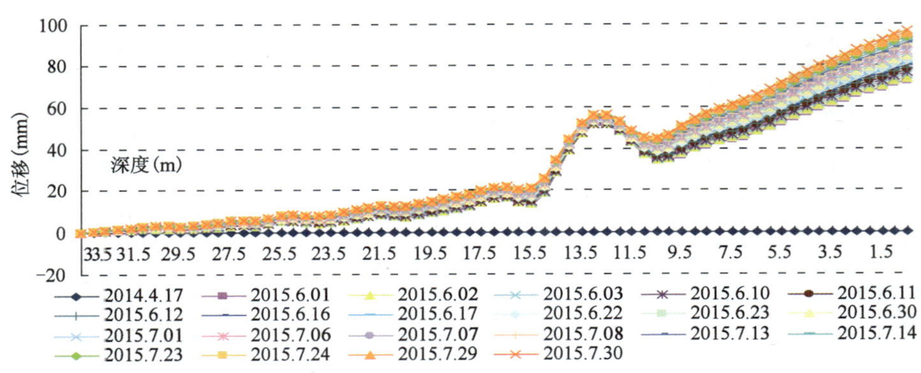

图 7-25 JCK4 合成方向累积相对位移图

深部位移监测数据在监测断面 ZK141 +197、ZK141 +218、ZK141 +246 及 ZK141 +300 展示如图 7-26 ~ 图 7-29 所示。

监测结果表明,该滑坡为牵引式滑坡,滑坡前缘推力较大,滑坡中后段推力较小,主滑动面 ZK141 +246、ZK141 +300,且发现滑坡体存在多层滑面,最深滑动面在地面以下 29m 附近,最浅滑动面在地面以下 10m 附近。补充监测孔 BJCK2、BJCK3、BJCK7 突变点与原监测孔 JCK2、JCK3、JCK7 基本一致。

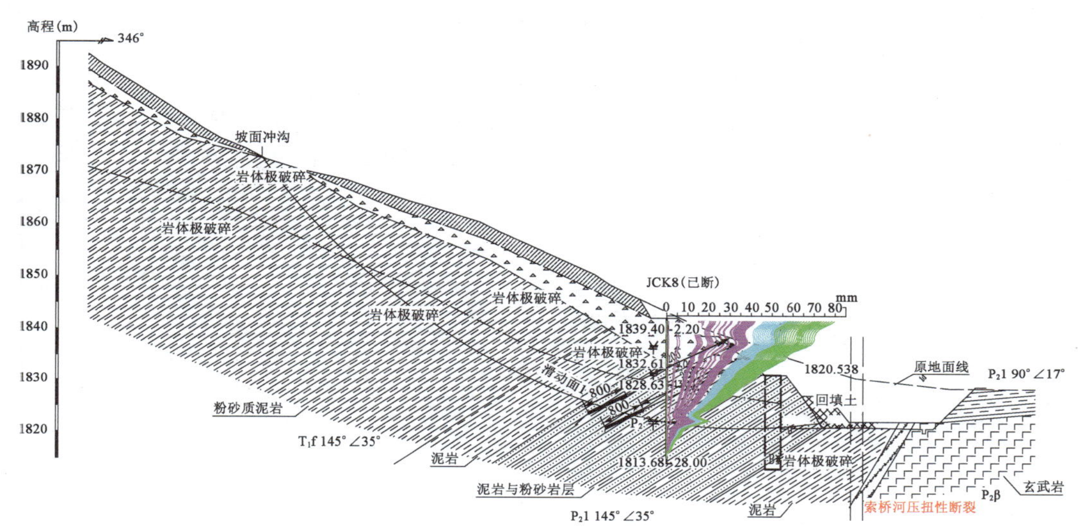

图 7-26 ZK141 +197 监测断面

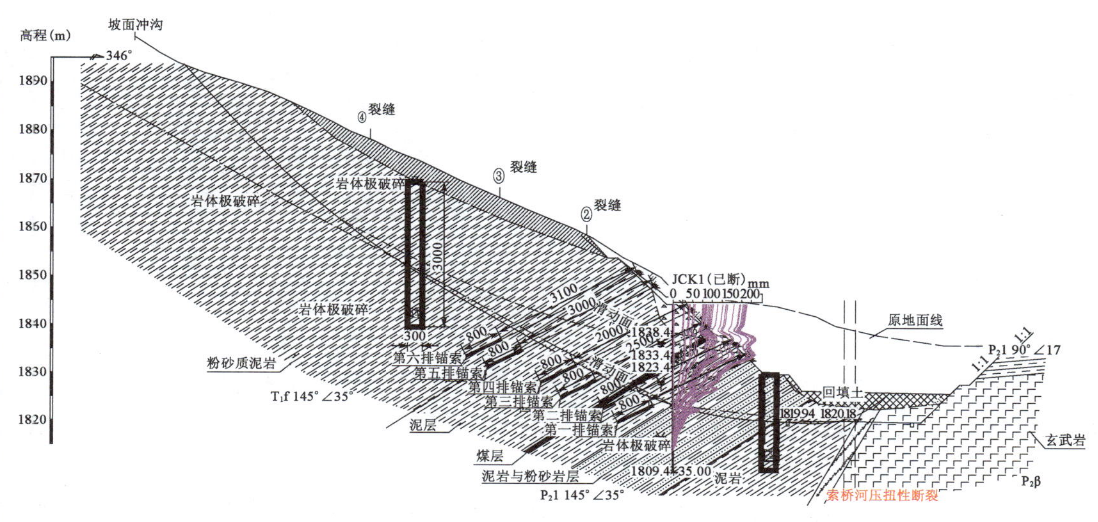

图 7-27 ZK141 +218 监测断面

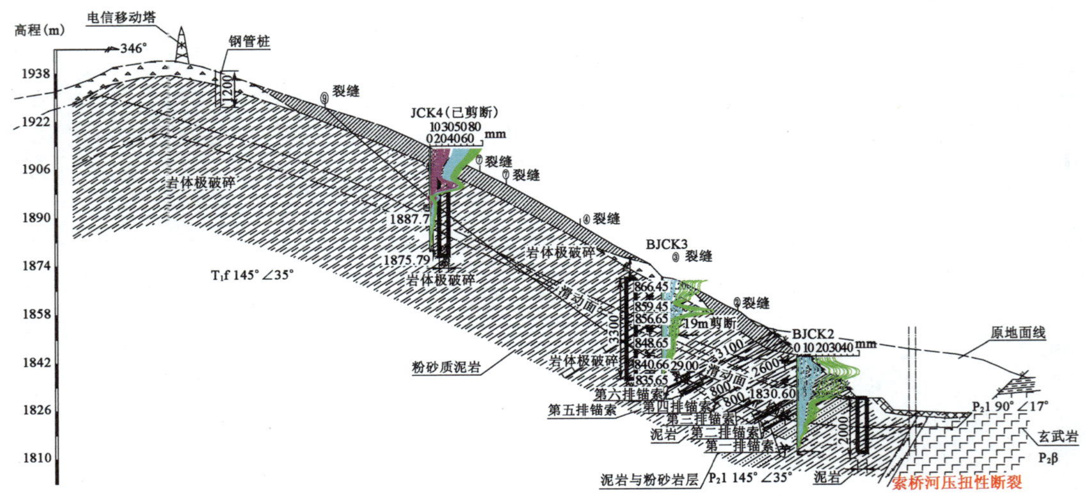

图 7-28　ZK141 +246 监测断面

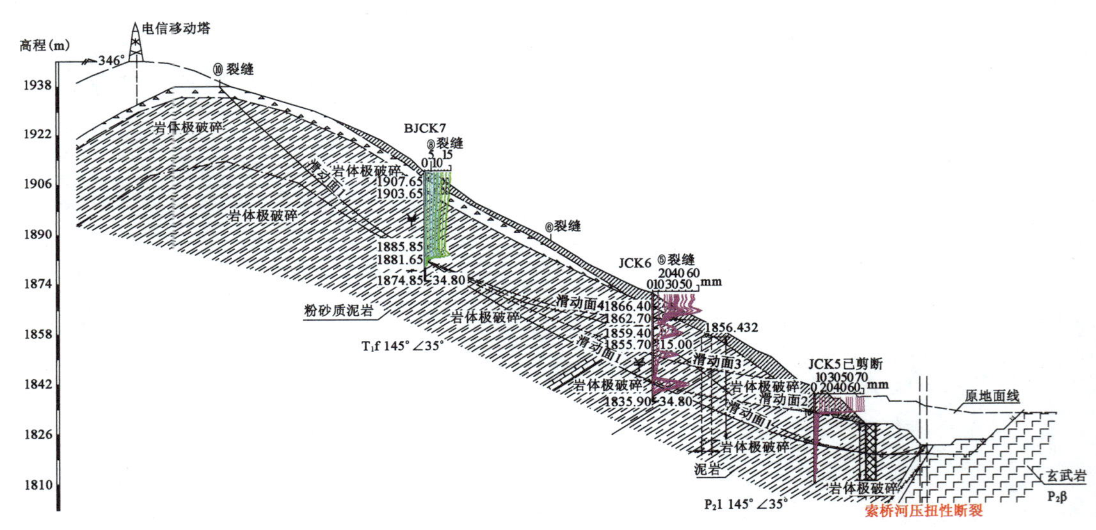

图 7-29　ZK141 +300 监测断面

3)地表位移监测

监测孔被剪断后,考虑到施工仍在继续,坡体变形也仍未得到有效控制,为保证施工安全,经讨论,由于滑动面已基本确定且补充监测孔消耗时间过长,不宜进行,于是对该边坡的监测改为利用全站仪进行的坡面地表位移监测。

通过全站仪测量获取坡面的变形数据,绘制位移—时间变化曲线,以便更直观、更清晰地表达出各监测点位移变化情况,现以 ZK141 +180 ~ ZK141 +380 段框架梁监测数据为例(图 7-30),分析边坡的变化情况。

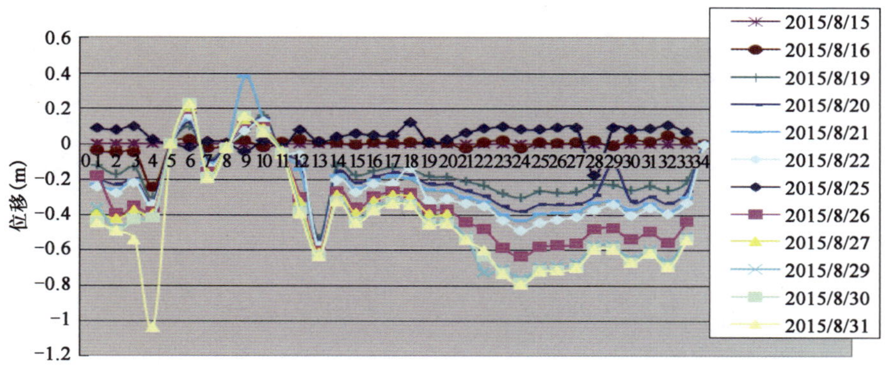

图 7-30　ZK141 +180 ~ ZK141 +380 段框架梁监测点位移变化

从图 7-30 可知，ZK141 +180 ~ ZK141 +380 段框架梁在 2015 年 8 月 15 日至 8 月 31 日期间，由于坡体受降雨及 8 月 11 日的路基开挖影响，格构梁处的位移整体出现了三次跳跃性变化，三次突变位移差约为 200 ~ 600mm，说明该边坡发展到加速变化阶段，极其危险，由此发布两期预警报告（2015 年 8 月 20 日，2015 年 8 月 31 日），确保施工安全。

7.4.4　基于监测成果的数值模拟

1）分析目的

（1）获得强风化部分的岩体抗剪强度合理取值。

（2）边坡整体位移及应力场分布情况。

（3）预测抗滑桩的受力状态。

2）分析思路

将建立的数值分析模型进行检验，模型合格后代入计算参数估算初始应力场。选择深部位移监测数据点作为与数值模型对比分析的参考点（图 7-31），同时通过软件自带的 null 值模型进一步模拟开挖路基。由于深部位移监测数据采集先于抗滑桩施工，因此粗调抗剪强度实现深部位移监测值与数值分析中对应参考点模拟值基本一致时，加入 pile 单元微调抗剪强度，同时返回开挖步求得每一步开挖坡体位移、应力场及抗滑桩受力变形规律。分析思路如图 7-31 所示。

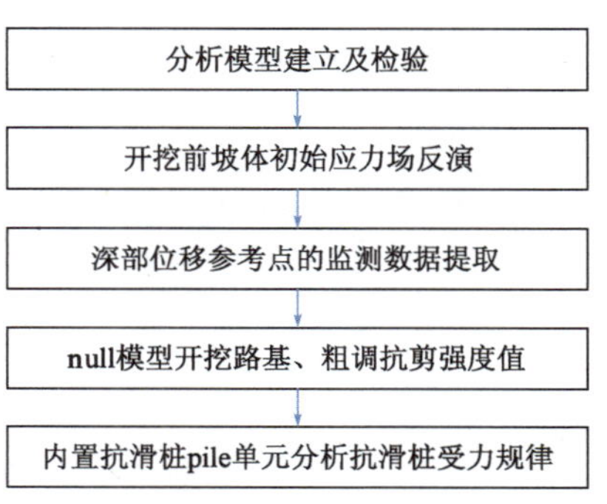

图 7-31　数值分析思路

3）分析模型

综合考虑，选择 ZK141 +246 断面整理后得到模型简化图如图 7-32 所示，模型纵向边界取 6m，即一根抗滑桩所承担推力的范围，其余边界按断面延伸情况满足圣维南原理即可。本次共建两个模型，建模目的以保守分析抗滑桩工作状态为主，模型中忽略了锚索的加固效果分析，设计变更前仅一排抗滑桩如图 7-32、图 7-33 所示，变更后三排抗滑桩模型如图 7-34、图 7-35 所示。

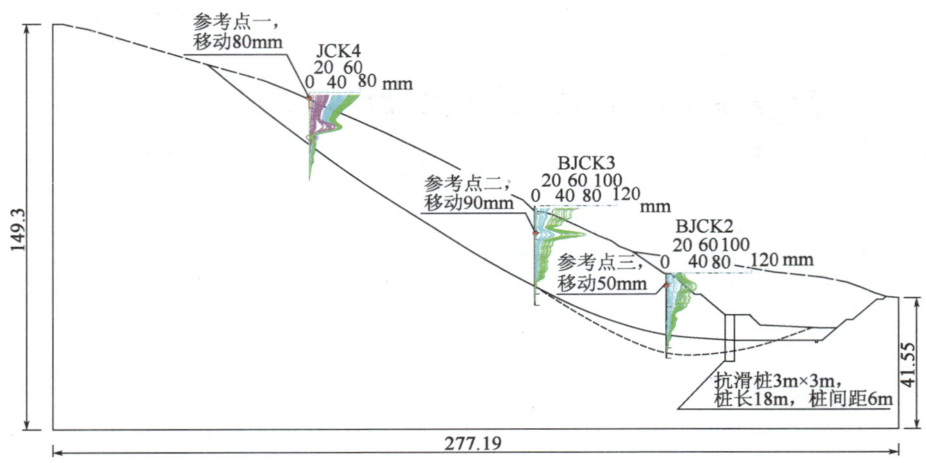

图 7-32　模型一断面（尺寸单位：m）

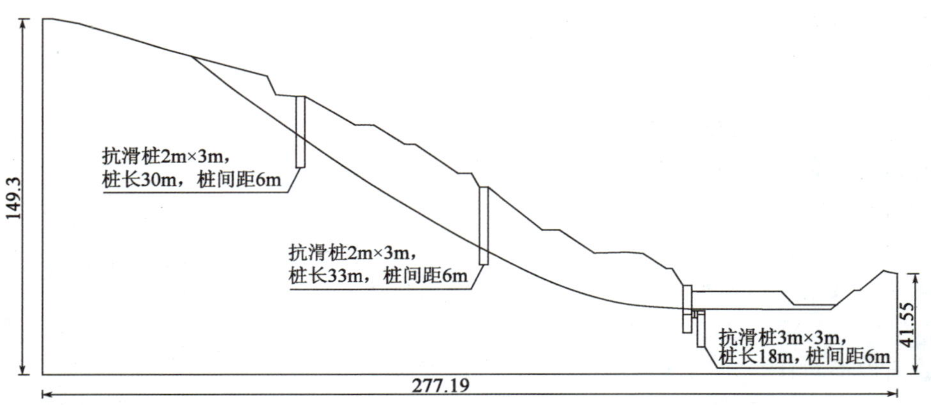

图 7-33　模型二断面（尺寸单位：m）

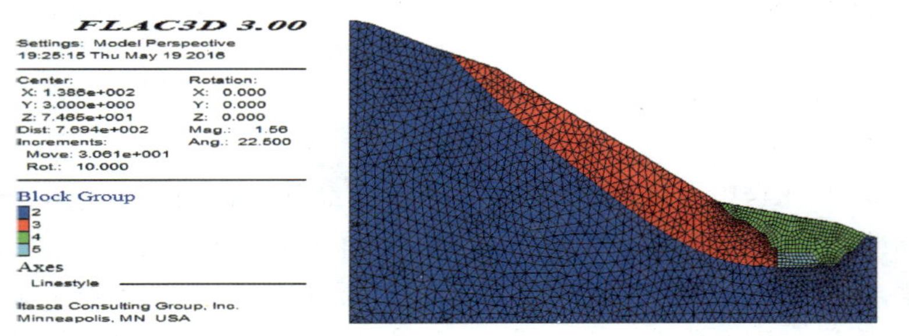

图 7-34　FLAC3D 模型一

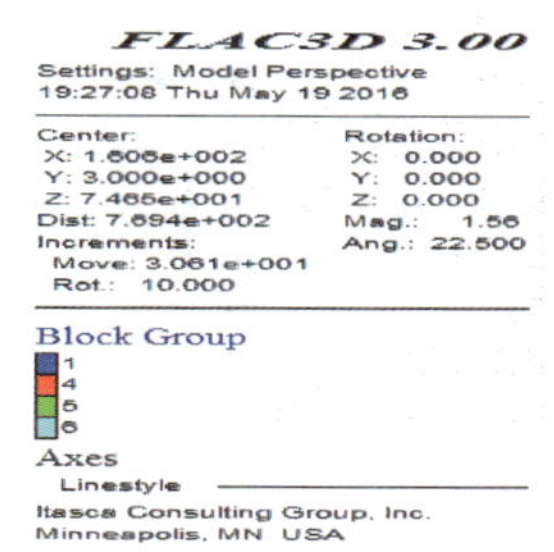

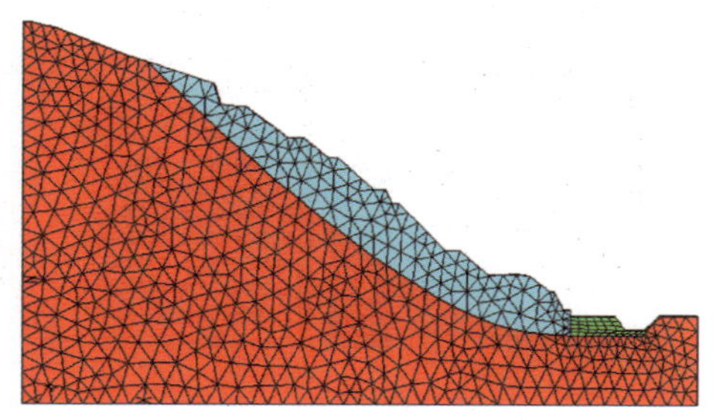

图 7-35　FLAC3D 模型二

4)参数及云图分析

(1)参数分析

岩土体计算本构关系采用摩尔库伦模型,抗滑桩采用系统内置的桩单元,岩土体参数根据地质勘查资料及《工程地质手册》(第四版)选取,调参前地层参数取值见表 7-6。

调参前地层参数取值　　表 7-6

地层名称	ρ (kg/m^3)	c (MPa)	φ (°)	M	E (GPa)	K (GPa)	G (GPa)
失稳地层	2210.00	0.060	18.00	0.30	18.00	0.07	0.05
稳定地层	2410.00	0.73	45.00	0.29	29.00	8.00	3.00

(2)云图分析

①失稳地层参数确定

取经验参数(表 7-6)进行分析,滑坡整体位移场如图 7-36 所示,坡脚抗滑单桩变形如图 7-37所示。经过大量的数值验算,失稳地层 c 值取 0.04MPa、φ 值取 16°时,与地表位移值、深部位移值及施工现场的情况对应较好,因此强风化岩体 c 值取 0.04MPa、φ 值取 16°,获得反演参数下坡体 x 方向位移云图如图 7-38 所示,抗滑桩位移、应力如图 7-39 所示,位移云图直观地概化出滑坡的范围、滑动趋势、滑带分布形式。

图 7-36　经验参数下坡体位移场

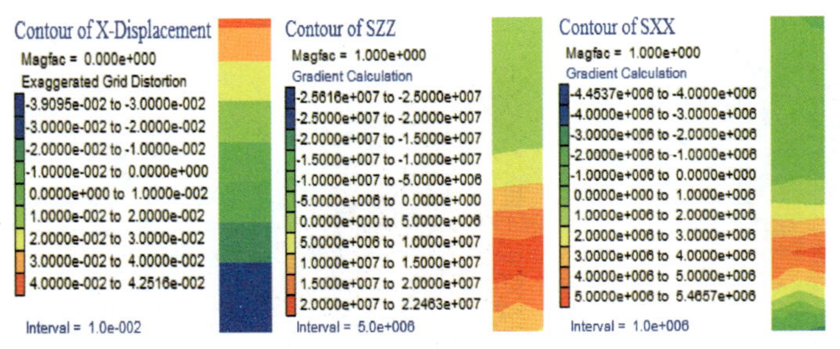

图 7-37　经验参数下坡脚抗滑桩位移场

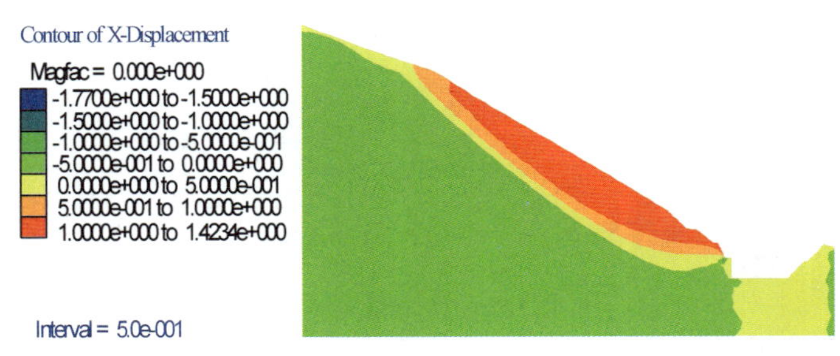

图 7-38　反演参数下坡体位移场

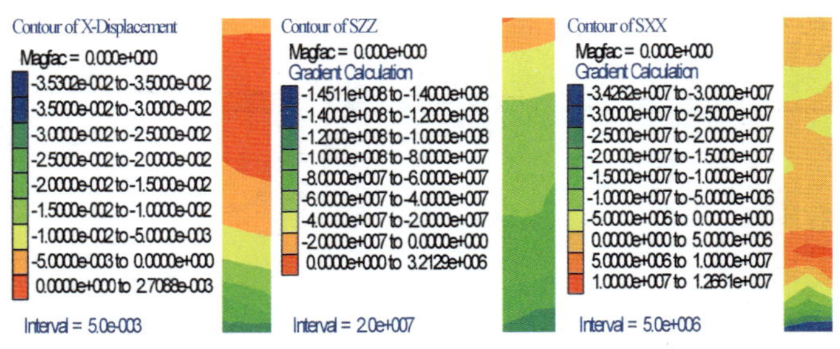

图 7-39　反演参数下坡脚抗滑桩位移场

②结果云图分析

将数值反演获得的失稳地层参数代入模型计算，采用 FLAC3D 中自带本构 null 模型模拟规划开挖回填工序下的坡体稳定性发展趋势，采用 pile 单元模拟抗滑桩受力状态。坡体治理前后模拟结论如下：

a. 按照指定开挖进行模拟，得到回填反压前坡体的位移场，如图 7-40 所示，明显可见滑动面位置及影响范围，坡体位移场在该状态下若不采取及时的处置措施，随时可能发生整体滑塌，此时坡脚抗滑桩的最大弯矩为(6.304e+6)kN·m，最大弯矩发生在抗滑桩的悬臂段。

b. 由于变形大，因降雨对坡体的作用极易产生滑坡，此时采用回填反压措施即应力恢复法，原则上导致产生坡体失稳卸荷有多少，土方直接回填多少即可，模拟时将 null 本构模型部分替换为原土体计算模型即可。得到回填后坡体位移场，如图 7-41 所示，坡体滑坡的预测位移减小，抗滑桩的最大弯矩为(4.388e+6)kN·m。

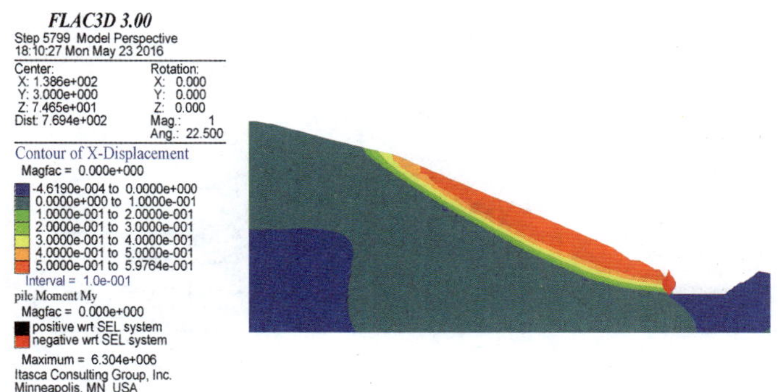

图 7-40　反压前坡体位移场

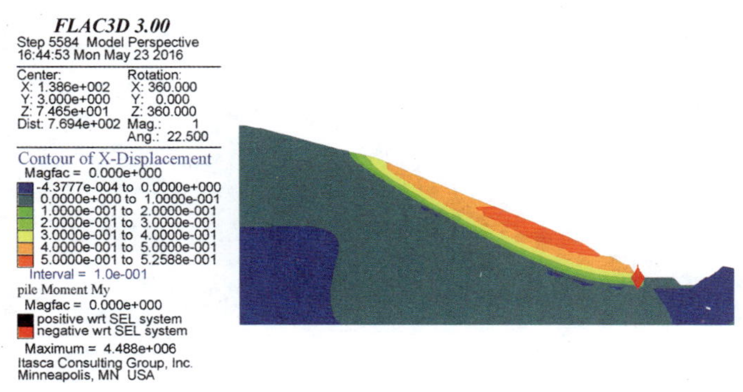

图 7-41　反压后坡体位移场

c. 根据现场实际施工情况，采用回填反压措施以后，坡体位移场的变化非常明显，同时在坡体上补充两排抗滑桩，并在路基上补充一排圆形抗滑桩使之形成 h 形桩。本次模拟仅将补充设计的桩加入计算模型，得到坡体位移场的分布如图 7-42 所示，此时坡脚抗滑桩的最大弯矩为 (2.46e +7) kN · m，发生在滑动面处。支护后抗滑桩的轴力、弯矩及变形趋势如图 7-43 ~ 图 7-45 所示。

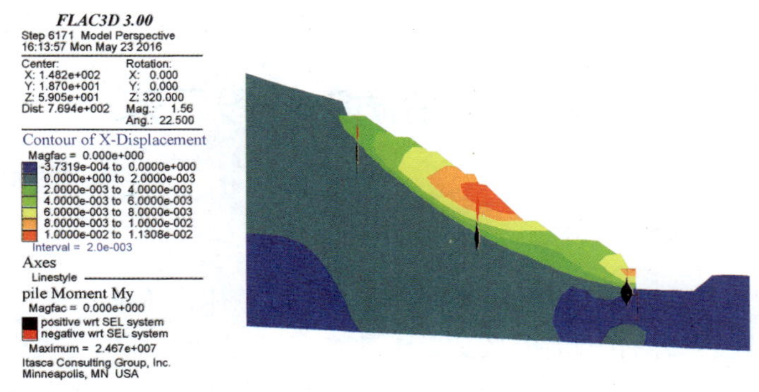

图 7-42　工后坡体位移场

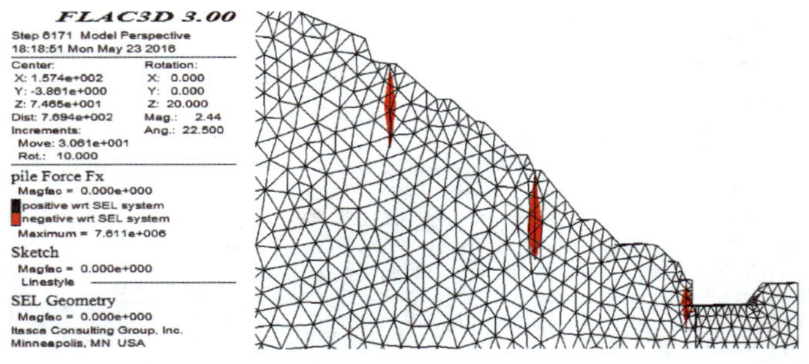

图 7-43　支护后各排抗滑桩的轴力分布规律

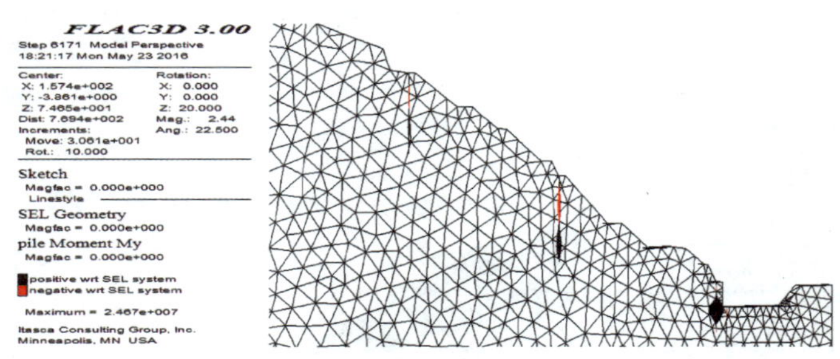

图 7-44　支护后各排抗滑桩的弯矩分布规律

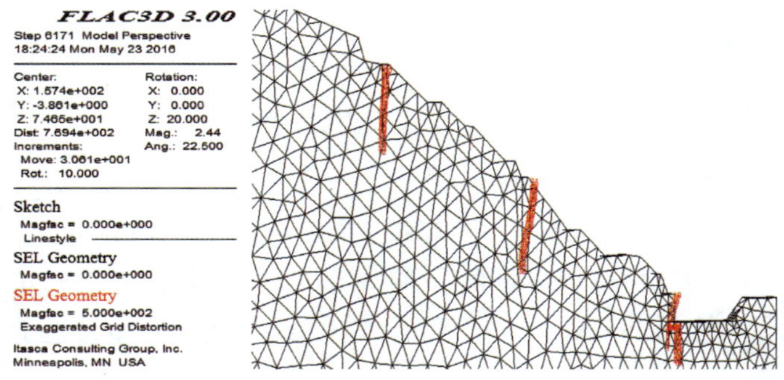

图 7-45　支护后各排抗滑桩的变形规律

7.5　监测预报技术在混合质边坡段示范

7.5.1　示范点选择

毕都高速公路 K207 + 780 ~ K209 + 100 段右侧边坡总体位于崩塌堆积体前缘，施工开挖后，坡体多处发生开裂且有加剧趋势，极易形成滑坡，严重威胁现场施工安全。

该滑坡发生于 2014 年 6 月中旬至下旬，以堆积体为主，坡面出现多条裂缝，最严重区域是 K207 + 850 ~ K208 + 320 段，滑坡前缘位于高速公路开挖后形成的高边坡上部，滑坡体北高南低，前缘宽250m，高程约为1815m，后缘下错形成5～10m陡坎，宽约370m，高程约为1880m，滑坡体纵向长150m，主滑方向192°，下部主要为堆积块石，岩溶强烈发育，裂隙充填泥灰岩及砂岩，间有碳质泥岩夹层。施工开挖后，坡体多处发生开裂且有加剧趋势，严重威胁现场施工安全，如图7-46、图7-47所示。

图7-46　滑坡全貌

图7-47　滑动方向

7.5.2　监测方法及仪器

2014年10月底，课题组派专人进驻现场钻探、埋设测斜管，根据现场实际情况，布置了16个监测孔对该段滑坡进行监测，由于受降雨与施工扰动等影响，滑坡变形量较大，布置的监测孔大部分被剪断，2015年7月15日仅有4个监测孔可以正常工作。为了对滑坡动态继续进行观测，重新布置了13个监测孔，监测仪器为美国DIJITILT Data Mata测斜仪1套，对该滑坡开展监测工作。监测工作布置情况见表7-7，监测工作如图7-48～图7-51所示。

监测工作布置表　　表7-7

工点名称	监测内容	监测仪器	监测工作量	
			孔数	累积深部位移监测长度
K207＋900～K209＋100右侧滑坡（示范点）	地表位移、深部位移、地表裂缝、地下水位	钻孔测斜仪、钢尺	29个	1213m

图 7-48　后缘裂缝

图 7-49　监测孔施工

图 7-50　深部位移监测孔

图 7-51　初始数据采集

7.5.3　监测点的布置

根据边坡实际情况，在坡面上根据监测的需要布置了第一批深部位移监测孔 16 个（JCK1 ~ JCK16），构成了 11 条监测横断面。后因滑坡推力过大，第一批监测孔全部被剪断，补充第二批监测孔 12 个（BJCK1 ~ BJCK12），构成了 7 条断面。监测布置平面图如图 7-52 所示。

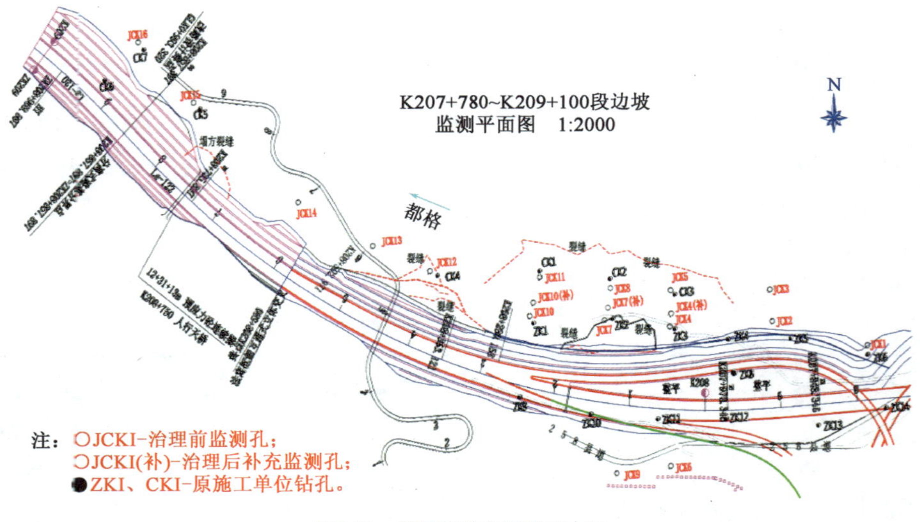

图 7-52　深层位移监测平面布置

7.5.4　监测频率

按照滑坡施工期间每周监测 2 ~ 3 次的频率进行施工阶段监测，雨季加密，当滑坡出现变形加剧时，加密观测次数，反之则减少监测次数。

7.5.5　监测成果

地下深部位移监测主要是了解场区深部位移情况，为整治工程设计、施工及对地质灾害的研究提供科学依据和安全保证。通过钻孔测斜仪监测获取监测数据，绘制相对位移变化曲线，更直观、清晰地表达出各监测点位移变化情况，现以主滑断面的监测孔 BJCK3、BJCK4、BJCK5 为例，详细介绍累积相对位移曲线。

(1) BJCK3 监测结果

BJCK3 号孔监测时间为 2015 年 7 月 15 日至 2015 年 10 月 11 日，后因变形过大，测斜孔被剪断，不能再继续监测。A_0 方向为南，监测数据均为正值说明位移变形方向在南方。监测结果显示在距孔口 53.5m 处有突变点，说明在此处有明显的位移变化，累积最大位移为 40.05mm，如图 7-53 所示。

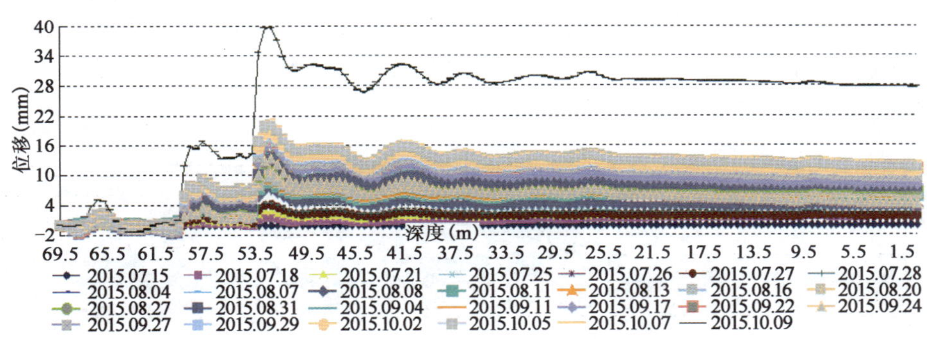

图 7-53　BJCK3 A_0 方向累积相对位移图

B_0 方向为东，监测数据大部分在负方向说明位移变形方向在西方。监测结果显示在距孔口 45.5m 处有突变点，说明在此处有明显的位移变化，累积最大位移为 -13.4mm，如图 7-54 所示。

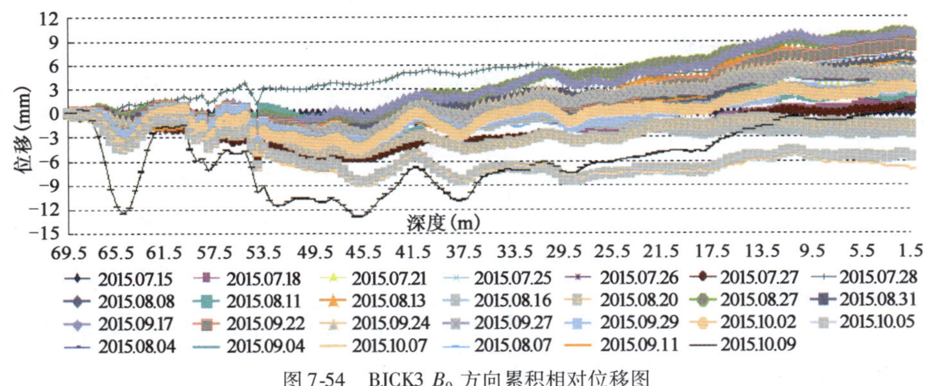

图 7-54　BJCK3 B_0 方向累积相对位移图

通过 A_0、B_0 方向数据数学叠加，得到合成方向相对累积位移曲线，方向为 A_0，即南方，且在距孔口 49.5m 处有明显的突变点，累积相对位移为 40.78mm，推测在这附近可能存在滑动面，如图 7-55 所示。

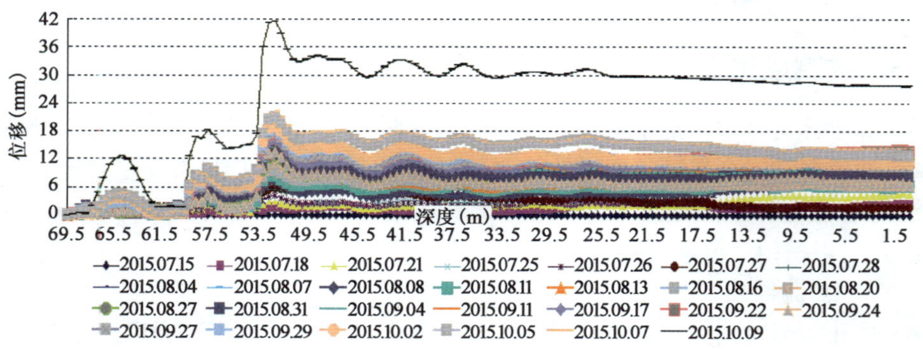

图 7-55 BJCK3 合成方向累积相对位移图

(2) BJCK4 监测结果

BJCK4 号孔监测时间为 2015 年 7 月 15 日至 2015 年 10 月 7 日，后因变形过大，测斜孔被剪断，不能再继续监测。A_0 方向为南方，监测数据大部分为正值说明位移变形方向在南方。监测结果显示在距孔口 30.5m 处有突变点，说明在此处有明显的位移变化，累积最大位移为 20.89mm，如图 7-56 所示。

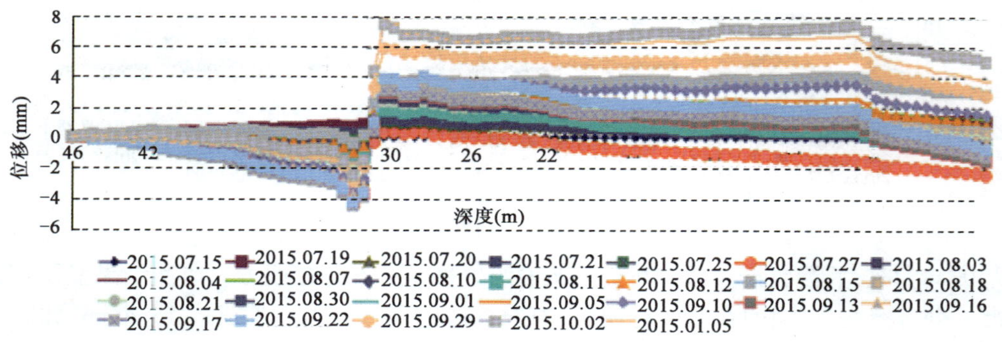

图 7-56 BJCK4 A_0 方向累积相对位移图

B_0 方向为东方，监测数据大部分为负值说明位移变形方向在西方。监测结果显示在距孔口 30.5m 处有突变点，说明在此处有明显的位移变化，累积最大位移为 20.89mm，如图 7-57 所示。

通过 A_0、B_0 方向数据数学叠加，得到合成方向相对累积位移曲线，方向为 A_0，即南方，且在距孔口 30.5m 处有明显的突变点，累积相对位移为 23.31mm，推测在这附近可能存在滑动面，如图 7-58 所示。

(3) BJCK5 监测结果

BJCK5 号孔监测时间为 2015 年 7 月 15 日至 2015 年 10 月 11 日，后因变形过大，测斜孔被剪断，不能再继续监测。A_0 方向为南方，监测数据大部分为正值说明位移变形方向在南方。

监测结果显示在2015年10月9日距孔口20m处位移突然增加，且形成明显的突变，累积最大位移为23.9mm，如图7-59所示。

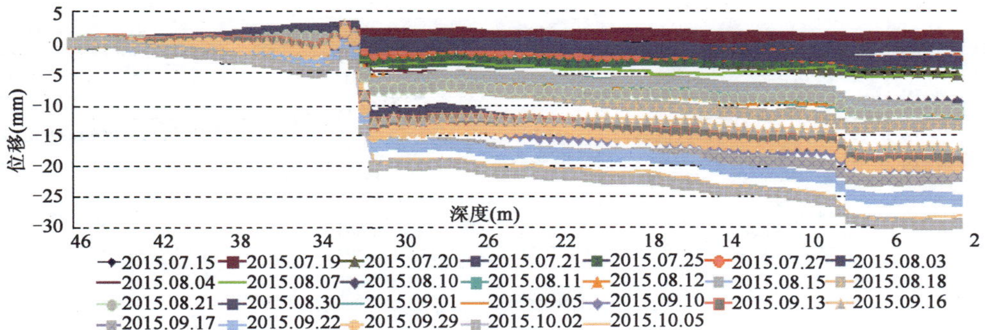

图7-57　BJCK4 B_0 方向累积相对位移图

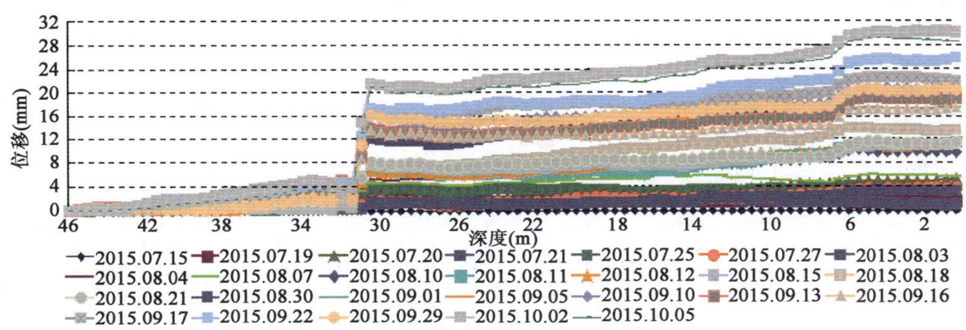

图7-58　BJCK4 合成方向累积相对位移图

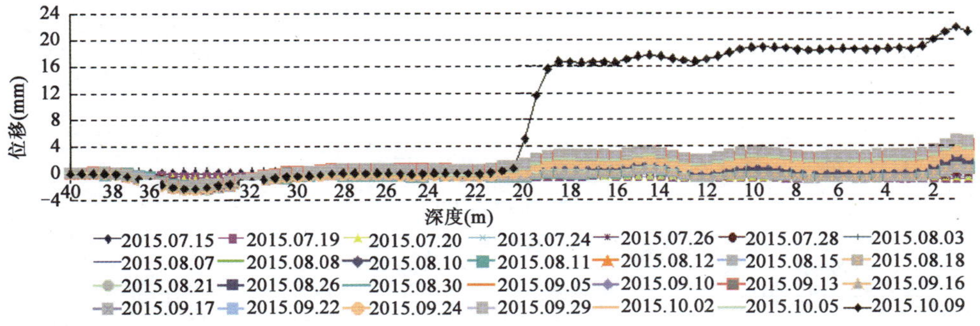

图7-59　BJCK5 A_0 方向累积相对位移图

B_0 方向为东方，监测数据大部分为负值说明位移变形方向在西方。监测结果显示在2015年10月9日距孔口20m处位移突然增加，累积最大位移为13.59mm，如图7-60所示。

通过 A_0、B_0 方向数据数学叠加，得到合成方向相对累积位移曲线，方向为 A_0，即南方，且在距孔口20m处有明显的突变点，累积相对位移为22.11mm，推测在这附近可能存在滑动面，如图7-61所示。

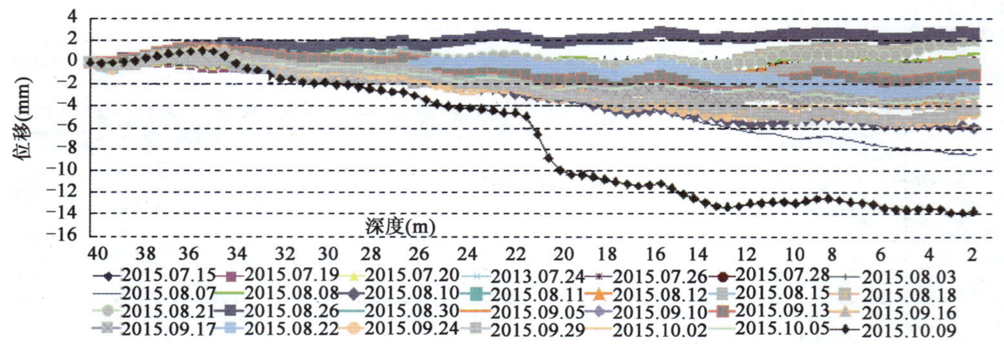

图 7-60　BJCK5 B_0 方向累积相对位移图

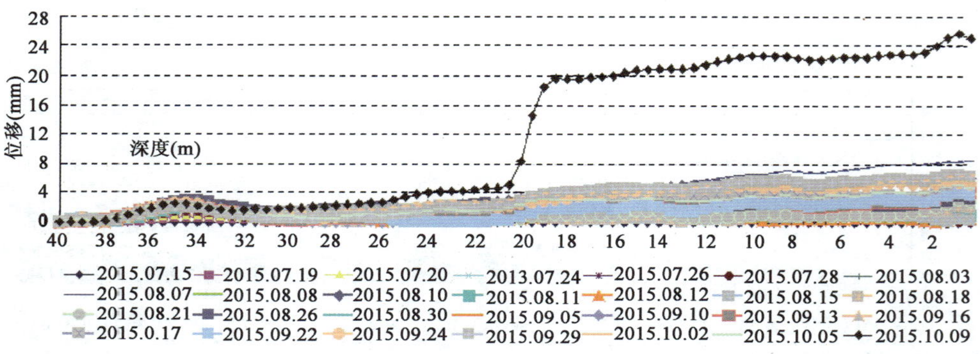

图 7-61　BJCK5 合成方向累积相对位移图

将 BJCK3、BJCK4、BJCK5 深部位移监测数据叠加在所在的横断面图上，可更直观地推测断面的滑动面位置，如图 7-62 所示，为设计处治措施提供科学依据。

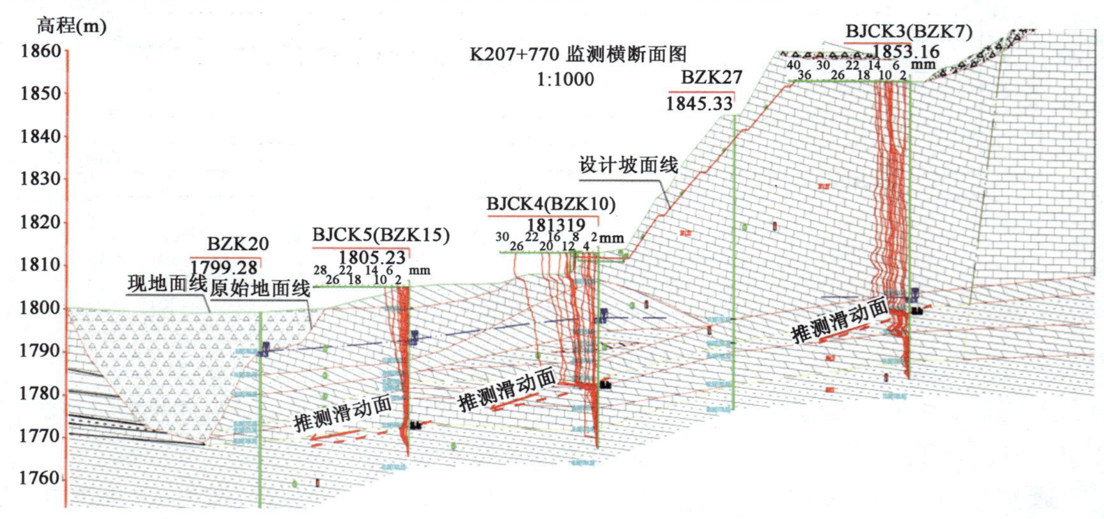

图 7-62　BJCK3、BJCK4、BJCK5 深部位移监测断面

具体的监测成果见表 7-8。

边坡监测成果统计表　　表 7-8

边坡名称	地表巡视次数(次)	钻孔测斜仪监测次数(次)	地下监测情况				监测结论
			孔号	位移突变处距孔口距离(m)	突变点累积位移(mm)	地下水位(m)	
K207 +900 ~ K209 +100 右侧滑坡	379	1523	JCK1	36.5	9.8(2015.5.20 被剪断)	16.5	根据监测数据可知,在滑坡第一批监测孔基本全部废弃的情况下,2015 年 10 月 9 日,布设的第二批监测孔由于受降雨与施工影响,大部分监测孔已无法继续监测;此后,现场大面积的清方开挖以及回填反压,使得滑坡滑动趋于稳定
			JCK2	44.5	71.1(2015.5.20 被剪断)	20.3	
			JCK3	34.5	155.6(2015.5.4 被剪断)	52.5	
			JCK4	34.5	157.51(2015.5.8 被剪断)	23.5	
			JCK5	40	192.65(2015.5.8 被剪断)	33.5	
			JCK6	无突变	2015.5.8 老路改造被施工破坏	13.5	
			JCK7	36.5	119.04(2015.5.7 被剪断)	34.5	
			JCK8	27.5	147.88(2015.5.5 被剪断)	38.2	
			JCK9	21.5	1.5	13.4	
			JCK10	13.5	156.94(2015.4.28 被剪断)	31.2	
			JCK11	17.5	166.24(2015.4.30 被剪断)	32.6	
			JCK12	13.5	128.1(2015.5.5 被剪断)	30.2	
			JCK13	18.5	26.76 (2015.12.21 被施工破坏)	25.6	
			JCK14	11.5	1.32	22.5	
			JCK15	无突变	2015.5.5 被剪断	23.8	

续上表

边坡名称	地表巡视次数(次)	钻孔测斜仪监测次数(次)	地下监测情况				监测结论
			孔号	位移突变处距孔口距离(m)	突变点累积位移(mm)	地下水位(m)	
K207+900～K209+100右侧滑坡	379	1523	JCK16	无突变	2015.11.11 被剪断	18.6	近期抗滑桩的重新施工,应抓紧施工进度,赶在雨季来临之前完工,以提高上坡体的整体稳定性。同时加强地表防、排水措施,确保排水通畅。为防止对滑坡体下方的行人、施工人员等造成严重的安全隐患,建议及时警戒,相关人员提高防范意识,确保施工安全
			BJCK1	19.5	19.63(2016.3.21 被施工破坏)	18.8	
			BJCK2	22.5	26.9(2015.10.07 被剪断)	13.2	
			BJCK3	52.5	41.39(2016.3.21 被剪断)	53.4	
			BJCK4	32.5	20.89(2015.10.07 被剪断)	19.6	
			BJCK5	20	23.9(2015.12.17 被施工破坏)	13.4	
			BJCK6	61.5	93.12(2015.11.18 被施工破坏)	55.2	
			BJCK7	30.5	39.95(2015.12.17 被施工破坏)	23.4	
			BJCK8	19	4.62(2015.12.17 被施工破坏)	15.3	
			BJCK9	32.5	6.56mm(2015.10.09 被剪断)	15.6	
			BJCK10	16.5	43.35(2015.10.07 被剪断)	30.1	
			BJCK11	14.5	38.09(2015.10.07 被剪断)	31.3	
			BJCK12	25.5	44.16(2015.10.07 被剪断)	33.4	
			BJCK13	26.5	4.16(2015.1.26 被剪断)	32.8	

监测结果表明，该滑坡为推移式深层滑坡。设计单位根据监测结果调整了边坡治理方案。由于该边坡处于施工阶段，受施工、降雨影响，大部分监测孔已被剪断或破坏，仅剩4个监测孔可继续监测，根据最新监测数据及地表巡视结果，目前该滑坡处于暂时稳定状态。

7.6　监测预报技术在土质边坡段示范

7.6.1　示范点选择

毕都高速公路K218+040~K218+380右侧边坡全长约340m，中心桩号处最大挖深为32m，其中最大坡高71.0m，出露岩性为二叠系下统栖霞二段—茅口组（P1q2-m）灰岩，岩层产状170°∠18°，上覆残坡积碎石土，厚21.4~36.5m，场地内普遍分布。由于本段挖方边坡为土质边坡，覆盖层厚度大，稳定性差，边坡开挖坡面过程中存在严重的安全隐患，为保证施工安全及坡体后侧民房安全，按照“动态法设计、信息化施工”的原则以及相关会议纪要精神，鉴于该路段段落长，地质情况复杂，为保证边坡防护施工安全及检验治理措施的可靠性，须对该滑坡路段进行深层侧向位移监测。岩土工程监测复杂，为双向监测。边坡全貌如图7-63所示，深部位移监测点布置如图7-64。

图7-63　K218+040~K218+380右侧边坡全貌

图7-64　K218+040~K218+380右侧边坡监测点布置

7.6.2　监测方法及仪器

收集K218+040~K218+380右侧边坡设计资料后，课题组进行了施工现场调研，布置了边坡监测工作，采用地表巡视、地下深部位移监测等方法对边坡进行施工期位移变化监测。监测工作布置及工作量见表7-9，现场工作如图7-65~图7-68所示。

监测工作布置表　　表7-9

工点名称	监测内容	监测仪器	监测工作量		
			地表巡视	孔数	累积深部位移监测长度
K218+040~K218+380右边坡	地表巡视、深部位移、地下水位	钻孔测斜仪、钢尺	116次	7个	187.5m

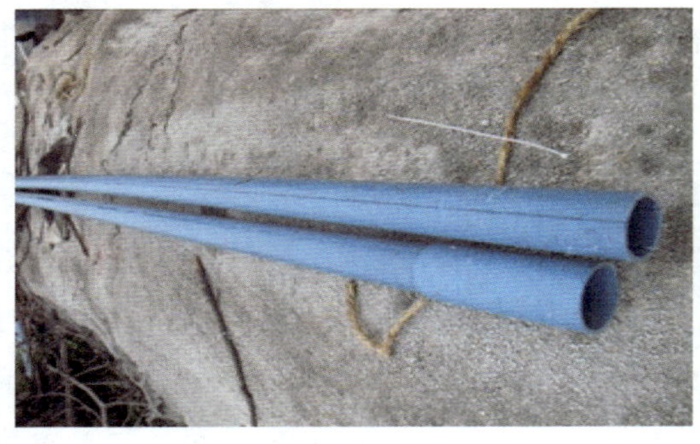

图 7-65 测斜管

图 7-66 埋置完毕的测斜管

图 7-67 测斜管的埋置图

图 7-68 钻孔测斜仪监测

7.6.3 监测点的布置

根据现场实际情况共布置了 7 个测斜监测孔，用以观测场区变形位移和主滑动面的滑动特征，核实滑动面的深度以及滑动方向，变形位移量与时间关系，分析滑坡治理前后变形特征；监测点布置如图 7-69、图 7-70 所示。

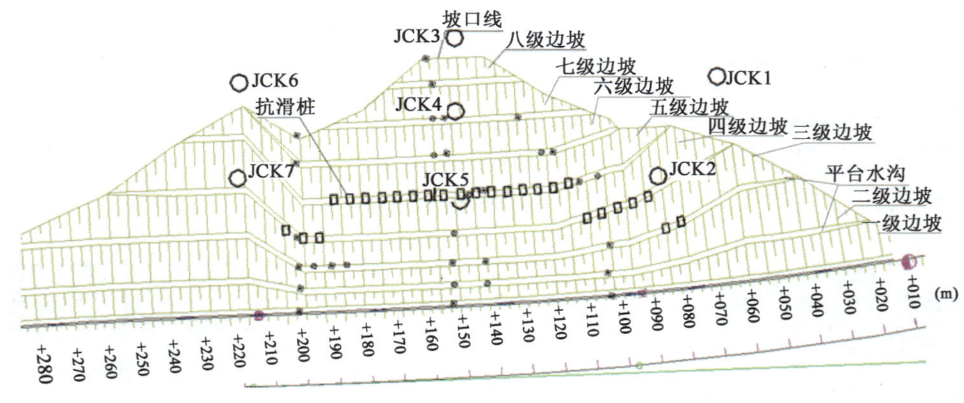

图 7-69 监测孔布置平面图

图 7-70　监测孔现场位置点

7.6.4　监测频率

滑坡施工期间每周监测 2 ~ 3 次，雨季加密，当滑坡出现变形加剧时，加密观测次数，反之则减少监测次数。

7.6.5　监测成果

1）地表巡视

监测小组于 2013 年 10 月底开始进驻现场实施测斜孔施工，同时开始地表巡视工作，累计完成地表巡视 116 次。地表巡视结果可看出，该段滑坡从 2014 年 3 月至 8 月底发展较快，边坡变形较明显，地表裂缝持续增大。2015 年 3 月边坡一、二级坡面加固措施相继完成，未再出现地表裂缝，目前坡体处于稳定状态。

2）深部位移监测

通过钻孔测斜仪监测获取监测数据，绘制相对位移变化曲线，更直观、清晰地表达出各监测点位移变化情况，截至 2015 年 5 月 22 日累计完成监测 968 次。现以主滑断面的监测孔 JCK3、JCK4、JCK5 为例，详细介绍累积相对位移曲线。

（1）JCK3 监测结果

JCK3 号孔监测时间为 2013 年 11 月 20 日至 2015 年 5 月 22 日，共监测 78 次。从 A_0、B_0 及合成方向监测数据可看出（图 7-71 ~ 图 7-73），该孔没有明显突变点，在孔口位置位移量较大，约 29.59mm，说明该孔没有滑动面，附近坡体较稳定。

（2）JCK4 监测孔

JCK4 号监测孔监测时间为 2013 年 12 月 25 日至 2015 年 5 月 22 日，共监测 132 次。A_0 方向为东，监测数据突变点向负方向发展，说明位移变形方向在西方。监测结果显示在距孔口 7.5m 处有突变点，说明在该处有位移变化，但累积值较小，如图 7-74 所示。

B_0 方向为北，监测数据突变向负方向发展，说明位移变形方向在南方。监测结果显示在距孔口 6.5m 处有突变点，说明在该处有位移变化，但累积值较小，如图 7-75 所示。

通过 A_0、B_0 方向数据数学叠加，得到合成方向相对累积位移曲线，方向为西南方，该孔在距孔口 7.0 ~ 7.5m 的位置出现变形异常带，但累积位移增量较小。这种情况延续到 2014 年 8 月以后，监测数值减缓并逐渐趋于稳定。该孔附近坡体较稳定，如图 7-76 所示。

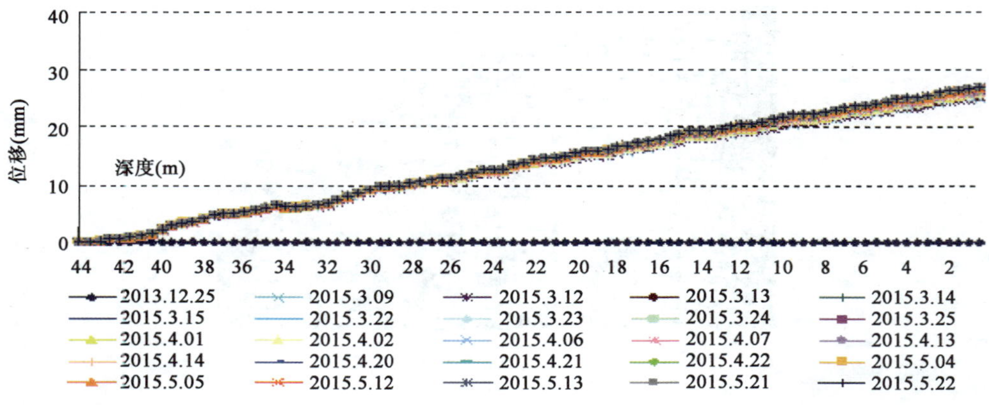

图 7-71　JCK3 A_0 方向累积相对位移图

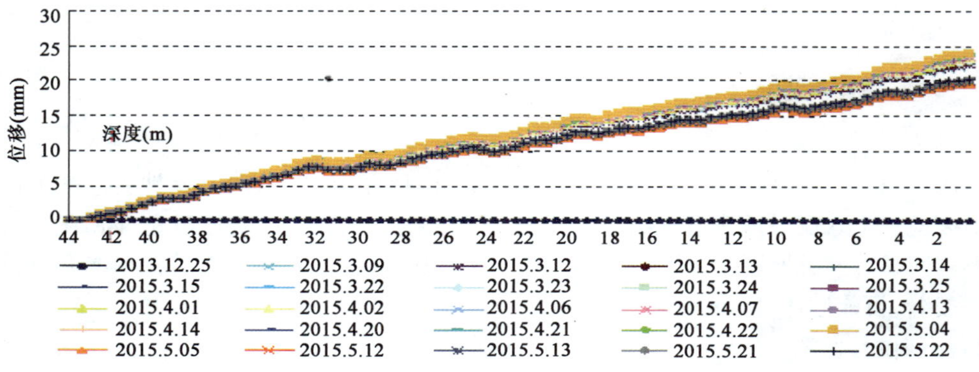

图 7-72　JCK3 B_0 方向累积相对位移图

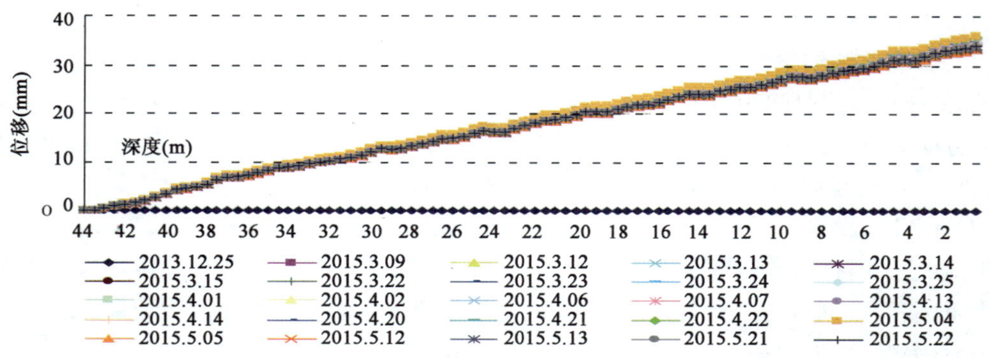

图 7-73　JCK3 合成方向累积相对位移图

(3)JCK5 监测孔

JCK5 号孔监测时间为 2014 年 1 月 6 日至 2015 年 5 月 22 日，共监测 128 次。从 A_0、B_0 及合成方向监测数据(图 7-77 ~ 图 7-79)可看出，该孔没有明显突变点，在孔口位置位移量较大，约 42.03mm，说明该孔没有滑动面，附近坡体较稳定。

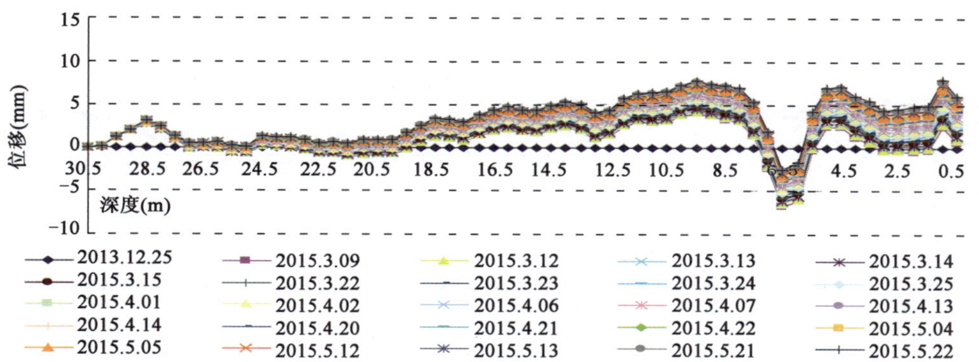

图 7-74　JCK4 A_0 方向累积相对位移图

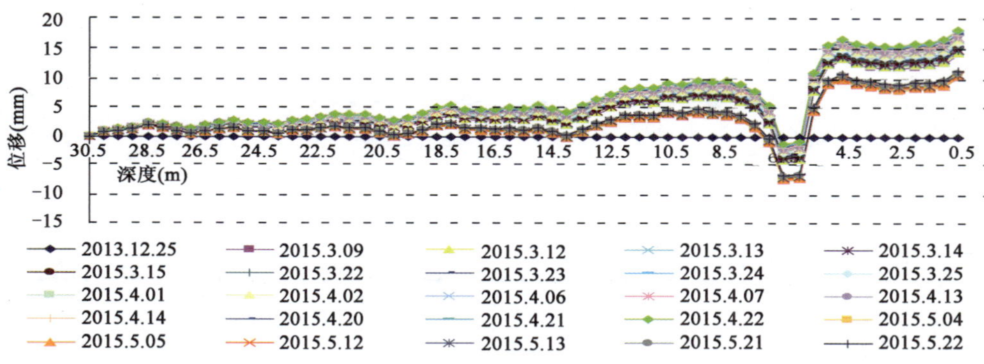

图 7-75　JCK4 B_0 方向累积相对位移图

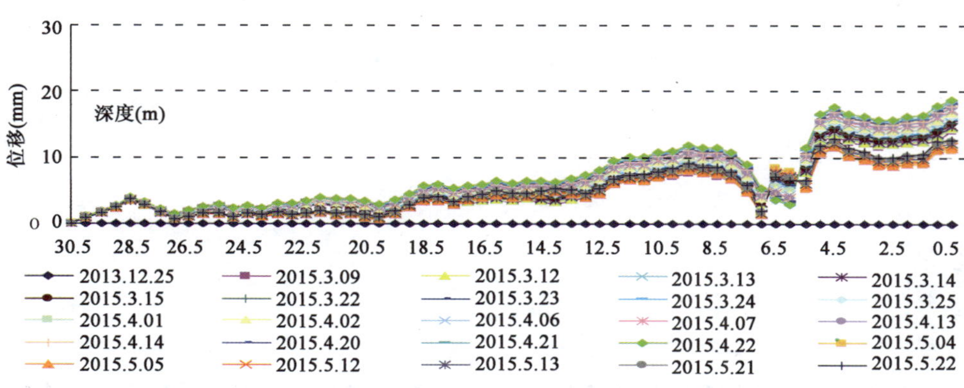

图 7-76　JCK4 合成方向累积相对位移图

监测结果表明，该监测断面存在局部蠕动迹象，变形速率缓慢。2014 年 4 月，该段边坡加固支护措施施工完成，蠕动变形得到控制，边坡处于稳定状态。监测横断面图如图 7-80 所示。

具体的监测结果见表 7-10。

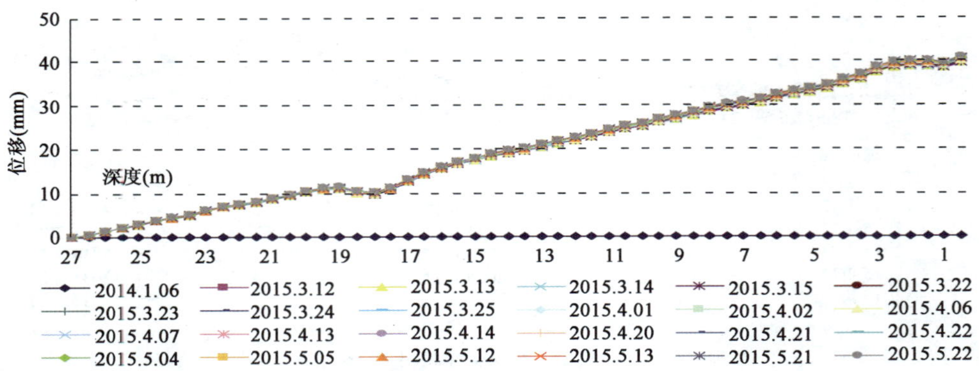

图 7-77 JCK5 A_0 方向累积相对位移图

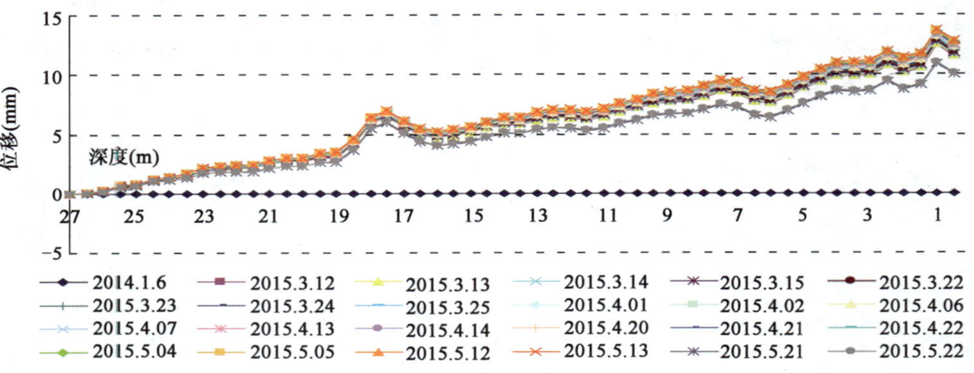

图 7-78 JCK5 B_0 方向累积相对位移图

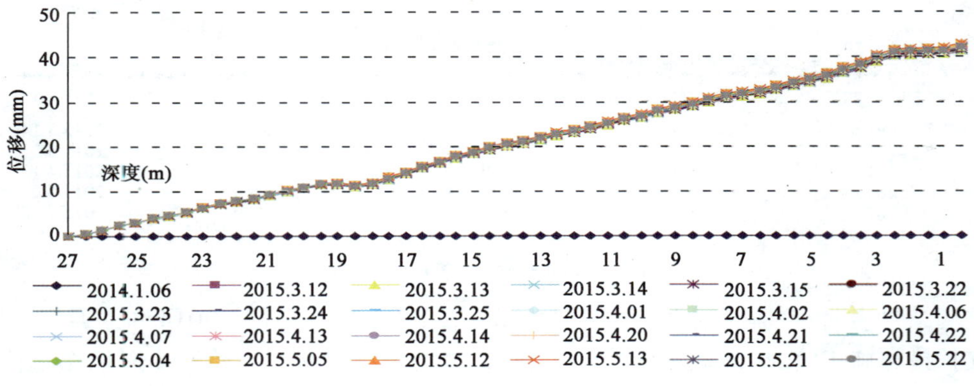

图 7-79 JCK5 合成方向累积相对位移图

表 7-10

边坡监测成果统计表

公路名称	边坡名称	地表巡视次数(次)	钻孔测斜监测次数(次)	地下监测情况				监测结论
				孔号	位移突变处距孔口距离(m)	突变点累积位移(mm)	地下水位(m)	
毕都高速公路	K218+040～K218+380右侧边坡	116	968	JCK1	无突变点,变形较小	—	无地下水位	从地表巡视和钻孔深部位移监测结果来看,各监测孔累积位移变化速率小、无突变点,且坡体经过两个雨季也未产生显著变形,说明坡体自身稳定性较好,加之后期的治理方案施工完成,坡体稳定。但考虑到边坡的变形失稳是一个长期、复杂的过程,后期如果受降雨、地震等不利因素影响,存在再次变形可能性,建议时常巡视,如发现新变形情况,及时上报
				JCK2	无突变点,变形较小	—	无地下水位	
				JCK3	无突变点,变形较小	—	无地下水位	
				JCK4	无突变点,变形较小	—	无地下水位	
				JCK5	无突变点,变形较小	—	无地下水位	
				JCK6	无突变点,变形较小	—	无地下水位	
				JCK6	无突变点,变形较小	—	无地下水位	
				JCK7	15	87	无地下水位	

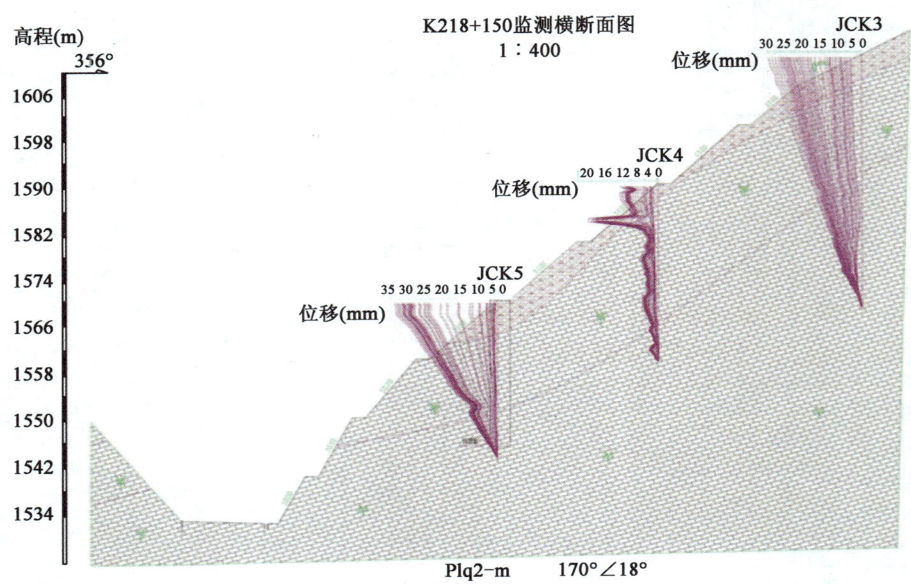

图 7-80　JCK3、JCK4、JCK5 监测横断面图

7.7　基于 GIS 的公路崩塌、滑坡监测预报系统推广应用

7.7.1　主要推广内容

该系统主要的推广技术内容如下：

(1)基础信息管理。本系统软件将原始纸质文件、监测数据等资料转换成为空间数据库录入 GIS 数据格式，实现基本的地图操作，各种基本信息的地图可视化、查询、输出等功能。

(2)权限管理及密码管理。本系统可根据不同用户、不同层级对系统进行权限设定，采用用户名和密码管理的方式。

(3)地质灾害监测。在基础信息管理功能基础上，连接地质灾害监测信息并叠加于地图上，实现地质灾害数据的查询、统计、分析等功能。

(4)地质灾害预报预警。在基础信息管理与地质灾害监测的基础上，利用预警预报分析模型，实现基于地图的公路地质灾害预警、预报与应急响应。

路基管理及灾害监测预警系统软件主界面如图 7-81 所示，系统软件设计的构架是从灾害点的监测预报到整条高速公路的灾害险情管理，从点到面，从微观到宏观进行全面的地质灾害监测预报及管理，服务于高速公路各个阶段及各级相关管理部门，保证这些致灾点或潜在致灾点的状态时时刻刻在公路建设人员和专业技术人员的掌控之中，方便建设单位、设计单位、施工单位迅速做出决策，更好地实现防灾、减灾、治灾的目标。

图 7-81　系统软件主界面

7.7.2　推广情况及成果

鉴于毕都高速公路复杂的地质环境,在实际工程建设中不可避免出现大量的挖方和高填方路段,为加强沿线不良地质灾害的巡查、防治与抢修工作,提高公路路基日常管理水平,更好地服务于高速公路建设与运营管理,将毕都高速公路沿线地质灾害点录入西部地区公路地质灾害监测预报系统软件中,以便查询及利用系统既有技术对危险的边(滑)坡进行监控。

1)基本信息管理

收集了毕都高速公路全线 140.177km 的勘察、设计与监测资料,经分析后,共录入沿线 90 个隐患地质灾害点,其中特大型滑坡 1 个,典型边(滑)坡 89 个。基本完成沿线边坡信息录入,完成部分滑坡信息录入,界面情况如图 7-82、图 7-83 所示。可进行各种基本信息的地图可视化、查询与输出操作。

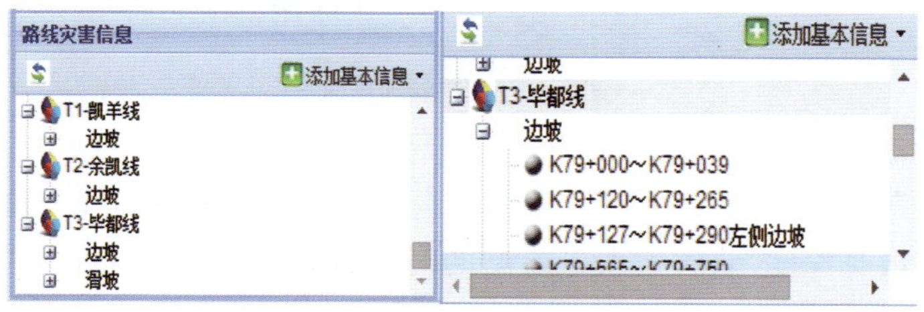

图 7-82　毕都线边(滑)坡信息录入

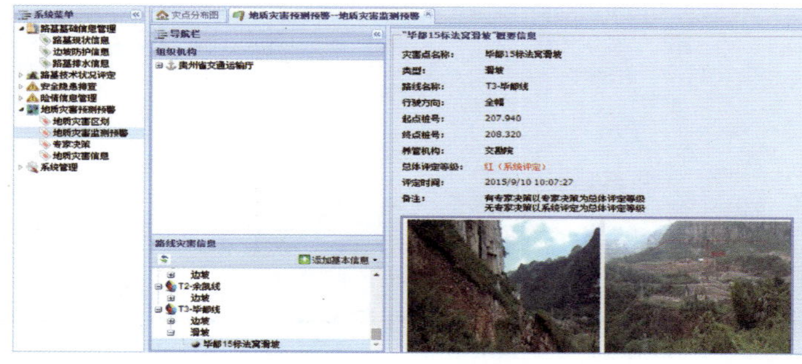

图 7-83　毕都线边(滑)坡基本信息录入

2）权限管理及密码管理

本系统可根据设计单位、施工单位、建设单位对系统进行权限设定，采用用户名和密码管理的方式，如图 7-84、图 7-85 所示。

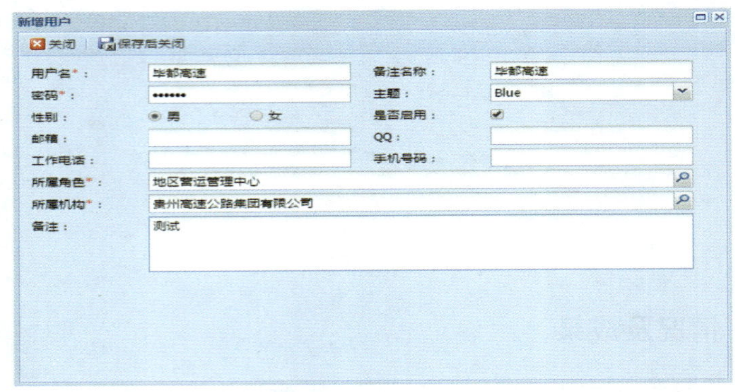

图 7-84　用户权限设置

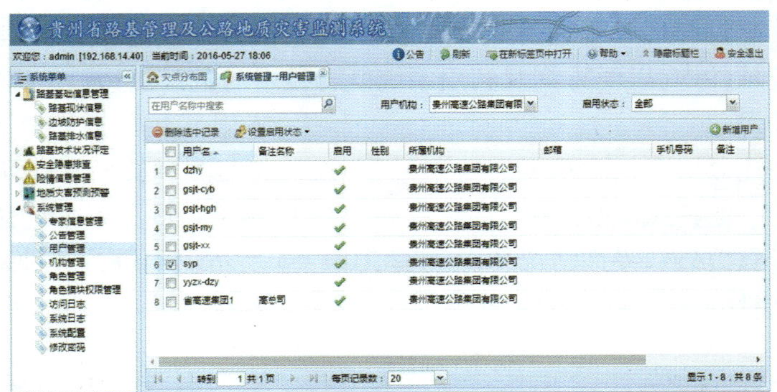

图 7-85　用户管理界面

3）地质灾害监测

将边坡监测信息按格式录入系统内，系统可自动生成相对位移曲线及位移—时间曲线，并可查询任一点位移量及深度，节省了人工绘图的时间且查询更方便快捷。如图 7-86、图 7-87 所示。

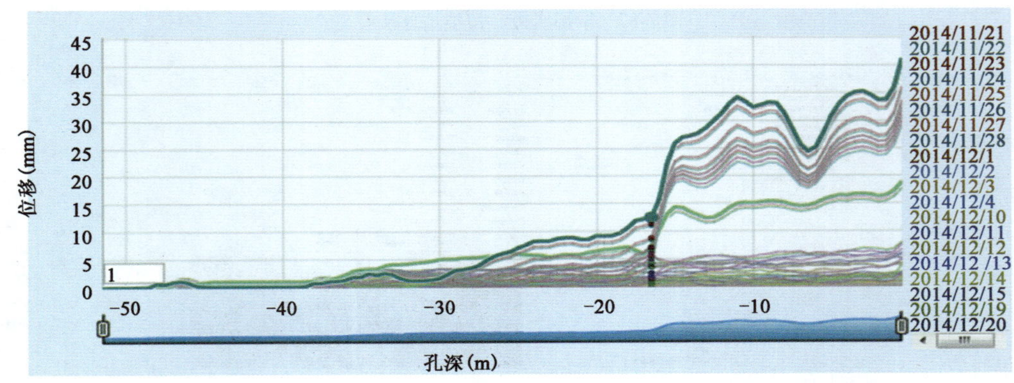

图 7-86　K207 + 900 ~ K209 + 100 滑坡 JCK11 合成方向相对位移合成曲线图

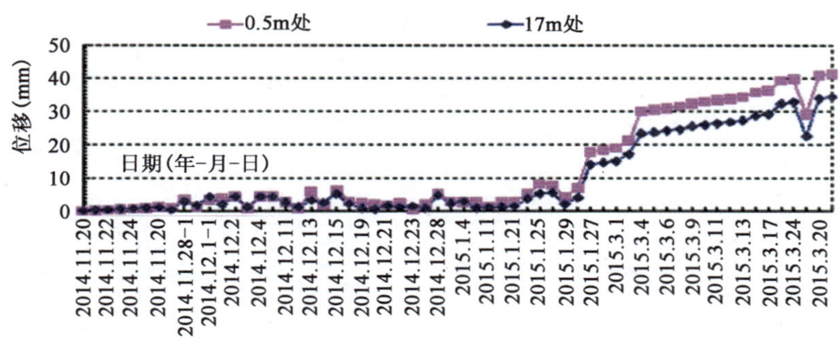

图 7-87　K207 +900 ~ K209 +100 滑坡 JCK11 0.5m、17m 处位移—时间曲线图

4)滑坡预测预警

该系统结合贵州山区滑坡特点,总结出了适合中长期预报(指数平滑预测模型)、短中期预报(非线性回归预测模型)、短期预报(福囿模型)及临滑阶段预报(Verhulst 预测模型)4 种预测模型(图 7-88),用户可根据滑坡体所处的变形演变阶段选择适合的模型。

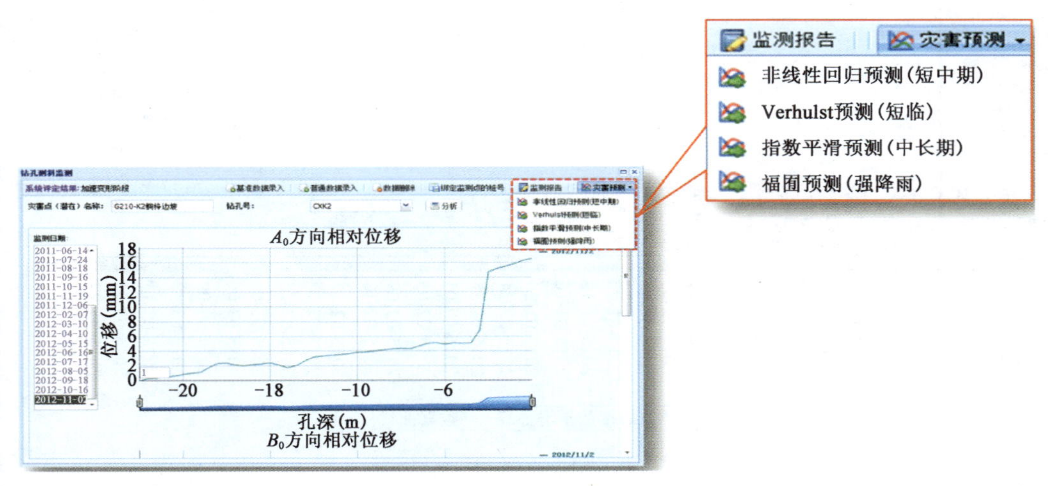

图 7-88　系统滑坡预测模型

以 K207 +900 ~ K209 +100 右侧滑坡 JCK11 号监测孔为例,以 2014 年 11 月 21 日 ~ 2015 年 3 月 23 日的监测数据,采用指数平滑预测模型预测 2015 年 3 月 27 号的位移量,预测值为 32.25mm,实测值为 34.3mm,误差为 2.05mm,在误差范围内。如图 7-89、图 7-90 所示。但因每个滑坡都具有极强的个性特点,一个滑坡定量预测模型很难适用于全部滑坡的预测预报。该模型最终的预测预报结果还应结合监测数据及专家判断等多因素综合分析评定。

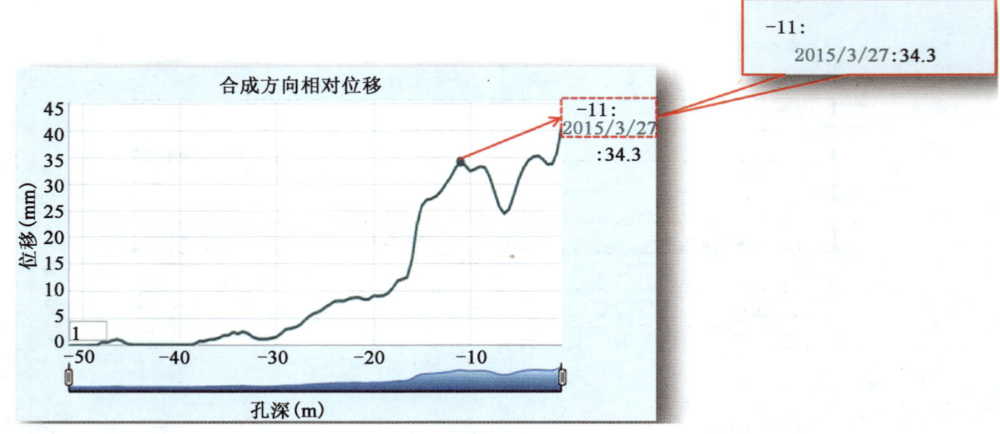

图 7-89　JCK11 号监测孔实测曲线

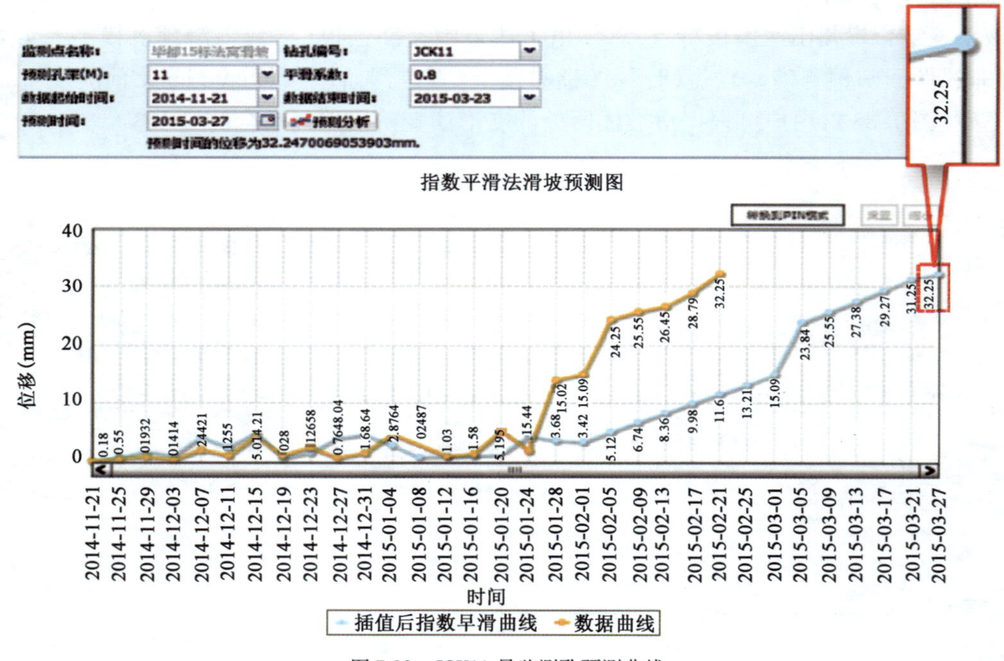

图 7-90　JCK11 号监测孔预测曲线

7.8　本章小结

“山区高速公路地质灾害监测预报技术”应用于杭瑞高速公路毕节至都格(黔滇界)段K141 + 080 ~ K141 + 380 左侧边坡、K207 + 900 ~ K209 + 100 右侧边坡、K218 + 040 ~ K218 + 380 右侧边坡等 3 段典型边坡,得到如下结论:

(1)通过监测及时掌握边(滑)坡的滑动面、滑动范围、滑动速度,滑动过程中的主控因素,以及稳定性发展趋势,为变更设计提供了可靠依据,引导了边(滑)坡治理施工的方向。

(2)对施工中的边坡进行了监测预警,对于变形速率过大的边坡,及时发出了预警报告,监测期间未发生边坡垮塌、失稳的现象。

(3)鉴于软质岩、崩塌堆积体滑坡机理复杂,稳定性发展随机性较大,建立了监测方法需随坡体变形、施工情况等转变的理念且得到实践。

(4)实现了滑坡的地表巡视、地表位移及深部位移监测技术的有益结合。

(5)将监测数据与数值分析有益结合,在反演出复杂滑坡体参数取值的同时,能够较好地预测滑坡体的滑动趋势、范围及支护结构的受力状态。

(6)基于 GIS 的公路崩塌、滑坡监测预报系统推广应用,对该段公路地质灾害有益管理,同时能够对具有一定监测样本空间的灾害体自动预报预警,促进了公路地质灾害管理、预报预警向大数据方向的发展进程。

针对毕都高速公路地质灾害突出的问题,开展“西部地区公路边(滑)坡监测预报技术与基于 GIS 的公路边(滑)坡监测预报系统”在毕都高速公路的推广应用,掌握沿线地质灾害的基本特征、发展变化趋势等信息,对保障公路建设及营运期间人民的生命财产安全具有重大的意义。

第8章 隧道及长大纵坡路面抗滑技术

8.1 毕都高速公路隧道及长大纵坡路面面临的抗滑问题

毕都高速公路地处山区，隧道众多，其中特长隧道有岳家湾隧道、青山隧道、白龙山隧道，单洞长度均超过3000m。隧道进出口路段亮度变化大，驾驶人常常感到不适应，是高速公路事故多发地段。研究表明，行车进出隧道会产生“白洞”与“黑洞”效应(图8-1)，所以进出隧道口时事故频发，隧道出入口过渡段事故率是隧道内事故率的2~3倍。同时，路线区域海拔多数在1700m以上，常有雨、雾、凝冻天气，尤其是每年冬季凝冰现象造成隧道口路面湿滑，极易造成行车安全隐患，因而，有必要对隧道进出口路段路面进行特殊的处理。

a)

b)

图8-1 隧道进出口路段“白洞”“黑洞”效应

此外，毕都高速公路长大纵坡多，其中梅花箐至总溪河(K99+480~K106+370)长大纵坡路段6.89km，坡度2.80%；法窝枢纽互通至北盘江(K207~K218)长大纵坡路段约11km，坡度超过2.68%。高海拔隧道路面和长大纵坡路面的抗滑性能是影响行车安全的重要因素，也是迫切需要解决的工程技术问题。

8.2 隧道及长大纵坡路面抗滑技术概况

针对隧道进出口路段“黑洞”“白洞”效应，山区隧道口路面湿滑等易造成行车隐患及引发交通事故，长大纵坡路面抗滑要求高等工程技术问题，毕都高速公路建设项目推广应用了彩色薄层抗滑技术。

彩色薄层抗滑技术在欧美发达国家被广泛应用,不仅有利于交通阻塞的疏导,而且也是预防和控制道路交通事故的有效手段。彩色薄层抗滑路面通过路面颜色的不同提示驾驶人前方的危险路段,并通过提供高摩擦力的面层起到很好的抗滑效果。

8.2.1　技术来源

该项目示范应用的"隧道及长大纵坡路面抗滑技术"是重庆市科委项目——"隧道内路面铺装技术研究"、重庆市交委项目——"重庆市隧道沥青路面典型铺装结构与材料研究"、青岛市科技局项目——"青岛胶州湾隧道工程路面结构及施工质量控制研究"和上海市科委项目——"上海长江隧道沥青路面铺装结构研究"的研究成果。技术经过多年的研发和改进,已逐渐走向成熟,在国内多条高速公路和市政道路上实施应用,取得了良好的应用效果。

彩色薄层抗滑技术于2004年正式推向市场,在国内十多个省、市、自治区都有实体工程应用,对交通事故的减少起到明显促进作用。然而,在初期彩色薄层抗滑技术采用环氧树脂作为黏结剂,在应用中也暴露出环氧类黏结剂脆性较大,容易开裂剥落等问题。为此,项目组通过技术升级,取代环氧树脂作为黏结剂,明显提高了材料的韧性,从而大幅提高了薄层抗滑层的抗裂性,延长了使用寿命。

8.2.2　技术特点

"隧道及长大纵坡路面抗滑技术"主要采用彩色薄层抗滑路面铺装结构,由底涂层、胶结料层、耐磨彩色石料层组成,黏结剂采用甲基丙烯酸树脂,大幅提高了薄层抗滑层的抗裂性,延长了使用寿命。其结构组成如图8-2所示。

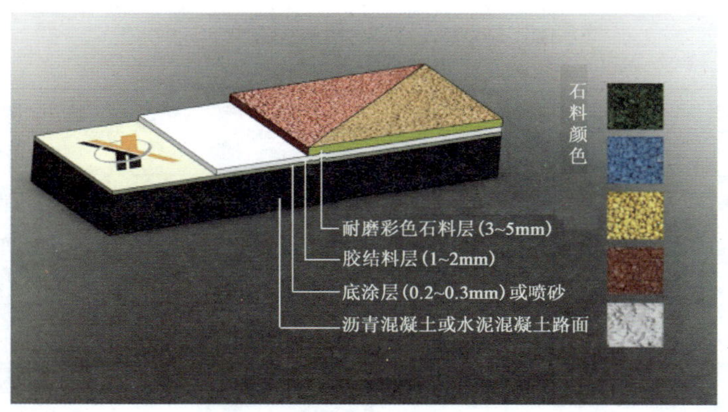

图8-2　彩色薄层抗滑路面结构示意图

彩色薄层抗滑路面具有如下技术特点:

(1)与原路面黏结强度高,黏结强度可达到3MPa以上。

(2)具有卓越的防滑性能。路面摆值可达60BPN,构造深度达到1.5mm以上,远远高于规范中对路面抗滑性能的要求。

(3)具有良好的交通减速提示作用。交通计划的核心是车辆维持在一个持续和合理的速度以避免由于交通事故或交通瓶颈而产生的梗阻,彩色薄层抗滑路面使驾驶人注意到接近危险路段和瓶颈路段,避免紧急制动,从而减少交通事故和交通阻塞。

(4)适应性广,不论原路面为沥青路面或是水泥路面,均可采用该技术。

(5)施工方便,不需要大型施工设备,仅需人工和简单的小型设备,施工技术容易掌握。

(6)颜色富于变化,可根据景观或警示的需要采用不同色彩的抗滑路面,达到与周围环境协调与警示驾驶人的作用。

(7)耐腐蚀性好,对煤油、汽油、二甲苯及酸碱溶液显示良好的化学惰性。

(8)开放交通时间快,一般仅需 15h 就可开放交通。

8.2.3 适用范围及技术要求

(1)适用范围

彩色薄层抗滑路面适用于隧道进口与出口、弯道入口、下坡路段、高速公路收费站入口等减速路段、事故多发路段;适用于具有美化效果、区分车道功能的市政道路。

(2)技术要求

彩色薄层抗滑路面对主要材料及配合比的技术要求见表 8-1 ~ 表 8-4。

甲基丙烯酸甲酯树脂路面防滑涂料(黏结中涂) 表 8-1

序号	项目	参考数据
1	外观	红色黏稠液体
2	固化剂加入到主剂后搅拌时间	3min
3	凝胶时间(23℃)	20min 左右
4	不粘胎干燥时间(23℃)	40min 左右
5	涂布率(覆盖率)	每桶 25kg 最多涂布不超过 $12.5m^2$
6	施工温度	-20 ~ 50℃

防滑集料 表 8-2

序号	项目	参考数据
1	成分	陶瓷颗粒
2	颜色	红色、黄色、绿色、蓝色等
3	粒径	1 ~ 2mm
4	播撒时间	黏结中涂未开始凝胶时

甲基丙烯酸甲酯罩面清漆 表 8-3

序号	项目	参考数据
1	外观	无色透明液体
2	固化剂加入到主剂后搅拌时间	2min
3	凝胶时间(23℃)	20min 左右
4	表干时间(23℃)	15min 左右
5	实干时间(23℃)	30min 左右
6	涂布率(覆盖率)	每桶 25kg 最多涂布不超过 $62m^2$
7	施工温度	-20 ~ 50℃

薄层抗滑路面材料配合比　　表 8-4

产品名称	组分配合比	施工方法	建议用量
黏结中涂	主剂:25kg,固化剂 0.14kg	滚涂或刮涂	不低于 2.0kg/m^2
防滑集料	彩色陶瓷颗粒（粒径 1~2mm）	抛撒/播撒	不低于 4.0kg/m^2
罩面清漆	主剂:25kg,固化剂 0.25kg	滚涂	不低于 0.4kg/m^2

(3)对天气及气温的要求

施工时的天气必须是晴天或阴天,气温必须在 5℃以上。

8.3 示范工程应用

8.3.1 示范路段

“隧道及长大纵坡路面抗滑技术”依托示范点选择在法窝枢纽互通至北盘江 K206 +486 ~ K218 +910 长大纵坡路段下坡方向的隧道群、小半径曲线以及长下坡路段,具体示范工程明细见表 8-5 ~ 表 8-7。

小半径曲线路段的抗滑层示范路段明细　　表 8-5

桩号	曲线总长(m)	抗滑层面积(m^2)
K209 +070 ~ K209 +650	580	1395
K218 +212 ~ K218 +910	698	1785
合计		3180

长下坡路段的抗滑层示范路段明细　　表 8-6

桩号	100m 长抗滑段	抗滑层面积(m^2)
K206 +486 ~ K209 +980	4	1020
合计		1020

隧道路段的抗滑层示范路段明细　　表 8-7

桩号	隧道名	隧道长度(m)	抗滑层面积(m^2)	
			隧道内	隧道外
K209 +980 ~ K210 +300	三家寨隧道	320	750.0	510.0
K210 +590 ~ K213 +630	深沟隧道	3040	750.0	510.0
K214 +155 ~ K216 +050	耿家屋基隧道	1905	750.0	510.0
216 +345 ~ K216 +605	崔家坡隧道	260	750.0	510.0
K216 +805 ~ K217 +220	马鞍山隧道	415	750.0	510.0
K217 +475 ~ K217 +700	下寨隧道	279	750.0	510.0
合计			7560	

8.3.2 示范方案

(1)小半径曲线段

在半径小于780m的路段,在曲线段采用铺设2m、间隔4m的方式间断设置,颜色为红色。

(2)长下坡路段

长下坡路段抗滑层的设置方式为铺设2m,间隔4m,颜色为红色。

(3)隧道路段

隧道外100m间断设置,铺设2m,间隔4m,颜色为红色;隧道内50m连续满铺,颜色为白色。如图8-3、图8-4所示。

图8-3 抗滑层施工

a)

b)

图8-4 隧道进口内外施工效果

8.3.3 施工过程

(1)路表预处理

对于旧路面,在铺设彩色薄层抗滑路面之前,路表面应强力清扫,清除尘土和松动的杂物。若路面有油污斑点，必须先用中性清洗剂进行彻底清洗，然后让路面完全晾干。若路面有裂缝，在铺设方案设计时，应尽量避开，无法避开的情况下，在进行灌缝处理后方可进行铺装，路面的坑槽在进行彻底清扫后可用彩色路面黏结材料填补。对于新修路面，应在养生期 7 天以后才能进行彩色薄层抗滑路面铺装施工，如工期允许，建议在养生期 60 天后进行铺装。

(2)边缘保护

按照铺设方案进行放线，用粉笔画出彩色薄层抗滑路面的铺装轮廓，并在轮廓外侧粘贴胶带纸进行边缘保护。

(3)拌和胶结材料

胶结料一般由 A 组分、B 组分以及填料按一定的比例拌和而成。将 A、B 组分在规定的容器中混合并搅拌，搅拌的时间为 2 ~ 4min，不能超过 5min；立即加填料，搅拌的时间为 3 ~ 5min，不能超过 7min。

(4)胶结材料的施工

涂布底涂层之后，将拌和后的抗滑胶结料立即均匀洒布在预先画好的铺装轮廓内，用滚刷沿着路面横向方向，由低向高呈直线滚涂(或其他可行施工方式)，同时用力压挤黏结料，使其与路表面充分黏结。要求能够形成平整密实的黏结层，但也要注意黏结层不宜过厚，一般控制在 1 ~ 2mm。

(5)撒布抗滑集料

选用满足设计要求的抗滑集料，在胶结料施工完毕后，须马上撒布抗滑集料，撒满为止。过一段时间之后，对于部分泛胶的地方，需补撒抗滑集料，直到不再有泛胶的现象发生为止。

(6)抗滑集料的回收

待黏结料固化反应后，认真清扫彩色薄层抗滑表面，并将未黏结的抗滑集料回收，回收的集料剔除杂质后，可在下次施工中使用。

(7)彩色薄层抗滑路面的养护

彩色薄层抗滑路面的养护分两步进行：

①在刚施工完毕 12 小时内，对路面实行封闭管理，避免车辆碾压，重物堆放，能保证材料与地面正常黏结，保持路面的平整美观。

②开放交通后，半个月内，分别对路面上正常脱落的一些表层彩色抗滑集料进行及时清扫(每周一次)，保证路面的整洁。

彩色薄层抗滑路面施工工艺流程如图 8-5 所示。

8.3.4 示范效果

项目示范应用的彩色薄层抗滑层技术，使毕都高速公路长大纵坡路面 BPN 值大于 100，与基面的黏结强度超过 3MPa，有效地解决了毕都高速公路长大纵坡路段的抗滑问题，以及普通抗滑层黏结强度不足易剥落的问题，示范技术达到了国内领先水平，对保障毕都高速公路长大纵坡路段行车安全发挥了重要作用。施工完毕效果图如图 8-6 所示，抗滑能力检测如图 8-7 所示。部分检测结果见表 8-8 和表 8-9。

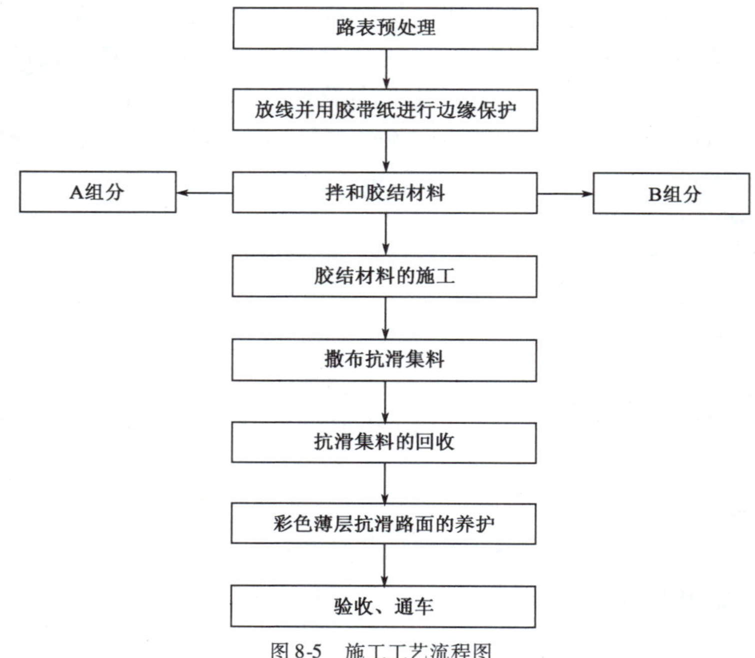

图 8-5　施工工艺流程图

a)

b)

图 8-6　彩色薄层抗滑路面施工完毕效果图

a)隧道洞口外抗滑摆值检测

b)隧道洞口内抗滑摆值检测

图 8-7　隧道进口内外抗滑摆值检测

BPN 检 测 结 果 表 8-8

序 号	路面温度(℃)	摆值(BPN)					均值(BPN)
			2	3	4	5	
1	20	99	100	100	99	99	99.4
2		105	105	104	102	102	103.6
3		115	116	114	120	117	116.4
4		103	100	100	103	103	101.8
5		103	104	106	108	104	105

抗拉拔强度检测结果 表 8-9

序 号	路面温度(℃)	拉拔强度(MPa)			均值(MPa)
		1	2	3	
1	20	3.76	3.16	3.27	3.39
2		2.98	2.79	3.23	3.0

8.4 本章小结

隧道及长大纵坡路面抗滑技术具有黏结强度高、材料韧性好、路面抗滑能力强等优点,对于沥青路面和水泥路面等不同道路基面均有良好的适应性,尤其适用于各等级道路的隧道进出口、小半径弯道、下坡路段、高速公路收费站入口等事故多发路段。同时,彩色薄层抗滑路面还可以通过其表面耐磨碎石颜色的多样化起到警示和美观的作用,在市政道路网中的桥梁、隧道和立交的路面抗滑方面也能广泛应用。此外,我国地域辽阔,山河纵横,地势起伏,造成了道路建设过程中桥隧多、长大纵坡多的现状。特别是在广大西部地区,以及中东部山区,山路崎岖,道路桥隧比甚至超过50%,对抗滑路面需求十分强烈,为隧道及长大纵坡路面抗滑技术的大面积推广应用提供了良好的基础,应用前景广阔。

第9章 不良气候条件下沥青路面抗凝冰技术

9.1 毕都高速公路不良气候路段面临的安全问题

毕都高速公路地处山区，路线区域海拔多数在1700m以上，常有雨、雾、凝冻天气，尤其是每年冬季凝冰现象，造成道路路面湿滑，存在着严重的安全隐患。路面凝冰灾害和通常的路面积雪灾害不同，凝冰灾害多发生于南方潮湿地区，水雪相溶凝聚道路表面形成润湿的状态，其摩擦力远远低于积雪路面。路面凝冰导致路面抗滑能力大幅度降低，既削弱了道路的通行能力，也容易造成恶性交通事故，同时又会对道路及其附属构造物产生破坏，严重时甚至造成交通中断，使人们的生活和生产无法正常进行，甚至危害人民生命和财产的安全。

将"不良气候条件下沥青路面抗凝冰技术"应用于毕都高速公路不良气候路段，对毕都高速公路道路凝冰进行实时监控和预警，并采取有效的路面抗凝冰技术措施，可以最大限度减少由凝冰带来的不安全影响，对解决贵州冬季道路行车安全问题，降低交通事故率和减少交通事故损失，保障人民群众的正常生产和生活，具有重大的经济效益和社会意义。

9.2 示范应用的主要技术

针对毕都高速公路凝冰问题，对抗凝冰综合技术进行示范应用，主要包括三项技术：

(1)智能路面凝冰预警及自动化处置技术

对公路段内造成凝冰的关键因子进行监测，对公路的凝冰情况进行早期预警，并通过网络技术及时传输通知公路管理人员。对路面的结冰情况进行监测，随时掌握公路结冰状况，并根据公路的结冰状况自动喷洒抗凝冰液，实现道路早期凝冰预警及自动化处置技术。

(2)抗凝冰沥青混合料技术

通过在道路沥青混合料中加入抗凝冰材料，实现路面抗凝冰。根据毕都线的实际气候、环境条件，在沥青路面施工时把加入抗凝冰材料的沥青混合料铺筑于路面，降低路面的凝冰点，主动消除冰雪。

(3)抗凝冰沥青涂层技术

抗凝冰涂层是一种涂刷或喷洒于道路表面，具有高黏结、高耐磨性的路面功能层。这种涂层能使道路表面无法结冰，达到小雪留不住、大雪好清除的目的。同时，涂层在路表面形成一层致密的防水层将路面封闭，起到隔水防渗、减少路面水损害、固结路面松散集料、协同养护路面、延长路面使用寿命的作用。

9.3　智能路面凝冰预警及自动化处置技术示范应用

9.3.1　示范点选择

在毕都高速公路 K151 +500 ~ K152 +000（右幅）路段实施智能路面凝冰预警及自动化处置技术。路段位于毕都市纳雍县，海拔 2900 多米，该路段每年 10 月底至次年 3 月初气温较低，最低温度为 -10℃左右，每年都有降雪、结冰发生，气候条件较为恶劣，且为长大纵坡段，大型车辆通行时，为保证车辆的制动性，基本上全部对车辆轮毂进行喷水降温，在没有下雨、雪的情况下，路面残留水迹。在气温降低时，易发生凝冰和暗冰（黑冰）现象，因此，选择该路段进行智能路面凝冰预警及自动化处置技术的示范应用。

9.3.2　沥青路面凝冰信息采集与预警技术

路面凝冰信息采集主要依靠路面气象状态传感器进行，示范路段采用埋入式智能路面凝冰传感器。

1）智能路面凝冰传感器结构设计与材料选取

交通环境前期监测表明，贵州地区气候环境具有特殊性（酸雨、土壤中的化学物质，车辆可能带来的化学侵蚀），埋设于路面的传感器除了受到来往的车辆高频荷载的作用之外，季节和天气的变化、化学侵蚀也会影响传感器的使用寿命，因此，针对毕都高速公路实际情况，示范路段采用路面凝冰的埋入式信息采集技术，传感器主要由液固感知材料、液固相变探测器和信号调理三个部分组成。主要是利用液固相变发生器实时探测路面过冷水滴液的实际凝冰温度。智能路面凝冰预警传感器结构如图 9-1 所示。

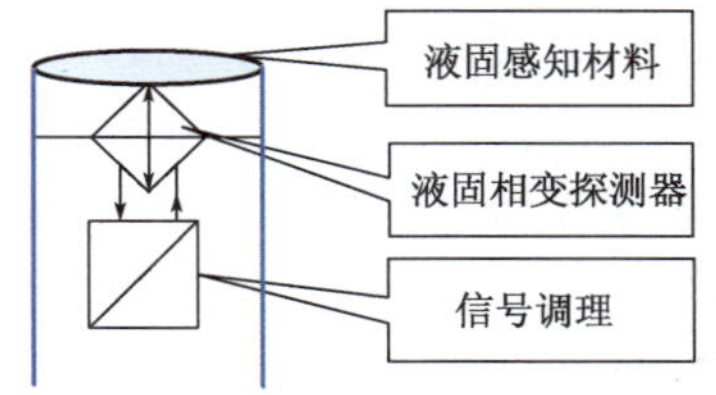

图 9-1　智能路面凝冰预警传感器结构

2）智能路面凝冰预警传感器主要技术指标

智能路面凝冰预警传感器可以与天气现象传感器、空气温湿度传感器结合使用，组成一个完整的道路气象信息系统，能够准确报告路面温度、状况以及水膜情况，还可以测量出结冰点的温度和化学剂浓度，这些参数为冬季管理服务和智能交通系统提供了严密的路面监控服务。

智能路面凝冰预警传感器外形采用粗犷型设计，适合道面安装和长期车辆碾压，以及酸雨的侵蚀，可进行高精度路面温度测量和准确的结冰点温度测量，并具有出众的抗机械压力和抗化学制剂功能。传感器如图 9-2 所示，其技术指标见表 9-1。

应用智能路面凝冰状况预警传感器系统，可实时监测路面表面状况、路表温度、大气环境温度、湿度、大气压力等信息。当路面环境温度达到冰点前 3 ~5℃（可设定）时，系统按照设定的模式自动启动传感器内置的液固相变发生器工作。当路面有水时，传感器实时检测液固相变发生器内置的液固相变传感器的变化值，当传感器检测到液固相变发生时，系统参照当地路表温度、环境温度、湿度、海拔等参量的数值，依据当前温度的变化趋势，通过凝冰预警算法计算出该路段出现凝冰所需的时间。系统通过有线、无线传输技术将其信息传输远程终端，实时给出本路面拟凝冰早期预警预报，使路政管理人员对拟产生凝冰的道路给予预先防凝冰处置。

a)

b)

图 9-2　智能路面凝冰预警传感器

凝冰预警传感器技术指标　　表 9-1

参　　数	数　　值	参　　数	数　　值
预警时间	1～3h	大气湿度监测范围	0～99%RH
传感器响应时间	小于 20s	传感器尺寸、质量	ϕ:98mm；H:78mm；约 1kg
传感器工作温度	－40～25℃	系统供电电源	SMA 220V
路面温度监测范围	－40～125℃	—	—

3）智能路面凝冰预警传感器性能测试

毕都高速公路路面凝冰传感器工作时的实际输出特性如图 9-3 所示。测试程序能够实时采集智能路面凝冰传感器的凝冰探测温度值、路表温度传感器的温度值、环境大气温度传感器的温度值以及环境湿度传感器的相对湿度值。当环境温度达到系统设定温度值时，智能路面凝冰传感器启动凝冰探测工作。

由现场测试所得路面凝冰传感器输出特征曲线可以看出，当路表温度为 3℃时，凝冰传感器开始工作，在－3.8～－3℃，凝冰发生时传感器停止工作，凝冰传感器的温度上升，凝冰结束，当路表温度低于 3℃（设定启动温度）时，凝冰传感器再次启动液固相变探测器，凝冰传感器再次监测到路面凝冰的凝冰点，通过多次测试，凝冰预警传感器的重复性良好，满足设计要求。

9.3.3　抗凝冰剂自动喷洒系统

为了实现高危路段凝冰自动化处置，示范工程路段采用凝冰融雪自动喷洒系统，该系统集嵌入式系统、自动控制、计算机、网络通信和物联网技术为一体。高危路段凝冰融雪自动喷洒系统由现场控制站房的路面凝冰监控器、铺设于现场的各类监测传感器（智能路面凝冰传感器、风向风速传感器和温度湿度传感器等）和喷洒设备（包括抗凝冰剂储罐、管道、泵、电动阀及喷头等）组成。

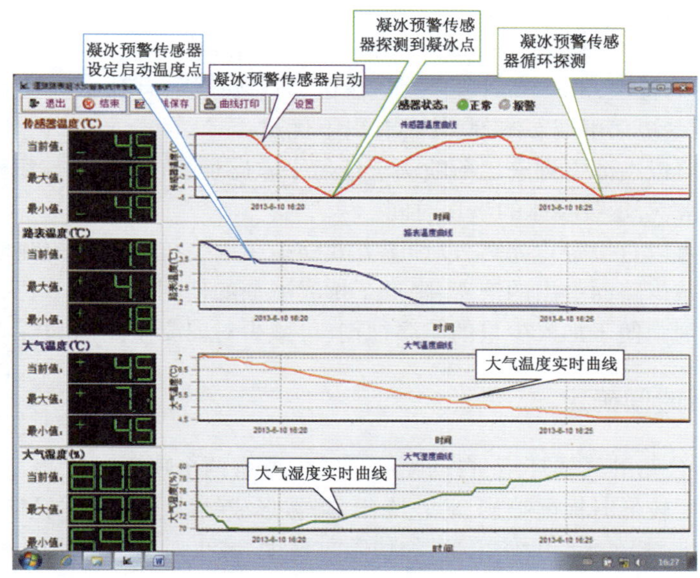

图 9-3　路面凝冰预警传感器的输出特性曲线

凝冰融雪自动喷洒系统的基本工作流程是系统利用铺设在高危路段的管道，将抗凝冰剂输送至现场的各个流量控制阀，通过控制阀来均衡整个系统抗凝冰剂的喷洒压力和喷洒流量，抗凝冰剂通过铺设的喷洒头对监测的路面进行喷洒。高危路段凝冰融雪自动喷洒系统结构如图 9-4 所示。

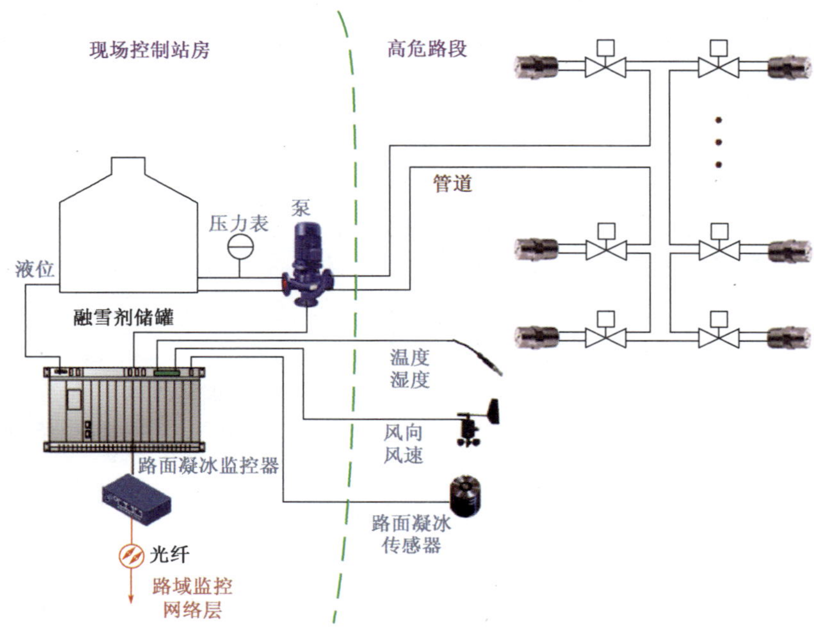

图 9-4　高危路段凝冰融雪自动喷洒系统结构

9.3.4 抗凝冰剂选择

根据喷洒系统的特性,液态溶剂适合管道输送和直接喷洒,有利于自动控制的实现,因此,毕都高速公路喷洒系统采用液态溶剂,其具有以下优点:

(1)液态溶剂可以在冰雪到来之前喷洒于任何平整路面,在降雪时与积雪混合稀释,有效地降低雨、雪的结冰点,延缓凝冰的出现时间。

(2)液态溶剂可以直接融化冰雪,以预湿方式缩短了固态抗凝冰剂的融雪时间。

(3)液态溶剂减少路面弹出的浪费,降低了抗凝冰剂的使用成本。

(4)在液态溶剂中便于加入少量的防腐蚀剂,可减少对混凝土路面和桥梁的腐蚀。

9.3.5 喷洒时间确定

针对毕都高速公路的气候环境,自动喷洒系统主要有两个喷洒时机:

(1)选择在温度较低时提前喷洒,防止降雨、降雪形成结冰,体现了"预防性养护"的理念,同时可最大限度地节省除冰剂的使用量,加快除雪速度,减少对交通的影响。其喷洒时间的选择来自于特殊高危路段交通气象信息的采集和对雨雪量的预测。

(2)雨雪量过大,形成凝冰后,也可作为机械除雪系统的辅助手段,喷洒除冰液融化机械除雪后剩余的厚度较薄的积雪、冰层。

对降雨前喷洒来说,其喷洒时间的选择来自于特殊高危路段交通气象信息的采集和对雨雪量的预测。

通过铺设于路侧智能路面状况传感器实时探测路域环境气温变化,并传送到现场控制站房的路面凝冰监控设备,路面凝冰监控设备实时采集现场的交通气象信息,并融合路面凝冰预警传感器的凝冰信息,根据预设的自动喷洒策略,实现高危路段液态抗凝冰剂的自动喷洒,能有效地预防高危路段凝冰事件的发生。

9.3.6 喷洒量的确定

为了充分利用抗凝冰剂,不造成不必要的浪费和污染,其喷洒量有着严格的控制。主要影响因素包括温度、现场风速、降雪量、抗凝冰剂种类和浓度。毕都高速公路所处位置为山区,且各路段海拔、阳面和阴面、气候条件的不同,导致温度、降雪量,以及相同降雨量条件下自然凝冰进程的差异。对这样的路段,就需要进行详尽的调研。

抗凝冰改性剂能够降低的冰点直接决定其喷洒量,因此通过不同抗凝冰改性剂浓度,对抗凝冰改性剂性能进行测试。根据测得的结果确定在不同浓度下的冰点,对照毕都高速公路冬季实际发生最低温度,最终确定喷洒量。

室温为20.9℃时,各浓度对应冰点测试结果见表9-2。

抗凝冰改性剂浓度与冰点关系测试数值　　表9-2

浓度	2%	5%	10%	20%	22%	24%	28%	30%
冰点(℃)	-1.3	-3.2	-7.5	-19.7	-23.6	-29.5	-35.4	-39.8

通过上述试验数据,对应毕都高速公路冬季的实际温度,使得最终喷洒量既能降雪化冰,还经济环保。抗凝冰剂的用量见表9-3。

抗凝冰剂用量　　表9-3

温度(℃)	喷洒量(g/m^2)	融冰所需时间(h)
-10 ~ -5	27.5	1
-5 ~0	22.5	0.5

注:喷洒量为折算成抗凝冰剂质量后的喷洒量。

9.3.7　管道布设优化

自动除雪系统管道布设方式采用因地制宜的原则,根据路面宽度,结合管道喷洒能力,采取合理的管道布设,包括喷头高度、间距,喷洒形式等。

首先,管道的布设位置,沿道路中央分隔绿化带、两侧护栏等布设,尽量做到不占路面和少占路面,不影响正常交通行车。对二车道以下的公路,采用单侧喷洒即可,管道布置在下风侧的护栏上;对三车道以上的公路,需采用两侧喷洒,管道布置在中央分隔带和两侧护栏上。

其次,为了避免射出的水流直射在汽车的挡风玻璃上,干扰驾驶人的正常行驶,喷头的设置高度,以不超过0.5m为宜。

然后,根据喷射效果和水流的喷射速度、喷头的设置高度等因素确定喷头的间距。喷头的设置高度越大,其间距也可以越大;另外,喷头的间距还与所在路段的坡度有关,纵向坡度较大时,其间距可适当减小。目前,喷头间距一般设置为5 ~8m。

同时,由于喷洒时一般伴随降雨雪、降温等比较恶劣的天气环境,为了避免大风干扰及影响,喷洒形式用水流代替了水雾。在喷洒过程中,阀门的压力可调节,以使水流可以覆盖整个路面宽度。

最后,考虑到抗凝冰剂具有一定的腐蚀性,管道采用PE材质,以使这种腐蚀降到最低,尽量降低维护成本。管道的直径与泵房的供水能力和管道的长度密切相关,目前,在管道长度1000m左右时,采用10cm管径的PE管,取得了良好的效果。现场管线布设与喷洒控制机构情况如图9-5所示。

图9-5　现场管线布设与喷洒控制机构情况

9.3.8 智能路面凝冰预警及自动化处置技术应用效果

通过对毕都高速公路现场踏勘，在桩号为 K151 + 500 ~ K152 + 000（右幅）的路段实施。将现场控制室和泵房设置于隧道旁的空地上，电缆管线和水管由中间分隔带穿过直达路面上，如图 9-6 所示。电缆管线和水管依托中央分隔带的护栏布设，高度离路面约 0.5m。

图 9-6 桥下泵房选址和水管布设中央分隔带情况

针对毕都高速公路具体情况改进的凝冰自动化处置设备，由现场控制站房的路面凝冰监控器、铺设于现场的智能路面凝冰预警传感器和喷洒设备（包括抗凝冰剂储罐、管道、泵、电动阀及喷头等）构成。系统在毕都高速公路重凝冰区安装运行，效果良好。

9.4 抗凝冰沥青混合料技术应用

9.4.1 抗凝冰沥青混合料技术简介

抗凝冰沥青混合料技术是指在沥青混合料中直接掺入具有抑制冻结效果的抗凝冰改性剂，形成具有抑制冻结效果的路面。毕都高速公路采用的抗凝冰改性剂其有效抗凝冰成分为盐化物，通过盐化物主动析出达到自动融雪化冰的目的。盐化物作为抗冻剂被掺加到沥青混凝土中，遇到冻雨或降雪时，盐化物的有效成分溶出，形成稀溶液发生离子交换作用，放出热量，降低了冰点。冰点降低后，凝冰在较低的温度下融化，以便于清除。当抗凝冰剂与冰形成的溶液冰点低于气温时，冰水即可流走，路面残余液体也不会结冰。

抗凝冰改性剂在保证降低路面冰点的基础上，在改性剂中添加了缓释剂、增强剂，能够在非凝冰季节减少自融冰改性剂的流失，同时在增强剂的作用下与集料、沥青拌和，能够充分保证混合料的路用性能。

1）抗凝冰改性剂技术指标

抗凝冰剂技术特点主要包括以下几个方面：

（1）抗凝冰剂中的盐化物，可以有效降低路面冰点到 －20℃，阻止路面结冰，具有永久性的路面抗凝冰功效，能够降低冬季路面管理养护成本。

（2）改性剂中的缓释剂，可以有效地减缓盐化物的释放，使其在路面使用年限范围内能匀速地释放抗凝冰改性剂，具有一定的耐久性。

(3)改性剂中加入了抗腐蚀剂,做到了绿色环保,对道路周边的植被、土壤、水源不会造成任何破坏。同时,有效保护桥梁,防止出现钢筋腐蚀,可用于对环保要求较高的道路环境。加入抗凝冰改性剂的沥青混合料在施工过程中不产生额外的有毒有害气体。

(4)改性剂中的增强剂,能够使得改性剂颗粒能够承受更强的压力,在进行沥青混合料的拌和以及沥青涂层的制备过程中,不会被完全破坏,满足了粒径范围的要求。

抗凝冰剂技术指标见表9-4。

抗凝冰改性剂技术要求 表9-4

技术指标	技术参数	技术指标	技术参数
密度	1.8g/mL	熔点	260℃
颗粒度	0.1~3mm	溶液pH值	8~10

2)抗凝冰沥青混合料技术特点

(1)有效防止路面在冰点以下时的结冰形成,适应温度面较广,路面各项性能指标满足规范要求,且能提高路面的压实度和摩擦系数。

(2)减少撒融雪剂和使用人工、机械铲雪的冬季养护措施,更简便、更安全。

(3)对环境影响小,有利于环保。传统的融雪剂给环境带来了许多负面效应,主要表现为路面剥蚀破坏、腐蚀排水管道和汽车、锈蚀钢筋、破坏土壤生态环境、破坏臭氧层、污染饮用水等问题。抗凝冰沥青混合料在根本上减少了对环境的危害。

(4)路面防结冰效果可达十年,大幅降低了冬季路面管理养护成本。

9.4.2 示范工程应用

选择毕都高速公路K147+740~K148+470段实施抗凝冰沥青混合料技术的示范应用。

9.4.2.1 抗凝冰沥青混合料配合比设计

1)原材料性能试验

(1)沥青

沥青为SBS改性沥青(I-D),其技术指标见表9-5。

沥青技术指标 表9-5

试样名称	SBS改性沥青		检测设备	针入度仪、延度仪、软化点试验仪等
检测依据	《公路工程沥青及沥青混合料试验规程》(JTG E20—2011)			
试验项目	单位	技术要求	试验结果	试验标准
针入度(25℃,5s,100g)	0.1mm	40~60	52	T 0604
延度(5℃,5cm/min),不小于	cm	20	32.8	T 0605
软化点(R&B),不小于	℃	60	71.0	T 0606
沥青相对密度(25℃)	—	实测	1.026	T 0603

(2)集料

粗集料为大方县鑫缘建筑材料有限公司供应的玄武岩,集料规格为9.5~16mm、4.75~9.5mm,细集料为巴雍4号料场石灰岩0~2.36mm、2.36~4.75mm。集料的技术指标见表9-6~表9-9。

9.5～16mm 粗集料试验结果 表9-6

试样名称	9.5～16mm 粗集料	试验设备	电子天平、压碎值试验仪等	
试验依据	《公路工程集料试验规程》(JTG E42—2005)			
试验项目	单位	技术要求	试验结果	试验方法
表观相对密度,不小于	—	2.70	2.947	T 0304
吸水率,不大于	%	2.0	0.3	T 0304
石料压碎值,不大于	%	20	12.8	T 0316
洛杉矶磨耗损失,不大于	%	26	15.0	T 0317
针片状颗粒含量,不大于	%	12	5.4	T 0312
黏附性,不小于	—	5 级	5 级	T 0616
水洗法 <0.075mm 颗粒含量,不大于	%	1	0.3	T 0310

4.75～9.5mm 粗集料试验结果 表9-7

试样名称	4.75～9.5mm 粗集料	试验设备	电子天平等	
试验依据	《公路工程集料试验规程》(JTG E42—2005)			
试验项目	单位	技术要求	试验结果	试验方法
表观相对密度,不小于	—	2.70	2.957	T 0304
吸水率,不大于	%	2.0	0.6	T 0304
石料压碎值,不大于	%	20	—	T 0316
洛杉矶磨耗损失,不大于	%	26	—	T 0317
针片状颗粒含量,不大于	%	12	4.8	T 0312
水洗法 <0.075mm 颗粒含量,不大于	%	1	0.6	T 0310

0～2.36mm 细集料试验结果 表9-8

试样名称	0～2.36mm 细集料	试验设备	砂当量试验仪(JJL-8)、电子天平(TY-34-2)等	
试验依据	《公路工程集料试验规程》(JTG E42—2005)			
试验项目	单位	技术要求	试验结果	试验方法
表观相对密度,不小于	—	2.50	2.706	T 0330
砂当量,不小于	%	65	—	T 0334
水洗法 <0.075mm 颗粒含量,不大于	%	15	—	T 0310

2.36～4.75mm 细集料试验结果 表9-9

试样名称	2.36～4.75mm 细集料	试验设备	砂当量试验仪(JJL-8)、电子天平(TY-34-2)等	
试验依据	《公路工程集料试验规程》(JTG E42—2005)			
试验项目	单位	技术要求	试验结果	试验方法
表观相对密度,不小于	—	2.50	2.718	T 0330
砂当量,不小于	%	65	70	T 0334
水洗法 <0.075mm 颗粒含量,不大于	%	15	14.8	T 0310

(3)矿粉

矿粉由毕都 T29 标巴雍 2 号矿粉加工厂提供,其技术指标要求见表 9-10。

矿粉试验结果 表 9-10

试样名称	矿粉	试验设备	李氏比重瓶等	
试验依据	《公路工程集料试验规程》(JTG E42—2005)			
试验项目	单位	技术要求	试验结果	试验方法
表观密度,不小于	t/m^3	2.50	2.695	T 0352
粒径 <0.6mm	%	100	100	T 0351
粒径 <0.15mm	%	90~100	94.4	
粒径 <0.075mm	%	75~100	85.1	
亲水系数,小于	—	1	0.6	T 0353
外观	—	无团粒结块	无团粒结块	—
加热安定性	—	实测记录	无明显变化	T 0355
含水率,不大于	%	1	0.7	T 0103 烘干法

2)矿料级配确定

根据几种矿质材料的筛分结果,结合现行《公路沥青路面施工技术规范》(JTG F40)以及示范工程 SMA-13 沥青混合料级配范围的要求,按试配法对其进行了矿料组成设计。通过调整,最后确定矿料的合成级配组成,级配组成见表 9-11,级配曲线如图 9-7 所示。

SMA-13 沥青混合料级配组成 表 9-11

筛孔直径(mm) 材料规格(mm)	16.0	13.2	9.5	4.75	2.36	1.18	0.6	0.3	0.15	0.075
9.5~16	100.0	81.5	5.8	0.5	0.4	0.3	0.2	0.2	0.2	0.2
4.75~9.5	100.0	100.0	97.8	4.1	0.6	0.4	0.0	0.0	0.0	0.0
2.36~4.75	100.0	100.0	100.0	89.6	2.5	0.6	0.6	0.6	0.6	0.4
0~2.36	100.0	100.0	100.0	100.0	99.4	72.1	45.7	31.0	24.5	20.5
矿粉	100.0	100.0	100.0	100.0	100.0	100.0	100.0	99.2	94.4	85.1
水泥	100.0	100.0	100.0	100.0	100.0	100.0	100.0	100.0	100.0	99.6

施工中应注意回收粉尘不宜用作矿粉,0.075mm 筛孔的通过率不满足要求时,应调整矿粉用量。生产配合比应尽量靠近设计配合比。

3)最佳油石比确定

示范工程沿用现行有关规范规定的马歇尔试验方法来确定混合料的最佳油石比。根据确定的矿料级配组成,采用 5 种不同的油石比,制备马歇尔击实试件,室内试验时拌和温度为 175℃,成型温度为 160℃,正反两面各击实 75 次。沥青混合料马歇尔击实试验结果见表 9-12 和图 9-8。

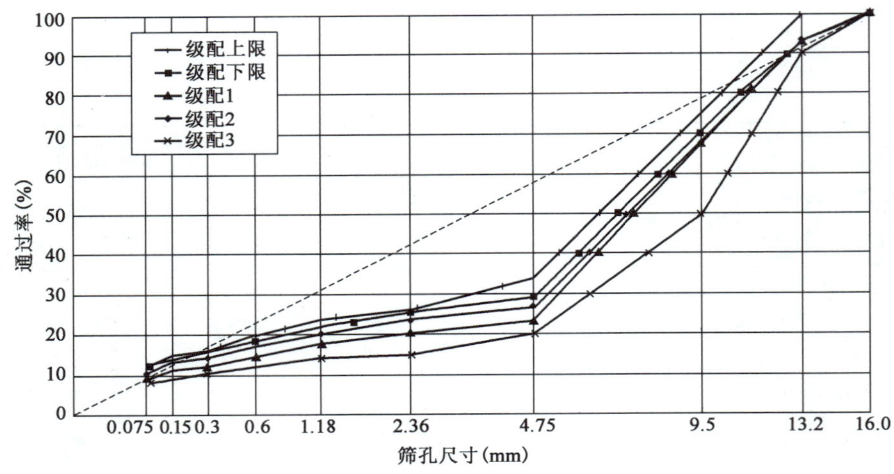

图 9-7　级配曲线图

SMA-13 马歇尔击实试验结果　　表 9-12

油石比(%)	6.0	6.2	6.3	6.6	要求
毛体积相对密度	2.476	2.461	2.491	2.510	—
理论最大相对密度	2.609	2.546	2.598	2.586	—
空隙率(%)	5.1	3.3	4.6	2.9	3～4.5
矿料间隙率(%)	18.1	18.4	17.8	17.5	≥17.0
饱和度(%)	71.9	81.9	76.9	83.2	75～85
稳定度(kN)	11.95	11.71	13.17	10.39	≥6.0
流值(mm)	2.8	3.3	3.1	3.4	—

注:空隙率为3%、4%、5%时,所对应的VMA最小值分别为12、13、14,当空隙率不是整数时,由内插法确定要求的VMA最小值。

根据SMA路面设计要求,空隙率应控制在3%～4.5%。本次油石比为6.2%时空隙率为3.3%,其他指标(VMA、VCA、稳定度、饱和度等)均满足设计要求,根据实际工程应用经验,选取6.2%为设计油石比。

由表9-11和图9-8可以看出,沥青用量范围包括密度、稳定度峰值和沥青饱和度要求,在曲线图上求取相应于密度最大值、稳定度最大值、目标空隙率、沥青饱和度范围中值的油石比a_1、a_2、a_3、a_4,取平均值作为$OSMA_1$即$OSMA_1=(a_1+a_2+a_3+a_4)/4=6.19\%$。当油石比在6.10%～6.65%时,各项指标均符合标准(不含VMA),$OSMA_{min}=6.13\%$,$OSMA_{max}=6.29\%$,即$OSMA_2=(OSMA_{min}+OSMA_{max})/2=6.21\%$。

取$OSMA_1$和$OSMA_2$的中值作为计算的最佳油石比$OSMA=(OSMA_1+OSMA_2)/2=6.2\%$

按计算的最佳油石比6.2%,从图9-8中查得马歇尔稳定度、流值、空隙率、矿料间隙率与沥青饱和度均满足马歇尔试验技术标准,最终推导出最佳油石比为6.20%。

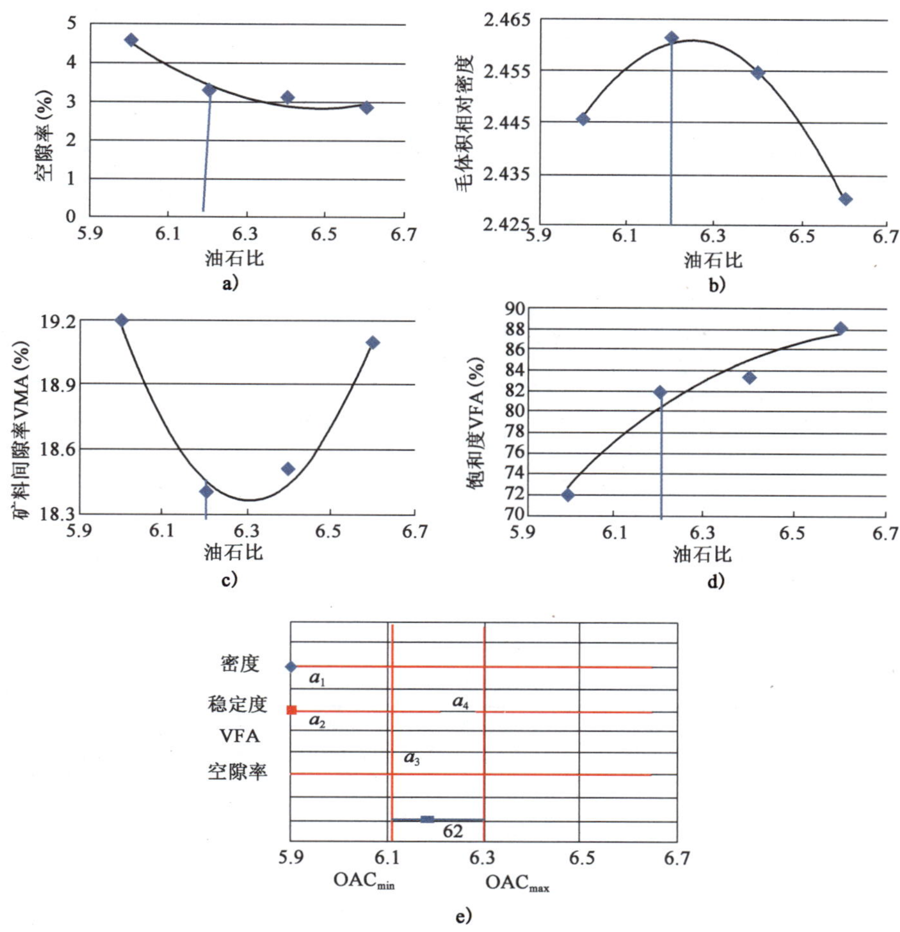

图9-8　SMA-13马歇尔击实试验结果

4)抗凝冰沥青混合料路用性能测试

在确定油石比及拌和与压实成型温度后,对抗凝冰沥青混合料的路用性能进行了验证。包括(浸水)马歇尔稳定度、冻融劈裂强度、动稳定度等。

(1)沥青混合料马歇尔试验

根据确定的最佳沥青用量进行马歇尔试验,试验结果见表9-13。

马歇尔试验结果　表9-13

混合料类型	最佳油石比(%)	毛体积相对密度	理论最大相对密度	空隙率(%)	饱和度(%)	矿料间隙率(%)	稳定度(kN)	流值(mm)
抗凝冰SMA-13	6.2	2.461	2.546	3.3	81.9	18.4	11.71	3.3
普通SMA-13	6.0	2.486	2.509	4.1	76.4	18.2	11.83	2.7
要求范围	—	—	—	3~4.5	75~85	>17	≥6	2~5

(2)沥青混合料浸水马歇尔试验结果

击实次数:正反两面各击实 75 次;拌和温度:175℃;击实温度:160℃,浸水马歇尔试验结果见表 9-14。

浸水马歇尔试验结果　　表 9-14

混合料类型	30min		48h		稳定度平均值		残留稳定度 MS_0(%)	要求(%)
	稳定度(kN)	流值(mm)	稳定度(kN)	流值(mm)	30min	48h		
抗凝冰 SMA－13	12.21	3.0	11.36	3.6	12.09	11.33	93.7	≥80
	11.98	3.3	12.12	3.5				
	12.08	3.1	10.50	3.7				
普通 SMA-13	13.19	3.2	11.71	3.5	13.03	11.48	88.1	≥80
	13.29	3.2	11.46	3.6				
	12.62	3.3	11.27	3.6				

(3)车辙试验

沥青混合料的高温稳定性进一步用车辙试验检验。现行规范中规定,高温稳定性以 60℃,0.7MPa 轮压条件下进行车辙试验所获得的动稳定度表示。抗凝冰沥青混合料的车辙试验结果见表 9-15。

车辙试验结果　　表 9-15

试件类型	试件编号	试验温度	动稳定度(次/mm)	平均值(次/mm)	要求(次/mm)	变异系数(%)	要求(%)
抗凝冰 SMA-13	1	60℃	9264.7	6307	≥3000	4.1	≤20
	2		4405.6				
	3		5250.0				
普通 SMA-13	1	60℃	6238.3	6627	≥3000	6.4	≤20
	2		7079.0				
	3		6563.1				

注:①沥青混合料类型:SMA-13;②成型方法:轮碾法;③车辙板尺寸:300mm×300mm×50mm;④碾压速度:42 次/min;⑤拌和温度:175℃⑥成型温度:160℃;⑦行走距离:23±1cm;⑧试验温度:60℃;⑨轮压:0.7MPa。

从以上数据看出,抗凝冰沥青混合料的动稳定度都得到了保障。从马歇尔稳定度和车辙试验结果可以看出,掺加抗凝冰剂可以在改善沥青混合料抗凝冰能力的基础上,保证路用性能。

(4)冻融劈裂强度试验

为了检验沥青混合料的水稳定性,进行了沥青混合料冻融劈裂残留强度试验,试验结果见表 9-16。

由表 9-16 试验数据可见:

①从劈裂强度及冻融劈裂强度看,抗凝冰沥青混合料的劈裂强度及冻融劈裂强度比与普通沥青混合料基本相当;

②抗凝冰改性剂加入沥青混合料中,没有降低沥青混合料的冻融劈裂强度比,即抗水损害能力没有降低,可以满足规范的要求。

冻融劈裂试验结果 表 9-16

混合料类型	试验名称	空隙率(%)	冻融劈裂强度(MPa)	冻融劈裂强度比(%)	要求(%)
抗凝冰SMA-13	未冻融	3.3	0.969	91	≥80
	经冻融		0.879		
普通SMA-13	未冻融	4.1	1.185	83.6	≥80
	经冻融		0.991		

注:①击实次数:正反两面各击实 50 次;②拌和温度:175℃;③击实温度:160℃。

9.4.2.2 施工工艺及质量控制

在沥青混凝土拌和站拌和前,将抗凝冰改性剂放置在投料口旁。先对矿料进行干拌,从拌和机观察口一次性将抗凝冰剂投入拌和楼中,无需额外延长拌和时间,1 ~2s 后喷入沥青一起拌和、出料。依据《公路沥青路面施工技术规范》(JTG F40—2004),SMA-13 试验路施工工艺如下:

1)混合料的拌和

施工前将抗凝冰改性剂按照拌和楼产量分装成小包装,以保证生产时的投放需求。如果拌和楼和生产组织条件许可,也可采用在生产过程中即称即用的方式,即在拌和楼投放口附近当场称量、即时投放使用,省去分袋包装环节。抗凝冰沥青混合料拌和现场如图 9-9 所示。

a)抗凝改性剂

b)拌和现场

c)出料

图 9-9 拌和站现场情况

2)混合料的运输

运料车运输混合料应注意保温、防雨、防污染,若混合料不符合施工温度要求,或已经结成团块,已遭雨淋的不得铺筑。运料车每次使用前后必须清扫干净,在车厢板上涂一薄层防止沥青黏结的隔离剂或防黏剂,但不得有余液积聚在车厢底部。运料车每次卸料必须倒净,尤其是对改性沥青混合料,如有剩余,应及时清除、防止硬结。

3)混合料的摊铺与碾压

在路面上铺筑抗凝冰改性剂沥青混合料 SMA-13 上面层,如图 9-10 所示。从整个施工过程来看,总体组织良好,人员机械配备合理、分工明确;有序组织施工,拌和能力与摊铺速度比较协调,没有出现等料现象,摊铺过程中做到不停机。

图 9-10 现场摊铺情况

摊铺和碾压的施工操作按照《公路沥青路面施工技术规范》(JTG F40—2004)中要求的正常生产组织进行。

9.4.2.3 具体实施效果

在毕都高速公路 T29 标 K147 + 740 ~ K148 + 470 段实施抗凝冰沥青混合料路面工程铺设。

1)抗凝冰路面温度测试

采用红外热像仪测定路面温度。红外热像仪是利用红外探测器、光学成像物镜和光机扫描系统(目前先进的焦平面技术则省去了光机扫描系统)接收被测目标的红外辐射能量分布图形,反映到红外探测器的光敏元上,在光学系统和红外探测器之间,有一个光机扫描机构(焦平面热像仪机构)对被测物体的红外热像进行扫描,并聚焦在单元或分光探测器上,由探测器将红外辐射能转换成电信号,经放大处理、转换成标准视频信号通过电视屏或监测器显示红外热像图。抗凝冰路面温度和普通路面温度测试结果见表 9-17。

路面温度测试结果 表 9-17

测点	1	2	3	4	5	平均值
抗凝冰路面温度(℃)	3.4	3.7	3.6	3.5	3.3	3.5
普通沥青路面(℃)	-1	-0.1	0	-1	-1	0

从路面温度测试结果可以看出,当路面有降雪凝冰时,普通路面温度与降雪时的气温相当,而抗凝冰沥青路面的温度高于 0℃,这是由于抗凝冰改性剂遇水发生化学反应,释放热量,

使得路面温度升高，能够融化早期路面冰雪。后期抗凝冰改性剂逐渐渗透至路表，形成稀溶液，根据稀溶液定律，冰点将降低，从而达到持续融雪化冰效果。

2）抗凝冰路面抗滑性测试

采用摆式摩擦系数测定仪（摆式仪）测定沥青路面的抗滑值，用以评定路面在潮湿状态下的抗滑能力。温度修正见表9-18，路面抗滑性能试验结果见表9-19。

温度修正值　　表9-18

温度 T(℃)	0	5	10	15	20	25	30	35	40
温度修正值 ΔF(℃)	-6	-4	-3	-1	0	+2	+3	+5	+7

路面抗滑性能试验结果　　表9-19

路段桩号		K147+470~K148+470			结构类型			沥青混凝土路面		
组数	测点桩号	横距(m)	摆值(BPN)					测点平均值(BPN)	路面温度(℃)	20℃摆值(BPN)
			1	2	3	4	5			
1	K147+520	试验段	60	60	62	60	62	61	3.5	56
		对照组	41	43	41	43	43	42	3.5	37
2	K147+920	试验段	66	64	66	64	64	65	3.5	60
		对照组	42	42	42	42	40	42	3.5	37
3	K148+400	试验段	58	58	58	56	56	57	3.5	53
		对照组	41	39	41	39	39	40	3.5	35
平均值		试验段:56		标准差		试验段:6		变异系数	试验段:11%	
		对照组:36				对照组:5			对照组:14%	
结论		试验路面抗滑性能优于普通路面								

由抗滑性能测试结果可以看出，普通路面在凝冰期间，抗滑性能会急剧下降，汽车行驶在这样的路面上，极易打滑翻车。抗凝冰沥青混合料在冰雪期间，充分保证了路面表面的摩擦性能，使得降雪凝冰期间的行车安全得到了充分保障，试验路面抗滑性能优于普通路面。

3）路面制动距离

采用制动法测试路面制动距离。汽车行驶速度：20km/h（不带ABS），测试结果见表9-20。

制动距离测试结果　　表9-20

测试点	测试1(m)	测试2(m)	测试3(m)	平均值(m)
抗凝冰路面	5	5.5	4.6	5
普通路面	8.7	9	9.2	9

由表9-20可知，抗凝冰沥青路面的平均制动距离为5m，普通路面平均制动距离为9m，抗凝冰沥青路面抗滑性能明显优于普通路面。因此，抗凝冰改性剂的添加，为车辆安全提供了可靠保证。

4）实际观测效果

铺设抗凝冰路面后，经历第一次降雪时，路面融雪化冰情况如图9-11所示。从图上可以看出，铺设了抗凝冰沥青混合料的路面，在降雪半小时后，路面积雪随着行车荷载碾压，逐渐融化成水，路面不存在积雪，抗滑性能得到保障。而铺设普通沥青混合料的半幅积雪覆盖，车辆行驶过程中，明显感觉抗滑系数降低，制动距离拉长。

a)

b)

图 9-11　实际融雪化冰效果

9.5　抗凝冰涂层技术应用

9.5.1　技术简介

抗凝冰涂层技术通过涂覆的方法将含有抗凝冰改性剂的聚合物附着在道路表面，溶剂蒸发后形成具有抗凝冰效果的涂层。抗凝冰涂层依靠内部含有的抗凝冰改性剂，可以降低水的冰点，使冰雪在较低的温度下融化以便于清除，当抗凝冰改性剂与雪水形成的溶液冰点低于气温时，雪水可自行流走，路面残余液体也不易结冰，非常容易清除。

为了使抗凝冰涂层具有持久的抗凝冰能力，向其中加入缓释剂，将涂层中的抗凝冰剂使用多孔材料负载后，利用一种高分子的纤维素膜将载体的孔道封闭，使抗凝冰改性剂能缓慢释放出来，达到持久融雪化冰的目的。

抗凝冰涂层是一种涂刷或喷洒于道路表面，具有高黏结性、高耐磨性、抗凝冰效果好、耐久性好等特点的路面功能层。这种涂层能使路表面无法结冰，达到小雪留不住、大雪好清除的目的。同时，涂层在路表面形成一层致密的防水层将路面封闭，起到隔水防渗、减少路面水损害、固结路面松散集料、协同养护路面、延长路面使用寿命的作用。

抗凝冰涂层技术具有除雪效率高、对路面结构不产生影响、成本低廉、施工简单、养护方便的特点，能够在不同的低温条件下（0 ~ －10℃）发挥融雪作用，同时能够阻止冰层与路面附着，极大地增加了道路行车安全性能，同时对路面、道路设施、周边环境等均无不利影响，符合低碳、环保理念。

9.5.2　技术的示范应用

选择 K145 +740 ~ K147 +740 左幅上面层实施抗凝冰沥青涂层技术的示范应用。抗凝冰涂层施工简单、通用性好，其制备、施工、摊铺方式都不需改变，不影响传统工艺，添加使用非常简单。

1)施工要求

(1)天气条件

施工环境条件对涂层的干燥时间及作用效果有很大影响。最佳施工时间应在雨季结束与降雪来临之间。在潮湿或即将下雨环境下不可施工。

(2)原路面处理

为确保施工质量,施工路面必须处于干燥、清洁无污物状态。

在进行施工之前,需要彻底清除原路面上的松散石料、尘土以及泥垢、油污等杂质。清扫可以采用道路清扫机、电动扫帚清扫,也可以采用水进行冲洗。但需要注意,采用水冲洗时,必须在施工前24h前完成,以给路面足够的时间达到干燥状态。在进行施工之前,需要按照相应规范和要求对路面上坑槽、较宽裂缝等类似病害进行相应处理。

2)施工工艺

可采用机械喷洒或人工涂刷两种施工工艺。

(1)机械喷洒施工

采用机械喷洒方式施工时,应将产品充分搅拌均匀。洒布用量应充分考虑路面状况,通过试验段确定,推荐为0.4~0.6kg/m^2。为保证施工效果,建议采用两次喷洒,首次建议以0.2~0.3kg/m^{2}洒布用量进行施工,待路面充分干燥后进行第二次喷洒。机械喷洒施工工艺流程如图9-12所示。

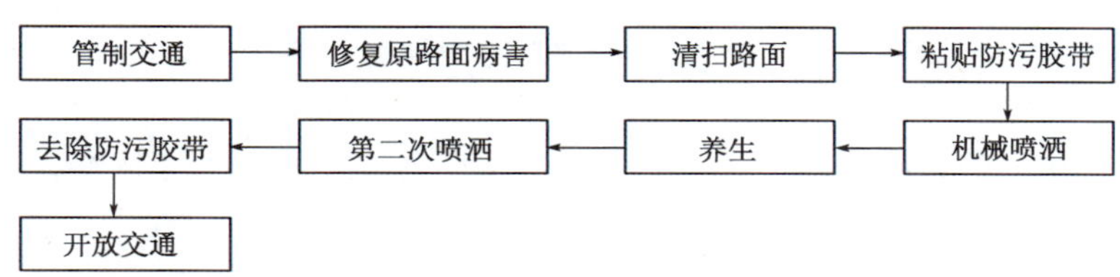

图9-12 机械喷洒施工工艺流程

(2)人工涂刷施工

如果是小范围施工,可以采用人工涂刷施工方法,涂刷前将涂料充分搅匀,洒布用量根据实际路况确定,一般推荐用量0.4~0.6kg/ m^2。涂刷时如果条件不允许,可采用一次涂刷成型。人工涂刷施工工艺流程如图9-13所示。

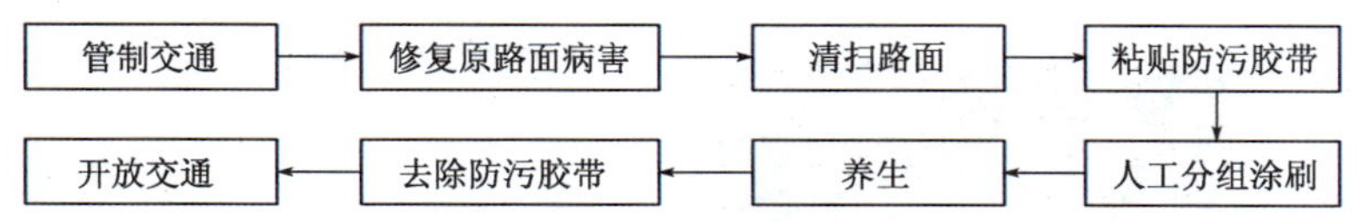

图9-13 人工涂刷施工流程

将工人分为3~5组,每组3人,一组每次涂刷面积以10~20m^{2}为佳,一人负责将计量准确的涂料均匀地洒在路面上,两人用长杆滚刷将涂料涂刷均匀。3~5组人员可以分区域同时涂刷,以加快施工速度。

(3)施工后养护及开放交通

施工期间,须将施工区域进行封闭,禁止车辆、行人等进入。施工后,须待涂料干燥、成型后才能开放交通。开放交通时间需根据不同的施工因素确定。天气情况对该产品施工后的开放交通时间有较大影响。一般情况下施工后 2 ~4h 即可开放交通。

(4)其他

涂层材料储存一段时间后,出现分层属正常现象。在确保上无结皮、下无沉淀的情况下,搅拌均匀后仍可使用,不影响其作用效果。

可在施工前选择试验段小范围涂刷,观察涂层材料涂布后的干燥成型状况及时间,以确定当天气候条件是否适合施工。

养护期间若遇阴天或空气湿度较大,会对涂层材料的干燥及成型时间造成较大影响,此时需要延长开放交通时间。

3)工程效果测试

抗凝冰涂层不但具有融雪、抗滑功能,还可以起到防水、封缝等预防性养护作用,延长了道路使用寿命。

对涂层的材料性能和融冰效果进行测试,测试结果见表 9-21。

路面抗凝冰涂层性能指标 表 9-21

序号	检 测 项 目		规 定 值	实测值
1	筛上剩余量		≤1%	0
2	固化时间	表干(h)	≤3	—
		实干(h)	≤8	—
3	耐磨耗性(湿轮磨耗仪)		300s 磨耗后面积/磨耗前面积≥70%	95
4	不同温度下的稳定性		涂料在不同温度下是否会发生黏结、固化等现象	良好
5	耐水性		3h 泡水后观察涂层表面是否起泡、起皱、脱落	合格
6	与矿料的黏附性		≥2/3	≥2/3
7	黏度[道路标准黏度计 C25.3(s)]		≤60s	20s
8	融冰效果(每隔 30min)		≥4	10
9	抗滑性能		>75	92

抗凝冰涂层实施路段路面结构依据原设计不做变更,通过室内试验验证,原材料性质和路用性能均满足规范要求。经过抗凝冰涂层的涂装,路面融雪化冰功能显著,如图 9-14 所示,冰层与路面之间存在一层薄薄水膜,能够有效阻止冰雪渗透路面,产生无法清除的积雪。

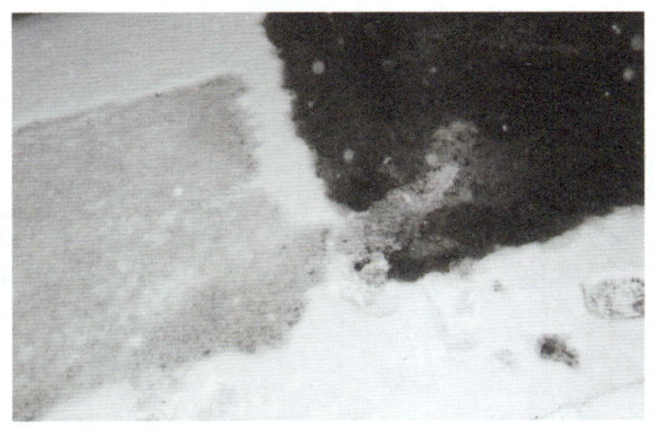

图 9-14 抗凝冰涂层效果

9.6　本章小结

采用智能路面凝冰预警及自动化处置技术，对道路路面状况进行实时监测，当积雪、暗冰形成后，启动自动喷洒系统，通过喷洒抗凝冰剂，达到实时去除积雪、暗冰等不安全因素的目的，在桥梁、隧道出入口、长大纵坡等高危路段应用，可有效提高路面的抗滑性、减少交通事故的发生。

抗凝冰沥青路面技术和抗凝冰涂层技术，均采用主动凝冰理念进行设计，通过抗凝冰剂降低路面冰点，防止路面结冰，能够有效减少重大交通事故损失，解决因为路面凝冰的出现而被迫关闭道路造成巨大经济损失的问题。

“不良气候条件下路面抗凝冰技术”推广应用，将大大提高交通行业的防灾抗灾能力，体现了“以人为本、以路为本”的发展理念，对促进发展和谐交通、和谐社会具有重要的社会和经济效益。

第10章 隐伏岩溶综合物探技术

10.1 概述

毕都高速公路部分路段处于可溶性岩石地区，峰丛峰林地貌极其发育，地表溶槽溶沟、岩溶洼地广泛分布。岩溶地貌在给贵州省带来奇特自然景观的同时，也给贵州省的高速公路建设带来了很大的困难。由于很多溶洞隐藏于地下，隐蔽性强，规模大，有些溶洞内岩溶水极其发育，给高速公路的建设带来极大的安全隐患。路基塌陷、桥梁地基失稳、隧道塌方、涌水涌泥事故不断发生，给国家和人民的财产和生命造成重大损失。在公路建设中，对隐伏岩溶实施工程物探勘探，获得地下溶洞的位置、形态及规模等信息，从而对岩溶危害预先认识，提前预防，避免岩溶灾害带来的损失，是毕都高速公路设计施工中的一个重要问题。

但是，工程物探作为一种勘察手段，若采用单一物探方法进行勘探，只能根据岩石的一种物理性质的差异做出间接的解释，其成果具有多解性，在实际应用中勘探的精度较差。为了提高工程物理勘探精度，应根据现场实际情况和实际经验，利用多种物探方法相结合，才能获得较为可靠的成果，从而指导岩溶地区公路的设计与施工。

隐伏岩溶综合物探技术能够查明并分析隐伏岩溶发育的空间位置及分布状况，预测预报溶洞变形的发展趋势，给公路建设与运营管理提供有效的安全保障。隐伏岩溶综合物探技术是西部交通建设科技项目——“岩溶地区公路修筑成套技术研究”的研究成果，该项目研究分析了西部岩溶地区公路物探勘察工作面临的主要问题，各种物探技术勘探岩溶的技术原理、技术特点、应用范围、资料处理等方面进行了全面的分析和总结。最后在贵州省各个高速公路上对综合物探技术进行了应用，验证综合物探技术的应用效果。

隐伏岩溶综合物探技术在毕都线岩溶发育路段的构造物中进行了应用，在 2 座路基、2 座大桥和 2 座隧道中进行了重点示范应用。在示范应用中，查明了公路路基、大桥基础和隧道围岩中的岩溶发育情况，并和实际开挖中的情况进行了对比。结果表明，综合物探应用技术对隐伏岩溶的勘探精度较高，适用性强，在公路的设计和勘察中，对隐伏岩溶的处理具有很强的针对性和指导性。

10.2 隐伏岩溶综合物探技术应用范围及适用条件

综合物探技术是指在地质勘探中，根据地质勘探的目的和要求，针对地层岩土体的物理性质的差异，采用两种以上的工程地球物理勘探方法，从不同方面对岩土体进行解释，从而获得较为准确的地质体类型、分布和规模等信息。

地球表层的岩土体，在经过上亿年的演化和变迁中，经过剧烈的地质构造和长期的地质运动，每种岩土都具有不同的导电性、导磁性和弹性模量等物理性质。利用这些岩土体物理属性的不同，采用仪器观测这些岩土体的物理性质的变化，从而获知岩土体的空间分布。在实际中，根据岩土体物理属性的不同，采用不同的物探方法。一般的物探方法有电法勘探、电磁法勘探、地震勘探、声波探测、层析成像和综合测井等方法。

每一种物探方法都有自己的适用特点，针对每一类地层岩土的类型及其属性，采取相对应的物探方法。每种物探的应用范围和适用条件见表 10-1。

物探方法的应用范围和适用条件　　表 10-1

<table>
<tr><th colspan="3">方法名称</th><th>应用范围</th><th>适用条件</th></tr>
<tr><td rowspan="6">电法勘探</td><td rowspan="3">电阻率法</td><td>电阻率剖面法</td><td>探测地层岩性在水平方向的电性变化，解决与平面位置有关的问题</td><td>探测浅部不均匀地质体的空间分布</td></tr>
<tr><td>电阻率测深法</td><td>探测地层岩性在垂直方向的电性变化，解决与深度有关的地质问题</td><td>被测岩层有足够的厚度，岩层倾角小于20°；相邻层电性差异显著，水平方向电性稳定；地形平缓</td></tr>
<tr><td>高密度电阻率法</td><td>探测浅部不均匀地质体的空间分布</td><td>被测地质体与围岩的电性差异显著，其上方没有极高阻或极低阻的屏蔽层；地形平缓，覆盖层薄</td></tr>
<tr><td colspan="2">充电法</td><td>用于钻孔或水井中测定地下水流向、流速；测定滑坡体的滑动方向和速度</td><td>含水层埋深小于50m，地下水流速大于1m/d；地下水矿化度微弱；覆盖层的电阻率均匀</td></tr>
<tr><td colspan="2">自然电场法</td><td>判定在溶岩、滑坡及断裂带中地下水的活动情况</td><td>地下水埋藏较浅，流速足够大，并有一定的矿化度</td></tr>
<tr><td colspan="2">激发极化法</td><td>找地下水，测定含水层埋深和分布范围，评价含水层的富水程度</td><td>在测区内没有游散电流的干扰，存在激、电效应差异</td></tr>
<tr><td rowspan="3">电磁法勘探</td><td colspan="2">频率测深法</td><td>探测断层、裂隙、地下洞穴及不同岩层界面</td><td>被测地质体与围岩电性差异显著；覆盖层的电阻率不能太低</td></tr>
<tr><td colspan="2">瞬变电磁法</td><td>可在基岩裸露、沙漠、冻土及水面上探测断层、破碎带、地下洞穴及水下第四系厚度等</td><td>被测地质体相对规模较大，并相对围岩呈低阻；其上方没有极低阻的屏蔽层；没有外来电磁干扰</td></tr>
<tr><td colspan="2">可控源音频大地电磁测深法</td><td>探测中、浅部地质构造</td><td>被测地质体有足够的厚度及显著的电性差异；电磁噪声比较平静；地形开阔、起伏平缓</td></tr>
</table>

续上表

方法名称		应用范围	适用条件
电磁法勘探	探地雷达	探测地下洞穴、构造破碎带、滑坡体；划分地层结构	被测地质体上方没有极低阻的屏蔽层和地下水的干扰；没有较强的电磁场源干扰
地震勘探	直达波法	测定波速，计算岩土层的动弹性参数	—
	反射波法	探测不同深度的地层界面	被探测地层与相邻地层有一定的波阻抗差异
	折射波法	探测覆盖层厚度及基岩埋深	被测地层的波速应大于上覆地层的波速
	瑞雷波法	探测覆盖层厚度和分层；探测不良地质体	被测地层与相邻地层之间、不良地质体与围岩之间，存在明显的波速和波阻抗差异
声波探测		测定岩体的动弹性参数；评价岩体的完整性和强度；测定洞室围岩松动圈和应力集中区的范围	—
电磁波 CT		评价岩体质量；划分岩体风化程度、圈定地质异常体、对工程岩体进行稳定性分类；探测溶洞、地下暗河、断裂破碎带等	被探测体与围岩有明显的物性差异；电磁波 CT 要求外界电磁波噪声干扰小
综合测井	电测井	划分地层，区分岩性，确定软弱夹层、裂隙破碎带的位置和厚度；确定含水层的位置、厚度；划分咸、淡水分界面；测定地层电阻率	无管套、有井液的孔段
	声波测井	区分岩性，确定裂隙破碎带的位置和厚度；测定地层的孔隙度；研究岩土体的力学性质	无管套、有井液的孔段
	电视测井	确定钻孔中岩层节理、裂隙、断层、破碎带和软弱夹层的位置及结构面的产状；了解岩溶洞穴的情况；检查灌浆质量和混凝土浇注质量	无管套的清水钻孔

10.3　路基岩溶综合物探技术的示范应用

10.3.1　隐伏岩溶对路基的影响及物探方法的选择

1)岩溶对路基的影响

路基作为公路工程的一种构造物,由于要承担车辆或填土的荷载,所以对路基的基础要求具有一定的承载力和稳定性。若路基基础内有岩溶发育时,可能会引起路基坍塌。同时,若溶洞内有岩溶水发育时,岩溶水会对路基基础进行冲蚀或软化,从而造成路基沉陷或坍塌。

2)岩溶路基对物探工作的要求

在岩溶地区修筑路基时对物探的要求是查明路基基础范围内的岩溶发育的位置、形态和规模等要素,从而指导下一步的勘察工作,为路基基础稳定性的评价提供地质资料。

3)岩溶路基的物探方法选择

由于路基对基础的要求不是特别高,如果不是大范围和大规模的岩溶溶洞存在,对路基的影响比较小,所以,岩溶路基的物探方法可以选择震探法和高密度电法,从而对岩溶路基基础范围的岩溶进行宏观控制。

10.3.2　示范工程应用

1)实施工点的选择

根据岩溶路段的现场实际工程地质条件、勘察目的和要求,对 K149 + 900 ~ K150 + 500 岩溶路段和 K151 + 100 ~ K151 + 280 岩溶路段进行综合物探技术示范。下面以 K149 + 900 ~ K150 + 500 岩溶路段为例进行说明。

K149 + 900 ~ K150 + 500 岩溶路段长 600m,场区上覆第四系残坡积(Q^{el+dl})粉质黏土,下伏基岩为三叠系下统永宁镇组一段(T_1yn^1)中层状灰岩、三叠系下统飞仙关组泥质粉砂岩、泥岩。路段全貌如图 10-1 所示。

图 10-1　K149 + 900 ~ K150 + 500 路段全貌

2)示范工程实施

根据岩溶路段的现场实际工程地质条件、勘察目的和要求及工程物探的适用条件和特点,对 K149 + 900 ~ K150 + 500 岩溶路段采用高密度电法和震探法进行勘察。综合物探的实施位置见表 10-2,测线布置如图 10-2 所示。

K149 +900 ~ K150 +500 物探测线布置位置　　表 10-2

序号	物探方法	编号	位　　置	长度（m）	技 术 参 数
1	高密度电法	DF1 ~ DF1′	K149 +763 ~ K150 +708	945	测量方式:施仑贝尔装置;电极数:190 个;电极距:5m;测量层数:29;隔离系数:$n=1$
2		DF2 ~ DF2′	K149 +775 右 25.5m ~ K150 +558 右 26m	783	测量方式:施仑贝尔装置;电极数:157 个;电极距:5m;测量层数:29;隔离系数:$n=1$
3		DF3 ~ DF3′	K149 +950 左 125m ~ K149 +950 右 145m	270	测量方式:施仑贝尔装置;电极数:55 个;电极距:5m;测量层数:26;隔离系数:$n=1$
4	震探法	—	K149 +890 ~ K150 +550	660	道间距:10m 偏移距:3m、20m

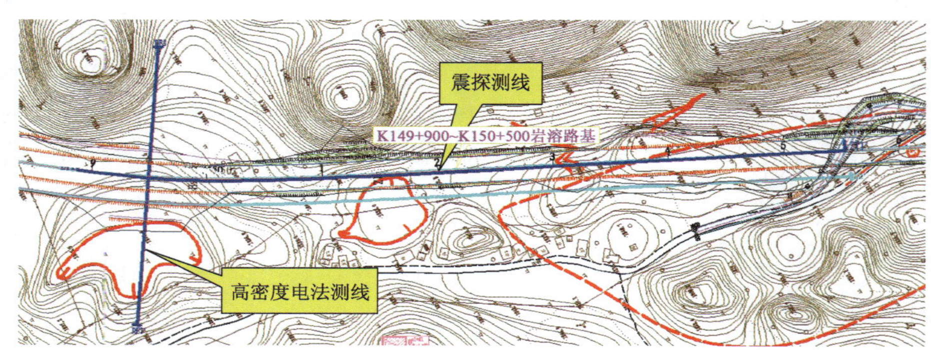

图 10-2　K149 +900 ~ K150 +500 物探测线布置

3)物探成果及解释示例

(1)高密度电法,解析图如图 10-3 所示。

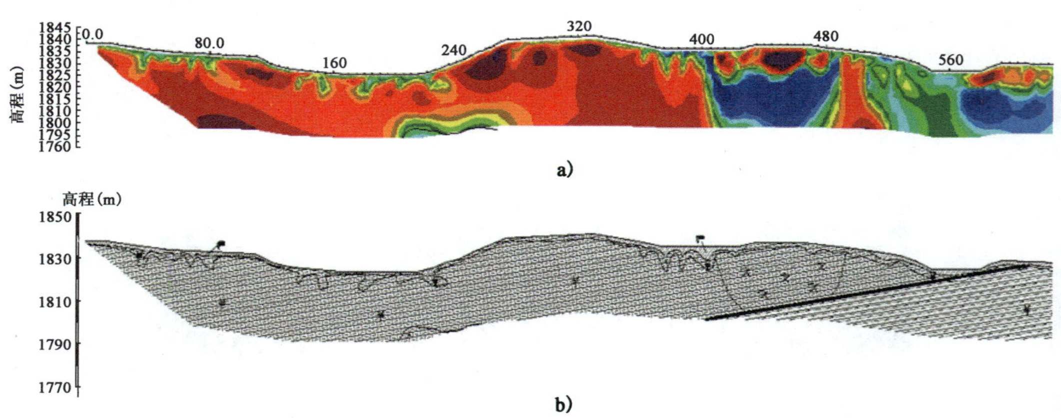

图 10-3　K149 +900 ~ K150 +500 高密度电法 DF2 ~ DF2′电阻率成果云图及解释

DF2 ~ DF2′测线为 K149 +775 右 25.5m 至 K150 +558 右 26m,岩溶路段在 K149 +775 右 25.5m 至 K150 +300 右 25.5m,在 K150 +170 以后低电阻率范围较大,这与现场实际调查线路右侧岩溶发育较强烈是一致的,低电阻率预示地下水汇集范围较大,岩体较破碎,岩溶裂隙发育且地下水较丰富。

解释结果：测线内表层视电阻率不均匀体为覆盖层，厚 0 ~ 7m；基岩强风化层厚约 1 ~ 8m。K149 + 975 ~ K149 + 040 段底部低阻异常，为岩体裂隙发育，岩溶裂隙可能强烈发育。K150 + 170 ~ K150 + 260 段中部低阻区为岩体裂隙发育，岩溶裂隙可能强烈发育。

(2)地震勘探，地震波时距曲线如图 10-4 所示。

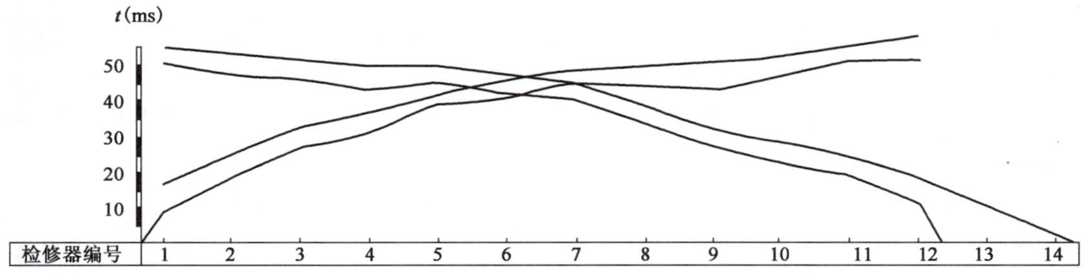

图 10-4　K149 + 900 ~ K150 + 500 地震波时距曲线

根据地震波时距曲线成果，该路段岩溶发育段分为强风化和中风化，强风化波速 1000 ~ 1500m/s，中风化波速 4000 ~ 4500m/s，平均厚度 2m 左右。

10.4　桥基岩溶综合物探技术的示范应用

10.4.1　隐伏岩溶对桥梁基础的影响及物探方法的选择

1)岩溶对桥梁建设的影响

一般桥梁的荷载主要通过桥墩传给地基，因此需要桥梁基础有较强的稳定性和一定的承载力。而在岩溶地区，由于隐伏岩溶的发育在桥梁基础范围内形成空洞，从而造成桥梁基础塌陷而导致桥梁倒塌。

2)公路桥梁建设对物探工作的要求

在岩溶地区修筑桥梁时对物探的要求是查明桥梁基础范围内岩溶发育的位置、形态和规模等要素，以此指导下一步的勘察工作和桥梁基础设计，为桥梁基础稳定性的评价提供地质资料。

3)物探方法选择

由于公路桥梁桥墩基础范围较小，且主要是查明桥墩基础下受力范围的地质情况，因此，采用物探方法时，一般先对桥梁基础范围内进行宏观控制，采用震探法或高密度电法。在确定桥梁整体范围内岩溶发育基本情况后，再对桥墩基础受力范围内地质情况进行精细物探工作，此时可选择电磁波 CT 扫描等物探技术。

10.4.2　示范工程应用

1)实施工点的选择

毕都线抵姆河大桥和北盘江大桥，为特殊结构桥梁，分别为悬索结构和斜拉结构，桥梁跨径大、荷载高、结构复杂。尤其两座桥的主塔部分，受力强度大、结构复杂，对桥梁的基础要求很高。桥梁的主塔处于岩溶发育区域，隐伏岩溶对桥梁的稳定性产生很大的影响。下面以北盘江大桥为例进行示范应用说明。

北盘江大桥为钢桁梁斜拉桥，桥跨布置为(80 + 88 × 2 + 720 + 88 × 2 + 80 + 34 × 3) m = 1334m，起止桩号为 K218 + 903.406 ~ K220 + 244.806。桥位区基岩以二叠系下统栖霞(P_1q^2)及茅口组灰岩(P_1m)为主体。抵母河大桥上部结构为 4 × 40m 混凝土 T 梁 + 538m 单跨简支钢桁梁悬索桥 + 4 × 40m 混凝土 T 梁，起止桩号为 K158 + 579.000 ~ K159 + 459.000，桥区上覆残坡积层黏土(Q^{e+dl})、崩塌堆积的块石土(Q^c)，下伏地层为二叠系下统栖霞组—茅口组(P_1q + m)含燧石灰岩局部含角砾岩，梁山组(P_1l)泥岩、石英砂岩，石炭系中上统黄龙组—马平组($C_{2-3}h$ + m)灰岩。北盘江大桥桥区地貌如图 10-5 所示。

图 10-5　北盘江大桥桥区地貌图

2) 示范工程实施

根据现场实际地质调查岩溶发育情况和现场地形情况，北盘江大桥桥基物探方法的布置位置见表 10-3，布置如图 10-6 所示。

北盘江大桥桥基物探实施布置位置表　　表 10-3

物探方法	位　　置	数　　量	技 术 参 数
高密度电法	4 号索塔	2 条(一纵一横)	测量方式：施仑贝尔装置；电极数：60 个；电极距：5m；测量层数：29；隔离系数：$n = 1$
	10 号桥台	2 条(一纵一横)	
钻孔 CT	3 号和 4 号索塔	12 对	频率为 8、16、32Hz；孔内天线；发射间距 1m；接收间距 0.2m
	1 号、2 号、5 号、6 号、7 号辅助墩和过渡墩	11 对	
	8 号和 9 号桥墩	2 对	

3) 物探成果及解释示例

(1) 高密度电法，成果图如图 10-7 所示。

由图 10-7 中电阻率分布和岩块的电阻率对比可知，岩体内高阻部分为较完整的基岩。表层低阻部分由于岩体风化且含水率较高，呈低阻状态。而深层低阻推测为岩溶发育且充水而呈低阻。

(2) 电磁波 CT，成果及解释图如图 10-8 所示。

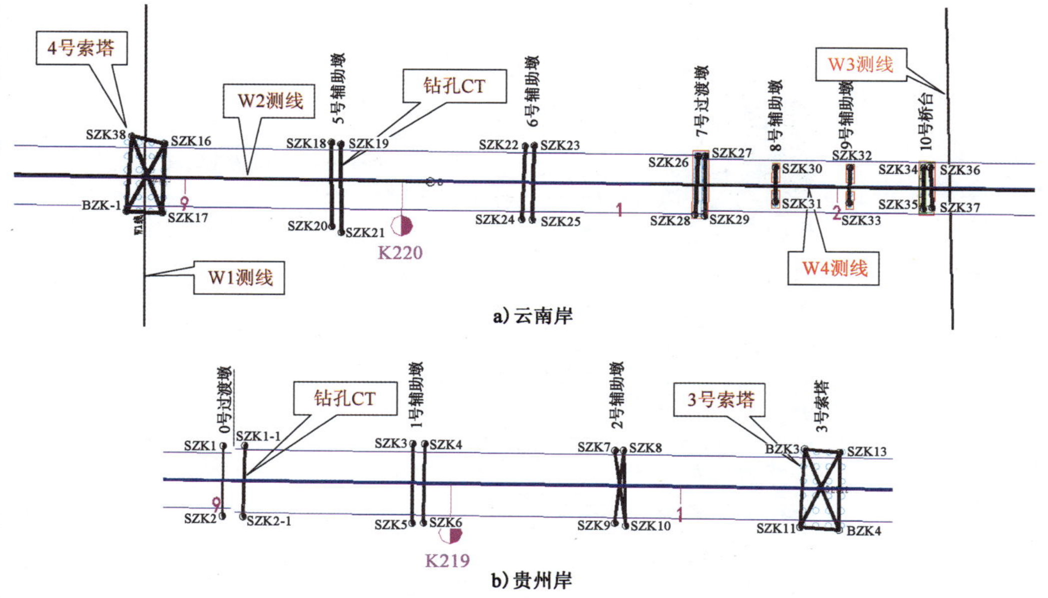

图 10-6　北盘江大桥物探布置图

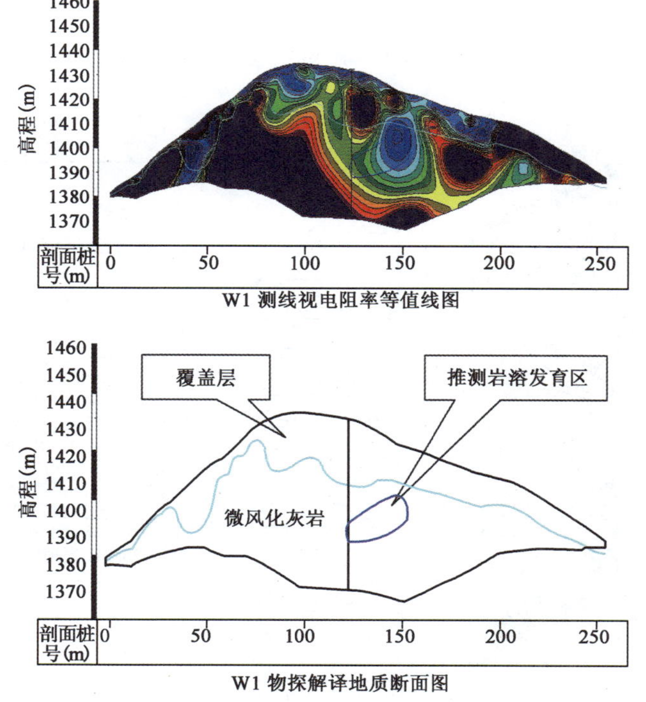

图 10-7　高密度电法成果图示例

电磁波 CT 用于测定地下岩石对电磁波的吸收系数。而隐伏岩溶和岩溶裂隙带由于电阻率与周围岩体的差异,其对电磁波的吸收系数有明显的差异,由此可以判断地下隐伏岩溶的存在和规模。

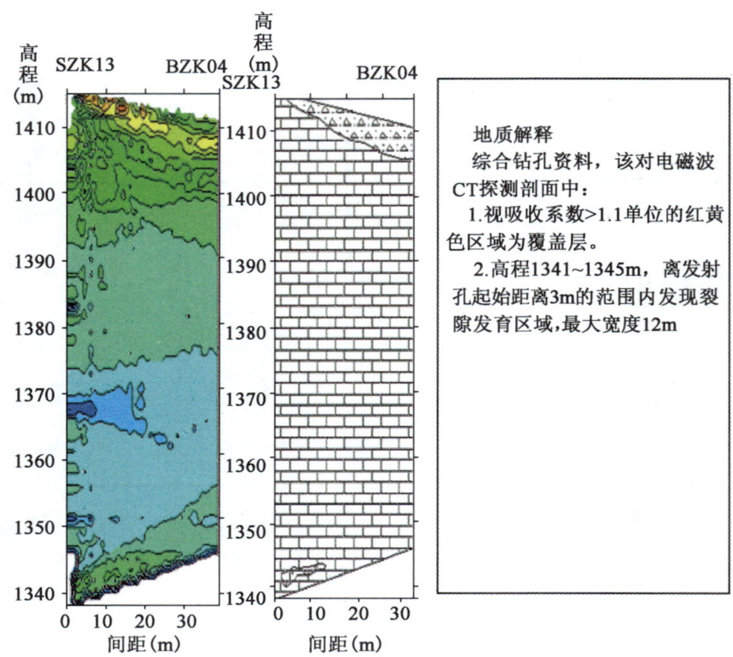

a) 3号索塔BZK04-BZK03电磁波CT剖面及地质解释

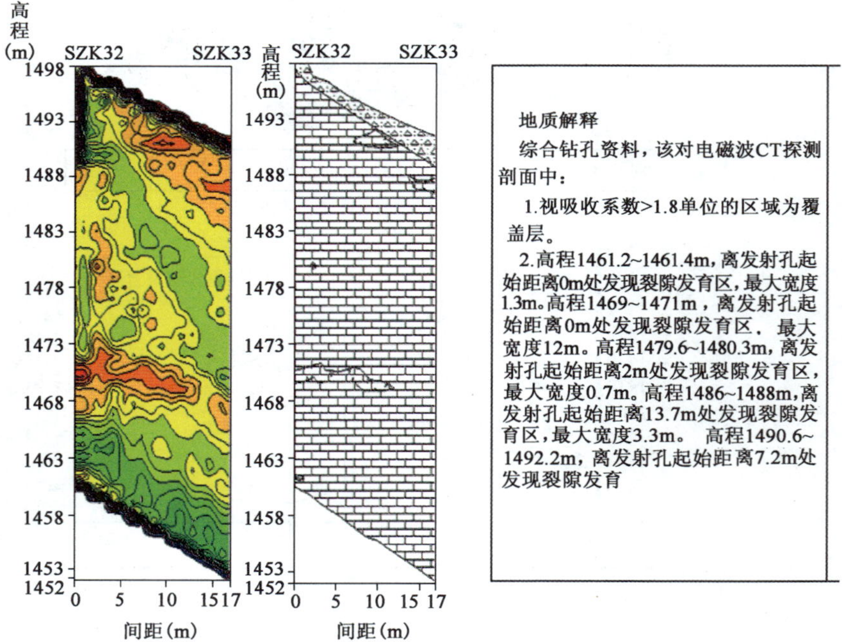

b) 9号桥墩SZK323-SZK33电磁波CT剖面及地质解释

图10-8　电磁波CT成果及解释图示例

10.5　隧道岩溶综合物探技术的示范应用

10.5.1　隐伏岩溶对隧道的影响及物探方法的选择

1)岩溶对隧道建设的影响

岩溶对隧道建设的影响一般表现在以下方面:

(1)隧道顶部的岩溶造成的巨大空穴,给隧道施工和以后的营运造成安全隐患。

(2)隧道底板的岩溶空穴,造成隧洞路面悬空,致使路面阻断,无法通行。

(3)岩溶存在的填充物和岩溶水,在施工过程中会引发突水和突泥,对隧道施工安全造成极大的威胁。

2)岩溶地区对隧道的物探要求

基于岩溶对隧道建设的影响,在隧道的设计阶段甚至是施工阶段,需要对隧道的岩溶发育情况采用物探进行勘察。物探要求除了相关规范规定应该查明的岩溶内容外,还应着重查明洞身附近的岩溶发育情况、填充物情况和地下水情况。另外,对于隧道的勘察,精度要求可以比桥梁的低一些。

3)岩溶隧道区域物探方法的选择

对于岩溶隧道综合物探方法的选择,根据隧道的实施工程地质条件和各个物探的使用特点进行选择。由于现在的隧道都越来越长,埋深越来越大,而隧道物探的工作一般只能在地表进行,这给隧道洞身深部的物探带来困难,有时候甚至无法进行。因此,隧道的物探一般在洞口段附近采用高密度电法和震探法进行,而在洞身段视其地形地貌情况采用震探法进行。

10.5.2　示范工程应用

1)实施工点的选择

青山隧道和岳家湾隧道均为分幅式,其中,青山隧道右线里程为YK187+995~YK191+550,左线里程为ZK188+015~ZK191+485,最大埋深约350m,大部分埋深在160m左右,隧道洞身段内可溶性岩石为灰岩、白云岩和白云质灰岩,其分布范围为YK187+995(ZK188+015)~YK191+050(ZK191+040),洞身可溶性岩石的长度为3055m(3025m);岳家湾隧道左线里程为ZK120+429~ZK124+559,右线里程为YK120+474~YK124+565,隧道围岩大部分区域内为可溶性岩石,推测有隐伏岩溶发育。下面以青山隧道为例说明示范工程的应用,青山隧道全貌如图10-9所示。

图10-9　青山隧道隧址区地貌

2)示范工程实施

青山隧道综合物探技术采用高密度电法、浅层地震反射波法和大地电磁法等综合方法进行勘察。其中,震探沿纵线全长布置和进口段横向布置,高密度电法沿纵线全长布置,大地电磁法测深在隧道洞身段进行布置。综合物探方法的测线布置见表 10-4。

青山隧道综合物探测线布置表 表 10-4

物探方法	工点位置	长度	技术参数
高密度电法	K187 +990 ~ K191 +550	3560	测量方式:施仑贝尔装置;电极数:60 个;电极距:5m;测量层数:33;隔离系数:$n=1$
高密度电法	K189 +260 右 154m ~ 左 200m	354	
高密度电法	K189 +280 右 154m ~ 左 200m	354	
浅层地震	ZK187 +990 ~ ZK191 +470	3480	24 道间距 5m,偏移距 0m、30m,双重相遇观测系统
浅层地震	K188 +000 右 50m ~ 左 88m	138	
浅层地震	K188 +015 右 60m ~ 左 89.5m	149.5	
浅层地震	K188 +030 右 60m ~ 左 89.5m	149.5	
浅层地震	K188 +045 右 60m ~ 左 89.5m	149.5	
浅层地震	K188 +060 右 60m ~ 左 89.5m	149.5	
浅层地震	K188 +075 右 60m ~ 左 89.5m	149.5	
浅层地震	K191 +465 右 60m ~ 左 89.5m	149.5	
浅层地震	K191 +480 右 60m ~ 左 89.5m	149.5	
浅层地震	K191 +495 右 60m ~ 左 89.5m	149.5	
浅层地震	K191 +510 右 60m ~ 左 89.5m	149.5	
浅层地震	K191 +525 右 60m ~ 左 89.5m	149.5	
浅层地震	K191 +540 右 50m ~ 左 88m	138	
大地电磁测深	K189 +220 ~ K189 +360	140	电极距:20m; 增益:$E=1,H=4$; 测量频带:750 ~ 92KHz; 张量测量; 16 次迭代观测
大地电磁测深	K189 +200 ~ K189 +380	180	
大地电磁测深	0 ~ 360	360	
大地电磁测深	0 ~ 320	320	
大地电磁测深	K189 +140 ~ K189 +680	540	
大地电磁测深	K189 +180 ~ K189 +680	500	
大地电磁测深	K189 +760 ~ K190 +260	500	
大地电磁测深	K189 +800 ~ K190 +300	500	

3)物探成果及解释

青山隧道的综合物探成果及解释如下:

(1)地震勘探,成果如图 10-10 所示。

震探测试结果表明,青山隧道区域内地质情况如下:

①覆盖层:分布厚度范围为 1 ~ 9m,纵波波速为 450 ~ 900m/s。

②强风化层:埋深范围大部分为 1.5 ~ 11m,局部深达 75m 左右,纵波波速 1200 ~ 1800m/s。

③中风化层:中风化泥灰岩纵波波速 4000 ~ 4700m/s;中风化泥岩夹砂岩纵波波速 2900 ~ 3350m/s。

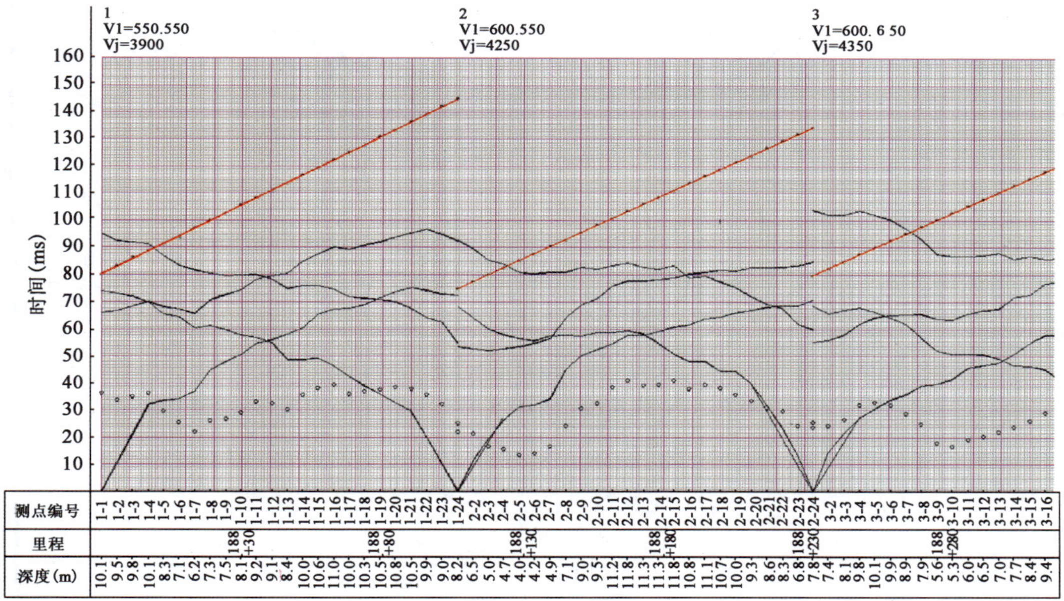

a) K187+980~K188+030

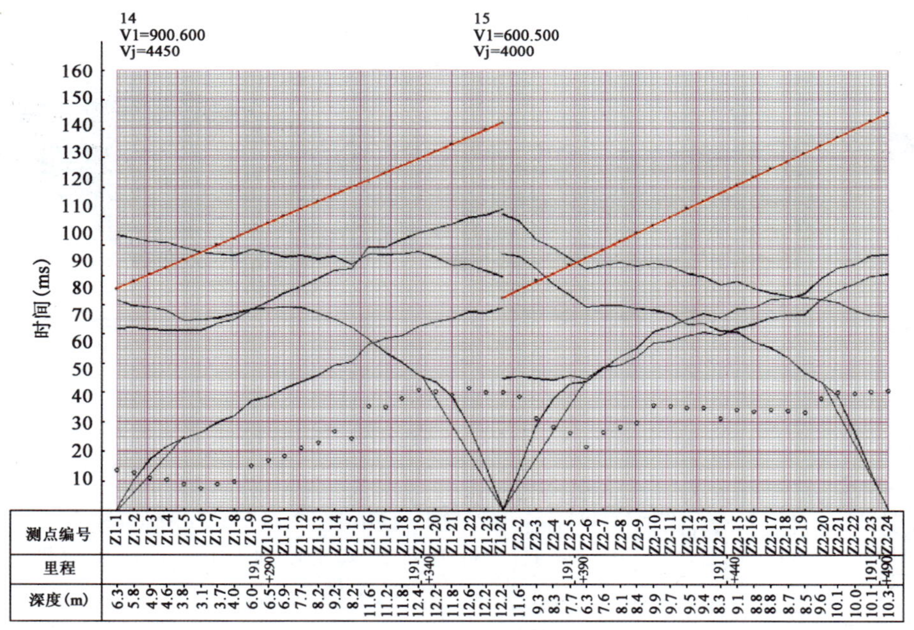

b) K191+240~K191+490

图 10-10　地震勘探成果图

(2)大地电磁探测,成果及解释图如图 10-11 所示。

测区内有 10kV 高压线成 45°角斜交于 K189 + 300(测点离高压线最远处仅 38m),使电阻率等值线产生严重畸变,物探异常使解释受到严重干扰。根据电阻率分布特点及相关资料,推测 K189 + 245 ~ K189 + 290 隧道上方 7 ~ 20m 处存在未填充型空洞。

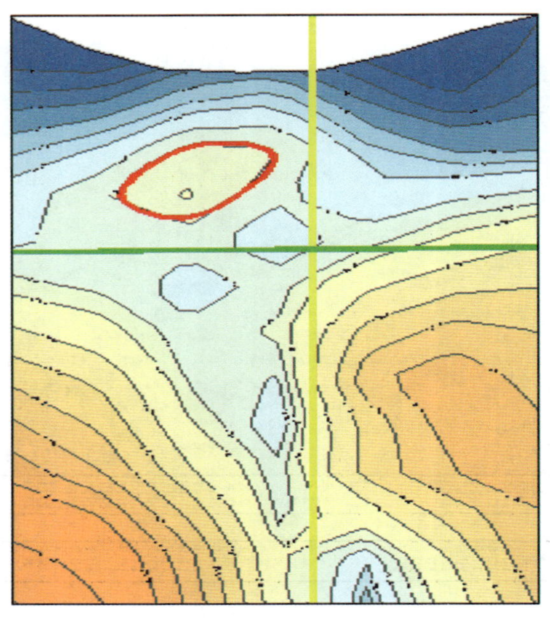

图 10-11　大地电测探测成果及解释图

(3)高密度电法,成果图如图 10-12 所示。

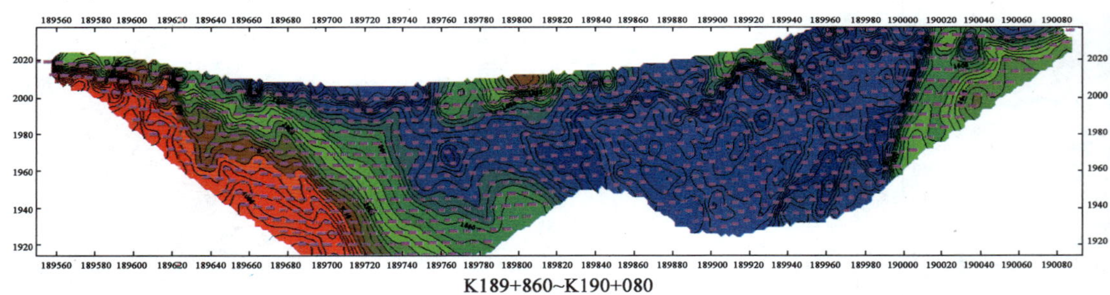

图 10-12　高密度电法成果图

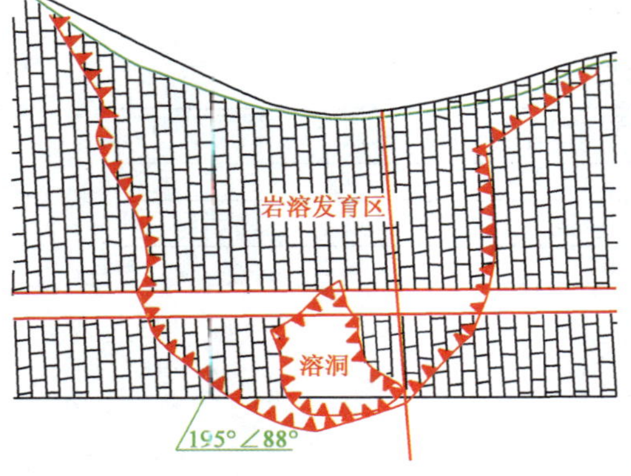

图 10-13　青山隧道岩溶解释图之一

青山隧道综合物探成果表明:

①在 K189 + 180 ~ K189 + 340 之间,隧道洞身岩体内岩溶发育较强烈,溶洞大部分位于洞身底部,溶洞最大直径约 18m。溶洞内可能有岩溶水发育,如图 10-13 所示。

②在 K189 + 680 ~ K190 + 050 之间,为岩溶裂隙发育区,该段可溶性岩石岩体中的岩溶裂隙极其发育,推测 ZK189 + 990 ~ ZK190 + 000 上方约 50m 处存在规模为 10m × 15m 的溶洞,推测 ZK190 + 060 ~ ZK190 + 080 上方约 25m 处存在规模为 20m × 25m 的溶洞。如图 10-14 所示。

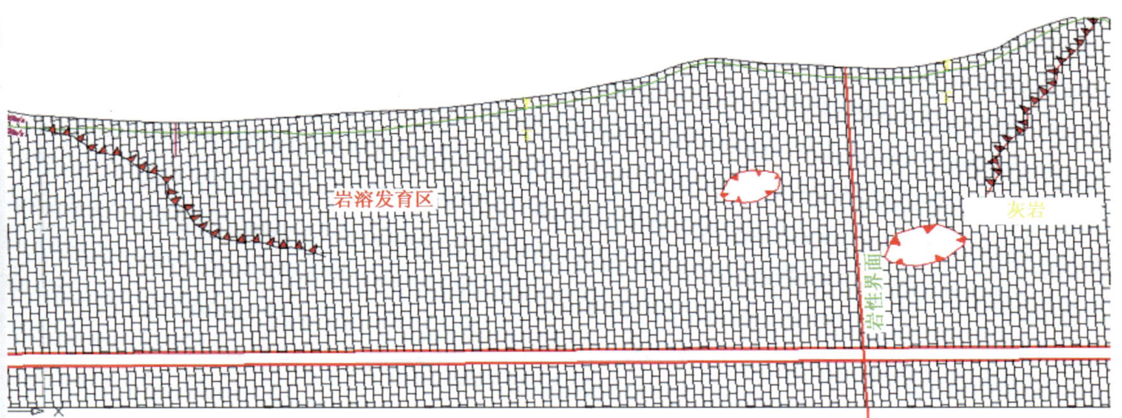

图 10-14　青山隧道岩溶解释图之二

10.6　岩溶综合物探技术应用分析

根据勘探后期钻探、施工阶段开挖情况与综合物探工作成果解释资料对比，综合物探工作对岩溶地区的勘探起到了很好的指导作用，钻探和开挖情况与物探解释成果基本符合，达到了预期的目的。部分典型综合物探异常的解释成果和实际地质情况对比见表 10-5。

物探成果与实际地质情况对比表　　表 10-5

工点名称	综合物探异常位置	解释成果	实际钻探或开挖情况	物探成果与实际地质符合情况
K149 +900 ~ K150 +500 岩溶路基	K150 +170 ~ K150 +250	岩体裂隙发育，存在溶洞	岩体破碎，局部有岩溶裂隙发育，地下水发育	基本符合
北盘江特大桥	4 号索塔	地下约 60m 发育有溶洞	基础范围内有岩溶裂隙发育，施工过程中有漏水、漏浆现象	总体符合
北盘江特大桥	9 号桥墩 ZK32 ~ ZK33	局部有岩溶裂隙发育，无大型溶洞	整体岩体完整，溶隙发育	基本符合
青山隧道	K189 +180 ~ K189 +340	洞身段岩溶发育较强烈，存在溶洞	岩溶裂隙发育，局部溶洞，洞径约 80cm，地下水局部发育	总体符合

10.7 本章小结

综合物探技术在隐伏岩溶地质勘察方面,同其他勘探技术相比,具有快速、经济、大面积测试的优点,通过测试成果反演技术获得岩石某一物理性质的异常,从而推测隐伏岩溶的发育状况。通过对毕都高速公路路基、桥梁和隧道6个工点的综合物探技术的示范应用,得出以下结论:

(1)在岩溶区域进行隐伏岩溶勘探时,工程物探可快速、高效地对隐伏岩溶进行勘探,是隐伏岩溶勘探的一种有效方法。

(2)采用综合物探技术,基于不同的物探原理,对物探资料从不同角度进行解释,可提高隐伏岩溶解释的准确性。

(3)对隐伏岩溶进行综合物探时,应根据物探方法的适用条件和适用范围,有针对性地进行选择,注意物探方法的最优组合选择,从而获得较好的勘探精度。

(4)综合物探技术作为一种宏观层次的间接解释的勘探方法,在前期勘察和初步设计中,可满足要求,可以指导进一步的勘探和设计工作。

第11章 长大纵坡桥面铺装防水黏结层施工技术

11.1　毕都高速公路长大纵坡桥面铺装面临的技术问题

毕都高速公路地处云贵高原乌蒙山区，地形起伏大、桥隧比例大(44.72%)，连续长纵坡坡度大(2.83%)，其中，仅在 K206 +486 ~ K218 +910 的长大纵坡路段，就有混凝土桥梁 13 座，桥面面积超过 4 万 m^2。在长大纵坡路段，由于桥面铺装厚度薄，铺装层与桥面间界面承受的剪应力明显增大。因而，在长大纵坡路段，混凝土桥面沥青铺装容易发生由于界面黏结失效而导致的推移、脱层等病害，从而影响桥梁使用寿命。根据毕都高速公路使用条件，结合原桥面铺装设计结构，应用高性能溶剂型黏结剂作为长大纵坡桥面铺装防水黏结层，通过桥面层间防水黏结材料优化与性能增强，有效提升桥面铺装的耐久性，从而有效保障路面结构稳定与运营安全系数，对提升公路耐久性意义重大。长大纵坡桥面铺装防水黏结层技术是交通部西部交通科技项目——“桥面铺装材料与技术研究”、浙江省交通科技项目——“海洋环境混凝土桥面铺装结构及铺装技术研究”和湖南省交通科技项目——“湖南吉茶高速公路桥隧路面铺装关键技术研究”的研究成果。

11.2　长大纵坡桥面铺装防水黏结层技术

本技术通过加强桥面沥青路面层间结合整体性研究与设计，采用溶剂型防水黏结剂(以下简称 GS)，减少薄弱结构面——黏层推移、脱层。

11.2.1　溶剂型防水黏结剂(GS)技术简介

溶剂型防水黏结剂(GS)，是一种革命性的界面层间防水黏结材料，专门用于隧道水泥混凝土路面、水泥混凝土桥面的防水黏结。GS 为一种单组分黑色黏稠液体，是以沥青作基材，通过特殊工艺复合多种高分子树脂及助剂反应而成的一种防水黏结材料，特点是除具有优异的防水性能外，还具有特别优异的界面黏结能力，可显著提高水泥混凝土与沥青混凝土铺装层之间的界面黏结性能，避免在水平荷载作用下，沥青铺装层出现推移、脱层等病害。

11.2.2 GS 作用机理

当黏度较低的 GS 喷涂到处理后的水泥混凝土路面上时，GS 迅速渗透进水泥混凝土表层 5 ~ 15mm 深度范围的微孔中并完成固化，与水泥混凝土相互渗透形成致密结构，从而实现了 GS 与水泥混凝土基层之间的有效黏结并同时起到了良好的防水作用；由于 GS 属高分子热塑性材料，与同为高分子材料的道路沥青有着良好的相似相容性，当施工沥青混凝土时，在热拌沥青混合料的热作用和压力作用下，GS 膜部分熔化与热拌混合料融为一体。随着温度逐渐降低，GS 与沥青混凝土一道发生了第二次固化，从而实现了 GS 与沥青铺装层之间的有效黏结。

11.2.3 GS 技术特点

1）优异的黏结性能

（1）渗透固结作用

在水泥混凝土路面上进行 GS 施工后，其中具有高度黏结性能的活性物质渗透入水泥混凝土毛细孔及细微裂缝中，渗入深度可达 5 ~ 15mm，固化后与黏结界面形成牢固的互锁效应，完成与水泥混凝土路面的有效黏结。

（2）融合嵌挤作用

沥青路面铺装时，固化的 GS 防水黏结层在高温沥青混凝土的作用下会产生微溶化分布，在碾压作用下集料大颗粒嵌入防水黏结层中，形成均匀分布的剪力键，同时由于 GS 与沥青相似相容，GS 膜部分熔化与热拌沥青混合料融合为一体。随着温度逐渐降低，GS 与沥青混凝土一道发生了第二次固化，实现了 GS 与沥青铺装层之间的有效黏结。

（3）固化涂膜强度高

GS 完全固化后，形成的弹塑性涂膜强度高、柔韧性好，可有效黏结水泥混凝土路面与沥青混凝土路面。

2）良好的防水效果

（1）渗透密封作用

GS 黏度低、渗透性强，渗入水泥混凝土的毛细孔和水泥混凝土微小缺陷后固化、密封，从而起到良好的防水效果，还可修复水泥混凝土路面的细小裂缝；渗水系数为零，防水效果优良，有效保护水泥混凝土路面及桥面。

（2）弹塑性胶质材料的防水

GS 固化后形成的弹塑性物质本身即是致密的高分子材料，具有良好的防水作用。

3）变形后复原能力强

GS 固化后形成的弹塑性涂膜延伸率高，柔韧性好，变形后复原能力强，能承受复合路面复杂的剪力、应力状态，极适合作为刚柔相济的路面结构的界面层材料。

4）施工中抗损坏能力强

涂布后，GS 涂膜强度高、柔韧性好，不粘轮，能有效避免被行人、车辆碾压破坏，同时还能有效抵抗热沥青混合料摊铺时的破坏。

5）施工方便环保

常温单组分施工，极为方便，对环境无污染。

11.2.4 GS技术质量要求

1)物理指标

GS物理指标见表11-1。

GS物理指标要求 表11-1

外　观	黑色或褐色液态	外　观	黑色或褐色液态
密度(kg/L)	0.95	黏度(涂计)	$S\leqslant15$
固含量(%)	≥45	—	—

2)技术指标

GS技术指标要求见表11-2。

GS技术指标要求 表11-2

项　目	指　标		试验方法
外观	黑色或褐色液态		JC/T 975—2005
延伸性	≥6mm		GB/T 16777—1997
柔韧性	≥80%		GB/T 16777—1997
低温柔韧性,(-25±2℃)	无裂纹、断裂		GB/T 16777—1997
耐热性	(160±2)℃,无流淌和滑动		JC/T 975—2005
黏结性	25℃	≥1.0MPa	参照JC/T 975—2005,拉拔力试验仪,拉伸速度0.1MPa/s
	40℃	≥0.6MPa	
抗剪	25℃	≥0.8MPa	参照JC/T 975—2005,夹角45℃,温度25℃
	40℃	≥0.4MPa	
干燥性(25℃)	表干	≤4h	GB/T 16777—1997
	实干	≤12h	
不透水性	0.3MPa,30min不渗水		B/T 16777—1997
抗冻性,-20℃	20次不开裂		JC 408—1991
抗刺破及渗水	暴露轮碾试验(0.7MPa,100次)后,0.3MPa水压下不渗水		GB/T 12952—1991

注:黏结性、抗剪切测试的是水泥混凝土与密级配沥青混凝土之间的黏结、剪切强度。

11.2.5 GS与传统材料性能的比较

目前国内常用乳化改性沥青、热熔沥青等作为水泥混凝土路面、桥面的防水黏结层,GS材料在抗黏结强度、剪切强度方面的性能均优于传统材料,见表11-3。

GS与同类产品性能比较 表11-3

材料类型	乳化沥青	热熔沥青	GS
作用原理	物理黏结	物理黏结	物理+化学黏结
抗车辆、石料的破坏能力	易刺破	易刺破	难以刺破
抗沥青混合料破坏能力	易被卷起	易被卷起	难被卷起

续上表

材料类型	乳化沥青	热熔沥青	GS
黏结强度	25℃,0.3MPa 左右	25℃,0.6MPa 左右	25℃, >2.0MPa
	40℃, <0.1MPa	40℃, <0.2MPa	40℃, >0.4MPa
剪切强度	25℃,0.3MPa 左右	25℃,0.6MPa 左右	25℃, >1.0MPa
	40℃, <0.1MPa	40℃, <0.1MPa	40℃, >0.4MPa

11.2.6 适用范围

本技术适用范围包括：

(1)混凝土桥面与沥青混凝土桥面铺装的防水黏结层。

(2)公路隧道混凝土基面与沥青混凝土铺装的防水黏结层。

(3)白改黑工程中水泥混凝土路面与沥青加铺层之间的防水黏结层。

11.2.7 技术实施

1)材料用量

水泥混凝土表面涂布 0.3 ~ 0.4kg/m^2,具体用量需根据基面表面状况确定。

2)施工工艺

施工工艺流程如图 11-1 所示。

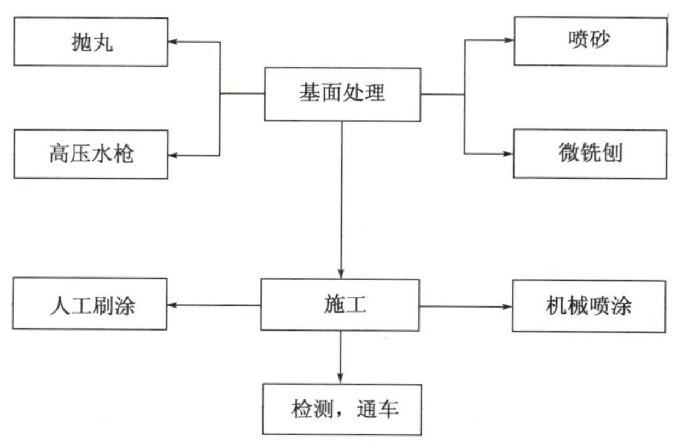

图 11-1　施工工艺流程

(1)施工前的基面处理

①基面处理要求

基面处理是指混凝土基层为了满足其各种保护性涂装或铺装要求而对其表面进行的清理、清洁和达到一定粗糙度,以及必要的修补而进行的处理,以使涂装或铺装能够与基面紧密地黏合,提高涂装或铺装层的使用寿命,避免脱落、剥离等工艺失效的发生。

水泥混凝土基面要求强度达到设计等级，表层干燥、干净，清除表面的浮浆、污染物，表面不得有松散、掉皮、空鼓及严重开裂现象，对于油污需用溶剂清洁，同时界面需完全干燥。

②基面处理的判断标准

a. 是否能暴露基层缺陷，进行后续修补；

b. 是否能100%地去除浮浆，有利于防水涂料渗透进混凝土毛细孔内；

c. 是否有良好的清洁度，有利于防水材料与基层的黏结；

d. 是否有适当的粗糙度，帮助防水层提升抗剪强度；

e. 不得破坏桥梁结构，降低力学性能。

③基面处理方式

常见的基层表面处理方法有：化学方法，如酸洗；高压水；火焰烧灼和机械处理等，本技术首选基面处理工艺为抛丸工艺，抛丸前后效果对比如图11-2所示。

(2)GS施工

界面清洁干净，并完全干燥后，即可进行GS施工，可采用人工涂布和喷枪喷洒两种方式进行。

①人工涂布

施工时，将GS材料倒入适当大小的容器中，轻微搅拌3～5min，由操作人员用滚筒将其均匀地涂布于水泥混凝土基面上，应尽量滚涂均匀。

图11-2　桥面抛丸前后效果对比

②喷洒施工

由人工手持喷枪施工，为达到良好的施工效果，GS分两次实施，常温下第一次和第二次实施之间的时间间隔应在4～8h，GS施工后12h，可进行沥青混凝土层的铺装施工。施工环境温度以5～40℃为宜，雨天、大风期不宜施工；禁止吸烟及明火。

(3)施工检测

①GS材料用量为300～400g/m^2，采用人工滚涂方法施工。在溶剂黏结剂施工完、干硬后即可进行沥青混凝土的施工。

②在施工过程中应检测GS材料的固体含量，检测频率为每天一次，平行试验数不小于2次。

③每1000 m^2检测一次渗水系数和拉拔强度。

11.3　长大纵坡桥面铺装防水黏结层技术示范应用

11.3.1　示范工程概况

长大纵坡桥面铺装防水黏结层技术依托示范点选择在法窝枢纽互通至北盘江K206+486～K218+910长大纵坡路段下坡方向的混凝土桥面铺装，具体见表11-4。

示 范 段 概 况 表 11-4

桩　　号	桥　　名	桥跨组合(m)	桥长(m)	面积(m^2)
K207 +185	法窝 1 号中桥	1 ×30	30	645
K207 +730	法窝 2 号中桥(右幅)	25 +35 +25	85	913.75
K207 +739.5	法窝 2 号中桥(左幅)	25 +35 +25	85	913.75
K209 +245	田埂脚大桥	9 ×30	270	5805
K209 +780	田埂脚 1 号中桥	4 ×20	80	1720
K210 +538	三家寨大桥	1 ×70	70	1505
K216 +215	崔家坡大桥(右幅)	8 ×30	240	2580
K216 +216	崔家坡大桥(左幅)	5 ×30 +4 ×40	310	3332.5
K210 +345	田埂脚 2 号中桥(左幅)	4 ×20	80	860
K213 +710	耿家屋基大桥(左幅)	17 ×20	340	3655
K214 +060	耿家屋基中桥(左幅)	4 ×20	80	860
K216 +710	李家冲大桥	4 ×40	160	3440
K210 +345	田埂脚 2 号中桥(左幅)	4 ×20	80	860
K213 +710	耿家屋基大桥(左幅)	17 ×20	340	3655
K214 +060	耿家屋基中桥(左幅)	4 ×20	80	860
K216 +710	李家冲大桥	4 ×40	160	3440
K217 +280	马鞍山大桥(右幅)	2 ×40	80	860
K217 +281	马鞍山大桥(左幅)	7 ×40	280	3010
K217 +970	白沙坡中桥(右幅)	3 ×30	90	967.5
K218 +643	胡寨大桥	13 ×40	520	11180
K217 +742	下寨大桥(左幅)	2 ×30	60	645
小计			2860	42892.5

11.3.2 示范工程实施方案

(1)工作面的处理

根据现场各个标段的施工情况,对符合施工条件的桥面进行清洁,抛丸处理,如图 11-3 所示。

a)水泥混凝土桥面处理

b)处理后的水泥混凝土路面

图 11-3 工作面处理图

(2)防水黏结层施工

根据设计要求，采用滚涂或者喷涂的方式对桥面进行施工，溶剂型黏结剂用量为 300 ~ 400g/m²，如图 11-4 所示。

a)

b)

图 11-4　溶剂型黏结层施工过程

(3)防水黏结层施工质量检测

待施工完毕 24h 后，对桥面进行拉拔试验和渗水试验检测，每 1000 m² 检测一次渗水系数和拉拔强度，拉拔试验如图 11-5 所示。部分检测结果见表 11-5 和表 11-6。

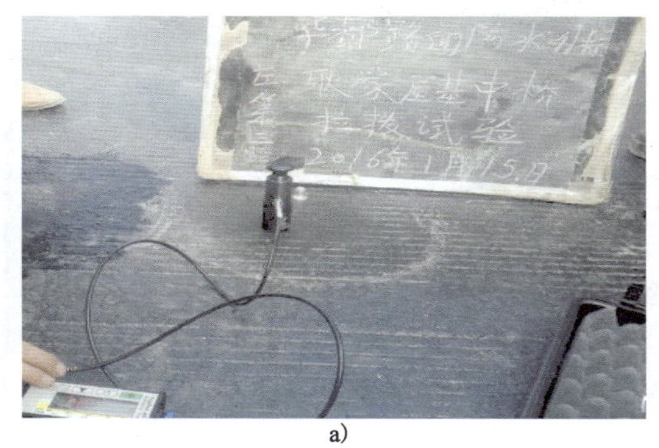

a)

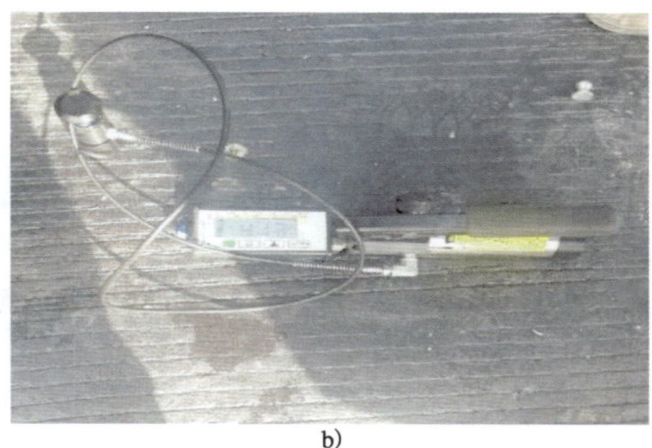

b)

图 11-5　现场拉拔检测

拉拔强度部分检测结果　　表 11-5

项 目 名 称	拉拔强度(25℃，MPa)	均值(25℃，MPa)	技术要求(25℃，MPa)
耿家屋基大桥	2.81	3.56	≥1.0
	4.31		
田埂角 1 号中桥	2.37	3.86	
	5.35		
法窝 1 号中桥	4.35	4.27	
	4.20		
田埂脚大桥	3.27	3.70	
	4.13		

渗水系数部分检测结果　　表 11-6

<table>
<tr><th>项目名称</th><th>渗水系数(mL/min)</th><th>均值(mL/min)</th><th>技术要求</th></tr>
<tr><td rowspan="2">耿家屋基大桥</td><td>0</td><td rowspan="2">0</td><td rowspan="7">不透水</td></tr>
<tr><td>0</td></tr>
<tr><td rowspan="2">田埂角 1 号中桥</td><td>0</td><td rowspan="2">0</td></tr>
<tr><td>0</td></tr>
<tr><td rowspan="2">法窝 1 号中桥</td><td>0</td><td rowspan="2">0</td></tr>
<tr><td>0</td></tr>
<tr><td>田埂脚大桥</td><td>0</td><td>0</td></tr>
</table>

由表 11-5 和表 11-6 可见,溶剂型防水黏结层施工后,与混凝土基面的现场拉拔强度超过 3MPa,远远超过设计强度不小于 1MPa 的技术要求,显著提高了毕都高速公路长大纵坡混凝土桥面的层间黏结性能,保证了桥面沥青混凝土铺装与水泥混凝土基面之间的界面黏结,减少了运营过程中界面脱层和层间推移情况的发生,对延长毕都高速公路长大纵坡混凝土桥面铺装使用寿命发挥了重要作用,且施工后桥面渗水系数为 0,满足防水黏结层不透水的技术要求。示范工程应用效果如图 11-6 所示。

a)

b)

图 11-6　现场实施后效果

11.4　本章小结

基于高性能溶剂型黏结剂的“长大纵坡桥面铺装防水黏结技术”是一项在山区混凝土桥面铺装中具有重要现实意义的技术,其成果的应用有利于提高桥面铺装与基面的黏结性能,从而延长桥面使用寿命,具有重大实用价值与巨大的社会经济效益,有着十分广阔的应用前景。

第12章 锚索(锚杆)施工质量无损检测与控制技术

12.1　锚索(锚杆)施工常见质量问题

20 世纪 90 年代中期以来,公路行业成为锚索(锚杆)的使用大户。锚索(锚 杆)被广泛使用在边坡、隧道岩土体的利用、整治和改造中,如图 12-1、图 12-2 所示,为保障施工安全与工程稳定,起到了非常重要的作用。然而,锚索(锚杆)施工作为永久性工程和隐蔽工程,在实际生产中,由于施工工序步骤多、技术含量高、操作难度大,且专业技术人员相对不足,施工管理、监督措施相对滞后,施工工艺不完善,长期以来存在以下通病:

a)　b)　c)　d)

图 12-1　边坡工程锚索(锚杆)锚固技术的运用

a) b) c) d)

图 12-2 隧道、挡土墙锚索(锚杆)锚固技术的运用

(1)偷工减料,如锚墩或框架梁壳强度不够、锚杆(锚杆)长度或数量不足、锚具夹片或限位板质量不过关等,如图 12-3 ~ 图 12-6 所示,影响工程的安全性。

图 12-3 锚墩混凝土强度不够

图 12-4 限位板质量不过关

(2)由于施工或地质条件的原因致使压浆不饱满或者锚固段长度不够,使锚索(锚杆)和地层的连接力不够,如图 12-7 所示,影响工程的耐久性。

(3)国内锚索张拉工艺质量控制采用张拉力控制、张拉伸长值校核双重控制方法(简称:双控法),而张拉设备一般均采用传统的张拉设备,如图 12-8 所示,实施过程中张拉力施加、伸长值的校核和数据的记录全过程均由人工操作,如图 12-9 所示,由此造成精度控制差、施工效率低、管理漏洞大等诸多缺陷,难以确保锚索预应力建设的质量,影响工程的结构强度。

图 12-5　预应力筋数量不够

图 12-6　夹片脱落

a)凿开封锚后发现锚索未进行压浆

b)坡体垮塌后发现锚索压浆质量出现严重缺陷

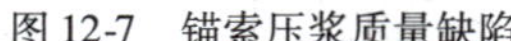

图 12-7　锚索压浆质量缺陷

图 12-8　采用手动控制张拉设备施工预应力锚索

(4)一般边坡锚索(锚杆)施工前期或过程中需开展基本试验、验收试验、蠕变试验等一系列试验,但由于地质条件复杂多变性及施工环境局限迫切性等,无法及时调整施工工艺和方法,往往锚索(锚杆)极限承载力、预应力不足,支护条件下的锚索受力、坡体变形、锚索失效引起的荷载重分布规律及对边坡稳定性未达到设计要求效果。传统的锚索验收办法检测时间长，一般在施工前期做验证性试验，无法大面积使用，也无法及时掌握锚索（锚杆）预应力施工情况及运行状态。

a)

b)

c)

图 12-9 人工采用双控法控制锚索张拉施工质量

12.2 毕都高速公路面临的锚索（锚杆）质量问题

毕都高速公路是典型的山区高速公路，公路建设过程中面临大量的边坡路堑防护问题。锚索（锚杆）锚固技术是边坡工程施工中一种常见而有效的主动加固技术，它通过特殊的手段将高强钢材、钢丝、钢绞线处于高应力状态下，主动加固岩土体，改善岩体的应力状态，从而有效控制边坡薄弱层的滑移。但长期以来，锚索（锚杆）作为永久性隐蔽工程，施工中偷工减料现象普遍，造成锚索（锚杆）长度不够、压浆不饱满、有效预应力不足等质量通病，严重影响边坡防护的安全性与耐久性。据统计，毕都高速公路全线路基高边坡 127 个、重要桥梁基坑边坡 6 个、隧道边仰坡 34 个。锚索（锚杆）锚固技术被广泛应用于毕都高速公路边坡防护过程中，为了确保其安全性与耐久性，推广应用“锚索（锚杆）施工质量无损检测与控制技术”，通过以检促质的方式保障施工质量。

12.3　锚索(锚杆)施工质量无损检测与控制技术应用

12.3.1　锚索(锚杆)施工质量检测内容

锚索(锚杆)施工过程分为材料准备、钻孔、制作、安装、压浆、张拉、封孔等7个阶段,不同阶段均有相应的质量要求,其中锚索(锚杆)安装入孔的长度、压浆后饱满度、张拉后有效预应力是其施工质量中最为关键的技术指标,直接关系边坡防护安全性与耐久性,也是其施工质量检测与评价的主要任务。

根据锚索(锚杆)关键质量控制要求,"锚索(锚杆)施工质量无损检测与控制技术"主要包括锚索(锚杆)长度与饱满度无损检测技术与锚索有效预应力检测技术。

12.3.2　示范工程概况

锚索(锚杆)施工质量无损检测与控制技术示范点选择ZK141+180~ZK141+350左侧边坡。ZK141+180~ZK141+350左侧挖方边坡最初设计为4级边坡,最大挖高38.5m,轴线最大挖高28.9m,第1级为抗滑桩,第2、3级为框架锚索,第4级为框架锚杆。2013年3月中下旬边坡开挖至第1级坡面时,在第2、3级坡中部出现蠕滑剪出的裂缝,坡口外出现裂缝,对坡面防护设计进行调整,原4级边坡变为5级坡,第1~3级与原设计防护一致,第4级变为框架锚索,第5级坡为钢花管注浆且坡面采用挂网喷射混凝土封面,如图12-10所示。框架锚索应力筋采用高强度、低松弛的钢绞线,公称直径$\phi=15.24$mm,公称截面积$A=140\text{mm}^2$,弹性模量$E=195$GPa,抗拉强度标准值$f_{ptk}=1860$MPa;锚杆采用$\phi28$mm螺纹钢筋;锚索、锚杆设计长度见表12-1。

图12-10　边坡第一次调整设计后五级防护施工照片

锚索(锚杆)设计参数　　表12-1

防　护	束　数	设计长度(m)	设计荷载(kN)	备　注
锚索	7	26、27、28、29	800	第2~4级每排锚索设计长度不同,但锚固段长度均为8m
锚杆	—	3、6、9	—	—

2013年6月,施工单位对此段挖方路基进行施工,当边坡开挖至路基高程时,由于原始坡的强风化层很厚,且受连续降雨影响,加之开挖扰动坡体,第一级抗滑桩未能及时施作,在降雨作用下,边坡上部出现多处裂缝,已延至坡顶,裂缝最大宽3~30cm,整段边坡向路基方向滑移,坡面部分框架梁被推出1m多。设计单位对坡面防护设计进行调整变更,对边坡原第3~5级清方减载,按坡比为1:2进行放坡,第1、2级不变,第3级采用框架锚杆,第4~6级采用框架锚索,并在第5、6级中间设置抗滑桩,第7级锚喷防护,如图12-11所示;其中第4~6级锚

索设计长度发生变化,见表 12-2。

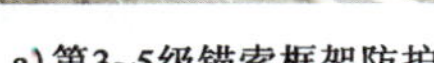

a) 第3~5级锚索框架防护

b) 抗滑桩及锚索框架防护

图 12-11　边坡第二次调整设计后六级防护施工照片

第二次变更后锚索设计参数　　表 12-2

防　护	束　数	设计长度(m)	设计荷载(kN)	备　　注
锚索	7	41.5	800	锚固段长度均为 10m,自由段长度 30m,外露段长度为 1.5m

12.3.3　检测锚索(锚杆)部位及时间窗口

检测锚索(锚杆)部位应具有代表性、随机性,以方便现场操作实施,本次示范工程检测锚索(锚杆)部位见表 12-3 ~ 表 12-5。因各技术检测内容不同,其检测时间窗口不同:锚索(锚杆)长度与注浆饱满度无损检测技术宜应用于锚索(锚杆)入孔压浆后、预应力张拉前,锚索有效预应力检测技术宜应用于锚索张拉结束后,封孔之前。

第一次试验应用锚索及其设计参数(2013 年 10 月)　　表 12-3

序号	编号	设计参数					其　他
		束数	全长(m)	锚固长度(m)	自由段长度(m)	锁定荷载(kN)	
1	2-2-10	7	28.5	8	19	800	第一次调整设计后施工锚索
2	2-2-11	7	28.5	8	19	800	
3	2-2-12	7	28.5	8	19	800	

注:锚索编号 x-y-z,x 表示第 x 级,y 表示第 x 级第 y 排,z 表示第 x 级第 y 排从小里程往大里程顺数第 z 列;设计长度及检测长度均包括外露张拉段长度。

第二次试验应用锚索及其设计参数(2016 年 1 月)　　表 12-4

序号	编号	设计参数					其　他
		束数	全长(m)	锚固长度(m)	自由段长度(m)	锁定荷载(kN)	
1	5-1-3	7	41.5	10	30	800	第二次调整设计后施工锚索
2	5-2-6	7	41.5	10	30	800	
3	5-3-8	7	41.5	10	30	800	

续上表

序号	编号	设计参数					其他
		束数	全长(m)	锚固长度(m)	自由段长度(m)	锁定荷载(kN)	
4	5-4-10	7	41.5	10	30	800	第二次调整设计后施工锚索
5	6-1-3	7	41.5	10	30	800	
6	6-1-8	7	41.5	10	30	800	
7	6-2-2	7	41.5	10	30	800	

注:锚索编号 x-y-z,x 表示第 x 级,y 表示第 x 级第 y 排,z 表示第 x 级第 y 排从小里程往大里程顺数第 z 列;设计长度及检测长度均包括外露张拉段长度。

ZK141 +080 ~ ZK141 +380 左侧边坡抽检锚杆　表 12-5

序号	锚杆编号	设计长度(m)	杆径(mm)	备注
1	Z2-1-1	9	28	—
2	Z2-1-2	9	28	—
3	Z2-1-3	9	28	—
4	Z2-1-4	9	28	—
5	Z2-2-4	9	28	—
6	Z2-2-3	9	28	—
7	Z2-2-2	9	28	—
8	Z2-2-1	9	28	—
9	Z2-3-1	9	28	—
10	Z2-4-1	9	28	—
11	Z2-5-1	9	28	—
12	Z5-3-1	3	28	—
13	Z5-4-1	3	28	—
14	Z5-8-1	3	28	—

注:锚杆编号 Zx-y-z,其中 Zx 表示第 x 级左侧,y 表示第 x 级第 y 排,z 表示 x 级第 y 排从小里程往大里程顺数第 z 列。

12.4　锚索(锚杆)长度与饱满度无损检测技术应用

12.4.1　技术简介

"锚索(锚杆)长度与饱满度无损检测技术"采用工程物探界目前普遍运用的应力波无损检测方法,通过在锚杆(锚索)顶端施加一瞬态激振力产生应力波,由布设在杆顶端的一个传感器接收反射信号,对所接收的反射信号进行时域、频域、相位特征分析,获取反射回波的旅行时间、能量衰减大小等波运动学与动力学参数,以此判断其有效长度和饱满度是否满足设计与规范要求。

该技术宜应用于锚索(锚杆)入孔压浆后,预应力张拉前,针对性地检测其长度、压浆饱满度等施工质量是否符合设计与相关标准规范要求,以便对其存在的问题进行及时处理。

12.4.2 技术特点

(1)该技术为目前工程物探界普遍采用的无损检测方法,应力波可提供丰富的声速、衰减、相位、阻抗和散射的信息,可有效检测工程中常见的锚索长度≤40m,锚杆长度≤18m,施加给检测对象的应力强度低,最大作用应力远低于弹性极限,不会对检测对象造成任何影响。

(2)仅需从一侧端面检测,设备轻便,对人体及环境无害。

(3)长锚索(锚杆)检测实施前,制作时增设孔底反射装置,安装入孔后效果更佳,如图 12-12所示。

a)

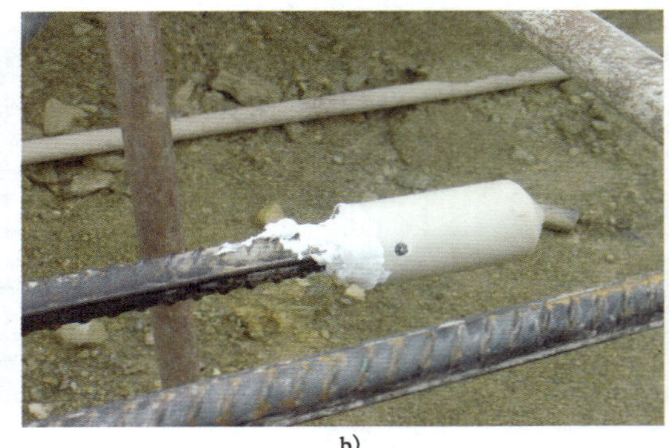

b)

图 12-12 增设孔底反射装置

12.4.3 检测设备

检测仪器采用 AD-10 锚索(锚杆)质量无损检测仪,配套 ADS1.0 锚索(锚杆)质量分析处理软件系统。

1)AD-10 锚索(锚杆)无损检测仪

AD-10 锚索(锚杆)无损检测仪包括采集主机、激振器、传感器,仪器轻便节能,采用手持式操作设计,如图 12-13 所示;性能指标见表 12-6。

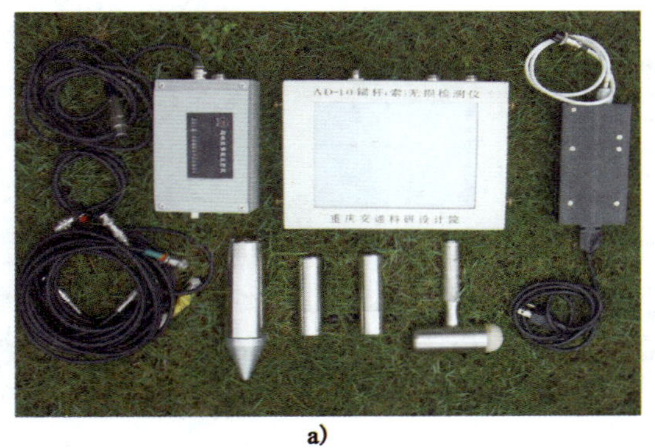

a)

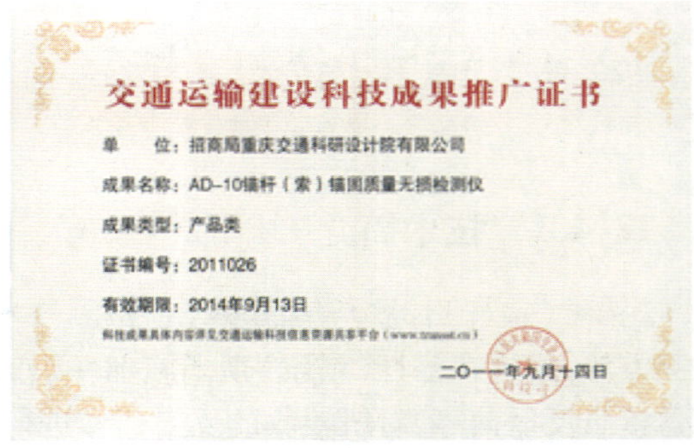

交通运输建设科技成果推广证书

单　　位:招商局重庆交通科研设计院有限公司

成果名称:AD-10锚杆(索)锚固质量无损检测仪

成果类型:产品类

证书编号:2011026

有效期限:2014年9月13日

二〇一一年九月十四日

b)

图 12-13 采集仪器

采集仪器性能指标　　表 12-6

采集仪器	性能指标
主机	显示、输入、保存波形；一屏显示三条采样信号；24 位 A/D 转换，浮点放大，采样间隔 3～200μ
激振器	激振器包括手锤、超磁致伸缩声波振源； 激振器激振点直径小于杆体直径的 1/4； 激振频率范围 0.1～60kHz
传感器	加速度型，线性响应范围内电荷灵敏度大于 1000pc/g；响应频率 0.01～10kHz； 感应面直径宜小于 16mm，强力磁座与杆头耦合

2）锚固质量无损检测分析处理软件

锚固质量无损检测分析处理软件（ADS1.0），如图 12-14 所示，包括滤波、FFT、小波变换与时频分析等方法，可从时域、频域、相位域多角度获取反射波特征，信号处理与分析功能齐全。同时，软件中涉及的核心算法（如傅氏变换、数字滤波、微分、积分、相位分析、小波分析、反射提取等）均采用了 Matlab 对相关数据进行处理，然后再对处理后的数据进行直观显示。该系统紧密结合生产检测的具体情况，实用性强，并且具有锚固质量评价、锚固安全性评价等专业功能。

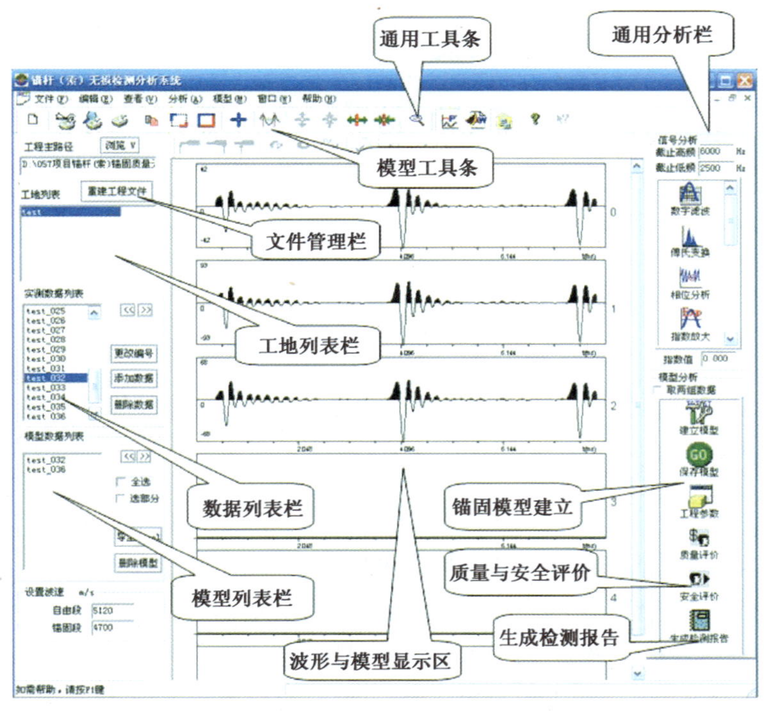

图 12-14　锚索（锚杆）无损检测分析系统

12.4.4 检测过程

锚索(锚杆)长度与饱满度无损检测技术主要包括资料收集、现场数据采集、数据处理与质量评定4个阶段:检测前需收集锚索(锚杆)设计与施工资料;数据采集侧重激励方式、信号拾取方式、信号一致性选取与判别;数据处理是为了提高信噪比,有效识别反射波与提取能量,侧重于滤波、叠加与信号分析;质量评定主要是依据相应判定准则对锚索(锚杆)长度与饱满度实测结果进行判断,检测流程如图12-15所示。

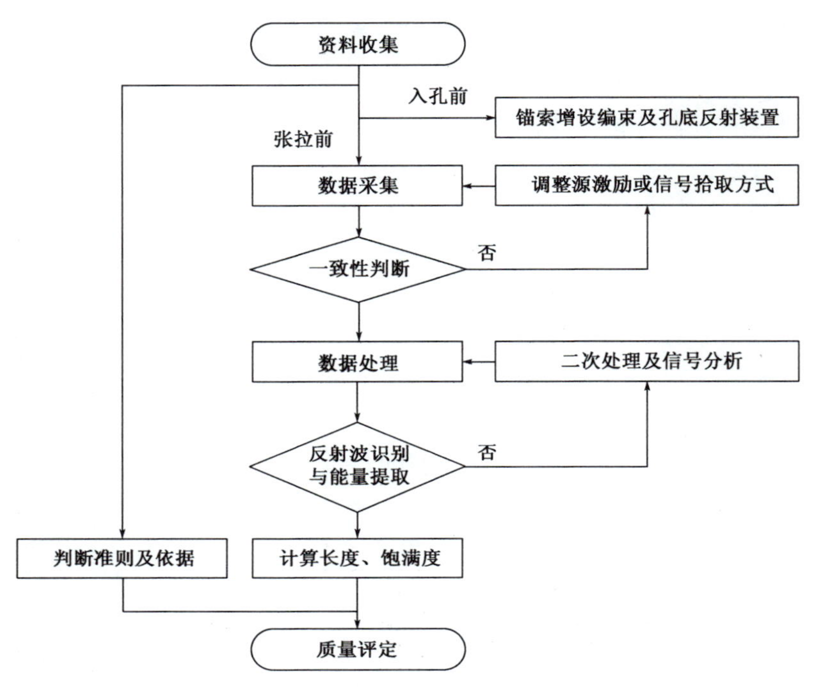

图12-15 “锚索(锚杆)长度与饱满度无损检测技术”检测流程

1)资料收集

收集工程水文地质、锚索(锚杆)设计参数与施工资料,主要包括岩土体力学指标、锚索(锚杆)长度、锚固段长度、浆体强度等。

2)现场数据采集

(1)激励方式

采用瞬态激振方式,通过现场试验选择激振器与冲击力,激振脉宽能获取锚索(锚杆)杆底、锚固体系注浆空腔或不饱满部位的反射信号。激振位置选择:没有安装垫板的全长黏结或预应力等实心锚索(锚杆)的激振点位置应选择在杆头;安装有垫板的端头锚固等类型的锚索(锚杆),激振点位置应触击垫板上杆头对应的范围,激振方向与杆轴线一致;自钻式中空等类型的锚杆,激振点位置应在管壁上,激振点位置如图12-16所示,信号激励方式与传感器安装如图12-17所示,施工现场检测照片如图12-18所示。

a)

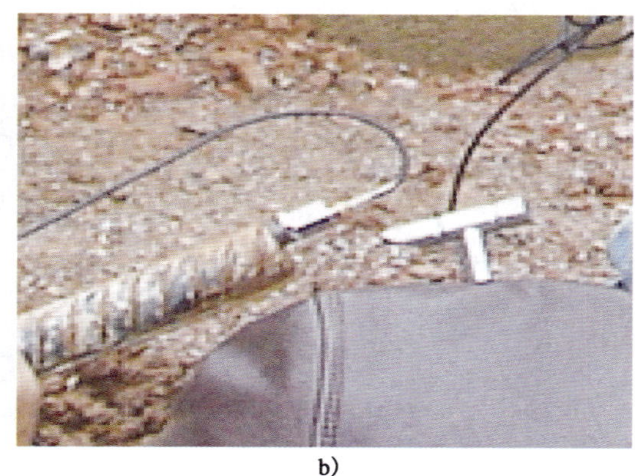

b)

图 12-16　激振点位置

a)

b)

图 12-17　信号激励方式与传感器安装

a)

b)

图 12-18　“锚索(锚杆)长度与灌浆饱满度无损检测技术”应用于边坡锚索检测

(2)信号拾取

全长黏结或预应力实心锚索(锚杆)传感器安装在接近杆头近中心部位;自钻式中空等类

型的锚杆传感器应触及或安装在锚杆管壁对应处,不得安装在锚杆内腔的充填物上,接收面与锚杆轴线垂直。一般情况下,锚杆中采用分体式传感器,与杆头采用磁性连接;锚索中采用一体式传感器,与杆头采用套管紧固连接。信号拾取要求信号的一致性。信号一致性是数据采集最重要的性能指标,由人工瞬态激发产生应力波,非一致性的因素很多,如冲击力、激励位置、时差、谐波畸变、幅相失真、非线性等,非一致性组合叠加,高频成分受到削弱,降低信噪比,从而对反射波分辨定位与能量提取两方面造成误差。因此,需对采集信号之间一致性进行评价,由式(12-1)计算,当采集信号之间垂向(时间)精度误差与主波束方向的信噪比衰减满足要求时为有效信号,一般情况下,单根锚索(锚杆)检测有效信号不应少于 3 个,如图 12-19 所示。

$$\Delta D \leqslant \frac{1}{4}\lambda \tag{12-1}$$

式中:ΔD——信号之间垂向(时间)精度误差;

λ——信号波长。

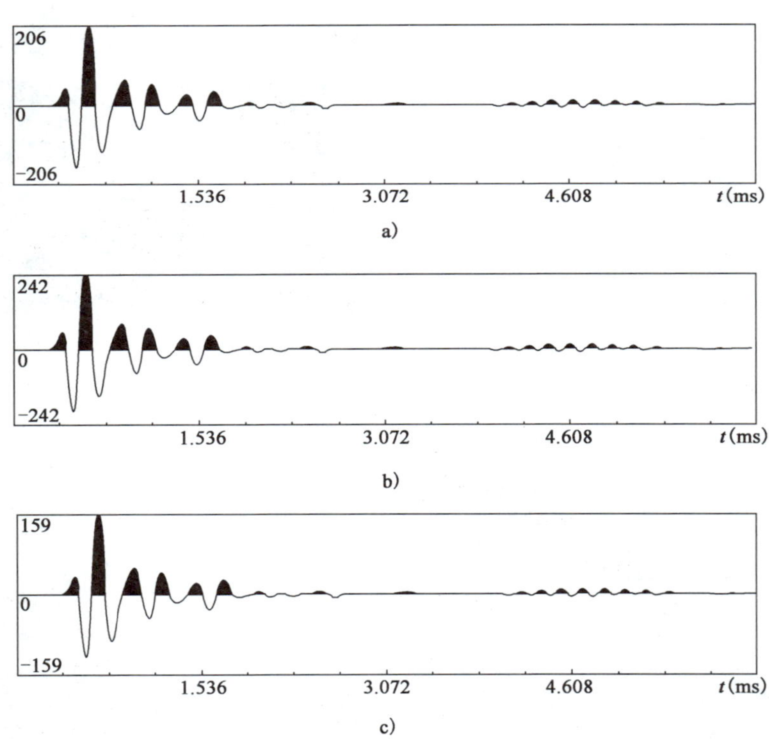

图 12-19　信号一致性

3)数据处理

(1)预处理

通过瞬态激励产生的应力波信号,经传感器、放大器或中间变换器和数据采集仪,受客观外界干扰往往呈现非线性、非平稳性与非光滑性等特点,常常偏离其真实值,给后续分析带来误差,预处理通过削弱信号中的多余内容,强化突出感兴趣的部分,尽可能还原应力波的真实面貌。主要预处理方式包括平滑、零漂校正、滤波、叠加等。

(2)信号分析

信号分析主要包括:时域分析和频谱、相位谱分析。

应力波时域信号是以时间为自变量描述能量传播的变化,最基本、最直观的表达形式,在时域内求取信号波形在不同时刻的相似性和关联性,计算反射信号时差、衰减大小,获得锚索(锚杆)特征参数,具有直观和准确的优点。

通常在时间域里无法提取锚索(锚杆)几何特征信息,可采用频谱、相位谱分析。频谱多峰、相位突变现象正是由于锚索(锚杆)激励表面、缺陷、杆底等波阻抗界面产生的瞬态共振与反射所致,对短锚杆(<3m)或长锚索(>20m)效果尤为明显,信号频谱、相位谱分析如图12-20所示。

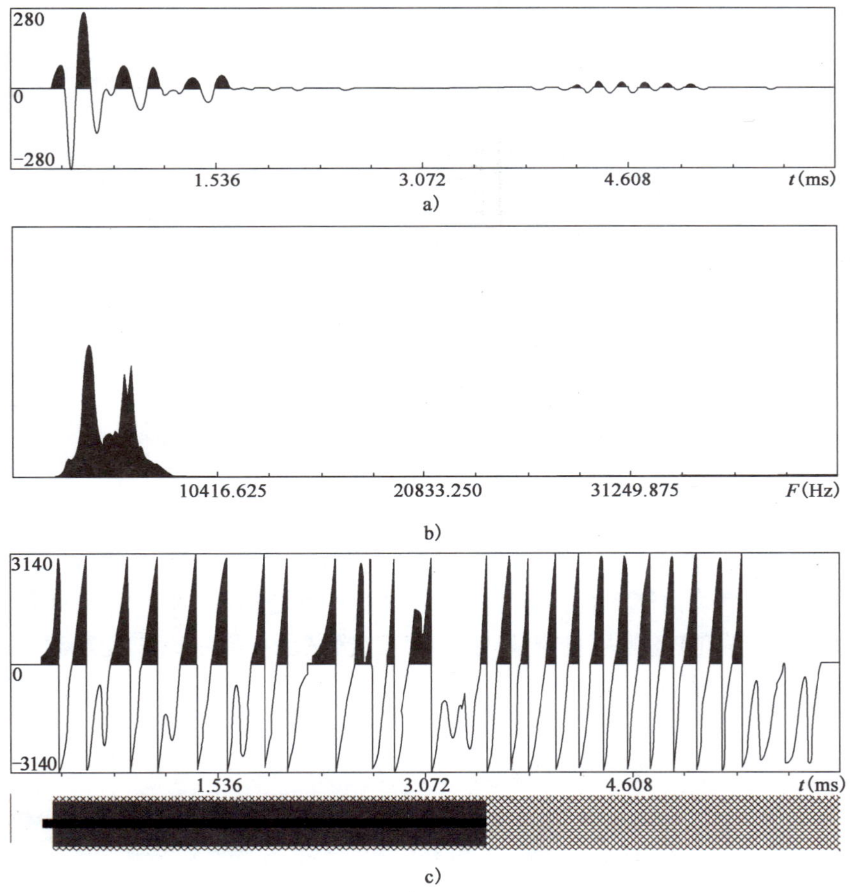

图 12-20 信号频谱、相位谱分析

4)质量评定

(1)长度评定

锚索(锚杆)长度合格评定:永久锚索(锚杆)实测入孔长度不小于设计长度的95%;临时

锚索(锚杆)实测入孔长度不小于设计长度的 90%。

(2)饱满度评定

锚索(锚杆)压浆饱满度合格评定,见表 12-7。

压浆饱满度判断标准　　表 12-7

等级	波形特征	时域信号特征	频域信号特征	饱满度
A	波形规则,呈指数快速衰减,持续时间很短	$2L/C_t$ 时刻前无缺陷反射波;杆底反射波信号微弱或没有	呈单峰形态,或可见微弱的杆底谐振峰,其相邻频差 $\Delta f \approx C_t/2L$	≥90%
B	波形较规则,呈指数快速衰减,持续时间较短	$2L/C_t$ 时刻前有较弱缺陷反射波;或可见较清晰的杆底反射波	呈单峰或不对称形态,或可见弱的谐振峰,其相邻频差 $\Delta f \geq C_t/2L$	80% ~90%
C	波形欠规则,呈逐步衰减或间隙衰减趋势形态,持续时间较长	$2L/C_t$ 时刻前可见明显缺陷反射波或较清晰的杆底反射波,但无杆底多次反射波	呈不对称形态,可见谐振峰,其相邻频差 $\Delta f \geq C_t/2L$	75% ~80%
D	波形不规则,呈慢速衰减或间隙增强后衰减趋势形态,持续时间长	$2L/C_t$ 时刻前可见明显缺陷反射波或多次反射波或清晰的多次杆底反射波	呈多峰形态,杆底谐振峰明显,连续或相邻频差 $\Delta f \geq C_t/2L$	≤75%

注:L-杆体长度,m;C_t-受检杆的锚固体系波速,m/s;Δf-幅频信号曲线上缺陷相邻谐振峰间的频差,Hz。

12.4.5　检测结果

第一次试验应用锚索(锚杆)长度及灌浆饱满度检测结果见表 12-8、表 12-9,发现锚索长度合格率 100%,灌浆饱满度合格率 66.7%;锚杆长度合格率 78.6%,灌浆饱满度合格率 64.2%,说明锚索(锚杆)灌浆质量有所欠缺。第二次试验应用锚索长度及灌浆饱满度检测结果见表 12-10,发现锚索长度、灌浆饱满度合格率均为 100%,说明锚索施工质量控制良好。

第一次试验应用锚索长度及灌浆饱满度无损检测结果　　表 12-8

序号	锚索编号	设计长度(m)	外露长度(m)	检测长度(m)		检测饱满度(%)	
				长度	判定	饱满度	判定
1	2-2-10	28.5	1.61	28.30	合格	79	合格
2	2-2-11	28.5	1.55	28.02	合格	75	合格
3	2-2-12	28.5	1.58	28.13	合格	65	不合格

注:锚索编号 x-y-z,x 表示第 x 级,y 表示第 x 级第 y 排,z 表示第 x 级第 y 排从小里程往大里程顺数第 z 列;设计长度及检测长度均包括外露张拉段长度,下同。

锚杆长度及灌浆饱满度无损检测结果　表12-9

序号	锚杆编号	检测结果				
		外露长度(m)	长度(m)		注浆饱满度(%)	
			长度	判定	饱满度	判定
1	Z2-1-1	0.10	8.91	合格	90	优
2	Z2-1-2	0.06	9.04	合格	80	良
3	Z2-1-3	0.04	8.74	合格	90	优
4	Z2-1-4	0.05	8.66	合格	75	合格
5	Z2-2-4	0.03	9.10	合格	75	合格
6	Z2-2-3	0.04	8.75	合格	50	不合格
7	Z2-2-2	0.02	8.90	合格	80	良
8	Z2-2-1	0.08	8.81	合格	75	合格
9	Z2-3-1	0.08	7.21	不合格	87	良
10	Z2-4-1	0.04	9.05	合格	0	不合格
11	Z2-5-1	0.06	9.00	合格	0	不合格
12	Z5-3-1	0.05	3.04	合格	86	良
13	Z5-4-1	0.05	2.50	不合格	77	合格
14	Z5-8-1	0.05	3.08	不合格	10	不合格

注：锚杆编号 $Zx\text{-}y\text{-}z$，其中 Zx 表示第 x 级左侧，y 表示第 x 级第 y 排，z 表示第 x 级第 y 排从小里程往大里程顺数第 z 列。

第二次试验应用锚索长度及灌浆饱满度无损检测结果　表12-10

序号	锚索编号	设计参数			检测结果				
		束数	长度(m)		外露长度(m)	长度(m)		灌浆饱满度(%)	
			全长	锚固段		长度	判定	饱满度	判定
1	5-1-3	7	41.5	10	1.70	43.0	合格	81	良
2	5-2-6	7	41.5	10	1.50	42.8	合格	85	良
3	5-3-8	7	41.5	10	1.50	42.7	合格	78	合格
4	5-4-10	7	41.5	10	1.60	41.5	合格	79	合格
5	6-1-3	7	41.5	10	1.55	40.3	合格	77	合格
6	6-1-8	7	41.5	10	1.48	40.0	合格	82	良
7	6-2-2	7	41.5	10	1.52	40.1	合格	79	合格

12.5　锚索有效预应力检测技术应用

12.5.1　技术简介

锚索有效预应力检测技术核心是反拉法，是通过对锚索外露段施加反向张拉荷载测量应力筋伸长量而确认有效预应力的一种检测方法，理想状态下，锚索锚固段浆体和杆体之间不发生滑移，相互作用提供锚固力；外锚固段由岩土体（或混凝土结构）提供支撑力 N_0，支撑锚垫板，锚垫板支撑工作锚具，$N_0=A\sigma_0$，A 为锚索截面积，σ_0 为锚索有效预应力（自由段工作应力）。检测时，加载设备（千斤顶）夹持锚索外露段施加反向张拉力 N_2，外露段应力 σ_2 从 0 逐渐增大，$N_2=A\sigma_2$；同时，锚垫板支撑工作锚具应力为 σ_1，逐渐减小，$N_1=A_1\sigma_1$，且 $N_2+N_1=N_0$，A_1 为工作锚具截面积；当锚索外露段张拉应力 σ_1 与锚下应力（自由段应力）σ_0 相等时，锚垫板支撑工作锚具的力由 N_1 减小为 0，此时，外露段施加张拉力 $N_2=N_0=A\sigma_0=A\sigma_2$，如图 12-21 所示。如果继续张拉，锚索自由段和外露段共同伸长，张拉力—伸长量曲线斜率变小，并出现拐点，此拐点时刻的张拉荷载即等于锚索有效预应力或自由段工作应力，如图 12-22 所示。

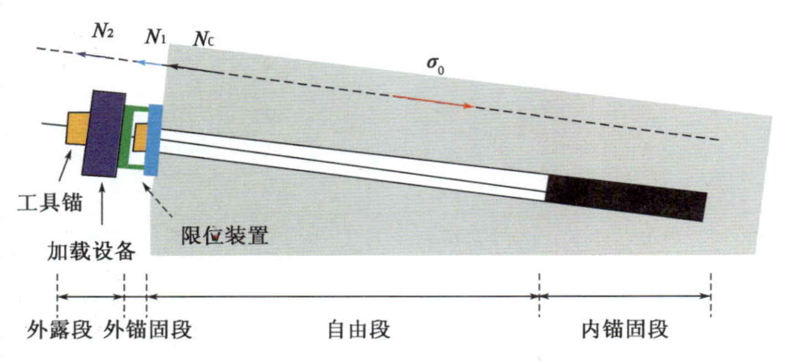

图 12-21　锚索有效预应力检测示意图

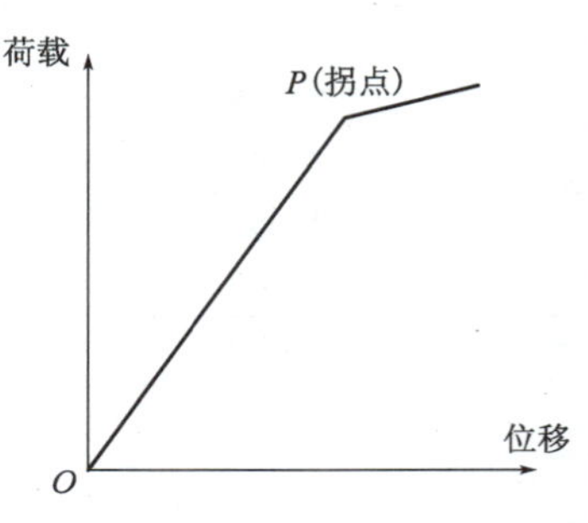

图 12-22　反拉力—伸长量理论曲线

12.5.2　技术特点

该技术应用于锚索张拉结束后，封孔之前，检测锚索张拉施工质量，确保其符合设计与使用要求，进而指导或调整张拉施工技术参数。该技术为现今唯一直接体外检测锚索有效预应力的方法，其原理可靠、精度高，检测误差≤1%，且对预应力不足的锚索具有一定的应力补偿作用。

12.5.3　检测设备

采用 AP-10 锚索有效预应力检测系统（交通运输建设科技成果 2011039），如图 12-23 所示。荷载量程：0～2000kN；分辨率：0.01kN；精度：1%；位移量程：0～50mm；分辨率：0.01mm；特点：精度高、成本低、易操作，具有普遍性，可大面积使用。

a)AP-10锚索有效预应力检测设备

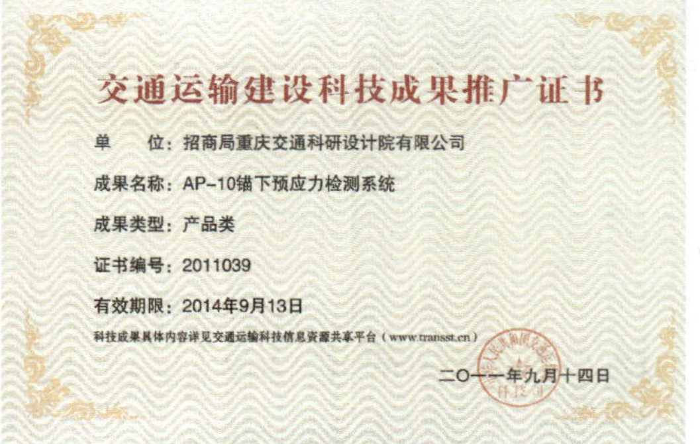
交通运输建设科技成果推广证书

单　　位：招商局重庆交通科研设计院有限公司

成果名称：AP-10锚下预应力检测系统

成果类型：产品类

证书编号：2011039

有效期限：2014年9月13日

科技成果具体内容详见交通运输科技信息资源共享平台（www.transst.cn）

二〇一一年九月十四日

b)交通运输建设科技成果推广证书

图 12-23　AP-10 锚索有效预应力检测系统

12.5.4　检测过程

锚索有效预应力检测流程如图12-24所示，主要工作内容包括：资料收集、外观检查、仪器安装、数据采集、数据处理与质量评定等。

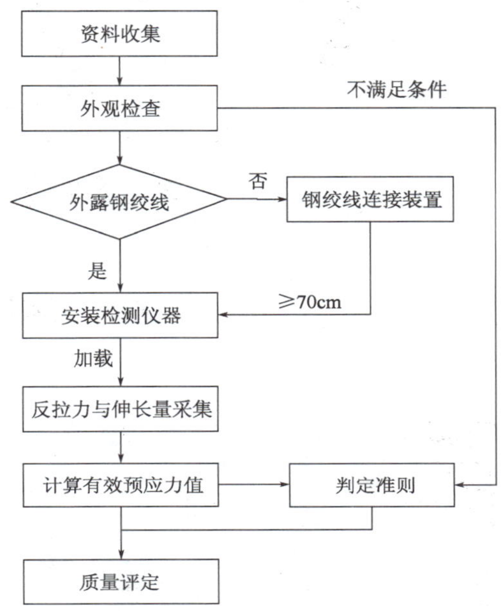

图12-24　锚索有效预应力检测技术

1)资料收集

收集锚索设计参数与施工资料，主要包括岩土体力学指标、框架梁强度、锚垫板强度、锚索长度、锚固段长度、浆体强度、锚夹具锚固系数、预应力大小、张拉工艺等。

2)外观检测

检查锚索锚垫板、外观、张拉工艺与设计资料是否一致；锚索外观检查是否有滑丝、断丝、夹片破裂、锚具凹陷等现象，若超过限制值，判断为不合格，见表12-11。

锚索断丝、滑移限制　　表12-11

类　别	检 测 项 目	控　制　数
钢丝束、钢绞线束	每束钢丝断丝或滑丝	1根
	每束钢绞线断丝或滑丝	1丝
	每个断面断丝数总和不超过该断面钢丝总数的百分比	1%
单根钢筋	断筋或滑移	不允许
夹片	破裂、滑移、错位或脱落	不允许
锚具	凹陷、变形、损坏	不允许

3)仪器安装

当外露钢绞线已被切割，长度不足(<70cm)时，需安装钢绞线连接器，延长外露段长度。

仪器安装时将限位板、测力计、加载设备和工具锚依次套在锚索外露杆体上，并与杆体轴线平行重合，用涂有润滑油脂的夹片预紧。设置固定和支撑测力计、位移计(位移计轴向与杆体轴向一致)的基准点,基准点避免气温、振动及其他外界因素的影响。仪器安装示意图与现场照片如图 12-25、图 12-26 所示。

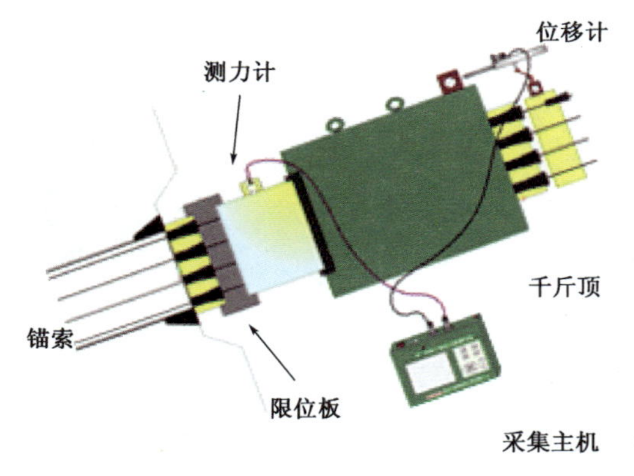

a)

b)

图 12-25 仪器安装示意图与现场照片

a)

b)

图 12-26 "锚索有效预应力检测技术"应用于边坡锚索检测

4)数据采集

使用 AP-10 检测系统连续采集和记录张拉力与预应力筋伸长量,张拉力初始值为设计有效预应力的 0.1 倍,最大张拉力为设计有效预应力的 1.5 倍,但小于预应力钢材强度标准值的 70%。理论计算出张拉力增量($\Delta f = 5\% f_{max}$)对应预应力筋理论最大、最小伸长量 $\Delta\delta_{min}$,作为反张拉过程加载停止的条件。

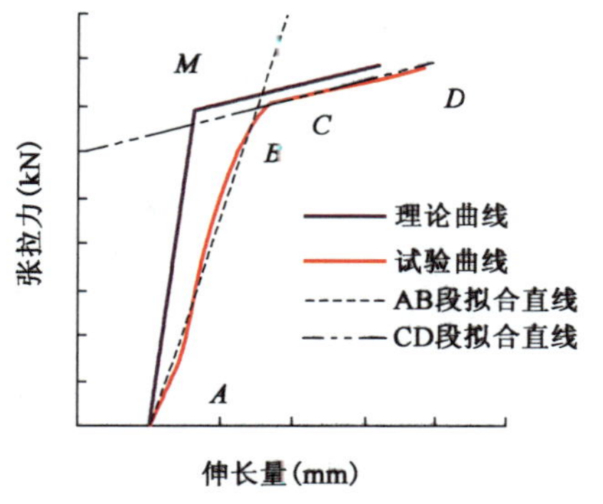

图 12-27 理论与实测张拉力与伸长量曲线

5)有效预应力判断

受锚具、夹片、锚垫板、混凝土、锚固段之间的回弹、回缩或滑移的客观影响,实测张拉力 f—伸长量 δ 曲线的拐点是一圆滑转折曲线段,并不是唯一点,如图 12-27 所示的 BC 段,做 AB 和 CD 段的拟合直线,两条直线相交,M 点即为有效应力测试值,经修正系数校正后(通过标准试验测试修正系数,也可参考表12-4),得到锚索有效预应力值。

6)质量评定

锚索有效预应力施工质量判定标准:有效预应力损失 $\tau \leqslant \pm 5\%$ 时,判定合格;有效预应力损失 $\tau > \pm 5\%$ 时,判定不合格。

锚索工作状态评价标准:有效预应力损失 $\tau < 20\%$ 时,处于正常工作状态;有效预应力损失 $70\% \leqslant \tau < 20\%$ 时,处于非正常工作但未失效状态;有效预应力损失 $\tau > 70\%$ 时,处于已失效状态。

12.5.5　检测结果

1)外观检查

按表 12-12 检查锚索外观,若超过限制值,判断为不合格。图 12-28 为其中 3 根锚索外观检测照片,均合格。

锚索断丝、滑移限制　　表 12-12

类　别	检测指标或项目	控　制　数
钢丝束、钢绞线束	每束钢丝断丝或滑丝	1 根
	每束钢绞线断丝或滑丝	1 丝
	每个断面断丝总和不超过该断面钢丝总数的百分比	1%
单根钢筋	断筋或滑移	不允许
夹片	破裂、滑移、错位或脱落	不允许
锚具	凹陷、变形、损坏等异常情况	不允许
框架梁或支撑墩	破裂、偏移、凹陷、变形等异常情况	不允许

a)2-2-10号锚索

b)2-2-11号锚索

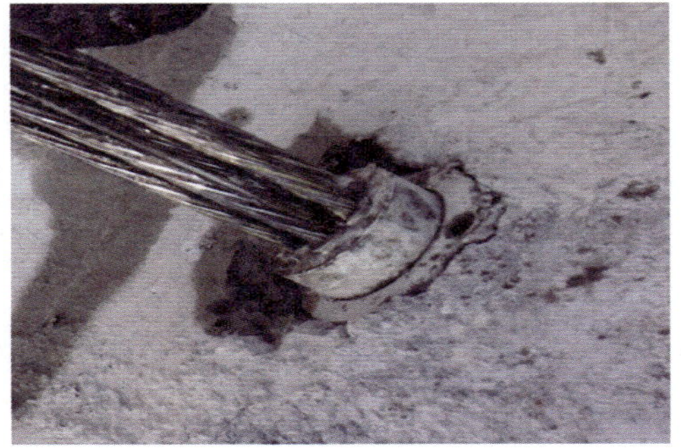

c)2-2-12号锚索

图 12-28　锚索外观检查照片

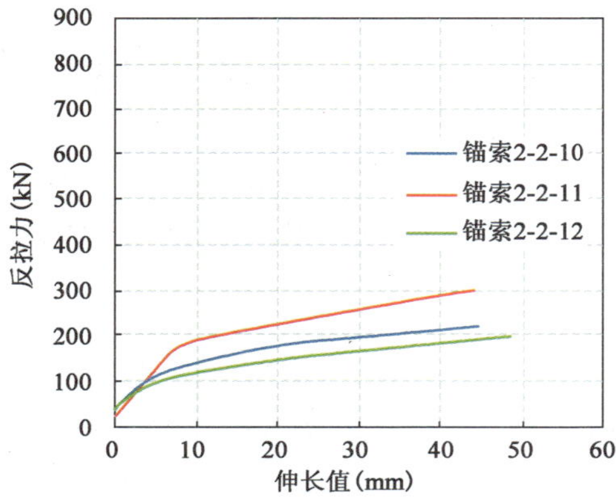

图 12-29 锚索 2-2-10、2-2-11、2-2-12 荷载—位移曲线

2)锚索有效预应力检测

第一次试验应用锚索有效预应力质量及工作状态评价见表 12-13,检测结果发现锚索有效预应力损失严重,工作状态已失效,荷载—位移曲线见图 12-29。而此时边坡上部出现多处裂缝,裂缝最大宽 3 ~30cm,整段边坡向路基方向出现滑移现象。第二次试验应用锚索是在边坡第二次变更设计(调整锚索锚固长度、锚固段长度)后,检测结果发现锚索有效预应力损失轻微,最大偏差 -13.0%,锚索处于正常工作状态,检测结果见表 12-14,荷载—位移曲线如图 12-30、图 12-31 所示。

第一次试验应用锚索有效预应力质量及工作状态评价　　表 12-13

序号	锚索编号	束数	设计荷载(kN)	有效预应力(kN)	偏差(%)	质量评价	工作状态评价
1	2-2-10	7	800	146.8	-81.7	不合格	非正常工作状态且已失效
2	2-2-11	7	800	205.6	-74.3	不合格	非正常工作状态且已失效
3	2-2-12	7	800	117.3	-85.3	不合格	非正常工作状态且已失效

第二次试验应用锚索有效预应力质量及工作状态评价　　表 12-14

序号	锚索编号	束数	设计荷载(kN)	有效预应力(kN)	偏差(%)	质量评价	工作状态评价
1	5-1-3	7	800	740.8	-7.4	合格	正常工作状态
2	5-2-6	7	800	773.7	-3.3	合格	正常工作状态
3	5-3-8	7	800	755.5	-5.5	合格	正常工作状态
4	5-4-10	7	800	695.9	-13.0	合格	正常工作状态
5	6-1-3	7	800	759.9	-5.0	合格	正常工作状态
6	6-1-8	7	800	765.6	-4.3	合格	正常工作状态
7	6-2-2	7	800	777.8	-2.8	合格	正常工作状态

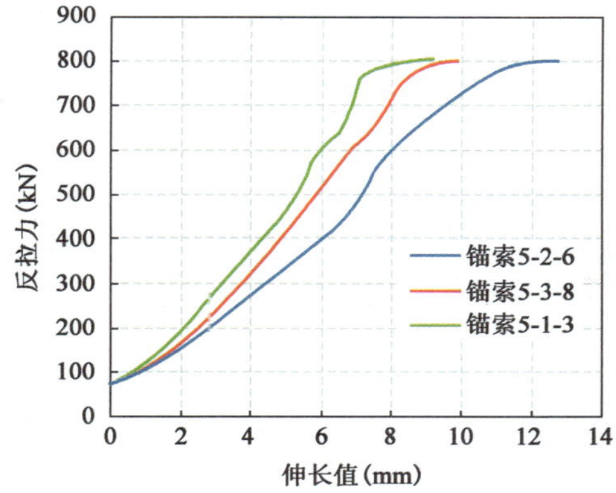

图 12-30 锚索 5-2-6、5-3-8、5-1-3 荷载—位移曲线

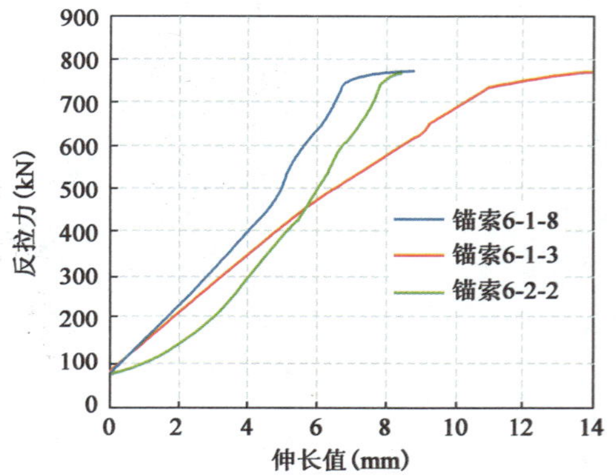

图 12-31 锚索 6-1-8、6-1-3、6-2-2 荷载—位移曲线

12.6 锚索(锚杆)施工质量无损检测效果评价

K141 +180 ~ K141 +350 左侧边坡由于地形、地质条件复杂,加之处于北亚热带湿润季风气候区,常有大雨现象。现场防护施工过程中,出现多处裂缝与滑坡推移现象,先后经过两次大型的变更。通过“锚索(锚杆)施工质量无损检测与控制技术”推广应用,及时掌握锚索(锚杆)施工情况及运行状态;同时,为边坡处治提供依据,尤其是第一次现场检测结果发现锚索有效预应力损失严重,工作状态基本已失效,推动第二次边坡防护设计变更,为“清方减载、框架锚索防护”处治方案提供重要的基础数据。

12.7 本章小结

通过“锚索(锚杆)施工质量无损检测与控制技术”示范应用,及时掌握锚索(锚杆)施工情况及运行状态,为边坡、隧道防护质量管理提供了重要的依据。同时,采用“锚索有效预应力检测技术及设备”在不破坏锚固结构本身或影响其工作性能的情况下,对预应力损失过大的锚索进行一定的应力补偿;相比国家标准《岩土锚杆与喷射混凝土支护工程技术规范》(GB 50086—2015)中“多循环验收试验”与“单循环验收试验”等验收试验,单根锚索检测效率提高 2 倍以上,大大减少检测时间,既保证大面积使用,又保障工程施工进度,取得了重大的社会及经济效益。

通过毕都高速公路示范应用“锚索(锚杆)施工质量无损检测与控制技术”,有利于提高锚索(锚杆)的施工质量与水平,保障结构性能与安全,具有重大实用价值与巨大的社会经济效益,有着十分广阔的应用前景。

第13章 公路隧道群运营安全保障技术

13.1 毕都高速公路隧道群运营安全问题

毕都高速公路地处崇山峻岭的贵州西部乌蒙山区，全线长约141.177km，共设隧道26座，其中特长隧道3座。沿线地形地貌复杂，路线海拔为1000～2235m，气候条件恶劣，尤其是冬季常有雨、雾、凝冻天气，且部分路段为长大纵坡，极易造成行车安全隐患。特别是长大纵坡段连续出现多个隧道群路段，一旦发生交通事故，将对区域路网安全运行产生较大影响。因此，需要重点关注隧道安全设施配置、行车安全保障措施、防灾减灾救灾策略。采用“公路隧道群运营安全保障技术”对提高隧道整体安全性，确保毕都高速公路安全、畅通、高效运行具有十分重要的现实意义。

13.2 公路隧道群运营安全保障技术概况

13.2.1 公路隧道群定义

所谓公路隧道群，是指某公路路段上两座或两座以上间隔一定距离的隧道的总称，公路隧道群包括连续隧道和毗邻隧道。连续隧道或毗邻隧道因其特殊短间距特征，相对于其他山区高速公路隧道，其交通环境方面具有如下特征：

(1)隧道群在较短的时空内频繁改变行车环境，对驾驶人的心理和生理均造成很大影响，不利于行车安全。

(2)山区自然环境条件较差，如雨雾多、降水多、冬季路面易结冰等，造成隧道内外环境差异较大，给隧道交通安全带来诸多隐患，而隧道群更是加剧这种不良影响。

(3)隧道群上下游间距短，驾驶人没有充足的时间获取交通安全标志信息，造成反应时间和操作距离不够，易引发交通安全事故。

(4)隧道群上游隧道出口与下游进口设置距离较近，上游隧道污染物不易及时排出，会对下游隧道空气质量造成影响。

(5)隧道群间距较近，驾驶人在驶出上游隧道时经历了“明适应”过程，在短时间内又要经历“暗适应”过程，将对驾驶人的心理和生理带来极大的影响。

(6)隧道群隧道间距短,一旦发生交通事故,应急救援难度大,易引发二次事故。

《公路工程技术标准》(JTG B01—2014)提出洞口之间小于6s设计速度行程长度的相邻隧道,应系统考虑通风、照明、安全、管理等设施及防灾、救援等进行整体设计。因此,两隧道之间多长间距可以定义为隧道群,应综合考虑通风、照明、交通安全、防火安全等因素。通风方面,研究文献表明当两隧道间距大于200m时,隧道污染物一般不会发生窜流现象。照明方面,《公路隧道照明设计细则》(JTG/T D70/2-01—2014)提出,当两座隧道间的行驶时间按设计速度计算小于15s,且通过前一座隧道的行驶时间大于30s时,后续隧道入口段亮度应进行折减。交通安全方面,可以从停车视距角度考虑隧道群之间的距离,《公路工程技术标准》(JTG B01—2014)对停车视距规定见表13-1。防火安全方面,可从上游隧道火灾烟气扩散和下游隧道阻塞交通流长度两个角度考虑。上游隧道火灾烟气扩散范围可参照通风污染物扩散范围,即影响范围为200m;下游隧道火灾事故交通阻塞长度应综合考虑通行交通量大小、路段监控级别和隧道管道部门应急响应速度等因素。

高速公路停车视距　　表13-1

设计速度(km/h)	120	100	80	60
停车视距(m)	210	160	110	75
货车停车视距(m)	245	180	125	85

综合通风、照明、交通安全、防火安全等因素,隧道群的间距最大值见表13-2。

隧道群的间距最大值　　表13-2

设计速度(km/h) / 隧道间距(m) / 考虑因素	120	100	80	60
通风设计	200			
照明设计	500	417	334	250
停车视距	210	160	110	75
货车停车视距	245	180	125	85
防火安全	200			

结合通风、照明、交通安全、防火安全等因素,可以认为当两隧道间距 $L \leqslant 250$m 时,为毗邻隧道;当两隧道间距 $250\text{m} \leqslant L \leqslant 1000$m 时,为连续隧道。

13.2.2　公路隧道群运营安全保障技术内容及特点

1)公路隧道群运营安全保障技术内容

“公路隧道群运营安全保障技术”从隧道安全等级、隧道运营安全设计、隧道运营安全管理三个方面,提出提升隧道群运营安全水平的措施和技术,示范应用的技术主要包括:

(1)基于风险分析的公路隧道安全等级划分方法

将运营风险分析引入公路隧道运营安全等级划分,示范应用基于多因素风险分析的公路隧道运营安全等级划分方法,运营风险综合考量公路隧道交通绩效、公路隧道大型货车交通绩效、公路隧道交通类型、公路隧道服务水平、公路隧道危险品运输要求、公路隧道纵坡和其他风险等 7 项参数，通过公路隧道运营风险分数与运营风险等级之间的对应关系，确立高速公路隧道运营安全等级。

(2)公路隧道群交通安全设计技术

通过对公路隧道及隧道群车辆运营风险的分析，示范应用高速公路隧道群交通安全设计技术，主要包括：①隧道(群)交通工程设施安全分析与设计；②隧道(群)通风、照明、消防设施安全分析与设计。

(3)公路隧道群安全运营管理技术

在良好的隧道硬件配备的基础上，为有效发挥隧道及隧道群各类附属设施的作用，进一步示范应用高速公路隧道及隧道群交通安全管理技术，防患各类灾变事件的发生，使高速公路隧道及隧道群运营安全得到切实保障，编制公路隧道群运营安全应急预案。

2)公路隧道群运营安全保障技术特点

(1)从隧道设计节段开始介入，加强隧道群运营安全设计，避免隧道运营安全存在先天不足，同时将隧道群作为一个整体，系统考虑平纵线形、机电设备以及交安设施对运营安全的影响，避免各隧道各专业各自为政。从系统安全工程角度提炼出包括结构防灾、通风防灾、设施防灾、管理防灾为一体的公路隧道群防灾对策。

(2)将公路隧道运营风险分析引入公路隧道安全等级划分，提出基于多因素风险分析的公路隧道安全等级划分方法。运营风险综合考虑公路隧道交通绩效、大型货车交通绩效、交通类型、服务水平、危险品运输要求、纵坡和其他风险等 7 项参数，弥补了传统隧道安全等级划分方法仅考虑隧道长度和交通量的不足。

(3)在隧道群运营安全管理方面，构建多部门、多隧道、多系统协调控制的公路隧道群防灾救援体系；制订火灾事件下高速公路路段—隧道—互通联动控制策略及“分类、分级、分段、分区”的公路隧道交通事故应急预案。

13.3 公路隧道群运营安全保障技术示范应用

13.3.1 示范依托工程选择

针对毕都高速公路建设实际情况，选择 K209 ~ K218 段隧道群作为“高速公路隧道群运营安全保障技术”示范点(具体见表 13-3)，示范“隧道群运营安全保障技术”。

(1)T16 标：三家寨隧道(左线：285m；右线：320m)、深沟隧道(左线：2920m；右线：3040m)、耿家屋基隧道(左线：1815m；右线：1905m)。

(2)T17 标：崔家坡隧道(左线：215m；右线：260m)、马鞍山隧道(左线：317m；右线：415m)、下寨隧道(左线：279m；右线：315m)。

其中，设置有通风、照明、消防、监控设施的隧道有深沟隧道、耿家屋基隧道；其余隧道均为短隧道，不设置通风、消防、监控设施，但应完善、加强路基与隧道进口连接段交通安全设施设计。

示范点隧道　　表 13-3

隧道名称		隧道桩号	隧道长度(m)
1	三家寨隧道	左线:ZK209 +990 ~ ZK210 +275	285
		右线:YK209 +980 ~ YK210 +300	320
2	深沟隧道	左线:ZK210 +585 ~ ZK213 +505	2920
		右线:YK210 +590 ~ YK213 +630	3040
3	耿家屋基隧道	左线:ZK214 +155 ~ ZK215 +970	1815
		右线:YK214 +145 ~ YK216 +050	1905
4	崔家坡隧道	左线:ZK216 +295 ~ ZK216 +510	215
		右线:YK216 +345 ~ YK216 +605	260
5	马鞍山隧道	左线:ZK216 +745 ~ ZK217 +062	317
		右线:YK216 +805 ~ YK217 +220	415
6	下寨隧道	左线:ZK217 +421 ~ ZK217 +700	279
		右线:YK217 +475 ~ YK217 +790	315

13.3.2　基于风险分析的公路隧道安全等级划分技术应用

1)公路隧道安全等级的定义

所谓高速公路隧道安全等级,是指根据隧道在高速公路区域路网中的重要性和发生事故、灾害(火灾、地震等)可能造成的危害性,将其按一定的防灾(主要是防火灾、重大交通事故)安全要求划分成不同的等级。不同安全等级的高速公路隧道,其安全设施配置和应急救援预案也不尽相同。因此,确定高速公路隧道安全等级是进行高速公路隧道安全设计和制订防灾救援预案的基础。

影响高速公路隧道安全等级的相关因素包括:

(1)基础因素。包括高速公路隧道的技术标准(长度、平纵线形、车道数、交通形式等),高速公路隧道所在路网的位置,高速公路隧道沿线的社会、经济、人文和资源状况,高速公路隧道运营管理模式等。

(2)交通因素。包括高速公路隧道通行能力、交通服务水平、日均交通量、高峰小时交通量、近远期预测交通量、交通量增长速率、运输货物种类及危险品比例、交通量构成等。

(3)灾害因素。包括高速公路隧道发生火灾的频率、规模和危害程度等。

(4)社会因素。包括司乘人员的安全意识与心理素质、社会治安状况与恐怖活动等。

(5)其他因素。包括高速公路隧道的战略价值、军事打击的可能性、地质灾害等。

除上述影响因素外,还必须考虑到高速公路隧道安全等级与安全设施成本之间的关系。因此,在进行高速公路隧道安全等级划分时,应处理好以下 4 种关系:

①安全等级和高速公路隧道规模的关系。一般来说,规模越大、长度越长的高速公路隧

道，其事故、灾害危害性越大，对高速公路隧道的安全等级要求也就越高。

②安全等级和高速公路隧道交通量的关系。通常情况下，高速公路隧道交通量越大、货车数量越多、运输货物中的危险品比例越高，发生事故的概率就越大，对高速公路隧道的安全等级要求也就越高。

③安全等级和社会经济的关系。高速公路隧道在社会、经济和军事中发挥的作用越大，事故、灾害造成的损失也就越大，对高速公路隧道的安全等级要求也就越高。

④安全等级和安全设施的关系。高速公路隧道安全等级越高，用于安全设施的费用（前期投资费用及后期养护费用）也就越多。

2）基于风险分析的高速公路隧道安全等级划分方法

目前，现行规范中高速公路隧道安全等级的制订主要参考隧道长度和年均日交通量。事实上，高速公路隧道安全等级的制订需要考虑诸多因素，现有标准、规范显然不能充分真实地说明影响高速公路隧道行车安全的潜在风险，不能全面客观地反映高速公路隧道防灾安全的实际需求，具有一定的片面性和局限性。

基于多因素风险分析的高速公路隧道安全等级划分方法，是在综合考虑公路隧道交通绩效、大型货车交通绩效、交通类型、服务水平、危险品运输要求、纵坡和其他风险等关键因素的基础上，利用隧道安全评估方法，综合、系统地划分高速公路隧道安全等级的一种方法。

（1）高速公路隧道安全等级划分流程

高速公路隧道安全等级划分流程如图13-1所示。

图13-1　高速公路隧道安全等级划分流程

（2）高速公路隧道潜在风险分析

潜在风险分析是充分利用对高速公路隧道各种危险源的已有认识，对其可能遭受的损失、毁坏或人员伤亡程度等进行可能性意义下的量化分析，通常应包括以下3个方面：

①高速公路隧道状况。主要是指高速公路隧道土建结构设计参数，包括洞数、长度、车道数、线形、纵坡、横断面、是否有车道汇入或交叉等。

②高速公路隧道运营管理方式。主要包括交通服务水平、限速要求、超限车辆及危险品运输车辆管制等。管理要求越严，越能提高高速公路隧道行车安全水平，但同时也会降低高速公路交通运输效率。

③高速公路隧道交通负载。主要包括交通量大小、交通绩效、大型货车交通绩效等。交通负载越大，高速公路隧道发生火灾的概率就越高。

（3）高速公路隧道潜在风险的评判计算

影响隧道运营安全的风险参数主要包括交通绩效、大型货车交通绩效、交通类型、交通量、危险品运输要求、纵坡和其他风险参数等，其具体定义见表13-4。显然，最高风险分数值为40，最低风险分数值为1。高速公路隧道风险分数值主要受火灾概率及其严重程度的影响，各风险参数的量化方式分别见表13-5～表13-11。

高速公路隧道风险参数表　　表 13-4

序号	风险参数	说　明	风险分数值	影　响
1	交通绩效	每年使用隧道的百万 veh·km 数	(0~8)	火灾概率
2	大型货车交通绩效	单洞大型货车每日使用隧道的 veh·km 数	(0~8)	火灾概率、火灾严重程度
3	交通类型	单洞双向交通型或双洞单向交通型	(1 或 8)	火灾概率
4	服务水平	v/C	(0~5)	火灾概率、火灾严重程度
5	危险品运输	允许或禁止通行	(0~5)	火灾概率、火灾严重程度
6	纵坡	纵向最大坡度	(0~3)	火灾概率、火灾严重程度
7	其他	隧道内有车道汇入/长大纵坡/交叉路口	(0~3)	火灾概率

①交通绩效

随着交通量的增大，公路隧道单位长度的交通事故率将提高，同时交通量越大，交通事故数的离散程度越大，但交通量的增大对翻车、撞壁和火灾事故率的影响较小，即隧道交通量的增大将使其单位长度的交通事故率提高。

交通绩效 = 单洞年平均日交通量 ×365 × 隧道长度，以百万(veh·km)/年进行评分，风险分数范围:0 ~8。交通绩效评分表见表 13-5。

交通绩效评分表　　表 13-5

风险分数	交通绩效[百万(veh·km)/年]	风险分数	交通绩效[百万(veh·km)/年]
0	0~1.0	5	20.01~40.0
1	1.01~2.0	6	40.01~70.0
2	2.01~5.0	7	70.01~100.0
3	5.01~10.0	8	>100
4	10.01~20.0	—	—

②大型货车交通绩效

混合车流是我国高速公路的基本特征，在混合车流条件下，车型组成较为复杂且随时间变化呈现随机性。由于混合车流中各车之间车身尺寸和动力特性的差异，大型车比小型车占用更多的道路空间，且运行性能比小型车差。因此，其不能与小型车保持紧随状态，形成非连续、离散的车队。这种不稳定交通组成严重干扰了有序的交通流，同时大型车会遮挡紧随其后行驶的小型车驾驶人的视距，容易导致交通事故的发生。与之类似，当交通组成中货车比例增加时，由于客车与货车的动力性能存在差异，导致车速分布更为离散，车速反差变大，也容易导致交通事故的发生。一般来说，当小型车比例大于 80% 时，即交通组成以小型车为主，交通流趋于稳定，同样事故率也趋于稳定；当小型车比例大于 20% 且小于 80% 时，交通组成较为复杂，交通参数离散程度较大，事故率增大；当大型车比例大于 80%，即交通组成以大型车为主，交通流再次趋于稳定，事故率也趋于稳定。

由于大型货车相对一般车辆具有较高的运营安全风险，故将其交通绩效单独列项评分。大型货车交通绩效 = 单洞年平均日大型货车交通量 × 隧道长度，以单洞大型货车(veh·km)/d 进行评分，风险分数范围:0 ~8。大型车交通绩效评分表见表 13-6。

大型货车交通绩效评分表　　表 13-6

风险分数	大型货车交通绩效[(veh·km)/(d·洞)]	风险分数	大型货车交通绩效[(veh·km)/(d·洞)]
0	0	5	4001 ~ 8000
1	1 ~ 500	6	8001 ~ 20000
2	501 ~ 1000	7	20001 ~ 40000
3	1001 ~ 2000	8	>40000
4	2001 ~ 4000	—	—

③交通类型

交通类型主要区分高速公路隧道内的行车方向是单洞双向交通还是双洞单向交通。与单向交通隧道相比,双向交通隧道内一旦发生火灾,车辆和人员疏散逃生的机会要小很多,其防火救灾仍是一大难点,相关防范保障措施均没有十足的把握能确保人员安全逃生。

1999 年奥地利陶恩隧道发生重大火灾事故后,其中采取的一项重要措施即为尽快实施二期工程,将双向交通隧道改为单向交通隧道;2001 年瑞士圣歌达隧道发生重大火灾事故后,日内瓦国际道路联盟提出的安全改进措施之一就是建设第二隧道以实现双向交通分离和增设应急避难第三隧道。

综上所述,交通类型风险分数范围建议值为 1 或 8。交通类型评分表见表 13-7。

交通类型评分表　　表 13-7

风险分数	交通类型	风险分数	交通类型
1	单向交通	8	双向交通

④服务水平

事故率随着 v/C 的增大而上升。随着公路服务水平的下降,无论事故数还是事故率都是上升的。《公路工程技术标准》(JTG B01—2014)和《公路路线设计规范》(JTG D20—2006)对我国公路服务水平有明确的规定。因此,服务水平风险分数范围建议值为 0 ~ 5。服务水平评分表见表 13-8。

服务水平评分表　　表 13-8

风险分数	v/C	风险分数	v/C
0	<0.33(<0.30)	3	0.86(0.75)
1	0.33(0.30)	4	接近 1.0
2	0.67(0.60)	5	>1.0

注:括弧外数字适用于设计速度为 100km/h 的高速公路隧道;括弧内数字适用于设计速度为 80km/h 的高速公路隧道。

⑤危险品运输要求

由于危险品货物的易燃易爆性和通行公路隧道的巨大风险性,对载有易燃易爆危险物品的车辆进行管理是高速公路隧道交通管理的首要任务。完全不考虑公路隧道危险品运输通行量,是非常危险的管理方法。关于危险品运输的风险分数范围建议值为 0 ~ 5。危险品运输评分表见表 13-9。

危险品运输评分表 表 13-9

风险分数	危险品运输要求	备注
0	禁止通行	根据危险品运输车辆比例、是否设置危险品检查站等综合考虑取值
1	限制通行	
2	限制通行	
3	允许通行	
4	允许通行	
5	允许通行	

⑥纵坡

我国《公路隧道设计规范 第二册 交通工程与附属设施》(JTG D70/2—2014)对隧道纵坡进行了规定:隧道纵坡不应小于0.3%,一般情况下不应大于3%;受地形等条件限制,中、短隧道可适当加大,但不宜大于4%。日本及国内学者相关研究表明:对于高速公路而言,坡度从1%开始,随着坡度绝对值的增加,事故率大体呈现指数变化,坡度大于3%后事故率急速上升;加拿大学者研究发现:道路纵坡坡度每改变1%,就会引起事故改变10%;美国学者研究发现:纵坡坡度每降低1%,事故率就将减少8.1%。因此,纵坡风险分数范围建议值为0~3。纵坡评分表见表13-10。

纵坡评分表 表 13-10

风险分数	纵坡(%)	风险分数	纵坡(%)
0	<0.3	2	1.5~3
1	0.3~1.5	3	>3

注:按纵向最大坡度取值。

⑦其他

其他风险参数主要考虑是否有下列情况存在:隧道内是否有车道汇入、隧道内是否有交叉路口、隧道内是否有长大纵坡,风险分数范围:0~3。其他参数评分表见表13-11。

其他参数评分表 表 13-11

风险分数	其他参数	备注
0~3	隧道内是否有车道汇合	三项参数均有,风险分数为3; 有任两项参数,风险分数为2; 有任一项参数,风险分数为1; 无上述参数,风险分数为0
	隧道内是否有交叉路口	
	隧道内是否有长大纵坡	

(4)确定高速公路隧道安全等级

根据表13-5~表13-11,将计算出的各单项风险分数累加,根据公路隧道风险分数与风险等级、安全等级的对应关系,即可得到相应的高速公路隧道的安全等级,如图13-2所示。

3)高速公路隧道安全设施配置

高速公路隧道安全设施在公路隧道运营安全中既有明确分工,又有相互配合。不同安全等级的公路隧道配备的安全设施也不相同,公路隧道安全设施构成示意图如图13-3所示。

在高速公路隧道内设置完善的安全设施,虽然能取得较好的安全防范效果,但同时也会增加工程投资和养护费用,所以高速公路隧道安全设施的选择和设置应遵循安全、经济的原则。根据本书提出的高速公路隧道安全等级,高速公路隧道安全设施配置要求见表13-12。

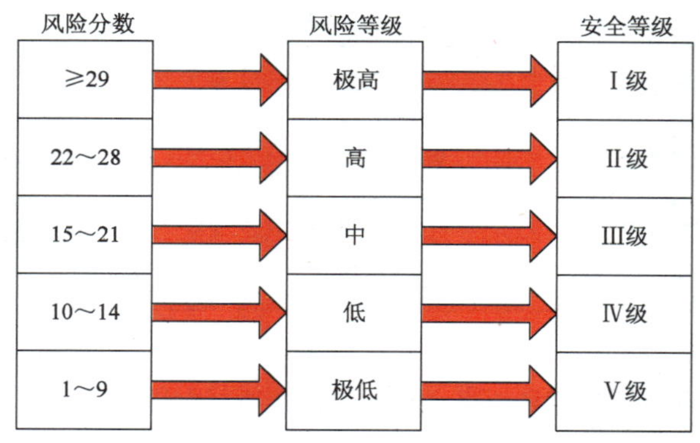

图 13-2 风险分数与风险等级、安全等级的对应关系

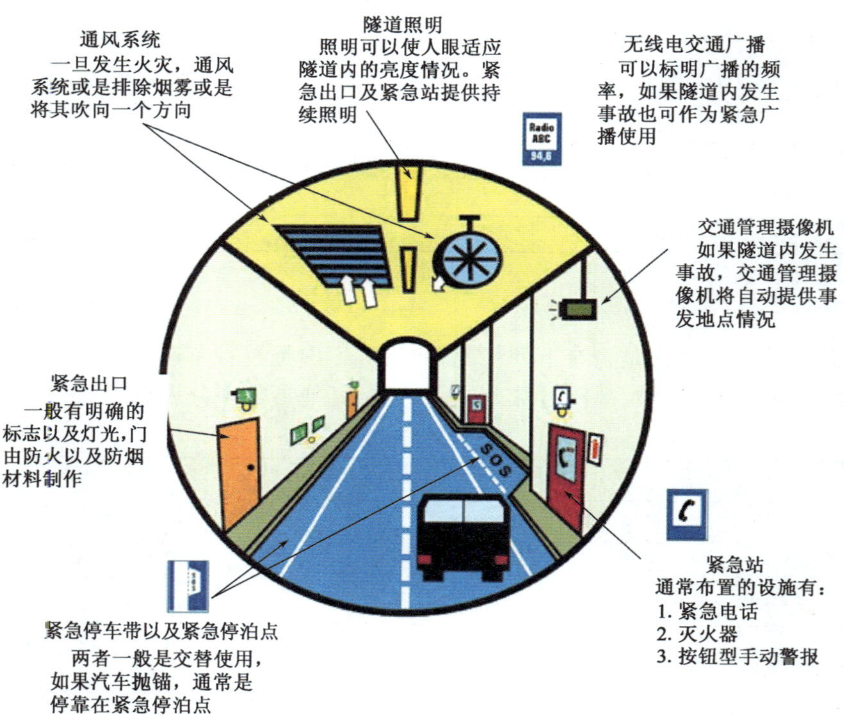

图 13-3 高速公路隧道安全设施构成示意图

13.3.3 示范工程隧道运营安全风险等级划分结果

根据上述风险等级划分方法，对依托工程隧道群进行运营安全风险分析（交通量数据为2020 年预测值，来源：《杭州至瑞丽公路贵州境毕节至都格段隧道机电设施说明书》），划分结果见表 13-13 ~ 表 13-18。

高速公路隧道安全设施配置表

表 13-12

高速公路隧道安全设施		高速公路隧道安全等级				
		Ⅰ	Ⅱ	Ⅲ	Ⅳ	Ⅴ
标志标线	标志	●	●	●	●	●
	标线	●	●	●	●	●
通风设施		依据通风计算结果确定				
照明设施		依据照明设置条件确定				
交通监控设施	车辆检测器	▲	▲	▲	▲	—
	摄像机	●	●	★	■	—
	可变限速标志	★	★	■	▲	—
	可变信息标志	★	★	▲	▲	—
	交通信号灯	★	★	★	★	—
	车道指示器	●	●	★	★	▲
	视频事件检测器	★	★	■	▲	—
	区域控制单元	★	★	▲	▲	—
通风与照明控制设施	VI 检测器	★	★	■	▲	—
	CO 检测器	■	■	■	▲	—
	NO_2 检测器	■	■	■	▲	—
	风速风向检测器	●	●	★	▲	—
	亮度检测器	●	●	★	■	—
紧急呼叫设施	紧急电话	★	★	★	▲	—
	有线广播	★	★	★	▲	—
火灾报警设施	火灾探测器	●	●	★	▲	—
	手动报警按钮	●	●	●	▲	—
消防与避难设施	灭火器	●	●	●	●	●
	消火栓	●	●	■	—	—
	固定式水成膜泡沫灭火装置	●	●	■	—	—
中央控制管理设施	计算机设备	●	●	★	▲	—
	显示设备	●	●	★	▲	—
	控制台	●	●	★	▲	—
供配电设施		根据上述用电设施的配置情况，设置相应供配电设施				

注：1.“●”：必选设施；“★”：应选设施；“■”：宜选设施；“▲”：可选设施；“—”：不作要求。

2. 毗邻隧道的监控系统应提升1级配置，最高到A+级。

3. 采用机械通风的隧道，应按表中所列要求设置VI检测器、CO检测器、NO_2检测器；不采用机械通风的隧道则不作要求。

三家寨隧道运营安全风险分析评分表　　表 13-13

风险参数	隧道运营状况	单项风险分数
交通绩效	0.877×10^6(veh·km)/年	0
大型货车交通绩效	426(veh·km)/(d·洞)	1
交通类型	双洞单向交通	1
交通量	二级服务水平	2
危险品运输	允许通行	5
纵坡	—	2(暂)
其他	无	0
单项风险分数总和		11
安全等级		Ⅳ

深沟隧道运营安全风险分析评分表　　表 13-14

风险参数	隧道运营状况	单项风险分数
交通绩效	5.992×10^6(veh·km)/年	3
大型货车交通绩效	2918(veh·km)/(d·洞)	4
交通类型	双洞单向交通	1
交通量	二级服务水平	2
危险品运输	允许通行	5
纵坡	—	2(暂)
其他	无	0
单项风险分数总和		17
安全等级		Ⅲ

耿家屋基隧道运营安全风险分析评分表　　表 13-15

风险参数	隧道运营状况	单项风险分数
交通绩效	3.755×10^6(veh·km)/年	2
大型货车交通绩效	1829(veh·km)/(d·洞)	3
交通类型	双洞单向交通	1
交通量	二级服务水平	2
危险品运输	允许通行	5
纵坡	—	2(暂)
其他	无	0
单项风险分数总和		15
安全等级		Ⅲ

崔家坡隧道运营安全风险分析评分表　　表 13-16

风 险 参 数	隧道运营状况	单项风险分数
交通绩效	0.512×10^6 (veh · km)/年	0
大型货车交通绩效	250(veh · km)/(d · 洞)	1
交通类型	双洞单向交通	1
交通量	二级服务水平	2
危险品运输	允许通行	5
纵坡	—	2(暂)
其他	无	0
单项风险分数总和		11
安全等级		Ⅳ

马鞍山隧道运营安全风险分析评分表　　表 13-17

风 险 参 数	隧道运营状况	单项风险分数
交通绩效	0.818×10^6 (veh · km)/年	0
大型货车交通绩效	398(veh · km)/(d · 洞)	1
交通类型	双洞单向交通	1
交通量	二级服务水平	2
危险品运输	允许通行	5
纵坡	—	2(暂)
其他	无	0
单项风险分数总和		11
安全等级		Ⅳ

下寨隧道运营安全风险分析评分表　　表 13-18

风 险 参 数	隧道运营状况	单项风险分数
交通绩效	0.621×10^6 (veh · km)/年	0
大型货车交通绩效	302(veh · km)/(d · 洞)	1
交通类型	双洞单向交通	1
交通量	二级服务水平	2
危险品运输	允许通行	5
纵坡	—	2(暂)
其他	无	0
单项风险分数总和		11
安全等级		Ⅳ

13.3.4 公路隧道群交通安全设计技术应用

相对于连续隧道群，常规的高速公路隧道进出口外有足够的距离，可充分开展过渡段设计、布设交通安全设施，驾驶人有较充足的时间进行反应和操作，上下游隧道之间相互影响较小，不会带来污染物窜流和频繁改变行车环境的问题。常规的高速公路隧道交通安全设计技术正是针对这种情况而形成的。但是对于间距短的连续隧道群，常规的公路隧道交通安全设计方法可能无法完全满足运营安全的需求。针对此类隧道群距离短、空间小、危险度高的特点，可从如下几个方面加强交通安全设计。

1）主体工程

（1）速度协调性

隧道设计速度与洞口接线段运行速度差应不大于 10km/h。

（2）平纵线形

①隧道各洞口接线内外的平、纵面线形至少在 3s 运行速度行程长度范围内应保持一致。对于连续隧道群，宜整体考虑其平、纵线形技术指标，上下游隧道洞口内外接线平、纵线形应保持一致。

②连续隧道群出入口接线应设置横断面过渡段，其过渡长度应不小于 3s 运行速度行程，且不小于 50m。连续隧道群相邻两座隧道之间道路横断面宜与隧道内保持一致。

③连续隧道群内的纵坡应小于 3%。

（3）停车视距

相邻隧道之间路段平曲线半径应满足停车视距要求，应避免隧道洞口布设小半径的平曲线，尤其是下坡弯道进洞的线形组合。

（4）路面结构

连续隧道群出入口及相邻隧道之间路段应设置防滑系数较大的路面，如彩色防滑路面，提醒车辆减速。

（5）洞口防雨减光棚

连续隧道群出入口及相邻隧道之间路段可设置防雨减光棚。

2）隧道机电工程

（1）通风系统

隧道群通风系统应采取日常运营时上游污染空气不窜流到下游隧道，火灾时上游隧道火灾烟气不排入下游隧道的措施。

（2）照明系统

当两座隧道间的行驶时间按设计速度计算小于 15s，且通过前一座隧道的行驶时间大于 30s 时，后续隧道入口段亮度应进行折减，折减率见表 13-19。

后续隧道入口段亮度折减率 表 13-19

两隧道之间行驶时间 t(s)	$t<2$	$2\leqslant t<5$	$5\leqslant t<10$	$10\leqslant t<15$
后续隧道入口段亮度折减率(%)	50	30	25	20

(3)消防灭火系统

隧道群消防灭火系统设计应将隧道群作为一个整体进行考虑,毗邻隧道可考虑共用一套消防供水系统。

3)隧道监控工程

(1)毗邻隧道群应视作一个整体,划分交通工程等级。

(2)毗邻隧道群应共用一套监控系统,并作为一个整体进行防灾救援设计。

(3)连续隧道群内每个隧道入口均应设置车道指示器、可变情报板、可变限速标志。

(4)LED 声光报警装置。

连续隧道群入口前 50 ~ 200m 可设 LED 声光报警装置,利用隧道已布设的工业环网控制,在紧急情况下警示车辆驶入。

(5)洞口栏杆机。

隧道洞口可设置洞口栏杆机,紧急情况下放下栏杆,阻止后续车辆继续进入隧道。

4)交通安全设施

(1)标志、标线

隧道群宜整体设计标志、标线。相邻隧道之间路段标志、标线设计应与上下游隧道保持连续、一致。

①隧道群预告标志。

隧道群是两处或两处以上隧道以较小间距相邻组成,为避免驾驶人在驶出分隧道时误以为隧道路段结束而加速行驶或驾驶松懈,建议提前告知驾驶人前方是隧道群以及隧道群包含的分隧道数量,使驾驶人在到达隧道群前提前了解隧道群的情况,调整驾驶行为和期望,在隧道群中行驶的过程中了解所经历及剩余的隧道情况。依据现行《道路交通标志和标线》(GB 5768—2009)和《公路交通标志和标线设置手册》对预告标志设置的基本要求,建议根据不同的设计速度在距隧道群第一处分隧道洞口前 2km、1km 或 500m 处设置隧道群预告标志,告知驾驶人依次进入的分隧道名称、长度等信息。典型隧道群预告标志如图 13-4 所示。

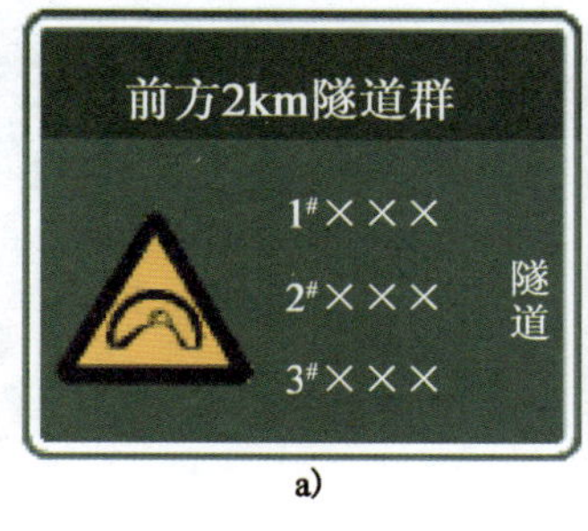

a)

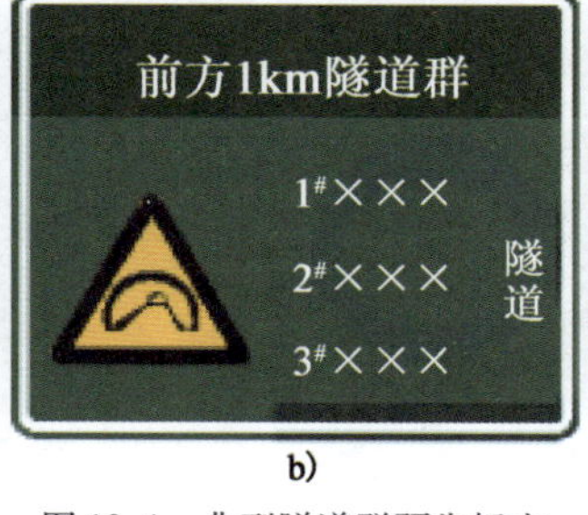

b)

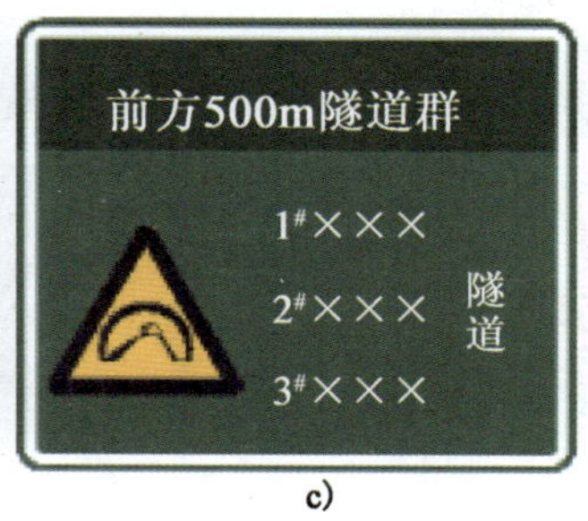

c)

图 13-4　典型隧道群预告标志

②分隧道标志

隧道群作为隧道中的特殊长隧道类型,由至少两处隧道组成,建议在每处分隧道前设置隧道标志告知驾驶人前方分隧道的特征信息,建议分隧道标志宜设置在隧道入口前方,告知驾驶人该隧道为隧道群中第几处分隧道、隧道名称、长度等相关信息。典型分隧道标志示意图如图 13-5 所示。

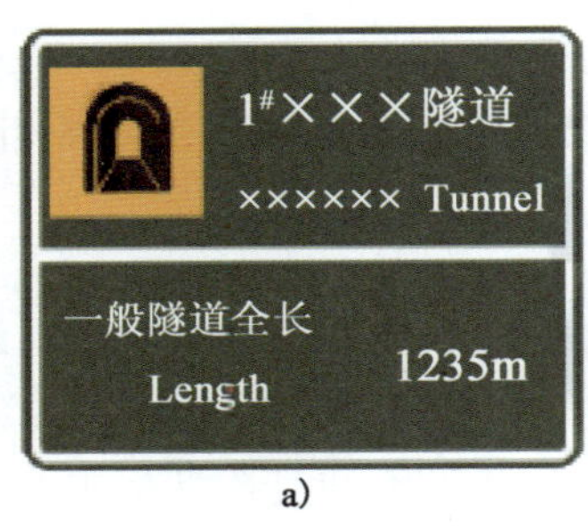

a)

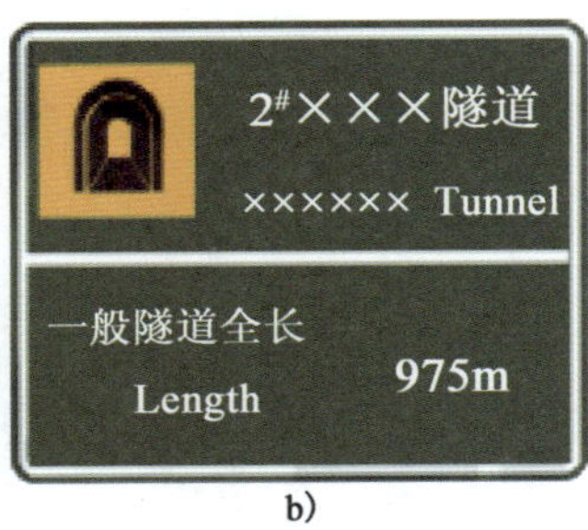

b)

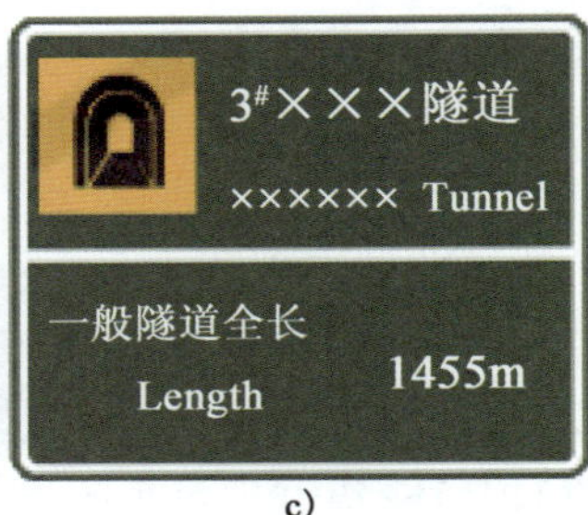

c)

图 13-5　典型分隧道标志

③开车灯行驶标志。

公路隧道入口前应设置开车灯行驶标志。开车灯行驶标志宜设置在隧道入口前方 50 ~ 250m 处,宜与隧道信息标志合并设置。连续隧道可共用开车灯行驶标志。

④隧道限高标志、限宽标志。

公路隧道入口前可设置隧道限高标志及限宽标志。限高标志及限宽标志宜设置在隧道洞口联络道前 50 ~ 150m 处,无联络道时,宜设置在隧道入口前 150m 左右。毗邻隧道群可共用限高标志及限宽标志。

⑤毗邻隧道群相邻隧道之间路段应设置禁止跨越同向车行道分界线。

⑥隧道群相邻隧道之间路段应设置主动发光型轮廓标。

⑦横、纵向减速标线。

连续隧道路段入口外路面可设横向减速标线,连续隧道之间路面应设纵向减速标线,提示车辆减速行驶。

⑧横通道指示标志。

隧道横通道指示标志可放大绘制于逃生出口周围的整个墙面,加深公众印象,指示更明确,必要时可增加灯光指示标志,如图 13-6 所示。

a)

b)

图 13-6　放大绘制疏散指示标志

⑨弯道警告标志和线形诱导标志。

若隧道内道路线形不良,可在曲线起点至终点增设线形诱导标提示线形变化,告知驾驶人前方道路线形,并警告驾驶人减速慢行。可根据曲线半径和转角的风险级别程度设置线形诱导标志,一般级别采用绿底白图案,高级别可采用红底白图案,可使车辆驾驶人提高警觉,并准备防范应变措施。线形诱导标志示意图如图13-7所示。由于隧道内环境恶劣,反光标志易受污染,建议在隧道内采用主动发光的电光标志,照明方式为内部照明。同时,如果是急弯,还应设置急弯警告标志。

图13-7　线形诱导标志

⑩隧道出口距离预告标志。

参照现行《道路交通标志和标线》(GB 5768—2009),建议在距离隧道(群)出口2km、1km、500m处设置出口距离预告标志。该标志一般设置在隧道侧壁上。若隧道(群)长度超过5km,则每隔2km宜增加一块隧道出口距离预告标志。此外,也可在紧急停车带的隧道壁上设置出口距离预告标志,标志上的距离信息根据距出口的实际距离确定。版面中隧道曲线的转弯方向应与实际情况吻合,典型隧道(群)出口距离预告标志示意图如图13-8所示。隧道(群)内出口距离预告标志宜采用主动发光标志,如电光标志,照明方式为内部照明。

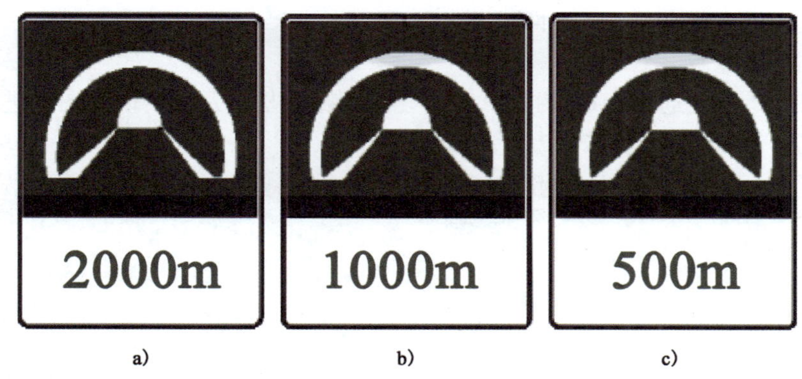

图13-8　典型隧道(群)出口距离预告标志

(2)其他交通安全设施设计

①隧道导行反光光环

为降低驾驶人在隧道内的压抑感,调节隧道内的行车节奏和时空变化,达到较好的诱导效果,建议设置被动反光导行反光光环,反光光环以型钢为支架,一般贴宽15cm的白色反光片,如图13-9所示,原则上直线隧道和曲线隧道采用不同设置间距。

a.直线隧道设置原则:直线隧道反光光环间距与隧道紧急停车带、车行横通道、人行横通道统一,设置于紧急停车带、车行横通道、人行横通道起点或终点,同时可以起到对这些设施的标识作用,为隧道运行和逃生安全发挥作用。

b.曲线隧道设置原则:隧道内的反光光环应当保证在隧道任意位置都能看到连续的3个反光光环,其中最远处应看到不少于整个光环的1/3,第二个不少于整个光环的2/3,最近处完整。为了合理地确定隧道光环的设置间距,通常可以采用作图法。采取该原则设置,完整度不一的反光光环产生的透视,可以进一步强化隧道线形的诱导,有助于行车安全。

a)

b)

图 13-9　隧道导行反光光环

②防撞筒

连续隧道群入口侧墙可设防撞筒,减小事故车辆碰撞伤害。

③降温池

连续下坡隧道群入口洞外可设降温池,让已经发热的刹车片(特别是重载货车)冷却,降温池底高程低于拦水坎高程30cm,两侧顺接路面。

5)施工图咨询意见

根据公路隧道群交通安全设计技术,对依托工程隧道机电及交安设计图纸进行专项咨询,主要优化意见如表13-20～表13-22所示。

深沟隧道安全保障设施设置一览表　　表13-20

序号	桩　号	设　施	图　示
1	隧道变电房(2处)	设置摄像机(移动侦测报警)	
2	隧道变电房(2处)	增设点型感烟、点型感温火灾探测器	—
3	YK210 + 490	可变限速标志	
4	ZK213 + 605	可变限速标志	
5	YK211 + 851	悬挂式可变情报板	
6	ZK212 + 400	悬挂式可变情报板	

续上表

序号	桩　　号	设　　施	图　　示
7	YK210 + 590	洞口栏杆机	
8	ZK213 + 505	洞口栏杆机	
9	YK210 + 410	提示车辆禁入隧道的报警信号装置	
10	ZK213 + 605	提示车辆禁入隧道的报警信号装置	
11	K208 附近	自动气象站	调整桩号
12	K216 附近	自动气象站	
13	YK213 + 800	右线深沟隧道出口紧邻（相距 170m）一处避险车道，应完善此路段监控设施，包括摄像机、车辆检测器、信号灯等，避险车道处应设置紧急电话平台和保护使用人员安全的设施。 避险车道处应设置路灯，并符合《公路照明技术条件》（GB/T 24969—2010）相关要求。 在 K211 + 700、K212 + 700、K213 + 200 处设置了 3 处避险车道预告标志，但考虑到受隧道路段明暗视觉的影响，建议进一步完善避险车道标线设施，包括在避险车道入口前方路面增加导向箭头和路面文字标记、轮廓标等	—
14	—	在隧道出入口、横通道内、紧急停车带处增设推车式干粉灭火器（35kg）	
15	隧道变电房（2 处）	应设置磷酸铵盐干粉灭火器或二氧化碳灭火器	
16	ZK210 + 585 ZK213 + 505 YK210 + 590 YK213 + 630	公路隧道洞口可设置砂桶（内置装有砂土的编织袋及小铁锹）等简易灭火设施	
17	消防水池	高位消防水池容积与青山隧道、白龙山隧道相同，为 500m^3。建议低位消防水池与高位消防水池容积相同	—

续上表

序号	桩　　号	设　　施	图　　示
18	2 处	隧道入口前(50～250m)应设置“请开灯行驶”标志	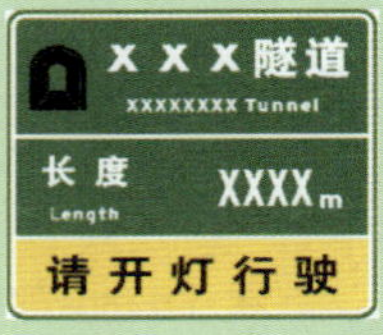
19	3 处	隧道紧急停车带应设置“紧急停车带位置提示”标志	
20	全线	在高速公路隧道直线路段，LED 诱导灯单独使用时，间距按照 10～15m 布设为宜；曲率半径在 1000m 及以上的曲线路段，其布设间距可按直线路段处理；曲率半径在 1000m 以下的曲线路段，应减小诱导灯的布设间距，间距宜为直线路段布设间距的 50%～70%	
21	横通道标志	将逃生指示标志放大绘制于逃生出口周围墙面，以加深公众印象，同时辅以声光报警提示装置	 
22	隧道入口前	路基与隧道进口连接段应设置一定长度的过渡段，并进行专门的视线诱导设计，并保持过渡段护栏强度的连续性	—

耿家屋基隧道安全保障设施设置一览表　　表 13-21

序号	桩　　号	设　　施	图　　示
1	隧道变电房(1 处)	设置摄像机(移动侦测报警)	
2	隧道变电房(1 处)	增设点型感烟、点型感温火灾探测器	—

续上表

序号	桩号	设施	图示
3	YK214+045	可变限速标志	
4	ZK216+070	可变限速标志	
5	YK214+145	洞口栏杆机	
6	ZK215+970	洞口栏杆机	
7	YK214+045	提示车辆禁入隧道的报警信号装置	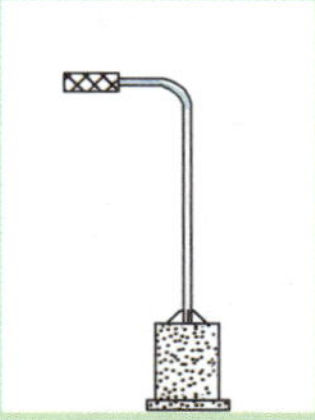
8	ZK216+070	提示车辆禁入隧道的报警信号装置	
9	—	在隧道出入口、横通道内、紧急停车带处增设推车式干粉灭火器(35kg)	
10	隧道变电房(1处)	应设置磷酸铵盐干粉灭火器或二氧化碳灭火器	—
11	ZK214+155 ZK215+970 YK214+145 YK216+050	公路隧道洞口可设置砂桶(内置装有砂土的编织袋及小铁锹)等简易灭火设施	
12	2处	隧道入口前(50~250m)应设置"请开灯行驶"标志	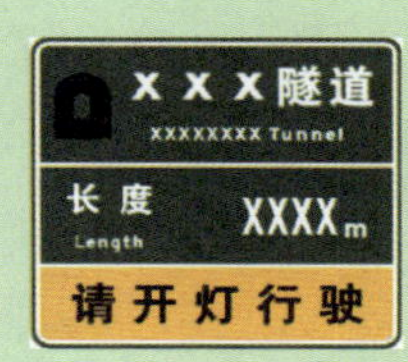

续上表

序号	桩　　号	设　　施	图　　示
13	3处	隧道紧急停车带应设置“紧急停车带位置提示”标志	道路上行线 XXX隧道 X号停车带 救援服务 12122 SOS XXXXXXXX
14	全线	在高速公路隧道直线路段，LED诱导灯单独使用时，间距按照10～15m布设为宜；曲率半径在1000m及以上的曲线路段，其布设间距可按直线路段处理；曲率半径在1000m以下的曲线路段，应减小诱导灯的布设间距，间距宜为直线路段布设间距的50%～70%	
15	隧道入口前	路基与隧道进口连接段应设置一定长度的过渡段，并进行专门的视线诱导设计，并保持过渡段护栏强度的连续性	三家寨、崔家坡、马鞍山、下寨隧道等短隧道也需加强入口视线

三家寨、崔家坡、马鞍山、下寨隧道安全保障设施设置一览表　　表13-22

序号	桩　　号	设　　施	图　　示
1	—	公路隧道洞口可设置砂桶（内置装有砂土的编织袋及小铁锹）等简易灭火设施	
2	隧道入口前	路基与隧道进口连接段应设置一定长度的过渡段，并进行专门的视线诱导设计，并保持过渡段护栏强度的连续性	—

6）工程实施效果

公路隧道（群）安全运营管理技术包含公路隧道（群）的交通控制、防火救灾、应急管理技术等。图13-10～图13-16为依托工程应用效果图。

图13-10　隧道洞口防滑路面

图13-11　紧急停车带出口预告标志

图 13-12　避险车道信号灯、车辆检测器

图 13-13　隧道洞口防撞桶

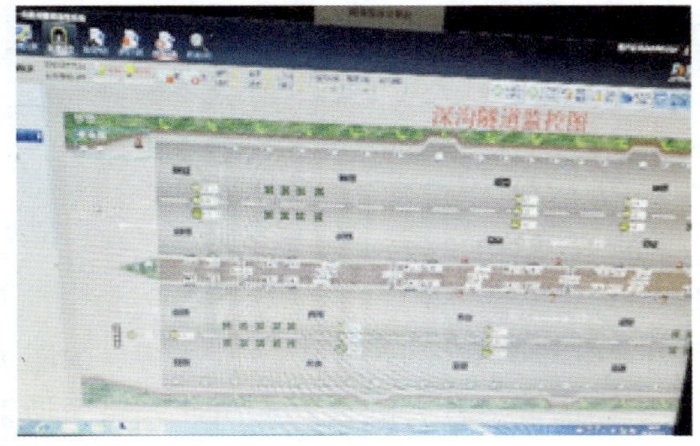

图 13-14　隧道监控防灾软件

图 13-15　隧道洞门立面标志

图 13-16　导行反光光环和有源诱导标

13.3.5　公路隧道群安全运营管理技术

1）公路隧道群运营管理模式解析

近几年，随着山区高速公路通车里程的逐年攀升，特长公路隧道群的管理模式显得日益重要，如何根据隧道群的分布合理确定隧道的运营管理模式，是特长公路隧道群建设要解决的重点问题。隧道多样化的分布形式优化了高速公路路线的总体布局，但由于公路隧道安全运营

的需要，其必然要设置交通安全设施、隧道监控、通风、消防、供电照明等机电设施以及应急救援系统等。隧道机电系统功能的正常发挥，远程智能监控系统的运行等都需要依托完善的管理模式。

对于地处偏僻而又存在较多安全隐患的(特长)公路隧道群，采取何种管理方式、机构，才能体现科学、安全、节能、高效以及以人为本等的理念，才能更加有效地确保运营期间的交通安全、机电设备维护、照明节能以及消防救援等问题，建设、设计、施工等单位对此存在着不同的见解。从国内已通车的公路隧道群的运营管理模式分析，高速公路隧道的管理一般采用的体制如：省(区)监控总中心—路段管理(总)中心—隧道管理所(站)—隧道现场监控站—外场设施，或采用上述体制的某些环节。针对特长公路隧道群，基本管理模式至少应包括以下内容：

(1)明确隧道管理机构处于高速公路运营管理系统中的地位。

(2)管理机构的管辖范围以“群”为单元考虑。

(3)隧道管理机构地理位置的选择。

(4)明确管理机构的规模、设施的配备及运营需实现的基本功能。

(5)管理机构值守方式的选择：现场有人值守、无人值守、远程智能监控。

(6)明确以隧道管理机构为结点的隧道机电信息传输路由、运行监控策略。

(7)基本交通运行模型和紧急救援预案的制订。

从科学、合理、针对性强、经济、人性化等各个因素综合考虑，满足了上述基本特点的隧道群管理机构和方式，可理解为隧道群运营管理模式。隧道群运营管理模式在高速公路交通工程总体管理方案中起着举足轻重的作用，其方案的优劣直接关系到整条高速公路乃至区域公路网交通管理和运行的好坏。

2)公路隧道群运营管理模式确定基本原则

科学、合理的隧道群运营管理模式一定要综合考虑多种因素，在充分吸收、借鉴已建成高速公路隧道群管理模式的成功经验的同时，还要根据实际工程的各种情况因地制宜地制订管理模式。结合多年积累的高速公路勘察设计经验，笔者认为以下因素在高速公路隧道群运营管理模式确定时值得考虑：

(1)认真分析、研究工程项目所属区域对隧道运营管理的有关体制和规划。隧道群的管理仅属于规划中的局部内容，首先应明确其在规划中所处的位置。但由于隧道群的管理具有很大的灵活性，规划中往往仅从体制角度考虑，一般都比较泛。因此需要充分考虑项目特殊性，有针对性地提出有关规划和设置方案。

(2)隧道运营管理与所属道路运营有机结合。隧道群的管理属于整条道路或区域路网的重要组成部分，不应将隧道群的管理与道路管理独立起来考虑管理机构。在后期运营管理中，实际上主要以处理隧道机电信息与道路机电信息为主，在管理机构的设置、信息采集、传输及处理等方面均要将二者有机结合，作为一个系统考虑。

(3)隧道群的合理划分。根据隧道长度、隧道交通工程等级、周边地理位置以及与相邻隧道之间的距离等主要因素进行隧道群的划分，要便于隧道各种机电设施以“群”为单位进行配置，有利于机电信息的传输、异常事件下紧急救援的实施等。隧道群的合理划分，是隧道管理模式确定的前提。

(4)确定隧道管理机构规模。根据隧道群的划分单元,确定隧道管理站的设置位置,明确隧道管理机构值守方式,采用有人值守还是无人值守。目前,随着隧道机电设备新技术、新产品、新工艺的运用,如交通事件事故自动检测系统、闭路监视、火灾自动检测设备的应用,RPR 弹性分组环进行视频图像传输以及高压缩比的图像存储技术等应用,远程监控无人值守方式已成为隧道群现场管理采用的主流方式。同时应确定管理站实现的功能:仅是信息采集、异常情况下的现场处理还是需要全天候的现场有人值守;是否需要具有隧道各种信息监控、维护、消防功能等。根据上述各种因素配置相关的监控人员、维护人员和器具、设备以及房建设施等。

(5)隧道管理机构位置的确定。由于隧道群一般分布在山岭中,隧道管理机构的设置往往受到地理位置的限制,根据隧道群划分确定的隧道管理机构尽管有利于机电信息传输、紧急救援,但因没有场区建设条件而无法设置。因此,管理机构的设置除考虑上述因素外,还应结合现场条件因地制宜。

(6)隧道管理机构与其他设施的有机结合。对于特长隧道群,其隧道交通工程设施都比较完善,需要根据种类繁多的机电信息传输需求确定是否需要设置专一的传输单元(通信站);隧道供电需设置相应规模的变电所、配电室等。因此,隧道管理机构的设置应充分考虑与通信站、配电房(室)、邻近收费站、公路隧道危险品检查站等结合,减少重复建设,提高场区和房建设施的利用效率,降低管理机构建设和后期维护的运营成本。一般来讲,隧道现场管理机构与现场配电房、变电所同址合并设置,有条件的可与邻近的收费站、管理中心等设施合并建设。

(7)隧道运行的基本交通模型。要确保隧道群的正常运行,必须根据隧道群的划分和实际管理要求,明确几种基本的交通运行模型,以便在正常运行、检修、发生交通阻塞、火灾等不同工况下实施交通管理,提高隧道群运营管理的智能化水平。

(8)紧急救援预案的实施。交通事故的预防和对异常突发事件、事故的处理能力是衡量管理模式是否合理、高效的一个重要指标。紧急救援预案涉及各方面,不仅要注重事故的预防,提高隧道机电设备的使用效率,及时采取有效手段避免事故、事件发生,还要考虑一旦异常突发事件事故发生,交通疏导方案的实施,专业消防部门、医护人员等如何密切配合,隧道现场各种机电设备采取哪种模式运行。诸如此类的因素,在确定管理模式时必须重点考虑。在硬件设施齐全、性能优良的前提下,不可忽视紧急救援的软件实施策略。结合近年来隧道交通工程实施情况来看,大多数隧道群的管理对于紧急救援预案实施效果不佳,甚至在发生事故时束手无策,预案形同虚设。

(9)体现以人为本的管理理念。对于地处偏僻的隧道管理机构,如果因现场监控、救援、维护等需要必须设置现场监控人员时,其位置、配备的生活设施需考虑现场值守人员生活、工作的便利,让现场人员能“安居乐业”。当然,管理模式的确定不局限于以上基本因素,还要充分考虑目前公路隧道运营管理中新技术、新产品的运用,最大限度地提高信息检测、控制、处理能力,真正提高隧道群的运营管理水平。

3)隧道群交通安全控制方法

隧道群交通安全控制是根据实际交通情况选择不同的控制方法,调整交通和道路参数,提高行车安全和通行效率,降低事故发生率。主要的控制方式有隧道入口控制、可变速度控制、车道控制和路网交通控制 4 种。

(1)隧道入口控制

隧道入口控制是通过调节隧道入口通行率来保持隧道畅通,特别是控制高峰期间进入隧道的车辆数,隧道入口控制包括入口调节和入口关闭两种形式。

①入口调节

当隧道路段的通行能力小于隧道上游路段的交通需求而发生道路拥挤时,为了保证隧道路段交通流的稳定与通畅,需要采取入口调节控制方法对进入隧道路段的车辆进行控制,从而达到消除拥挤的目的。

②入口关闭

入口关闭属于隧道入口控制的极端情况,当隧道路段流量饱和,无法通行更多车辆,隧道发生火灾等严重交通事件,以及隧道内进行养护维修时,通过在隧道入口处设置封闭道路设施关闭隧道入口。同时,应采取相应措施从其他路段对车辆进行分流。

(2)可变速度控制

可变速度控制是通过设置可变限速标志来控制车辆速度,使交通量—密度—速度达到最佳配合,保证隧道交通流的稳定与正常通行。限速值由控制中心根据检测器数据及优化计算结果确定。

隧道路段通常都是限速路段,保障隧道通行安全。同时,当隧道发生交通事故降低了隧道路段的通行能力时,也需要采取限速措施来减少拥堵。

(3)车道使用控制

车道使用控制是通过改变隧道内车道的使用方式,满足道路养护维修、交通分流等需求。以单洞、单道为目标,以交通信号灯、车道指示器和可变信息标志等为控制对象对隧道交通进行控制管理。常用的车道使用控制方式包括车道关闭控制及可逆车道控制。以双向四车道隧道为例,如图13-17所示,按照车行横洞门所在位置将隧道分为L_1,L_2,L_3和R_1,R_2,R_3六个区域。对每个车道进行组合控制,可能的诱导与控制方式有12种。详细的车道控制策略见表13-23。

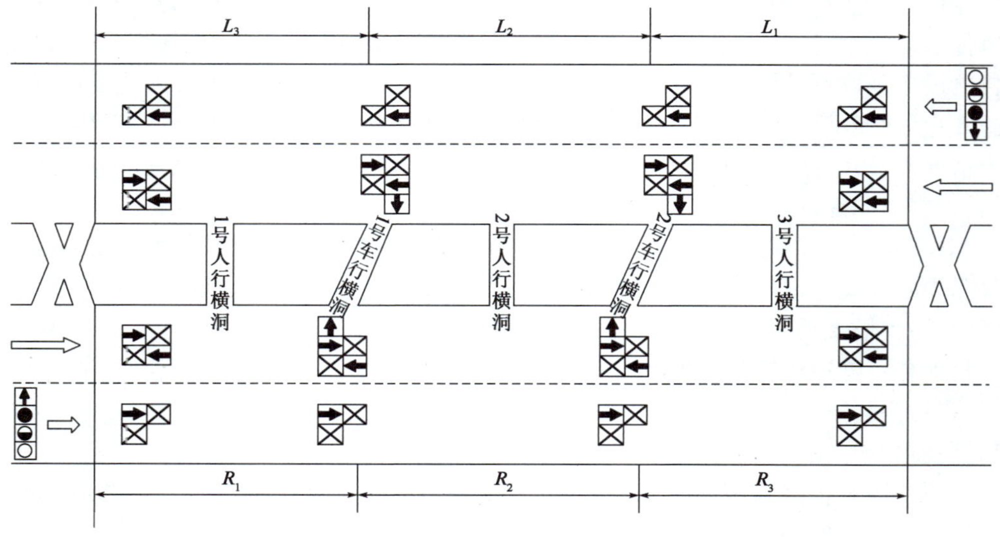

图13-17 隧道车道控制示意图

车道控制策略表　　表 13-23

策略编号	左侧隧道		右侧隧道	
	内侧车道	外侧车道	内侧车道	外侧车道
1	正向开放	正向开放	正向开放	正向开放
2	关闭	正向开放	正向开放	正向开放
3	正向开放	关闭	正向开放	正向开放
4	正向开放	正向开放	关闭	正向开放
5	正向开放	正向开放	正向开放	关闭
6	反向开放	正向开放	关闭	关闭
7	关闭	关闭	反向开放	正向开放
8	关闭	正向开放	关闭	正向开放
9	正向开放	关闭	正向开放	关闭
10	关闭	正向开放	正向开放	关闭
11	正向开放	关闭	关闭	正向开放
12	关闭	关闭	关闭	关闭

(4)路网交通控制

当隧道高速公路遇到通行瓶颈时,如隧道发生交通事故、阻塞或禁止通行,可以通过隧道前互通立交处的可变信息标志实现交通引导,及时把交通流引导到路网上的其他高速公路上,缓解隧道通行压力。

针对短距离连续隧道群,由于隧道之间没有足够的过渡距离,部分隧道洞口甚至无法设置回转通道,因此短距离连续隧道群应作为一个整体进行交通控制,4 种交通控制方式如下,应相互结合使用。

①交通事故状态下交通控制措施。

当隧道内发生交通事故时,应根据交通事故原因、地点、程度的不同,采取对应的交通诱导与控制方法。隧道内交通事故按对隧道通行能力的影响程度大致可分为:部分车道受阻事故;单洞全车道受阻事故。

a. 部分车道受阻情况

在隧道中某一车道发生事故无法通行,剩余车道可继续运行时,应采取如下交通控制措施:隧道的左右洞内、外可变信息标志显示事故内容;事故隧道入口外交通信号灯立即变为黄灯。事故点上游车道指示器显示"❌"禁止通行,事故区域变为单车道通行。事故仅造成部分车道受阻时,原则上行车横洞不用于疏导车辆,而是用于救援车辆的使用。

b. 单洞全车道受阻情况

隧道内一旦发生重大事故,引起单洞全车道受阻时,交通控制措施包括:隧道的左右洞内、外可变信息标志显示事故内容;发生事故的隧道入口交通信号灯显示为红色,放下洞口栏杆机,禁止车辆继续驶入;引导事故点下游车辆快速驶离事故隧道;利用可变情况板、车道指示器发出指示,将事故隧道的对向隧道临时改变为双向通行状态;利用事故点上游车道指示器、隧道内广播,引导事故上游车辆从事故点上游车行横通道疏散至对向车道;引导事故隧道上游洞外车辆，从洞口回转车道进入对向隧道，通过隧道区域后从事故隧道下游洞口回转车道，驶回通行原线路；利用隧道外可变情报板、可变限速标志提示车辆减速慢行。

②火灾事故状态下交通控制措施。

由于隧道内相对密闭的环境，一旦发生火灾，烟气难以排出，往往给洞内人员造成极大的危害。因此当隧道内发生火灾时，应及时采取合理的交通控制措施，及时对人员和车辆进行疏散。

a. 隧道外交通控制措施：隧道发生事故时应及时利用洞口可变情报板发布信息，交通信号灯、车道指示器显示“禁止车辆进入”标志，放下洞口栏杆机关闭事故隧道，禁止事故上游车辆继续进入隧道；引导事故隧道上游车辆从洞口回转车道驶入对向车道，调头疏散。

b. 事故隧道内交通控制措施

事故隧道内交通控制的目的主要有两点：快速引导火灾事故下游车辆驶离隧道；引导上游驾乘人员利用隧道入口、车行横洞、人行横洞疏散到安全区域。事故隧道内交通控制措施主要如下：

(a)洞内可变情报板和车道指示器：及时发布火灾信息，关闭事故车道，禁止事故上游车辆继续前进。

(b)疏散电光标志：在隧道道路两侧及连接通道、安全通道内加设疏散指示电光标志，发生火灾时起到警示作用与指示逃生方向的作用。

(c)横通道指示标志：横通道指示灯包括人行横通道的疏散指示灯以及车行横洞指示灯，设置于横通道的入口上方，指示横通道的开启和人、车的行进方向，提供发生事故特别是火灾时车行和人行的紧急疏散。

(d)LED 诱导灯：为行驶在公路和隧道的车辆提供主动式安全行驶诱导。安装在隧道路面两侧的 LED 隧道诱导灯可有效地改善隧道路面的视觉效果，提高驾驶人对隧道路面的辨别能力，从而保障车辆行驶安全。

(e)广播设施：分为无线广播与有线广播，引导人员进行疏散。

③不良天气下交通安全控制措施。

不良天气下的交通安全控制措施主要是信息发布控制与可变限速控制相结合的控制措施。针对短距离连续隧道群，不良天气状态时，应特别注意对隧道群出入口交通状态进行控制。具体地，及时通过可变情报板发布气象信息，同时限制隧道出入口段车速。

a. 信息发布控制措施。

通过信息发布对公路隧道行车进行控制，提供给驾驶人交通诱导信息，引导驾驶人安全行车，从而有效避免交通拥挤和交通事故的发生。公路隧道主要通过隧道入口的可变情报板来实现信息的发布，通过可变情报板能够动态地显示气象情况、道路情况等，提供给驾驶人实时动态的信息，确保行车安全。

b. 可变限速控制措施。

为了保证车辆在不良天气下的行车安全，除了提供给驾驶人相关的气象信息、道路信息外，还应该提供相应的安全车速，针对不同的气象来控制行车速度。公路隧道车速通过隧道入口的可变限速标志进行控制，从而使车辆能够安全行驶，提高道路通行能力。

④养护作业状态下交通安全控制措施。

公路隧道养护维修时，对隧道通行能力和行车安全都带来较大影响。为了保证养护作业下的行车安全与畅通，提出以下安全措施。

a. 养护维修前应采取的措施：

(a)根据养护作业路段的交通流量合理安排养护作业计划，应选择在交通量较小时段进行，并提前1周以上向社会发布养护维修信息，包括施工路段、时间等。

(b)检测隧道内CO、烟雾等有害气体的浓度及能见度是否会影响施工安全。

(c)在进行养护作业之前，确定作业控制区，顺着交通流方向，在作业控制区设置安全设施，同时检查施工信号灯是否准确、明显，施工标志是否规范。

(d)对养护机械、台架应进行全面的安全检查，并应在机械上设置明显的反光标志，在台架周围设置防眩灯，以反映作业现场的轮廓。

b. 在隧道内进行养护作业时，应采取的措施：

(a)养护维修作业控制区划定后不得随意变更，如果需要移动维修作业，宜设置移动式标志车，并应在隧道两端配备交通指挥人员。

(b)作业人员不得在工作区外活动或将任何施工机具、材料置于工作区以外。

(c)养护施工路段内的照明应满足要求。

(d)监控中心应通过可变情报板、临时可变信息板向司乘人员及时发布相关施工信息。

4)公路隧道群运营安全应急预案

通过对公路隧道群运营安全管理技术的总结和分析，针对依托工程的实际特点和运营安全管理需求，编制了《三家寨—下寨隧道群火灾事故专项应急预案》和《三家寨—下寨隧道群交通事故专项应急预案》。

13.4　本章小结

公路隧道群运营安全是山区高速公路运营安全管理的重点与难点。公路隧道群运营安全设计与管理是保障隧道群安全运营的重要手段。只有从设计阶段开始对隧道运营安全开展针对性设计，才能从根本上提升隧道安全运营能力。只有加强隧道群运营安全管理，才能确保隧道运营安全设施发挥作用。通过公路隧道群运营安全保障技术的推广应用，可有效降低毕都高速公路隧道群死群伤事故，降低运营期间事故发生率，最大程度地减少重特大交通事故带来的经济损失，具有直接的经济效益；同时，提高了隧道安全水平和服务质量，提升了政府管理部门的社会形象，具有积极的社会效益。此外，该技术的示范对于其他省区高速公路隧道安全运营管理具有重要的借鉴价值，积极促进了行业水平的提升。

第3篇

低碳环保类技术应用及示范

第14章 山区高速公路生态修复与景观营造技术

14.1　概述

毕都高速公路是典型的山区公路，公路建设过程中面临大量的边坡开挖、隧道洞门仰坡开挖、互通破坏生态的问题，生态修复成为工程建设面临的巨大挑战。且如何将景观营造与周边环境融合，提升公路品质，也成为工程中亟待解决的难题。山区高速公路生态修复与景观营造技术，能使公路与周边环境有机融合，提升公路的生态、景观品质，进而提高驾乘人员的舒适度和安全度。

14.2　生态修复与景观营造原则、途径及植物配置

14.2.1　生态修复与景观营造原则

高速公路路域生态修复可将公路建设对周边环境的破坏尽可能降到最小，使公路结构物与自然相协调。生态修复应遵循整体性、因地制宜、最优化、可持续发展等原则。

(1)整体性原则

整体性原则是指将生态修复方案建立在系统、整体的基础上，保证路域生态系统既能最大程度地满足社会发展的需求，又能满足生态系统良性发展的需求。对已产生的负面影响，应从生态系统的整体功能出发，确定科学、合理的总体治理方案。

(2)因地制宜原则

因地制宜原则是指生态修复应与周边地形地貌相结合，同时植物的选择还需根据所在地区的气候条件、土壤条件来确定，即植物特性应与立地条件相结合，做到适地适树。

(3)最优化原则

最优化原则是指路域生态系统的演化能最大限度地发挥其各种有益的功能，创造最佳的社会、经济和生态效益。生态修复时尽量乔、灌、草相结合，确保群落的多样性、稳定性和持续性。

(4)可持续发展原则

可持续发展原则的意义在于规范公路建设活动，以保证资源的可持续利用、社会的可持续

发展,树立节约意识,用长远的、发展的眼光看问题。

14.2.2 生态修复与景观营造途径

生态修复不是一朝一夕就能完成的,须经历一个漫长的过程。因此,应打破"先施工后绿化、先破坏后恢复"的传统思想,将生态修复贯穿于道路建设全过程。生态修复与景观营造主要有以下几个途径:

(1)保护原生自然植被资源

原生自然植被资源,对公路景观而言是一笔天然的财富。尤其是保留树龄较大的乔木,是公路景观营造的点睛之笔,如图14-1所示。在路线方案比选阶段,应使路线尽量不穿越风景名胜区,并避绕环境敏感点和珍稀物种所在地,并最大程度地减少对森林植被的破坏。在保障运营安全的前提下,高速公路设计应尽量减少高填、深挖,努力减轻对自然植被资源的扰动和破坏。

图14-1 被保护的原生植被

此外,在施工前期就应对区域内大树,以及边坡坡顶线、桥梁、隧道洞口附近的植被进行保护,对没必要砍伐的区域尽量做好植被保护,并将红线区域内必须清除的乔、灌木移至弃土场内栽植。

(2)人为辅助修复

高边坡、中央分隔带等区域,由于生长环境条件的极端恶劣,单纯地依靠大自然的自我恢复功能很难使生态环境恢复到初始状态,必须依靠人为的修复措施。可采取物种选择、植物群落设计、客土技术以及各种建植技术等实现生态修复。景观营造时应乔、灌、草相结合,并进行合理配置,加快生态系统恢复进展,如图14-2和图14-3所示。树种尽量选择乡土、速生物种,且遵循适地适树原则。

14.2.3 山区高速公路植物选择与配置

植物的选择是生态修复与景观营造的基础,只有适应当地环境的植物才能营造出优美且有生命力的持续性景观。总体而言,植物选择主要应遵循乡土性、功能性、多样性、经济性这几个原则。

图 14-2　边坡人为修复

图 14-3　中央分隔带人为修复

只有合理配置的植物，才能体现出美感，植物配置模式主要应考虑三个方面：

(1)与周边环境协调

植物配置结构应与周边的植物群落结构相协调，如周边是乔—灌—草，在条件允许的情况下绿化也应当采用乔—灌—草结构；如周边以灌丛为主，在不考虑植物种植功能性的情况下，则尽量减少乔木的种植量，多种植灌木，与环境协调。

(2)景观效果

应综合考虑植物高度、冠形、色彩、外形、尺度、季相的搭配，使植物高低错落有致，乔木、灌木、藤木、花草等植物配置有序，各占其合理的空间位置，营造出层次丰富的植物景观。

(3)种植比例

乔木和灌木的比例、常绿植物和落叶植物的比例，对种植效果有相当大的影响，确定合理的种植比例，也是植物配置的关键环节。

14.3　山区高速公路边坡生态修复

边坡是公路行车视野中出现频率最高的人工构造物，也是公路红线范围内最大的生态创面，其生态修复效果将直接影响到整条公路的总体景观。高速公路发展至今，在建设理念上已发生了深刻的变化。早期护面墙、喷混凝土护坡等工程防护为主的传统边坡防护形式，正逐渐向 CF 网绿化、喷有机材绿化、植生袋绿化等生态修复，或工程防护和生态修复相结合的形式发展。

边坡生态修复应以"融合性"为理念，实现边坡生态修复、与周边环境自然过渡的目的，从而为高速公路营造一个自然的生态基底。"融合性"理念主要强调边坡防护外部和内部的融合。

14.3.1　边坡生态修复措施

目前常用的路堑边坡生态修复技术主要有直接喷播绿化、CF 网绿化、喷有机材绿化、土袋绿化、植生袋绿化及藤蔓植物绿化等技术。各生态修复技术的适用条件和费用见表 14-1。

公路边坡生态防护措施适用条件及费用　　表 14-1

防护措施	适用条件				费用（元/m^2）
	边坡岩性	坡率	高度	坡面情况	
直接喷播绿化	土质	≤1：1	≤4m	坡面土质较软且较肥沃	8～12
CF 网绿化	土质、土石混合	≤1：0.75	≤8m	土质边坡及土石混合型边坡，特别是土质贫瘠的低矮边坡	25～30
喷有机材绿化	岩质	≤1：0.5	无限制	各种岩质边坡和碎石边坡	75～90
土袋绿化	岩质	≤1：0.5	三级以下	岩质边坡和已完成工程加固的锚固框架梁边坡	100～120
植生袋绿化	岩质	≤1：0.5	三级以下	岩质边坡和已完成工程加固的锚固框架梁边坡	100～120
藤蔓植物绿化	岩质	1：0.3～1：0.5	无限制	坡体稳定性好	15～25

14.3.2　边坡绿化的实现途径

强风化岩质边坡和土质边坡坡面可通过撒播、喷播、点播、栽植等方式实现绿化。岩质边坡不强行绿化，可采用藤蔓植物遮蔽。

（1）撒播

将灌木种子、草籽直接撒播，一般适用于路堤边坡、土路肩、碎落台等区域，如图 14-4 和图 14-5 所示。

图 14-4　路堤边坡撒播的刺槐

图 14-5　碎落台撒播的草花

（2）喷播

将乔、灌木种子和草籽等按照一定比例混合喷于边坡坡面，一般适用于路堑边坡。该方法的缺点是植被须在雨季来临前覆盖坡面，否则易水土流失，造成边坡垮塌。喷播效果如图 14-6～图 14-8 所示。

图 14-6　喷播初期灌草发芽情况

图 14-7　喷播 3 个月后效果

图 14-8　喷播 6 个月后效果

(3)喷播 + 点播

喷播时仅喷播草籽,随后人工点播灌木种子,达到较好的坡面覆盖率,效果如图 14-9 ~ 图 14-12 所示。

图 14-9　点播小灌木发芽情况

图 14-10　点播灌木种子 1 个月后效果

(4)喷播 + 点栽

在喷播草籽后,移栽前期培育好的灌木及乔木袋苗,可形成高低错落,生物呈多样性的边坡景观,效果如图 14-13 和图 14-14 所示。

图 14-11　点播灌木种子 6 个月后效果

图 14-12　点播灌木种子 1 年后效果

图 14-13　点栽小灌木初期效果

图 14-14　点栽育苗灌木 1 年后效果

14.3.3　边坡生态修复技术在毕都高速公路示范应用

毕都高速公路是典型的山区高速公路，边坡开挖量大。因此，直接喷播绿化、CF 网绿化、喷有机材绿化、植生袋绿化、藤蔓植物绿化等生态修复措施被广泛应用到边坡防护工程中。

(1) K164 + 650 ~ K164 + 820 段右侧

该段边坡最高处约 12m，坡比 1∶0.75，一级边坡。边坡为风化灰岩、页岩，坡面局部破碎，岩层水平走向，基本稳定。该边坡采用喷有机材绿化，草种选用狗牙根，灌木种选用刺槐，绿化效果如图 14-15 所示。

a) 绿化2个月后效果

b) 绿化2年后效果

图 14-15　K164 + 650 ~ K164 + 820 段右侧边坡绿化监测

(2)K170 +600 ~ K170 +800 段右侧

该段边坡最高处约35m,坡比1∶0.75,四级边坡。边坡为风化页岩,坡面平整,整体稳定。该边坡采用喷有机材绿化,大约20天后,草灌发芽,绿化效果如图14-16所示。

a)开挖后坡面

b)绿化4个月后效果

图14-16　K170 +600 ~ K170 +800 段右侧边坡绿化监测

(3)K218 +480 ~ K218 +710 段左侧

该边坡为风化页岩,坡面平整,整体稳定。边坡采用喷有机材绿化,植物配比见表14-2,绿化效果如图14-17所示。

a)边坡绿化植物种子

b)开挖后坡面

c)绿化4个月后效果

d)绿化1年后效果

图14-17　K218 +480 ~ K218 +710 段左侧边坡绿化监测

路堑边坡绿化选用植物　表 14-2

植物类别	植 物 品 种	植物类别	植 物 品 种
乔木	刺槐	草花	紫花苜蓿、狗牙根、黑麦草
灌木	多花木兰、银合欢	—	—

14.4　山区高速公路景观营造

高速公路的景观营造既是对原有路域元素的整合，也是对新元素的利用，它对于行车环境有着重要的影响。景观营造的范围主要包含路侧、中央分隔带、隧道洞门及前区、立交、服务区等区域。

14.4.1　路侧绿化景观营造

1）景观营造思路

路侧绿化包括碎落台、路堤坡面两个区域的绿化，极少数高速公路也包含隔离栅绿化。路侧绿化以常绿乔灌木为主、落叶乔灌木为辅。常绿树种栽植于一级坡面，落叶树种栽植于一级平台、坡脚、隔离栅附近。

绿化栽植应在整体风格下适当变化，避免单调但是又不过多吸引驾驶人的视线，可在一定距离增加一些跳跃性的色彩，以调节驾驶人的视线。

2）栽植模式

目前，一般路侧绿化已经摒弃了以往行道树的处理方式，而是根据周边环境采用“透”“露”“仿”“封”“引”等方式。针对公路沿线情况采用如下几种路侧绿化模式：

（1）“透”式种植

为更好地展现自然风光，采用“透”式栽植模式，通过借景将沿线优美景观元素引进公路。“透”式模式下一般路段仅种植低矮灌木和地被植物，透出视线。局部路段孤植或组团式种植辨识性较强的大规格乔木，起到分割视窗、为长距离透景路段提供兴奋点的作用，如图 14-18 所示。

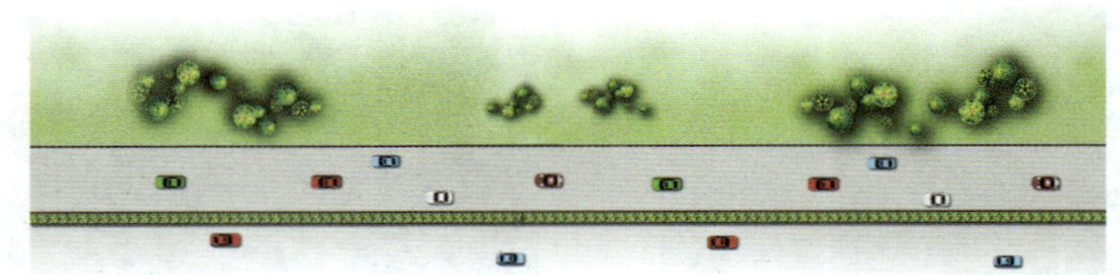

图 14-18　“透”式种植分隔视窗段落

（2）“仿”式种植

针对周边原生植被茂密，且与路肩距离小于 10m 的路堤路段，路侧绿化应以仿造周边环境、模拟恢复为主，如周边为阔叶林，路侧绿化选择以阔叶乔木为主；周边为竹林，路侧绿化选择以竹类为主，周边为灌木林，路侧绿化选择以灌木为主。

(3)“封”式种植

对于沿线地貌、植被破坏较严重或本身景观较差的路段，如取石场、沿线的杂乱民居，可采用“封”式绿化予以屏蔽，绿化桩号起止点取决于屏蔽对象的大小、与司乘人员的视觉角度以及与公路的距离。此外，如果采用乔灌结合的栽植模式，既可以遮挡周边较差的景观，又使人有景可赏。如图14-19、图14-20所示。

图14-19　距离民居较近宜栽植乔木林封闭

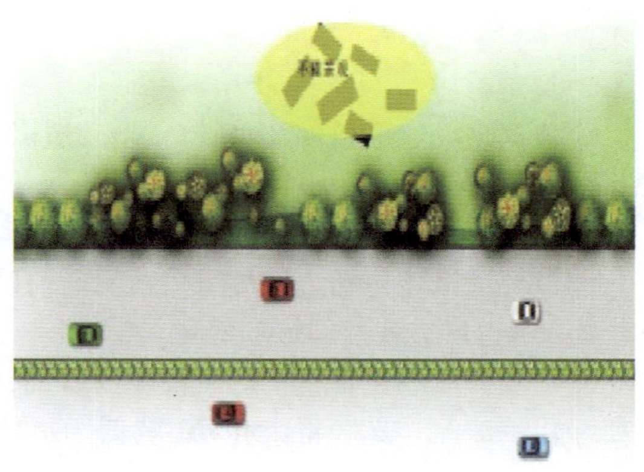

图14-20　“封”式种植

(4)“引”式种植

山区公路弯道较多，对于平曲线半径较小的弯道外侧，需进行“引”式种植。弯道外侧种植成列规则的乔木，诱导驾驶人视线，促进行车安全。弯道内侧避免种植高大的乔木，以免遮挡行车视线。如图14-21所示。

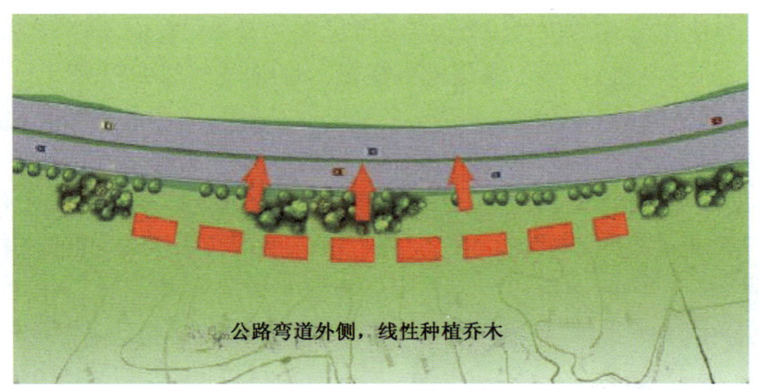

图14-21　“引”式种植

14.4.2　中央分隔带绿化景观

中央分隔带绿化的主要功能是防眩，其高度和栽植间距应满足防眩要求。一般以常绿防眩绿篱植物为绿化主体，可通过改变植物品种和种植模式，丰富造景效果，起到缓解视觉疲劳的作用。

中央分隔带植物配置宜以简洁为主，形成简单明快的韵律。小乔木高度控制在1.8m左右，灌木高度控制在1.4～1.6m，且同一方案连续种植长度不超过15km。

14.4.3 隧道洞门及前区绿化景观

隧道是高速公路的重要结构物,位于驾驶人视野中央,是景观营造的重点。影响隧道洞口区域景观营造的主要因素有洞口边仰坡、洞口前区场地以及周边环境,景观营造应充分与周围自然环境融合,营造出与周边地形顺接过渡、植物景观自然、隧道“自然进山、悄然出洞”的效果。

1)场地修整

应根据现场地形条件,因地制宜地营造微地形。尽量保留洞间坡脚的山体,不破坏其上的原生植被等。

2)隧道洞口绿化

洞口环境绿化包括边仰坡绿化及洞间前区绿化两部分。

(1)隧道口边坡及仰坡的绿化

洞顶及仰坡绿化垂直于行车视线的看面,作为典型的“面”的元素,隧道口边坡及仰坡的主要绿化手法是“破”,将大化小,减低“面”的单调、呆板及压迫感。绿化主要以生态修复为主。

对洞门端墙及洞口两侧的混凝土面或浆砌片石墙面,直接在上面进行绿化难度很大,可栽植攀缘性和垂吊性植物,对端墙进行垂直绿化。

对明洞式洞门,多采用喷播绿化,再点栽灌木。植物的选择应以叶片色泽较深,不反光且根系发达的灌木为主,达到减光和固坡的作用。

(2)洞间及前区绿化

将洞间、前区绿化作为整体进行设计,综合考虑周边植被、地貌、洞门装饰情况,采用自然绿化,与周边环境、洞门装饰为一体,绿化风格宜粗不宜细,如图14-22所示。

洞间山体的处理是洞门景观的重要部分,尤其是左右洞间距较大或洞间有山嘴的情况。应采取合理的植物配置,使之与背景山体相协调,同时阻挡两洞间尾气回流。对于前后相错的隧道,洞间边坡应进行整理修复,边坡一般采用灌木恢复,力求自然,若两洞相距较远,周边植被茂密,洞间边坡坡底可采用乔木恢复。

图14-22 洞间及前区栽植示意图

对于周边植被茂密的情况,前区采用乔灌立体的林植手法,与周边茂密的植被相统一。同时营造灰空间,起到洞内外光线过渡的作用。对于两侧无高边坡的情况,采用乔灌疏朗种植的手法,群落呈现为疏密有致的分布,结合地被灌木种植,有效满足防眩功能。对于隧道前区宽度较小的情况,可在中间种植一排乔木,形成良好的行车视线诱导效果。

为减缓进洞前后亮度变化造成的视觉不适,防止汽车尾气回流,靠近出入口处可采用高大乔木进行绿化,并减小树木的栽种间距,以使亮度逐渐过渡变化,提高司乘人员的视觉适应性。

14.4.4 立交绿化景观

1）景观营造思路

立交是景观营造的重要节点，直接影响公路景观的总体形象。

按不同的划分原则，可将公路立交分为不同的景观类型。如按所在位置，可分为城郊型、非城郊型；按场地特征，可分为山地型、平原型；按环境特征，可分为田园型、旱地型、湿地型等。

由于在立交区域车速较慢，停留时间相对较长，视线变化频繁，应进行重点打造。从景观角度看，它是高速公路景观设计中场地最大、条件最好、可塑性最强的部位，是公路的标志性景观，其景观营造要点如下：

（1）景观营造必须满足行车功能的需要和视觉要求，突出诱导栽植、标志性栽植和明暗过渡栽植等方式，同时兼顾绿化、美化和环境保护的功能。为更好地引导驾驶人视线，立交景观设计重点考虑匝道入口、分流区、弯道、合流区等部位的绿化。

（2）景观追求视觉上的舒适性，以植物造景为主，营造自然生态景观。立交区域地域特色突出时，可以适当考虑景观小品。

（3）行车视线高度较低，视觉区域以立交区为主时，应充分利用自然地形条件，组团式布设高大乔木，形成视觉焦点，依次布设小乔木、灌木、地被，形成层次感。

（4）行车视线高度较高，视觉区域以周边环境为主时，以生态林方式营造景观，成林成片营造生态森林效果。

（5）行车道附近区域宜布设地被、灌木丛，形成视觉铺垫，既可保证行车视距又可以突出视觉焦点。

（6）立交区景观营造树种应选用乡土树种为基调树种，注意常绿与落叶搭配、树形搭配、季相变换。

2）微地形设计

山区高速公路立交绿化应避免以往城市园林绿化的手法，通过对匝道围合区内场地进行微地形改造，并结合周边生态环境进行自然式的绿化，力争使立交与周边的环境融合协调。适宜的微地形改造，不仅可以平顺场地，使其小区域内的地形更加自然，而且还可起到平衡土石方的作用。目前，立交场地的处理一般为现状保留或简单平整。如对土建开挖后的立交地形不做任何处理，视觉较差，景观十分平淡。

立交区域内的微地形改造设计应注意保护原生植物、水系、湿地，注重与周围环境的协调性、连贯性。在地形上，应顺势而为，不求平整，但求顺畅；在水系上，应强调与原有水系的连通。

3）风貌种植

立交匝道围合区中心是立交绿化的主体，该区域的种植往往体现了立交的风貌。匝道围合区景观营造应遵循风貌规划，同时结合立交周边环境进行设计。

山区高速公路常见的立交种植模式主要为山地型、城郊型、田园型，以下主要介绍这3种模式。

（1）山地型立交种植模式

山地型立交种植模式宜采用群落状或片状种植，以乔木形成骨干，搭配灌木，并注意林缘

图 14-23　山地型立交风貌种植

线的处理,如图 14-23 所示。

(2)城郊型立交种植模式

城郊型立交种植模式一般靠近城镇,多为枢纽立交,可采用线条流畅的模纹及观花小乔,配植上层骨干乔木进行景观营造,可采用疏林草地、大块面模纹或组团式设计,如图 14-24所示。

(3)田园型立交种植模式

田园型立交种植模式可采用农田式绿化,采用地被植物模拟农田景观,如图 14-25 所示。

图 14-24　城郊型立交风貌种植

图 14-25　田园型立交风貌种植

4)功能种植

立交绿化栽植还应服从交通功能。绿化栽植应根据立交种植各组成部分的不同功能,采用诱导栽植、缓冲栽植、指示栽植、禁止栽植等手法提高行车安全性。

14.4.5　服务区空间布局及绿化景观

1)服务区景观特点

公路景观总体而言属于粗放型景观,而服务区在高速公路各类附属设施中十分特殊,其承载的使用功能最复杂,人流停留时间最长,“文化营造”基础最好,是介于公路景观与园林景观之间的形态,兼具公路景观与园林景观的特点。

相对于公路主线景观,服务区空间具有以下特点:

(1)基地特点明确、景观条件较好

服务区基地的特点取决于基地范围内环境条件与周边自然环境,作为斑块状景观,与流线型的主线景观相比更具有明确的特点,地域性更强,更易营造出异质性景观。

(2)使用行为明确,停留时间较长

服务区使用人员,主要有休憩、用餐、如厕等行为。相对于主线,在高速公路中,服务区是停留时间最长的区域。

(3)空间功能复杂

服务区空间功能复杂，不同于主线的同行功能，服务区应满足司乘人员休憩、用餐、如厕等不同功能的要求。

2)基于行为出发的服务区空间布局设计

设计应建立在使用者真实行为动机与功能需求的基础上。设计应以详细的考察为基础，考察内容应包含人流量、行为需求、需求比例等。设计过程如图14-26所示。

图14-26　服务区景观营造设计过程

(1)行为出发，划分活动类型

①必要性活动。

就一般服务区而言，普通用路者的必要活动有停车、就餐、如厕、等待、短暂休憩等。

②特殊人群必要活动。

该类活动针对特殊环境或特殊人群，如货车驾驶人淋浴、残疾人如厕、母婴哺乳等。

③自发性活动。

该类活动随机性强，出现频率较低，如散步、观望、健身、长时间休憩等。

(2)确定空间功能

①必要性功能。

该类功能与必要性活动及特殊必要性活动相对应，应充分保障与之相符的户外空间及设施的设置。

②非必要性功能。

该类功能与自发性活动对应，是公路使用者在高速公路环境内可能会使用的功能，诸如健身、汀步、廊亭、水景、观景平台、室外座椅等。

设置该类功能应充分考虑人流量、实际需求、使用频率，设计中也应考虑实用性细节、特色度，避免养护成本过高或空置，造成浪费。

(3)确定空间类型及布局。

在功能分析的基础上，确定室外空间类型及布局，如图14-27所示。

服务区一般设置以下空间：

①引导空间。

引导空间主要指服务区出入口，主要连接高速公路与服务区功能区域，起到高速公路急速行驶与服务区缓和休憩的过渡作用。

在景观设计方面，引导空间应注重景观性和提示性。

②停车空间。

停车空间是服务区室外空间的主要功能空间，主要有小车停车区、客车停车区、货车停车区、特种车停车区等。

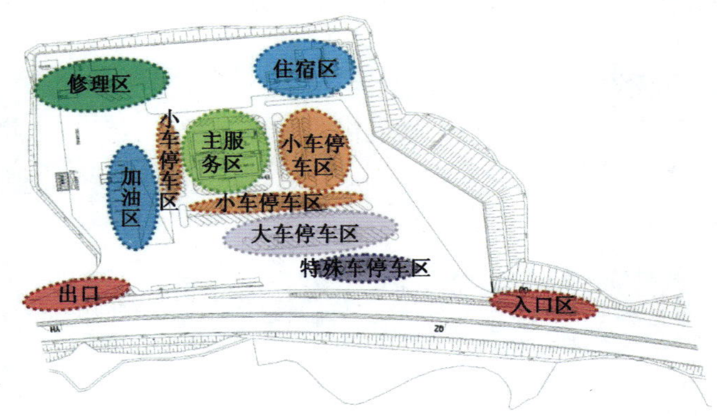

图 14-27　服务区空间类型及布局

在景观设计方面，停车空间应将功能绿化放在首位，条件允许的情况下，应满足小车停车区的遮阴需求，同时通过绿地铺装，解决人车混流的问题，增加该区域的安全性。

③休憩空间。

休憩空间一般设置于主服务楼附近，以小广场的形式出现，主要提供给司乘人员临时休憩、等待的空间区域。

在景观设计方面，休憩空间应精细化、功能化、景观化，植物搭配除了满足功能需求外还须满足视觉审美要求。

④加油空间。

在景观设计方面，加油空间应简洁大气，不遮挡视线。

(4)空间界面处理

①功能空间界面。

根据具体功能的不同，各空间界面处理方式也不同。小车停车区域与主服务区、客车停车区与主服务区之间应采用通透型界面，便于空间渗透；大车停车区与小车停车区、特种车停车区域与小车停车区应采用屏蔽型界面，避免空间相互影响；入口区与其他区域应采用无界面处理方式，便于引导。同时还应注重服务区与主线的隔离，通常的手法是绿化隔离带。服务区功能界面示意如图 14-28 所示。

②景观空间界面。

驾乘人员使用的区域主要为小车停车区、主服务楼、楼前广场及加油站，管理站工作人员使用的区域主要为员工宿舍区。其余区域，如大车停车区、汽车修理区、主服务楼背后区域等，少有人会到达。

设计时，应以停留频率与视线频率划分景观重要性分区。把停留频率高、视线到达频率高的区域，作为景观重要区域，应重点打造，注重近景效果、视觉美感；其他区域，采用复绿设计，恢复生态景观即可。

较大而通透的服务区，可以通过障眼、层叠、引导等方式重建视觉边界，缩小重要景观区域的面积，增加景观层次。

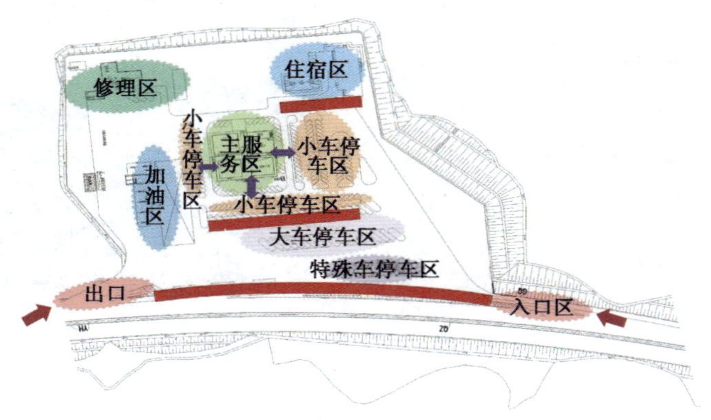

图 14-28　服务区功能界面示意图

③底部空间界面。

服务区景观设计时通常注重空间立面，而忽略了对空间骨架和空间整体观感影响巨大的空间底部设计，空间底部常以地被绿化为主。

空间底部设计尤其体现在地形塑造上。不同高差的结构物平面之间，通常为绿地，其地形处理决定了不同结构物之间、绿地与结构物之间的连接是否美观、协调、整洁；若不做地形处理，直接绿化，容易产生凌乱的视觉感。地形梳理效果如图 14-29 所示。

图 14-29　底部空间地形梳理

较大较平坦的场地，可进行适当的微地形营造，配合不同高度植物搭配，突出植物组团的林缘线，营造视觉阻隔感，增加空间层次感。微地形营造见图 14-30。

3）服务区绿化景观

服务区应通过乔灌草种植营造出空间的开敞感与进深感。

图 14-30　底部空间微地形营造

(1)开敞感

在道路边线 4m 范围内避免种植乔木,近景层次应减少灌木种植,以低矮草花与草坪为主,从而营造出空间的开敞感。乔木栽植点的处理如图 14-31 所示。

图 14-31　乔木栽植点的处理

(2)进深感

边界处利用垂直种植,遮挡红线边界,营造出空间进深感,如图 14-32 所示。

图 14-32　垂直绿化营造进深感

交错叠加的组团种植可产生较大进深的错觉,利用绿化分割空间时要注意植物形体特点,充分立体绿化,如图 14-33 所示。

图 14-33　组团式绿化营造进深感

从地被到小乔木层的自然式配植，叶形地被与修剪绿球交叉种植，可营造出空间的进深感，如图 14-34。

图 14-34　自然式绿化营造进深感

14.4.6　山区高速公路绿化景观在毕都高速公路示范应用

(1)隧道绿化应用(青山隧道进口)

该隧道洞门形式为削竹式，线路与山体等高线近正交，为保证洞顶山体稳定，仰坡进行了混凝土喷护。周边植被为杉木林，郁闭度高。为了减小洞口创面，修复生态环境，优化土建设计，加长明洞，洞外侧增加 2m 高挡墙，最大程度回填覆土，减小混凝土喷护裸露面积，两洞间修复山体，形成鲤鱼脊地形并延伸至仰坡。绿化以乔木为主，底层撒播草冠，效果生态自然，如图 14-35 所示。

(2)互通绿化示范(水城东互通)

该互通位于大岩隧道与陈家寨隧道之间，连接毕都路与六六路，为重要的枢纽互通，景观定位较高。绿化设计充分考虑行车视线可达性和方向性，合理设置植物造景位置与朝向，通过大乔、中乔、花乔多层次搭配，营造丰富的林缘线、林冠线，保证三季有花、四季常绿的景观效果。互通内桥梁比例高，桥下空间、桥墩遮蔽也是景观营造的重点。景观效果如图 14-36 所示。

图 14-35　青山隧道进口绿化效果

图 14-36　水城东互通绿化效果

(3)服务区空间营造示范应用(双水管理中心)

双水管理中心基地轮廓近矩形,长 190m,进深 175m,占地 26790m²,景观绿化面积 18000m²。入口位于基地右下角,朝东,主要建筑沿基地外围布设,主要景观区域集中于中部(图 14-37)。管理中心要满足工作人员集散、休闲、休憩等功能需求,同时应兼顾景观性。以此为出发点,将基地分为休闲区、安静休憩区、集散活动区、入口景观区 4 个主要功能分区(图 14-38),通过树阵、广场、林地、微地形、焦点景观、室外家具等方式营造不同的室外空间(图 14-39 ~ 图 14-42)。

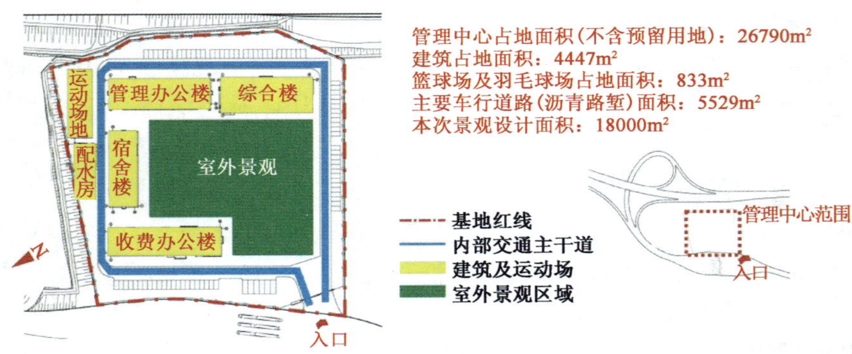

图 14-37　基地现状图

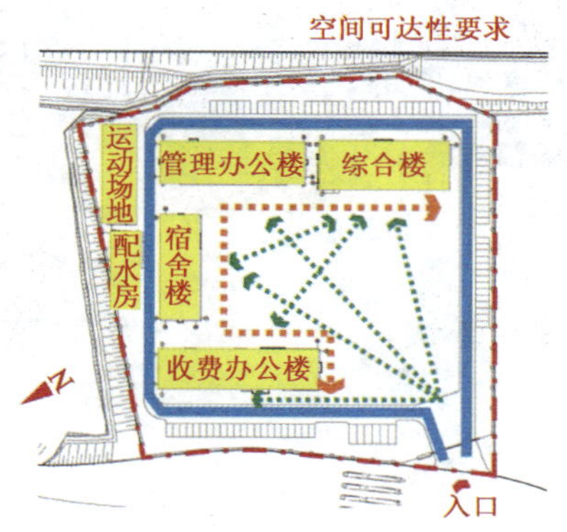

图 14-38　基地分析图

图 14-39　休闲区与安静休憩区

图 14-40　集散活动区

图 14-41　集散活动区——树阵广场

a)

b)

图 14-42　入口景观区

14.5　本章小结

山区高速公路生态修复与景观营造技术为毕都高速公路景观设计提供了技术上的支撑和指导，保证了工程建设的进度、质量，并取得了显著的社会和经济效益，改善了路域环境，提高了行车安全性，增加了行车舒适度，最大限度地恢复了路域生态。

山区高速公路生态修复与景观营造技术可进一步推广至我国西部地区，乃至全国，尤其是生态环境脆弱的地区。

第15章 山区公路隧道照明及供配电系统节能技术

15.1 毕都高速公路隧道运营面临的安全和节能问题

毕都高速公路是典型的山区高速公路，全线隧道众多，隧址位于偏远山区，供电质量较差。通车后，隧道运营管理费用，尤其是隧道通风、照明的电力费用，将是一笔非常庞大的开支。从国内公路隧道营运调研情况来看，许多高速公路运营管理部门都反映高昂的用电成本极大地制约了高速公路的健康发展，甚至出现了入不敷出的局面。当前高速公路“安全”与“节能”问题也日益突出，如何提高毕都高速公路运输效率和出行通过效率，是亟待解决的问题。根据对贵州及国内其他省市高速公路隧道实际运营情况的调查发现，由于大部分高速公路隧道地处偏远地区，近期实际交通量远达不到设计交通量，而隧道照明及供电系统最终规模按照远期要求配置，使得隧道照明及供配电系统的一次投资成本过大，且变压器的负载率过低造成损耗功率与负荷功率的比值较大，电能的利用率低，造成了不必要的浪费。

结合国内外隧道照明及供配电节能技术的现状和发展趋势，采用“山区公路隧道照明及供配电系统节能技术”，针对《公路隧道通风照明设计规范》(JTJ 026.1—1999)中尚未明确规定的隧道照明参数指标、新型光源应用指标及合理供配电方案等提出的最新综合节能技术，提出公路隧道照明及供配电节能最新研究技术，对于降低高速公路隧道的初期投资和营运、管理费用，实现节约资源、保护环境的目标具有重要意义。

15.2 隧道照明及供配电系统节能技术简介

结合毕都高速公路建设的实际需要，开展了山区公路隧道照明及供配电节能技术示范应用，内容包括：隧道照明设计参数选择、新型节能光源(LED灯)在隧道内的推广应用和供配电节能技术应用。

1)隧道照明节能技术

(1)隧道照明设计参数确定

将公路隧道照明节能型设计相关参数、设计方法的研究成果，结合毕都高速公路隧道的工程特点进行推广应用，在保证安全的前提下，减小工程规模、降低初期投资和后期运营费用。

(2)LED隧道灯在隧道内推广应用

结合LED照明灯具的特点,通过在隧道内合理设置LED灯,实现LED隧道灯在隧道内应用的“既节能又节钱”的目标。

2)隧道供配电系统节能技术

针对毕都高速公路隧道供配电系统的特点以及沿线用电设施的用能需求,推广应用隧道供配电系统可靠性和经济性评价体系和分步实施方案技术,提出依托工程隧道供配电可靠性、节能性方案和分布实施方案,实现隧道供配电系统的运营节能。

15.3 隧道照明节能技术应用

15.3.1 隧道照明设计参数取值

隧道照明设计考虑的因素有隧道洞外光环境、交通量、设计行车速度、隧道路面宽度、路面材质、隧道类别(隧道长度、光学类型)等。这些因素综合后直接反映到隧道照明设计的参数即为隧道洞外亮度 L_{20}(S)取值、入口段亮度折减系数 k、长隧道照明分段及亮度标准、短隧道照明分段及亮度标准。

1)隧道洞外亮度 L_{20}(S)取值

洞外亮度 L_{20}(S)是指在公路隧道起点S处,距地面1.5m高、正对洞口方向20°圆锥角视场范围内实测得到的平均亮度,如图15-1所示。

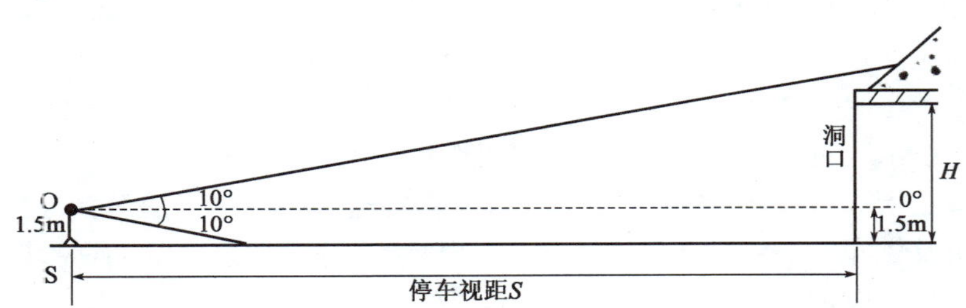

图15-1 20°圆锥角视场范围

洞外亮度 L_{20}(S)由隧道所处方向、地理位置、洞口结构物、周边环境等情况综合确定。洞外亮度的取值直接关系到隧道照明设置的合理性和规模,取值与实际亮度过大会造成照明系统能耗浪费,取值过低无法消除行车中的“黑洞效应”带来安全隐患,因此洞外亮度和合理取值及采取合理景观设计会降低洞外亮度,有利于提高行车安全性和降低隧道照明营运节能。

隧道洞外亮度的取值方法有:查表法、环境简图法、黑度法、数码相机法等,其中最为简便的方法为查表法,最为精确的方法为数码相机法。本书通过采用数码相机法对我国西南地区高速公路洞外亮度大量取样和分析,总结出洞外亮度的取值建议,列出表格供设计人员参考,见表15-1。

洞外亮度 L_{20}(S)(cd/m^2)　表 15-1

天空面积百分比(%)	洞口朝向或洞外环境	不同设计速度 v_t(km/h)下的洞外亮度取值 L_{20}(S)(cd/m^2)				
		20 ~ 40	60	80	100	120
35 ~ 50	南洞口	—	—	4000	4500	5000
	北洞口	—	—	5500	6000	6500
25	南洞口	3000	3500	4000	4500	5000
	北洞口	3500	4000	5000	5500	6000
10	暗环境	2000	2500	3000	3500	4000
	亮环境	3000	3500	4000	4500	5000
0	暗环境	1500	2000	2500	3000	3500
	亮环境	2000	2500	3000	3500	4000

由于隧道洞外亮度与其周边自然环境和洞门装饰等有直接关系,而降低洞外亮度能减少隧道照明装机规模,提高行车舒适性和安全性,为降低隧道洞外亮度,合理控制隧道照明系统设置规模,建议采取以下减光措施:

(1)隧道采用端墙式洞门时应进行暗化处理。

(2)目前公路隧道洞口往往都设有各种广告宣传牌,对隧道洞外亮度及交通安全影响较大,故建议在隧道洞口附近、洞顶尽量不设置大幅浅色广告牌。

(3)洞口需用深色植被进行大面积绿化处理,以降低洞外亮度值,端墙式洞门隧道洞口应用深色石材进行装饰。

(4)洞口环境较为开阔的隧道在洞口周边种植高大乔木,以降低路面亮度,提高行车安全性和舒适性。

(5)隧道洞口采用植被网防护时应采用较浓密的深色草种,网间距应尽可能缩小。

2)长隧道照明参数取值

(1)入口段照明参数取值

根据隧道交通量预测分析,判定照明系统是否有分期实施的必要。照明系统入口段亮度折减系数 k 需根据近远期交通量合理计算,同时结合洞外亮度 L_{20}(S)取值得到,计算公式见式(15-1)和式(15-2)。并且入口段照明分两段设置,前 1/2 路段的亮度应等于 L_{th},后 1/2 路段的照明水平可减半为 $0.5L_{th}$。

$$L_{th1} = k \times L_{20}(S) \tag{15-1}$$

$$L_{th2} = 0.5 \times k \times L_{20}(S) \tag{15-2}$$

式中:L_{th1}——入口段 th1 的亮度(cd/m^2);

L_{th2}——入口段 th2 的亮度(cd/m^2);

k——入口段亮度折减系数，可按表 15-2 取值；

$L_{20}(S)$——洞外亮度（cd/m^2）。

入口段亮度折减系数 k 表 15-2

设计小时交通量 N[veh/(h·ln)]		设计速度 v_t(km/h)				
单向交通	双向交通	120	100	80	60	20～40
≥1200	≥650	0.070	0.045	0.035	0.022	0.012
≤350	≤180	0.050	0.035	0.025	0.015	0.010

注：当交通量在其中间值时，按线性内插取值。

（2）过渡段照明参数取值

过渡段由 tr1、tr2、tr3 三个照明段组成，它们与入口段亮度取值关系见式（15-3）～式（15-5）。在过渡段区域里，tr1、tr2、tr3 三个过渡照明段的亮度比例可按 3∶1 划分；从上一段到下一段，最大亮度比值不宜超过 3∶1。

$$L_{tr1} = 0.15 \times L_{th1} \tag{15-3}$$

$$L_{tr2} = 0.05 \times L_{th1} \tag{15-4}$$

$$L_{tr3} = 0.02 \times L_{th1} \tag{15-5}$$

（3）中间段照明参数取值

结合工程预测交通量，采用高压钠灯照明的隧道中间段近期亮度可按表 15-3 取值。隧道中间段照明选用 LED 灯，设计亮度可按表 15-3 亮度标准的 50% 取值，但不应低于1.0cd/m^2。

中间段亮度表 L_{in}（cd/m^2） 表 15-3

设计速度 v_t (km/h)	L_{in}		
	单向交通		
	N≥1200veh/(h·ln)	350veh/(h·ln)＜N＜1200veh/(h·ln)	N≤350veh/(h·ln)
	双向交通		
	N≥650veh/(h·ln)	180veh/(h·ln)＜N＜650veh/(h·ln)	N≤180veh/(h·ln)
120	10.0	6.0	4.5
100	6.5	4.5	3.0
80	3.5	2.5	1.5
60	2.0	1.5	1.0
20～40	1.0	1.0	1.0

注：1. 当设计速度为 100km/h 时，中间段亮度可按 80km/h 对应亮度取值。
2. 当设计速度为 120km/h 时，中间段亮度可按 100km/h 对应亮度取值。

（4）出口段照明参数取值

对于长隧道在白天时隧道出口段的亮度应做适当处理，以减少驾驶人白天出隧道后的强烈眩光感觉，其长度宜取 60m。在单向交通隧道中，应设置出口段照明；出口段长度宜取 60m，前 30m 亮度宜取中间段亮度的 3 倍，靠近洞口 30m 宜取中间段亮度的 5 倍。

3)短隧道照明参数取值

(1)长度大于200m的高等级公路隧道应设置照明。

(2)长度100m < L≤200m的直线短隧道应在路缘或边墙上安装视线诱导设施。

(3)长度200m < L≤300m的非光学长隧道,入口段1、入口段2的亮度可取长隧道入口段照明计算值的20%。

(4)长度300m < L≤500m的非光学长隧道及长度100m < L≤300m的光学长隧道,入口段1、入口段2的亮度可取长隧道入口段照明计算值的50%。

(5)长度L > 500m的非光学长隧道及长度L > 300m的光学长隧道入口段照明亮度按照长隧道入口段照明亮度标准取值。

(6)长度L≤300m的隧道,可不设置过渡段加强照明;长度300m < L≤500m的隧道,当在过渡段1能完全看到隧道出口时,可不设置过渡段2、过渡段3加强照明;当过渡段3的亮度不大于中间段亮度的2倍时,可不设置过渡段3加强照明。

(7)入口段灯具的布置建议采用对称照明系统或顺光照明方式。

(8)中间段照明灯具的布置建议采用逆光照明方式。

15.3.2　毕都高速公路隧道照明设计优化

示范工程选择6座隧道(具体见表15-4),其中4座短隧道,2座长隧道,针对贵州隧道特点,采用隧道照明节能技术,进行隧道照明设计参数合理取值,以实现降低隧道能耗的目标。节能效果明显,短隧道节能效果达到70%以上,长隧道节能效果达到45%以上。

示范工程隧道情况表　　表15-4

序号	隧道名称	类别	桩号	长度(m)
1	三家寨隧道	左洞	ZK209 + 990 ~ ZK210 + 275	285
		右洞	YK209 + 980 ~ YK210 + 300	320
2	深沟隧道	左洞	ZK210 + 585 ~ ZK213 + 505	2920
		右洞	YK210 + 590 ~ YK213 + 630	3040
3	耿家屋基隧道	左洞	ZK214 + 155 ~ ZK215 + 970	1815
		右洞	YK214 + 145 ~ YK216 + 050	1905
4	崔家坡隧道	左洞	ZK216 + 295 ~ ZK216 + 510	215
		右洞	YK216 + 345 ~ YK216 + 605	260
5	马鞍山隧道	左洞	ZK216 + 745 ~ ZK217 + 062	317
		右洞	YK216 + 805 ~ YK217 + 220	415
6	下寨隧道	左洞	ZK217 + 421 ~ ZK217 + 700	279
		右洞	YK217 + 475 ~ YK217 + 790	315

1)长隧道照明节能技术示范

长隧道照明节能技术示范以深沟隧道为例。

初步设计阶段:深沟隧道洞外亮度均按3500cd/m^{2}考虑。全线设计车速80km/h。深沟隧道照明系统亮度、布灯间距等取值见表15-5。

深沟隧道初步设计照明系统设置表 表15-5

项目		亮度(cd/m²)	长度(m)	灯具型号	布置方式	单侧灯具间距(m)
加强照明	入口段	122.5	84	400W高压钠灯	双侧对称布置	1.5
	过渡段1	36.75	72	250W高压钠灯	双侧对称布置	3
	过渡段2	12.25	96	150W高压钠灯	双侧对称布置	6
	出口段	22.5	60	150W高压钠灯	双侧对称布置	3
中间段		9.0	—	150W高压钠灯	双侧对称布置	12

注:隧道左右洞各加强照明段参数相同;中间照明段长度根据隧道左右洞长度确定。

施工图设计阶段:深沟隧道洞外亮度均按3000cd/m²考虑。全线设计车速80km/h。深沟隧道照明系统亮度、布灯间距等取值见表15-6。

深沟隧道施工图设计照明系统设置表 表15-6

项目		长度(m)	灯具型号	布置方式	单侧灯具间距(m)	路面亮度(cd/m²)
加强照明	入口段1	45	140WLED灯	双侧对称布置	1	90
	入口段2	45	120WLED灯	双侧对称布置	1.5	45
	过渡段1	72	80WLED灯	双侧对称布置	3	13.5
	过渡段2	90	50WLED灯	双侧对称布置	4.5	4.5
	出口段1	30	50WLED灯	双侧对称布置	4.5	6
	出口段2	30	50WLED灯	双侧对称布置	3	10
中间段		—	50WLED灯	双侧对称布置	9	2.0

通过对初步设计(初设方案)与施工图设计(施设方案)对比分析,结合实际施工现场踏勘,对深沟隧道进行节能效益分析见表15-7。

深沟隧道近期照明节能效益分析 表15-7

项目		初设方案		施设方案		灯具数量对比(套)	功率对比(kW)	节能百分比(%)
		灯具数量(套)	总功率(kW)	灯具数量(套)	总功率(kW)			
左洞	中间段	486	48.6	648	32.4	162	-16.2	-33.3
	入口段1	98	39.2	80	11.2	-18	-28.0	-71.4
	入口段2	—	—	50	6.0	50	6.0	—
	过渡段1	36	9.0	32	2.56	-4	-6.44	-71.6
	过渡段2	16	1.6	20	1.0	4	-0.6	-37.5
	出口段1	—	—	8	0.4	8	0.4	—
	出口段2	30	—	12	0.6	-18	0.6	—
	总计	666	98.4	850	54.16	184	-44.24	-45.0

续上表

项目		初设方案		施设方案		灯具数量对比（套）	功率对比（kW）	节能百分比（%）
		灯具数量（套）	总功率（kW）	灯具数量（套）	总功率（kW）			
右洞	中间段	486	48.6	648	32.4	162	-16.2	-33.3
	入口段1	98	39.2	80	11.2	-18	-28.0	-71.4
	入口段2	—	—	50	6.0	50	6.0	—
	过渡段1	36	9.0	32	2.56	-4	-6.44	-71.6
	过渡段2	16	1.6	20	1.0	4	-0.6	-37.5
	出口段1	—	—	8	0.4	8	0.4	—
	出口段2	30		12	0.6	-18	0.6	—
	总计	666	98.4	850	54.16	184	-44.24	-45.0

从表15-7的对比分析结果可知：采用隧道照明节能技术，对隧道洞口亮度、隧道照明系统亮度、布设间距进行合理取值和设置，使深沟隧道照明系统总功率降低45.0%。

2）短隧道照明节能技术应用

以三家寨隧道为例，隧道照明系统亮度、布灯间距及节能效益分析等取值见表15-8～表15-10。

三家寨隧道初步设计照明系统设置表　　表15-8

项目		亮度（cd/m^2）	长度（m）	灯具型号	布置方式	单侧灯具间距（m）
加强照明	入口段	122.5	84	400W 高压钠灯	双侧对称布置	1.5
	出口段	22.5	60	150W 高压钠灯	双侧对称布置	3
中间段		9.0	—	150W 高压钠灯	双侧对称布置	12

注：隧道左右洞各加强照明段参数相同；中间照明段长度根据隧道左右洞长度确定。

三家寨隧道施工图设计照明系统设置表　　表15-9

项目		长度（m）	灯具型号	布置方式	单侧灯具间距（m）	路面亮度（cd/m^2）
加强照明	入口段1	45	120WLED 灯	双侧对称布置	1	37.5
	入口段2	45	100WLED 灯	双侧对称布置	1.5	18.75
	过渡段1	72	60WLED 灯	双侧对称布置	3	5.625
	出口段1	30	50WLED 灯	双侧对称布置	4.5	4.5
	出口段2	30	50WLED 灯	双侧对称布置	3	6
中间段		—	50WLED 灯	双侧对称布置	9	2.0

三家寨隧道近期照明节能效益分析　　表 15-10

项目		初设方案		施设方案		灯具数量对比(套)	功率对比(kW)	节能百分比(%)
		灯具数量(套)	总功率(kW)	灯具数量(套)	总功率(kW)			
左洞	中间段	48	4.8	64	3.2	16	-1.6	-33.3
	入口段1	98	39.2	50	6.0	-48	-33.2	-84.5
	入口段2	—	—	30	3.0	30	3.0	—
	过渡段1	—	—	16	0.96	16	0.96	—
	出口段1	—	—	8	0.4	8	0.4	—
	出口段2	42	4.2	12	0.6	-30	-3.6	-85.7
	总计	188	44.0	180	14.16	-8	-34.04	-70.6
右洞	中间段	48	4.8	64	3.2	16	-1.6	-33.3
	入口段1	98	39.2	50	6.0	-48	-33.2	-84.5
	入口段2	—	—	30	3.0	30	3.0	—
	过渡段1	—	—	16	0.96	16	0.96	—
	出口段1	—	—	8	0.4	8	0.4	—
	出口段2	42	4.2	12	0.6	-30	-3.6	-85.7
	总计	188	44.0	180	14.16	-8	-34.04	-70.6

从表 15-10 的对比分析结果可知:采用推广技术后,三家寨隧道左洞和右洞近期系统总功率均降低 70.6%,灯具数量均减少 8 套。

15.3.3　LED 节能灯在隧道照明中应用技术

近年,我国 LED 照明灯具发展已经成熟,少量隧道已经在使用 LED 隧道灯,但目前还未对 LED 灯在隧道内使用的条件和设计方法做出规定,本书结合毕都高速公路特点,对 LED 灯光学性能和使用条件进行了试验研究,取得如下成果。

1)中间视觉、司乘视觉与可见度

(1)明视觉、暗视觉与中间视觉

①明视觉:人眼视网膜的构造类似大脑皮层,其厚度不超过 0.4mm,约占眼球内表面的三分之二。传统光学理论认为,从映像视觉的效应看,视网膜包含两种类型的感光细胞,按其形状分别称为锥状细胞和杆状细胞;光接收器官的二重性理论认为锥状细胞是明适应条件下的接收器,它在明亮条件下能很好地分辨物体的细节和颜色,对光和色都有反应,即通常所讲的“明视觉”。

②暗视觉:杆状细胞是暗适应条件下的接收器,灵敏度高,能感受极微弱的光,表现为对光的数量起作用,但不能分辨细节和颜色,主要在昏暗的条件下发挥作用,即通常所讲的“暗视觉”。

③中间视觉:介于明视觉与暗视觉之间,既有锥状细胞感光,又有杆状细胞感光,称为中间视觉。

目前我国和世界上大多数国家的照明设计均按照“明视觉”理论，采用照度和亮度标准，而且仅考虑在明视觉条件下2°视野锥状感光细胞作用下的照度或亮度计算值作为照明设计的依据。而道路和隧道照明实际上应该为中间视觉。

(2)中间视觉的研究方法及CIE(国际照明委员会)认可的方法

研究中间视觉的方法有很多种，归纳起来主要有：

①异色视亮度匹配法。

②闪烁光度测量法。

③基于反应时间的视觉功效法。

④基于暗视觉光通量和明视觉光通量比值的方法等。

研究表明，在中间视觉条件下，用异色视亮度匹配法预测非单色光视亮度时，可加性就明显失效了；而闪烁光度测量法也仅在明视觉条件下可加性成立。总之，在中间视觉条件下，异色视亮度匹配法和闪烁光度测量法不满足CIE的光度测量定义中的可加性假设。科研人员提出“基于反应时间的视觉功效法”是满足可加性的光度测量方法。视觉功效法对于建立一个有效的中间视觉光度学系统的重要性被人们日益认可。CIE于2000年成立了TC1-58技术委员会进行中间视觉条件下视觉功效的研究。

(3)可见度

为使道路照明达到安全、快速和舒适运行的目的，美国国家标准机构和北美照明工程学会在2000年发布了道路照明实施标准RP-8-00，该标准推荐采用小目标物体可见度(STV)标准。可见度标准综合考虑影响道路照明质量的多个因素的整体效果，与驾驶人在驾车过程中的实际情况更接近，所以这是一个提高机动交通道路安全、保障道路交通快速运行的新颖道路照明设计方法，也是一个保证驾驶人发现前方障碍物后具有足够反应时间，从而能采取相应措施，保证行车安全的设计方法。

因此，CIE号召各国对机动交通道路照明可见度设计进行探索和试用。

2)等效亮度

(1)反应时间

人眼视觉反应过程包括5个阶段：纵览、发现、识别、鉴别和决定。在这个过程中，一个观察者尝试使用视觉行为来完成一项作业，通过几个步骤就可以实现。举例说明：观察者先是注意力不集中地纵览一个视野并发现一些感兴趣的东西；然后集中注意力去识别所发现的目标；在集中注意力识别物体之后，会做出一个决定。我们使用“反应时间”来表达所有的这5个步骤所花费的时间。

(2)反应时间与交通事故的关系

在现实生活中，尤其是在夜间驾驶过程中，反应时间对保障道路交通安全有重要的实际意义。在驾驶过程中，反应时间快就意味着视觉功效高和交通事故率的减小。

(3)等效亮度

①驾驶人在隧道内驾车的视觉行为包含看得见、看得清和多快3个子工作，视觉的综合效果可用反应时间长短来衡量。因此，可以用驾驶人的反应时间这个指标来衡量隧道照明质量。

②由试验获得的测试者的反应时间反映了在隧道不同光色光源、不同亮度水平等照明情况下，人眼的光生物效应和中间视觉等的综合视觉效果。

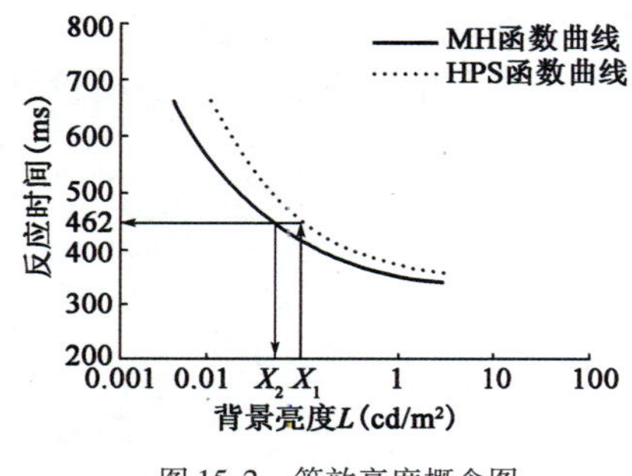

图 15-2　等效亮度概念图

③所以可以根据拟合得到的各种照明条件下反应时间与背景亮度之间的关系式求出反应时间相等时各种光源对高压钠灯的亮度对比系数 R(L),这就是等效亮度。例如,计算金卤灯对高压钠灯的亮度对比系数 R(L)过程如图 15-2 所示。

3)LED 灯和无极灯对高压钠灯的亮度对比系数

由等效亮度理论,根据试验获得的测试者的反应时间反映了在隧道的不同光色光源、不同亮度水平等照明情况下,人眼的光生物效应和中间视觉等的综合视觉效果。所以可以根据拟合得到的各种照明条件下反应时间与背景亮度之间的关系式求出反应时间相等时 LED 灯和无极灯对高压钠灯的亮度对比系数 R(L)。例如,计算 LED 灯对高压钠灯的亮度对比系数 R(L)过程如图 15-2 所示,无极灯光源对高压钠灯的亮度对比系数的计算过程与此相同。LED 灯和无极灯对高压钠灯的亮度对比系数 R(L)的计算结果见表 15-11。

金卤灯、LED 灯、荧光灯和单端荧光灯对高压钠灯的亮度对比系数 R(L)值　　表 15-11

背景亮度(cd/m²)		1.0	1.5	2.0	2.5	3.6*	4.5
R(L)	金卤灯	0.3646	0.4230	0.5477	0.5671	0.6015	0.6057
	LED 灯	0.3107	0.3881	0.4777	0.4613	0.4031	0.3491
	荧光灯	1.0916	0.9820	1.0429	0.9909	0.8975	0.8081
	单端荧光灯	1.0797	1.0334	1.1204	1.0537	0.9102	0.7906

注:* 背景亮度 3.6cd/m² 所对应的值根据拟合结果计算得到。

由表 15-11 可以看出:在隧道照明条件下,LED 灯对高压钠灯的亮度对比系数 R(L)比 1 小得多,这也再次印证了 LED 灯照明效果比高压钠灯好得多。例如,对试验采用的各种视标对比度和偏心角的平均效果而言,LED 灯产生 0.3107cd/m² 亮度的照明效果与高压钠灯产生 1.0cd/m²亮度的照明效果是等效的。无极灯对高压钠灯的亮度对比系数 R(L)基本都在 1.0 左右(个别情况下较小,最小达到 0.7906;最大 1.1204),这也再次印证了在隧道照明条件下无极灯的照明效果与高压钠灯的照明效果差不多。

通过"中间视觉"新型照明生物理论,结合等效亮度试验标准,开展不同光源对比试验得出 LED 灯在隧道内使用较其他光源的特点在于:

(1)优点

①高显色性:可用于隧道照明的大功率白光 LED 灯显色指数可达 80 以上,比较接近自然光色,更有利于洞内路面障碍物的识别和判断,缩短反应时间,提高行车安全性。

②高节能性:包含两个方面,一是灯具本身的电光功率转换接近 100%;二是根据"基于反应时间的等效亮度"科研结论,就路面照明效果而言,若提供 3.6cd/m² 的路面等效亮度,理论上 LED 灯具比传统高压钠灯节能约 50%。

③长寿命:LED 灯为固体冷光源,环氧树脂封装,灯体内也没有松动的部分,不存在灯丝发光易烧、热沉积、光衰等缺点,使用寿命可达 5 万小时,传统光源在这方面无法与之相比。

④启动时间短:气体放电光源从启动至光辐射稳定输出,需要几十秒至几十分钟的时间。

(2)在隧道内应用效果

从表15-11可以看出,采用LED灯照明时,其亮度对比系数约为高压钠灯的0.5倍。故当显色指数 $R_a \geqslant 65$、色温介于3500~6500K的LED光源用于隧道基本照明时,亮度可按表15-3所列亮度标准的50%取值,但不应低于1.0cd/m^2。

(3)在毕都高速公路的应用

毕都高速公路隧道全线中间段均采用LED灯照明。按照研究推广成果,中间段采用LED照明灯具时,其亮度取值为初步设计高压钠灯的0.5倍,大大降低了隧道照明装机规模,同时,结合"中间视觉"新型照明设计理论,运用LED灯的光生物效应在隧道内照明的优势,提高了隧道洞内行车安全性。

15.4 隧道供配电节能技术

15.4.1 隧道供配电可靠性分析技术

隧道供配电方式首先需要保证隧道的用电安全,在长、特长隧道中,供配电系统的供电可靠性关系着交通系统的正常运行,一旦其中部分环节出现问题,就可能引发危害公共安全的重大事故。因此如何评估和提高隧道供电系统的可靠性已成为当前规划、建设大型隧道和隧道群必须解决的问题。

1)隧道供配电可靠性评估

隧道供配电系统设计可靠性直关隧道运行可靠性,目前还未有其可靠性量化评价标准。本节结合数学模型、概率学等理论,对供配电系统可靠性评价提出标准。

(1)马尔科夫模型

马尔科夫模型可应用于研究时间和空间离散或连续变化系统随机特性。适用于马尔科夫方法的系统必须具有无记忆性和平稳性两个特点。无记忆性是指系统将来的状态与最近以前的一个状态有关,与过去的所有状态无关。也就是说,系统将来的随机特性只取决于现在,而不取决于过去,也不取决于如何到达现在的状态。

(2)单元件可靠性模型

在可靠性评估中,通常一个元件只有正常运行和停运两个状态,即二状态元件。这类元件的连续马尔科夫模型如图15-3所示,其中 A 表示线路正常运行状态,$\overline{A}$表示线路故障状态,λ 表示线路的故障率,μ 表示修复率。

(3)串联系统分析

如果系统中的任何一个元件失效便构成系统失效,这种系统称为串联系统。以两个元件串联系统为例,其逻辑框图如图15-4所示。

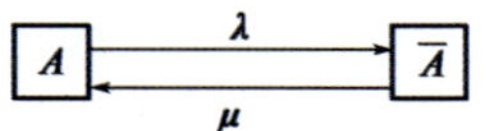

图15-3 二状态元件的连续马尔科夫模型

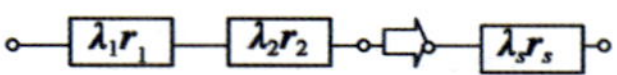

图15-4 串联逻辑框图

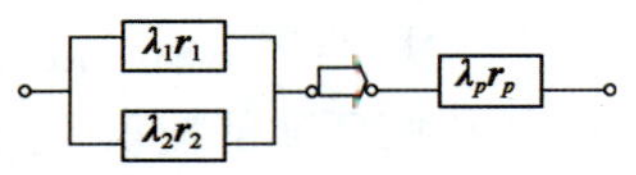

图 15-5　并联逻辑框图

(4)并联系统分析

构成系统的一组元件,如果系统成功只需一个元件工作,或者说必须全部元件都故障系统才失效,则称它们是一组并联元件,这个系统称为并联系统,如图 15-5 所示。

2)隧道外电源的可靠性分析

山区高速公路隧道不同于城区内的一些建筑,城区内的一些建筑靠近主城区变电站,取电方便。而山区高速公路隧道地处偏远山区,电力资源缺乏,取电困难。由于隧道管状通道的特性,使得隧道内用电设施对供电可靠性要求极高。在当今倡导"安全、环保、高效、节能"的公路工程建设追求的目标中,安全是放在第一位的。

隧道外电源的可靠性直接关系到驾驶人的人身和财产安全,任何事故都将造成公共场所秩序混乱,由此产生经济损失乃至政治影响,因此是一个重大的课题。隧道外电源系统是指连接上级电源(变电站 10kV 侧母线)和隧道供电系统电源接入点间的元件或元件组。它包括线路、开关等元件,从结构上看它是中压配电网的一部分。若将整个隧道供电系统看作一个 10kV 的用户,则隧道外电源的可靠性就是配电网中该用户节点的可靠性。

可靠性指标是定量测度和评价电力系统对客户供电能力的一个重要参数,在工业发达国家,可靠性已经成为配电系统规划决策中一项常规性工作。过去的几十年中可靠性研究开展得如火如荼,近几年来对配电系统可靠性的研究也积极开展起来,配电系统可靠性研究是对预想的停运事故进行逐个系统评估和计算,最终得到系统的可靠性指标。

(1)隧道外电源可靠性的测度指标

外接电源是隧道供电系统的主要电源,针对不同外接电源方案的失负荷频率和失负荷概率,采用以下指标测度外接电源的可靠性。

失负荷概率 LOLP(Loss-Of-Load Probability)表示平均年缺电概率,计算公式为式(15-6):

$$\mathrm{LOLP} = \sum_{F_i \in F} \mathrm{Prob}(F_i) \tag{15-6}$$

式中:F——系统失效时间集;

F_i——失效事件。

失负荷时间期望 LOLE(Loss-Of-Load Expected)表示每年缺电小时数,单位为 h,计算公式为式(15-7):

$$\mathrm{LOLE} = \sum_{F_i \in F} \mathrm{Prob}(F_i) \times 8760 \tag{15-7}$$

失负荷频率 FLOL(Frequency of Loss-Of-Load)表示每年平均停电次数,它的单位是次/年,计算公式为式(15-8):

$$\mathrm{FLOL} = \sum_{F_i \in F} \mathrm{Fre}(F_i) \tag{15-8}$$

(2)配电网可靠性分值的确定

根据国内外配电网实际可靠性统计数据,并结合我国实际:我国在制定《电力系统可靠性准则》(建议稿)时曾提出大城市中心区基本达到 0.9999 左右、一般城市中心区或大城市非中心区达到0.999左右的要求，为便于阅读和理解，将各可靠性指标用10分制进行表示（用户平均停电时间考虑0～1000h），选择如下对数模型表示系统可靠性得分，见式（15-9）：

$$S = 10 - \log_2[(1 - \mathrm{ASAI}) \times 8760 + 1] \tag{15-9}$$

式中：S——系统供电可靠性对应分值（0～10）；

ASAI——系统供电可用率，其取值范围（0－1］；当用户平均停电时间大于1000h时，该系统可靠性得分为0。

15.4.2　隧道变电所合理位置选取

1）供配电系统经济性理论

随着高速公路由城市郊区向山岭重丘区发展，隧道在路线中所占的比例越来越重，而对于隧道机电工程而言，隧道供配电系统的工程初期投资所占比例高达40%，究其原因，主要是隧道内机电设施布置分散，电气设备和电力电缆用量大，随着型材和铜材价格的不断上扬，隧道供配电系统的工程初期投资所占比例将会越来越大。在各节能型供配电系统研究中也对不同长度隧道的供配电系统方案、同长度隧道条件下的不同供电方案的经济性做了深入细致的研究，也充分验证了隧道供配电系统设计对隧道机电工程造价的影响程度。安全、节能、经济、合理的供配电系统最终需要落实到设计上。在以前的隧道供配电系统中，由于各行业设计院技术人员对隧道各系统用电设施在隧道运营中的重要程度理解不同，因此造成国内隧道供配电系统方案差异很大，导致隧道供配电系统可靠性不能满足隧道运营需求或同等规模隧道的供配电系统工程造价有较大的差异。因此对不同长度隧道的变电所配置方式进行研究是非常之必要的。

隧道供配电系统由高压开关柜、电力变压器、低压开关柜以及低压配电线路、用电设备组成。用电设备由隧道其他专业选择和确定，除用电设备外，电力变压器容量和低压电缆截面、供电半径的选取对供配电系统的能耗影响较大。而电缆截面以及变压器的容量取决于变电所的设置位置，即其对应的供电范围内的用电设施用电量和供电距离、供电电压等。

2）低压配电电线、电缆截面选择

电线、电缆截面选择应满足允许温升、电压损失、机械强度等要求。对于电缆线路还应校验其热稳定性，较长距离的大电流回路或35kV及以上的输电线路应校验经济电流密度，在满足安全运行的同时，降低能耗、减少运行费用。

同一供电回路需多根电缆并联时，宜选用相同缆芯截面。

（1）按温升选择截面

为保证电线、电缆的实际工作温度不超过允许值，电线、电缆按发热条件的允许长期工作电流（以下简称载流量），不应小于线路的工作电流。电缆通过不同散热条件地段，其对应的缆芯工作温度会有差异，除重要回路或水下电缆外，一般可按5m长最恶劣散热条件地段来选择截面。

（2）按电压损失校验截面

按电压损失校验截面时，应使各种用电设备端电压符合规范要求。

对于隧道内长距离的射流风机和照明线路，一般按允许电压损失选择电线、电缆截面，并校验机械强度和允许载流量。

(3)按载流量选择

近距离供电线缆的截面一般是按载流量选择,不同型号、不同材质、不同规格电缆载流量是不同的。同时敷设方式不同,其载流量也是不同的。敷设方式主要有空气中敷设和埋地敷设两种方式。空气中敷设量一般是以30℃环境温度为基准;埋地敷设载流量是以环境温度25℃、土壤电阻系数1.2℃·m/W为基数。在不同敷设条件下,电线、电缆允许的载流量尚应乘以相应的校正系数。

3)变压器容量选择

由于部分设计院技术人员并未对隧道的用电负荷运行情况进行分析,同时国内相关设计手册也无相关的参考资料,因此,大多数投入运营的隧道变压器负载率都在10%~30%,造成极大的资源浪费。选择变压器容量时应分析变压器所带负载运行时间以及同期性,建议只有照明用电负荷的电气设备组需要系数和同期系数取高值;既有照明用电负荷,又有动力用电负荷的电气设备组需要系数和同期系数取中/低值。

15.4.3 隧道供配电系统分步实施关键技术

1)隧道供配电系统分步实施的提出

为了解决上节所述问题,使隧道供配电系统经济合理的运行,可以根据近期及远期交通量,在加强供配电系统科学设计的基础上,对隧道供配电系统进行“总体设计、分步实施”。供配电系统的分步实施不仅可以降低供配电系统近期的运营成本、减小变压器及输电线路等的电能损耗,从项目总体来看,由于资金具有时间价值及设备的折旧,系统的分步实施还会带来此部分的额外资金收益。因此,制订隧道供配电系统合理的分步实施策略非常必要。

2)隧道供配电系统分步实施的原理

首先,高速公路隧道供配电系统不是独立于整个机电系统而单独存在的,它必须同其他机电系统一起构成高速公路隧道服务的附属设施。其次,高速公路隧道供配电系统还受到来自隧道通风系统、照明系统的制约,必须满足为其提供充足、可靠电力的要求。因此高速公路隧道供配电系统分步实施方案主要还是根据隧道通风系统、照明系统的近、远期实施方案来进行电气设备、材料选型、房屋建筑、预留预埋等方面规划。这也就要求在设计隧道通风系统、照明系统时必须根据现实交通量和可预测交通量,远近结合,制订合理的通风系统、照明系统分步实施方案。

3)分步实施方案经济性评价指标

如需计算隧道供配电系统分期实施带来的资金收益,并比较各分期实施方案的优劣,则需对分期实施方案具体的实施费用和收益进行详细的计算。

可以预计的实施费用包括:初期投资费用,后期追加投资费用、替换元件的残值等;同时还需要考虑资金的贴现率、元件折旧、损耗、运行维护费用等问题。以上因素涉及面广,相关原始资料收集较为困难。同时要综合考虑以上问题需要建立最优化模型并求解,其计算复杂性较高。因此需要对以上问题进行简化。

4)分步实施方案经济性评价模型

(1)资金的时间价值

电力设备的使用年限往往比较长,因此在分析隧道供配电系统分步实施方案的经济性时,必须考虑到资金的时间价值。资金的时间价值，是指将一定量资金投入经济活动一段时间后所产生的增值或经济效益。如参加银行储蓄可获得利息，投资项目可获得纯收益，这些资金的利息和纯收益是资金时间价值的具体体现。由于资金时间价值的存在，发生在不同时刻的等额资金，其实际价值是不相等的。不同时间点上的现金流量不能直接加以比较。项目分步实施过程中所发生的各种费用，如初期投资费用、分期追加投资费用、系统运行维护费、系统损耗、设备残值等，因发生的时间不同，如果把现在值的投资与将来值的分期投资直接相加，就不能得出正确的结论。为了保证各分期投资方案的可比性，获得准确的经济评价，就必须把不同时间点的价值换算成相同时间点的价值，然后进行对比。

既然资金的时间价值直接体现为利息或纯收益形态的增值，那么，客观上必然存在一个资金随时间增值的速率，可以用来作为不同时间点上资金价值的换算率，这种换算率就是计算资金时间价值的尺度，在工程中也叫贴现率。这方面的尺度有两种：银行利率和动态投资收益率。

在经济分析中，工程项目有关资金的时间价值可以用以下 4 种方法来表示：

①现值 P。把不同时刻的资金换算为当前时刻的金额，此金额称为现值。这种换算称为贴现计算，现值也称为贴现值。

②将来值 F。把资金换算为将来某一时刻的等效金额，此金额称为将来值。资金的将来值有时也叫终值。

现值和将来值都是一次支付性质的。

③等年值 A。把资金换算为按期等额支付的金额，通常每期为一年，故此金额称等年值。

④资金的现值 P 发生在第一年初，将来值发生在将来某一时刻，等年值则发生在每年的年底。

(2)追加投资费用

若在第 m 年实施改造及扩容，追加的投资费用（包括设备购置、安装、改装及调试费）为 C_{mi}，计算年限为 m 年，贴现率为 i，由于追加投资费用发生在第 m 年，属于资金时间价值中的将来值，将将来值转化为隧道供配电系统的设计寿命年限期间的等年值为：

$$C_{miA}=\frac{C_{mi}(1+i)^{n-m}i}{(1+i)^{n}-1} \tag{15-10}$$

(3)运行与维护费用

隧道供配电系统的运行费用指设备的能耗费，设备能耗费主要指设备在运行过程中的功率损耗，包括两部分：固定功率损耗成本和可变功率损耗成本。固定损耗成本指某些设备的二次系统功率损耗如断路器的控制系统等或变压器的空载损耗，即指不随负荷率变化而变化的损耗。可变损耗成本指线路发热功率损耗、变压器负载损耗及其他设备的功率损耗等，其损耗大小是随负荷率变化而变化的。

15.4.4　供配电系统节能设备

变压器是电力系统中最重要的设备，它承担着电压变化，电能分配与传输的重任，其运行状态直接关系到整个电力系统的可靠性。国家发展和改革委员会与科技部明确指出，2010 年前，淘汰电网在役的高耗能变压器设备，并积极出台相关的财税优惠政策，鼓励生产、制造、使用节能环保变压器设备。

在电力系统中，发、供、用电过程的电能损耗主要包括线路损耗和变压器损耗两大部分。整个线路除有一定数量的输电变压器外，还有运行在电力系统末端的配电变压器，其总数量和总容量所占的比例很大，为配电网中不可缺少的主要设备，分布面非常广泛。

1）SCB 系列干式变压器

SCB 系列干式变压器（图 15-6），是目前应用较广的传统变压器。其高低压绕组采用铜箔绕制，环氧树脂真空浇铸成型，绝缘性能好，耐冲击强度高，可根据实际需要配备温控仪、风机。SCB10、SCB11 系列通过对其铁芯的结构升级，在减少空载损耗、空载电流和降低噪声等方面都比原 SCB9 系列配电变压器有明显的改善。

环氧浇注式干式变压器的特点：

（1）抗短路强度大：由于树脂的材料特性，加之线圈是整体浇注，所以机械强度很高。

（2）防灾性能突出：环氧树脂难燃、阻燃并能自行熄灭，不致引发爆炸等二次灾害。

（3）环保性能优越：环氧树脂是化学上极其稳定的一种材料，防潮、防尘，即使在大气污染等恶劣环境下也能可靠地运行。

（4）绝缘性能好，局部放电量小（10kV 产品小于 5PC），耐雷电冲击性能好。

（5）免维护：由于有了完善的温控温显系统，目前环氧浇注式干式变压器已可以做到免维护，从而可以大大减轻运行管理人员的负担，并降低运行费用。

（6）噪声低、体积小、重量轻，甚至可以移动，无需特殊的基础。

（7）不需单独的变压器室，不需吊芯检修，节约占地面积，相应节省土建投资。

2）S（C）BH 系列非晶合金干式变压器

非晶合金干式变压器（图 15-7）是以非晶态金属为铁芯材料的一种新型变压器。非晶合金铁芯具有较高的饱和磁感应强度、低矫顽力、超低损耗、低激磁电流和良好的温度稳定性。非晶合金铁芯变压器由于比普通硅钢片铁芯变压器的空载损耗可下降 70% ~80%，空载电流可下降 80% 左右，是一种理想的节能变压器。

图 15-6　SCB 系列干式变压器

图 15-7　SCBH 系列干式变压器

非晶合金干式变压器分为环氧浇注式和敞开式两种，不但继承了传统干式变压器的难燃、阻燃、可靠性高和免维护等特点，又具有非晶合金材料的独特性能，其优点如下。

（1）节能效果显著，空载损耗只有常规干式变压器的 25% ~35%。

(2)产品环保、安全、可靠。

(3)机械强度高,承受短路能力强,运行安全可靠。

(4)安装简便、免维护。

(5)绝缘水平高、产品使用寿命长。

(6)“三防”能力佳,无龟裂现象。

(7)过载能力强,120%负载下可长期安全运行。

3)变压器总成本

总拥有费用法(简称TOC)是一种评价变压器能源效率比较全面的方法,它根据综合比较变压器价格和能耗水平的原则,按照总拥有费用最低的标准来选择变压器,具体计算公式为式(15-11):

$$\mathrm{TOC}=C_{\mathrm{t}}+(A\times P_{\mathrm{o}}+B\times P_{\mathrm{k}}) \tag{15-11}$$

$$A=k_{\mathrm{pw}}\times(E_{\mathrm{JL}}\times 12+E_{\mathrm{L}}\times H_{\mathrm{py}}) \tag{15-12}$$

$$B=(E_{\mathrm{JL}}\times 12+E_{\mathrm{L}}\times\tau)\times P_{\mathrm{L}}^{2}\times k_{\mathrm{t}} \tag{15-13}$$

$$k_{\mathrm{pw}}=\left\{1-[1/(1+i)]^{n}\right\}i \tag{15-14}$$

$$\begin{aligned}P_{L}^{2}&=\sum_{j=1}^{n}\left\{[\beta_{0}(1+g)^{(j-1)}]^{2}[1/(1+i)^{j}]\right\}\\&=\frac{\beta_{0}^{2}}{(1+i)^{n}}\frac{(1+i)^{n}-(1+g)^{2n}}{(1+i)-(1+g)^{2}}\end{aligned} \tag{15-15}$$

以上式中:TOC——配电变压器的综合能效费用,元;

C_{t}——变压器价格,元;

P_{o}——空载损耗,W;

P_{k}——负载损耗,W;

A——空载损耗等效初始费用,元/W;

B——负载损耗等效初始费用,元/W;

k_{pw}——贴现率为i的连续n年费用现值系数;

E_{JL}——两部电价中的月容量电费,元/(kW·月);

E_{L}——两部电价中的电度电费,元/(kW·h);

H_{py}——年运行小时数,一般取8760h;

τ——年最大负载损耗小时数;

P_{L}——变压器经济使用期的年负载等效系数;

k_{t}——变压器的温度校正系数,通常取1.0;

n——变压器使用年限;

i——年利率;

β_0——变压器投运年高峰负载率;

g——变压器高峰负载年均增长率。

15.4.5 隧道供配电节能技术示范应用

本路段依托工程共 6 座隧道，其中长隧道 2 座，短隧道 4 座。长隧道为深沟隧道和耿家屋基隧道，短隧道为三家寨隧道、崔家坡隧道、马鞍山隧道和下寨隧道。

1）变电所设置数量和位置

三家寨隧道、崔家坡隧道、马鞍山隧道和下寨隧道为短隧道，仅设置照明设施，因此，结合外电源接入工程造价和负荷大小，根据变电所设置方式的研究成果，可只考虑在隧道一端设置箱式变电站。

根据供配电方式的理论研究资料，对深沟隧道和耿家屋基隧道的变电所设置位置进行分析。

深沟隧道单洞长度 2920m 左右，拟定两个方案进行变电所位置的初期投资和运营费用比较。方案一是在隧道两端洞口各设置 1 座 10/0.4kV 变电所，在每组射流风机位置处设置 10/0.4kV 埋地式变压器，用于每组射流风机的供电；方案二是在隧道两端洞口各设置 1 座 10/0.4kV 变电所，在每组射流风机位置处设置 10/0.4kV 埋地式变压器，用于每组射流风机的供电，同时在深沟隧道洞内接近隧道中部位置处设置 1 台 10/0.4kV 箱式变电站。

从表 15-12 可以看出，深沟隧道采用 3 座变电所方案工程造价低于 2 座变电所方案，工程造价可节省 40.6 万元，因此，深沟隧道可采用 3 座变电所方案。

深沟隧道照明供配电工程初期投资比较表　　表 15-12

序号	材料名称	型号及规格	工程量			单价（元）	附件及施工费用比例	建设贷款时间 N_1（年）	初期投资（元）	
			单位	3 座变电所方案	2 座变电所方案				3 座变电所方案	2 座变电所方案
1	电力电缆	ZR-YJV-1KV-4X4	m	240	—	25.1	15%	1	6927.6	0
2	电力电缆	ZR-YJV-1KV-4X6	m	5000	120	32.1	15%	1	184575	4429.8
3	电力电缆	Stabiloy-ZR-TC90-4X16	m	3550	300	41.6	15%	1	169832	14352
4	电力电缆	Stabiloy-ZR-TC90-4X25	m	4900	300	57.6	15%	1	324576	19872
5	电力电缆	NH-YJV-1KV-4X6	m	3050	—	36	15%	1	126270	—
6	电力电缆	Stabiloy-ZBN-ACWU90-4X16	m	600	—	61.6	15%	1	42504	—
7	电力电缆	Stabiloy-ZBN-ACWU90-4X25	m	1450	6540	76	15%	1	126730	571596
8	电力电缆	Stabiloy-ZR-TC90-4X35	m	800	6280	60.8	15%	1	55936	439097.6
9	电力电缆	Stabiloy-ZR-TC90-4X50	m	1450	6340	81.6	15%	1	136068	594945.6
10	电力电缆	Stabiloy-ZR-TC90-4X95	m	—	6260	96	15%	1	—	691104
11	电力电缆	YJV-10003X70	m	3250	—	110	15%	1	411125	—
12	箱式变电站	80kVA	台	1	—	300000	15%	1	345000	—
总计（元）									1929543.6	2335397

耿家屋基隧道单洞长度1815m左右,拟定了两个方案进行变电所位置的初期投资和运营费用比较。方案一是在隧道两端洞口各设置1座10/0.4kV变电所,在每组射流风机位置处设置10/0.4kV埋地式变压器,用于每组射流风机的供电;方案二是在隧道两端洞口各设置1座10/0.4kV变电所,在每组射流风机位置处设置10/0.4kV埋地式变压器,用于每组射流风机的供电,同时在深沟隧道洞内接近隧道中部位置处设置1台10/0.4kV箱式变电站。

从表15-13可以看出,耿家屋基隧道采用3座变电所方案工程造价高于2座变电所方案,工程造价增加26.3万,因此,耿家屋基隧道可采用2座变电所方案。

耿家屋基隧道照明供配电工程初期投资比较表　　表15-13

序号	材料名称	型号及规格	工程量			单价（元）	附件及施工费用比例	建设贷款时间 N_1（年）	初期投资(元)	
			单位	3座变电所方案	2座变电所方案				3座变电所方案	2座变电所方案
1	电力电缆	ZR-YJV-1KV-4X4	m	—	60	25.1	15%	1	0	1731.9
2	电力电缆	ZR-YJV-1KV-4X6	m	120	2800	32.1	—	—	4429.8	103362
3	电力电缆	Stabiloy-ZR-TC90-4X16	m	9564	2400	41.6	—	—	457541.76	114816
4	电力电缆	Stabiloy-ZR-TC90-4X25	m	4843	3600	57.6	—	—	320800.32	238464
5	电力电缆	NH-YJV-1KV-4X6	m	4642	1200	36	—	—	192178.8	49680
6	电力电缆	Stabiloy-ZBN-ACWU90-4X16	m	—	1200	61.6	—	—	0	85008
7	电力电缆	Stabiloy-ZR-TC90-4X25	m	—	1200	55	—	—	0	75900
8	电力电缆	Stabiloy-ZR-TC90-4X50	m	300	3000	81.6	—	—	28152	281520
9	电力电缆	YJV-10003X70	m	—	2150	110	—	—	0	271975
10	箱式变电站	80kVA	台	1		420000	15%	1	483000	0
总计(元)									1486102.3	1222457.0

2)供配电系统分期实施方案

三家寨隧道、崔家坡隧道、马鞍山隧道和下寨隧道为短隧道,仅设置照明设施,隧道远期照明方案是保持近期照明灯具安装间距不变,更换更大功率LED灯的照明方式。根据对隧道近、远期照明负荷用电量分析,近期用电负荷所需的电力变压器容量为50kVA,远期用电负荷所需的电力变压器容量为80kVA。

深沟隧道和耿家屋基隧道照明和动力变压器分开设置,隧道远期照明方案也是采用LED灯换功率的方式,灯具间距不变。近期:隧道洞外进口端用电负荷所需的变压器容量均为125kVA,出口端用电负荷所需的变压器容量均为80kVA,深沟隧道洞内变压器容量为50kVA;远期:隧道洞外进口端变压器容量均为160kVA,出口端变压器容量均为100kVA,深沟隧道洞内变压器容量为80kVA。

深沟隧道和耿家屋基隧道的风机变压器设计采用的是分散配置方式,即1组射流风机

(一组为2台)采用1台变压器方式,因此风机变压器可直接实现分期实施。

从表15-14、表15-15可以看出,由于隧道照明用的近、远期变压器容量本身不大且近、远期变压器容量偏差不大,因此近、远期照明变压器运行10年的电费差别也不大,6座隧道远期运行电费只比近期多59549元,6座隧道远期综合费用也只比近期多143548.9元。若只在近期照明用电负荷实施电力变压器,远期采用最简单的分期实施方案——更换变压器容量的方式,则远期将增加工程造价72万元。因此对于示范工程来说,隧道照明变压器按远期电力电压器容量配置是最经济的。

SCBH15 非晶合金电力变压器单价表 表15-14

变压器容量(kVA)	50	80	125	160
变压器单价(元)	65000	72000	102000	106000

隧道近、远期照明负荷配置的电力变压器综合费用比较表 表15-15

名称		三家寨隧道	崔家坡隧道	马鞍山隧道	下寨隧道	深沟隧道	耿家屋基隧道	备注
1	近期配置变压器容量(kVA)	1×50	1×50	1×50	1×50	1×50+1×80+1×125	1×50+1×80	—
2	近期配置初期投资(元)	65000	65000	65000	65000	239000	137000	—
3	变压器运行1年的电费(元)	2299	2299	2299	2299	9702	6386	—
4	变压器运行10年的电费(元)	22990	22990	22990	22990	97020	63860	总费用252840
5	近期配置综合费用(元)	87990	87990	87990	87990	336020	200860	=2+4
6	远期配置变压器容量(kVA)	1×80	1×80	1×80	1×80	1×80+1×100+1×160	1×100+1×160	—
7	远期配置初期投资(元)	72000	72000	72000	72000	269000	163000	—
8	变压器运行1年的电费(元)	3193.37	3193.37	3193.37	3193.37	11674.23	6791.18	—
9	变压器运行10年的电费(元)	31933.7	31933.7	31933.7	31933.7	116742.3	67911.8	总费用312389
10	远期配置综合费用(元)	103933.7	103933.7	103933.7	103933.7	385742.3	230911.8	=7+9

3)隧道供配电系统节能设备

供配电系统节能设备主要是节能变压器、照明节电器。由于目前隧道节能照明灯具基本采用LED灯,因此照明节电器基本已退出市场。根据依托工程的用电负荷,对目前市场应用比较广的 SCB 和 SCBH 两种类型变压器进行节能比较,确定出适合依托工程的节能变压器。

三家寨隧道、崔家坡隧道、马鞍山隧道和下寨隧道变压器容量均为 80kVA;深沟隧道洞外进口端变压器容量为 160kVA,出口端变压器容量为 100kVA,洞内变压器容量为 80kVA;耿家屋基隧道洞外进口端变压器容量为 160kVA,出口端变压器容量为 100kVA。

从表 15-16 可以看出,虽然 SCBH15 型非晶合金干式变压器综合费用高出 SCB11 型电力变压器 100346.7 元,但其 10 年的运营电费可节约 153653.3 元,因此建议依托工程采用 SCBH15 型非晶合金干式变压器。

隧道不同类型节能型电力变压器综合费用比较表 表 15-16

名　称	SCB11 型	SCBH15 型
电力变压器容量(kVA)	80/100/160	80/100/160
数量(台)	5/2/2	5/2/2
单价(元)	52000/58000/62000	72000/91000/106000
初期投资(元)	500000	754000
变压器运行 10 年的电费(元)	482939.1	329285.8
综合费用(元)	982939.1	1083285.8

15.5 本章小结

山区公路隧道照明及供配电系统节能技术为隧道照明和供配电配置及管理提供了技术上的支撑和指导。该项目的推广应用,大大降低了毕都高速公路隧道照明和供配电系统的装机容量,实现了节能 25% 以上的目标;同时节能型电力变压器合理的推广应用,不仅带来营运耗能的降低,还带动了绿色产业链条的完善及发展,具有巨大的经济和社会效益。

该项目的良好应用,带动了贵州省公路隧道节能减排工作取得重大突破,并在全省交通运输领域树立节能工程典范。

第16章 机制砂高性能混凝土综合应用技术

16.1 概述

贵州地区地势崎岖，地形复杂，山地众多，交通极不方便，近年来贵州高速公路建设规模大，桥隧工程多，混凝土用量十分巨大，且河砂资源严重匮乏。若采用河砂配制混凝土，不仅河砂价格高，而且从外地运输到贵州的运输成本更高，造成工程成本急剧增加。而且，河砂的开采对河流和田地的可持续发展也会产生不利影响。因此，采用河砂配制混凝土用于贵州省高速公路建设显然不是最佳的选择。

虽然贵州地区河砂资源匮乏，但是，优质石材资源十分丰富，利用机械破碎生产的机制砂用于配制混凝土不仅可以就地取材，降低工程成本，且对环境无明显危害。因此，采用机制砂配制混凝土成为贵州地区高速公路建设的不二选择。

毕都高速公路沿线存在较多的重难点工程，且面临十分复杂的工程建设环境，采用普通机制砂混凝土不能较好地满足工程建设要求，并且不利于我国高性能混凝土技术的推广应用。引入机制砂高性能混凝土综合技术研究成果，不仅可以达到解决工程技术难点，降低工程成本，提高经济效益，保证工程建设质量的目的，而且，对提高高速公路工程质量、长期耐久性与运营安全具有重大的意义。此外，本技术研究还有利于环境和经济增长的可持续发展，具有十分显著的意义。

16.2 机制砂高性能混凝土推广技术内容及实施方法

16.2.1 推广技术内容

机制砂高性能混凝土是以耐久性为首要设计目标，以机制砂为细骨料，采用全寿命周期质量控制技术制备的具有满足不同工程要求的性能，如工作性、强度、耐久性、体积稳定性等的匀质性混凝土。

机制砂高性能混凝土技术是贵州高速公路集团有限公司、贵州省交通规划勘察设计研究院股份有限公司、同济大学、贵州省公路工程集团有限公司等多家单位合作开发经十多年的研究与应用，形成的系列研究成果。根据贵州地区机制砂特性与高速公路工程建设中所需的不同类别的高性能混凝土，形成了机制砂高强高性能混凝土、机制砂大体积混凝土、机制砂超高泵送混凝土、机制砂自密实混凝土、机制砂水下抗分散混凝土、机制砂抗扰动混凝土等系列成果。推广应用项目根据贵州地区机制砂特性与高速公路工程不同结构部位的混凝土性能需求，选择应用不同类别的机制砂高性能混凝土。

贵州毕都高速公路示范工程项目针对毕都高速公路重难点示范工程——北盘江特大桥、总溪河特大桥和抵母河大桥，推广应用了机制砂自密实混凝土、机制砂超高泵送混凝土、机制砂大体积混凝土三种机制砂高性能混凝土关键技术。

1）解决的技术问题

（1）机制砂自密实混凝土关键技术

解决高强度等级、高石粉含量（≤12%）下混凝土的黏聚性和高流动性间协调的技术难题，实现机制砂自密实混凝土在高石粉含量情况下能够依靠自重作用充模、密实，而不需额外的人工振捣，减少劳动力，显著降低成本。

（2）机制砂超高泵送混凝土关键技术

针对高桥墩等结构要求混凝土拌和物在大高差、长距离和长时间条件下泵送的问题，创新性地提出一种泵送过程中摩擦阻力小、黏聚性好、不离析、不堵管的机制砂高扬程泵送混凝土，解决不同泵送高度下机制砂混凝土的配制技术难题。

（3）机制砂大体积混凝土关键技术

将机制砂自密实混凝土技术推广至大体积混凝土，形成机制砂大体积混凝土设计、配制、施工、养护等一系列成套关键技术，解决大桥承台等大体积混凝土一次成型的技术难题，工期将大为缩短。

2）毕都高速公路用机制砂自密实混凝土配合比设计原则与性能控制指标的制订

根据毕都高速公路沿线的混凝土原材料特性，以及公路工程各标段的混凝土性能需求，尤其隧道、桥梁等工程部位的混凝土结构性能要求，提出总体机制砂自密实混凝土的配合比设计原则、性能控制指标与设计方法，包括：

（1）不同强度等级自密实混凝土设计原则。

（2）不同强度等级自密实混凝土性能控制指标。

（3）不同强度等级自密实混凝土设计方法。

3）机制砂自密实混凝土的配制技术

根据贵州毕都高速公路混凝土原材料的特点，尤其粉煤灰等矿物掺合料的主要矿物组成与特性，全面分析堆石、粗细集料的粒径、级配、颗粒形貌等性能。

研究确定不同强度等级机制砂自密实混凝土的主要配合比参数，如水胶比、水胶比确定下的浆集比、水胶比和浆集比确定下的砂石比和高效减水剂。研究并选择自密实混凝土原材料和配合比参数，使其流动性与黏聚性等矛盾得到统一，获得不同强度等级自密实混凝土。以混凝土工作性指标、混凝土抗压强度为主要考核指标，结合贵州地区粉煤灰等矿物掺合料特点，提出不同强度等级机制砂自密实混凝土的配制技术。

4）机制砂自密实混凝土施工技术

配制与施工操作等因素和施工环境对机制砂自密实混凝土的质量影响很大。制订合理的施工工艺与施工技术是高耐久机制砂自密实混凝土质量控制与质量保证的关键。示范工程项目研究并提出从设计、配制、生产、泵送施工到质量检验等成套的机制砂自密实混凝土的施工应用技术，包括：

(1)机制砂自密实混凝土用模板技术。

(2)机制砂自密实混凝土生产技术。

(3)机制砂自密实混凝土的泵送浇筑施工技术。

(4)机制砂自密实混凝土养护技术。

(5)机制砂自密实混凝土现场检测指标与技术。

16.2.2 实施方法

通过充分调研毕都高速公路沿线的混凝土原材料特性(尤其是机制砂母岩特性和生产的机制砂特性)，以及示范工程桥梁工程部位的混凝土结构性能要求，研究混凝土配制参数优化、室内试验的方法。具体实施方法如下：

(1)根据贵州毕都高速公路混凝土原材料的特点，尤其粉煤灰等矿物掺合料的主要矿物组成与特性，通过筛分试验、压碎试验、颗粒形貌测试、泥块含量、含泥量测试等方法全面分析原材料的矿物组成、粒径、级配、颗粒形貌等性能。

(2)通过坍落度试验、扩展度试验、凝结时间测试等测试方法，优化研究确定不同种类机制砂高性能混凝土的配合比参数：胶材总量、水胶比、水胶比确定下的浆集比、水胶比和浆集比确定下的砂石比和高效减水剂、石粉含量、矿物掺合料掺量。

(3)对不同配合比参数下的混凝土试件进行28d抗压强度测试，探究配合比参数对混凝土抗压强度的影响规律，以保证混凝土强度。

(4)对不同配合比参数下的混凝土试件进行物理力学性能及耐久性能发展规律研究，包括强度发展规律、静弹性模量发展规律、干燥收缩发展规律。

最终，通过制定机制砂高性能混凝土应用技术指南，达到实现毕都高速公路典型标段机制砂高性能混凝土工程应用技术指导的目标，技术路线如图16-1所示。

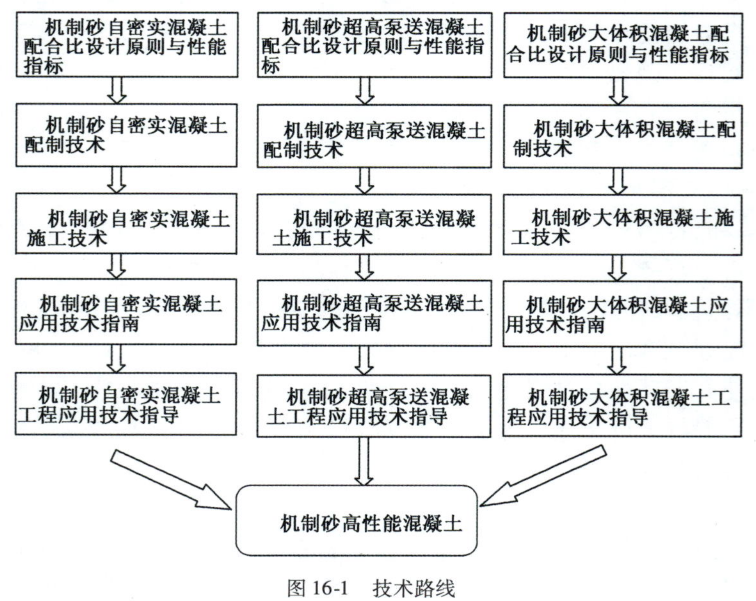

图16-1 技术路线

16.3　机制砂高性能混凝土综合技术应用示范工程及适应性分析

16.3.1　北盘江特大桥工程概况及技术适应性分析

1)北盘江特大桥工程概况

北盘江特大桥位于六盘水市水城县都格乡与云南省宣威市普立乡腊龙村交界的北盘江大峡谷云南岸,是杭州至瑞丽高速公路(黔滇界)毕节至都格段重难点工程。北盘江大桥桥型采用720m钢桁梁斜拉桥,桥梁全长1341.4m,桥跨布置为(80+88×2+720+88×2+80+34×3)m,索塔高246.5m,混凝土强度等级采用C50。北盘江大桥5号、6号辅助墩墩身为空心薄壁墩,其尺寸为7m×5m,高28.3~57.2m;7号~9号墩均为实心墩,其中7号过渡墩墩身尺寸为15.09m×5.5/2m,高12.8~17.8m;8号、9号引桥墩墩身尺寸为5.2m×2m,高8~14m;10号桥台承台尺寸为12.24m×6.75m,高5.025~8.725m。5~9号墩墩身混凝土等级均为C40,10号桥台台身混凝土等级为C30。

桥区场地处于扬子准地台—黔北台隆—六盘水断陷—普安旋扭构造变形区西北部—布坑底背斜的南翼,新构造运动处于缓慢上升节段,基岩强烈褶皱、断裂。不良地质现象主要为岩溶、滑坡、崩塌及裂隙带。地层产状一般为132°~135°∠24~25°,岩溶、裂隙较发育,溶蚀现象普遍分布,地表裸露形态以溶沟、溶槽、小溶洞为主,其中走向315°节理最为发育。

根据桥位区地质特点和含水岩组情况,桥位区的地下水主要为第四系孔隙水和岩溶裂隙水。孔隙水主要分布于云南岸地表的第四系松散层中,含水层薄,主要接受大气降水补给,水量小。岩溶裂隙水分布于桥轴线附近的碳酸盐岩层中,受大气降雨和侧向径流补给。由于两岸均以陡谷地形存在,岩溶水埋深大,成孔过程中均未见地下水位。

由上可总结得出北盘江特大桥特点:桥梁跨径大,承受荷载大,气候条件复杂,施工环境恶劣,对混凝土性能要求较高。

2)机制砂混凝土综合应用技术适应性分析

依据北盘江具体工程和施工环境,结合推广应用的机制砂高性能混凝土综合技术,针对索塔工程、桥墩工程、承台工程,分别适合采用机制砂超高泵送混凝土技术、机制砂自密实混凝土技术和机制砂大体积混凝土技术进行工程示范,详细分析如下:

(1)北盘江特大桥贵州岸索塔高度为269m,云南岸索塔高度为247m,混凝土泵送高度远远大于超高层建筑定义的100m,混凝土体积达46120m^3,对混凝土的性能要求更加严格,尤其是对混凝土的泵送性能要求极高。

(2)北盘江特大桥主塔承台为立方体结构,尺寸为37.5m×21.8m×7.0m,混凝土设计总方量为5722.5m^3,属于大体积混凝土。

(3)依据索塔工程难点,对混凝土设计要求较高,达到了自密实混凝土的设计要求。

16.3.2 总溪河特大桥工程概况及适应性分析

1)总溪河特大桥工程概况

总溪河特大桥位于贵州省毕节市纳雍县库东关乡总溪河峡谷九洞天风景区上空,是杭州至瑞丽高速公路(黔滇界)毕节至都格段重要控制工程。大桥起终点桩号分别为K106+237.5和K107+162,桥型布置为[4×30+5×30+5×30+15×25.2(主跨为360m)+4×30]m,共分为5联,桥梁全长为924.5m。其中,主桥跨径360m的上承式钢管混凝土桁架拱桥主桥桥面系采用跨径15×25.2m的钢混组合梁;引桥采用预应力混凝土T梁,先简支后桥面连续或先简支后结构连续。

主桥采用跨径360m的上承式钢管混凝土变截面桁架拱,拱轴线采用悬链线,拱轴线系数$m=1.3$,矢高$h=69$m,矢跨比$f=1/5.217$。

主拱圈采用等宽度变高度空间桁架结构,断面高度从拱顶6m变化到拱脚11m(中到中)。单片拱肋宽度4m(中到中),横桥向两片拱肋间的中心距拱脚和拱顶处均为14m。肋间设置横联和米撑。上、下弦拱肋均采用变截面钢管,上拱肋管由拱脚ρ1200mm×26mm变至拱顶ρ1200mm×35mm。上拱肋管由拱脚ρ1200mm×35mm变至拱顶ρ1200mm×26mm。钢管肋管对接接头采用内法兰盘栓接、管外焊接的形式进行连接。管内灌注C55自密实微膨胀混凝土。

两片拱肋间米撑在立柱处设置,其平联采用ρ700mm×16mm或ρ500mm×16mm钢管,竖撑采用ρ400mm×16mm钢管。上、下弦管横联采用ρ600mm×16mm钢管,斜撑采用ρ400mm×16mm钢管。腹杆采用□600mm×600mm×16mm、□600mm×400mm×16mm和I600mm×400mm的型钢,连接处渐变为I600mm×600mm或I600mm×400mm工字钢。在拱脚处与铰相连处的两斜腹杆及销轴钢管内需灌注混凝土。

桥址区地处构造剥蚀中高山岩溶峰丛沟谷地貌区内的总溪河深切峡谷地带,河床宽约30m。两岸地形总体上为悬崖夹陡坡,由下向上,第一级陡崖为河谷陡崖,第二级陡崖为沟谷陡崖,两级陡崖间为陡斜坡。毕节岸植被较发育,灌木、乔木茂盛;都格岸植被不发育,分布耕作地,水土保持较好。该场地地形起伏极剧烈,地貌条件差。场区不良地质现象主要为岩溶及土洞。

桥址位于亚热带至温暖带云贵高原湿润季风气候区,光照充足,降雨量充沛,无霜期长,严寒酷暑时间短,但常出现干旱、冰雹、低温、绵雨、雪凝等自然灾害。四季气温变化差异较大,年平均气温为14.6℃左右,极端最高气温为33℃,极端最低气温为-9.6℃,月平均最高气温为18.2℃,月平均最低气温为10.4℃。风力达到8级风力。

2)机制砂混凝土综合技术适应性分析

总溪河特大桥的主桥采用跨径360m的上承式钢管混凝土桁架拱桥,主桥桥面系采用跨径15×25.2m的钢混组合梁;引桥采用预应力混凝土T梁,先简支后桥面连续或先简支后结构连续。结构复杂,对混凝土的流动性、填充性要求较高,因此,设计采用了C55自密实微膨胀混凝土。

16.3.3　抵母河大桥工程概况及适应性分析

1)抵母河大桥工程概况

抵母河大桥位于贵州省六盘水市水城县董地乡东北约2km处的抵母河峡谷上空，是杭瑞高速公路贵州省毕节至都格(黔滇界)段的三座特大桥之一。

主桥采用538m单跨钢桁梁悬索桥，其桥跨布置为4×40m+538m+4×40m。主梁采用钢桁加劲梁，宽27m，由钢桁架和钢桥面系等组成，钢桁梁共计77个节段，钢桥面板共156片。加劲梁由主桁、横梁和上、下平面纵向连接系等组成，通过吊索与主缆相连，锚固于主桁上弦节点锚箱上。桥面板为正交异性钢桥面板，由桥面板、U形加劲肋、球扁钢纵肋、横梁和纵梁组成，桥面设置1.2%对称纵坡，2%双向横坡。

主缆采用预制平行钢丝索股，常用索股为89×2=198根，BS索股为2×2×2=8根。主缆计算跨度为(136+538+136)m，垂跨比为1/10。两根主缆的中心间距为27m，主缆钢丝选用极限抗拉强度为1670MPa的高强度镀锌钢丝。索夹采用销接式，选用上、下两半对合的形式，吊索采用标准抗拉强度为1670MPa的低松弛镀锌平行钢丝束，主索鞍采用全铸型结构形式，散索鞍采用铸焊结合的结构形式，鞍罩为钢结构焊件。

两岸索塔均采用由塔柱、横梁组成的门式框架结构，塔柱为普通钢筋混凝土结构，横梁为预应力混凝土结构。其中毕节岸索塔塔高147m，由两个塔柱，三道横梁组成；都格岸索塔塔高为64.35m，由两个塔柱，一道横梁组成。索塔均采用矩形整体式承台+群桩基础，毕节岸承台平面尺寸为11.5m×17m×5m，每个承台下设6根ϕ2.8m的挖孔灌注桩，都格岸承台平面尺寸为11.5m×16.6m×5m，每个承台下设6根ϕ2.6m的挖孔灌注桩。承台之间采用地系梁连接成整体。两岸锚碇均为重力式锚碇，锚碇采用浅基础，以中风化基岩为基础持力层，主要结构由散索鞍支墩、锚体、前锚室、基础等几部分组成，采用预应力锚固体系连接主缆索股。

桥址地处贵州西部高原高山地区，地形条件较为复杂，桥区处属溶蚀—侵蚀中山峡谷地貌，桥位处为U形峡谷，两岸为陡崖及陡斜坡，峡谷外两岸台地峰谷发育、地形条件差，大部分基岩裸露，河谷底高程约1410.52m，河谷底宽约86m，坡口台地最高1858.6m(都格岸)，坡口谷宽320m，相对高差448.08m。

2)机制砂高性能混凝土技术适用性分析

抵母河大桥索塔高147m，设有3道横梁，混凝土总方量1.2万m^3，采用泵送法进行塔柱及横梁混凝土施工，混凝土在保证强度、耐久性的前提下要求具有较好的工作性和泵送性。因此，结合机制砂高性能混凝土应用推广技术，最终，确定在抵母河大桥索塔工程采用高泵送机制砂高性能混凝土。

推广机制砂高性能混凝土综合技术，应重点考虑机制砂的特性：一方面在混凝土中掺入优质矿物掺合料和高效减水剂是配制机制砂高性能混凝土的主要技术路线；另一方面通过现场试验的方法合理地控制机制砂颗粒级配组成及石粉含量也是确定混凝土施工性能的重要因素。

16.4 机制砂超高泵送混凝土关键技术示范应用

16.4.1 机制砂超高泵送混凝土关键技术在北盘江特大桥索塔工程中应用

超高泵送混凝土对混凝土性能要求高，不仅要具有良好的可泵性和工作性，同时还要具有良好的力学性能及耐久性能。在进行配合比设计时主要应考虑混凝土泵送性能、力学性能、耐久性能，解决如下几个问题：

(1)黏度与和易性之间的矛盾问题。

(2)坍落度、扩展度和黏度经时损失的问题。

(3)高流动性混凝土的力学性能保证问题。

(4)混凝土高耐久性能问题。

通过选择合理的混凝土性能控制指标可以有效控制混凝土的性能，保证混凝土的施工质量及施工进度，保证混凝土结构的稳定性及耐久性。超高泵送混凝土施工质量全程控制技术主要包括混凝土原材料的质量控制、施工质量控制、施工管理控制等，同时还要有严格的安全环保措施，保证施工人员安全，保护周围环境。

1)超高泵送混凝土配合比设计原则

考虑北盘江特大桥所处的环境和施工条件，超高泵送混凝土的配合比设计应遵循以下原则：控制总胶凝材料用量，单掺或复掺适量的活性矿物掺合料，适当降低水泥用量；控制砂石材料，优化骨料级配；优选聚羧酸高性能减水剂，降低减水剂对用水量的敏感性，适当掺加引气成分。

2)C50 机制砂超高泵送混凝土的设计目标

初始坍落度和扩展度：坍落度 180 ~ 220mm，扩展度≥550mm；坍落度保持性：1h 坍落度 180 ~ 220mm，扩展度≥500mm；混凝土拌和物状态：常压泌水率小于 0.5%，无离析、低黏度；抗压强度：3d≥20MPa，7d≥45MPa，28d≥60MPa；28d 弹性模量：$\geq 3.5 \times 10^4$MPa。

3)现场原材料控制与关键工艺控制

(1)水泥

机制砂超高泵送混凝土用水泥需优先选用低水化热、低含碱量、品质稳定的普通硅酸盐水泥或硅酸盐水泥，强度等级一般不小于 52.5 或 42.5。对于大体积施工的机制砂超高泵送混凝土，应采用中、低热硅酸盐水泥或低热矿渣硅酸盐水泥。

在使用前应依据《公路工程水泥及水泥混凝土试验规程》(JTG E30—2005)进行相关的试验室检验，经检测各项技术指标符合《通用硅酸盐水泥》(GB 175—2007)标准。

(2)矿物掺合料

机制砂超高泵送混凝土用矿物掺合料主要包括粉煤灰、矿渣微粉、硅灰等。优质粉煤灰具有物理减水作用，高细度矿渣微粉具有增强作用。硅灰由于其粒径较小而带来的引气作用对混凝土的工作性改善效果较好，适当掺量的硅灰可明显降低混凝土黏度，降低泵送阻力。硅灰的掺入在控制含气量的前提下可提高混凝土的早期与后期强度。

为控制混凝土良好性能及成本，应合理使用不同品种的矿物掺合料。一般机制砂超高泵送混凝土优选性能良好的Ⅰ级粉煤灰、准Ⅰ级粉煤灰或矿渣微粉，对于高强混凝土，应考虑复掺硅灰。在使用过程中需严格控制矿物掺合料质量，应满足《用于水泥和混凝土中的粉煤灰》（GB/T 1596—2005）、《用于水泥和混凝土中的粒化高炉矿渣粉》（GB/T 18046—2008）、《水泥砂浆和混凝土用天然火山灰质材料》（JG/T 315—2011）、《混凝土外加剂定义、分类、命名与术语》（GB/T 8075—2005）等相关标准和规范要求。

（3）机制砂

机制砂超高泵送混凝土用机制砂宜选用质地坚硬、清洁、级配良好的中砂（宜为2区中砂），细度模数宜在2.3～3.0范围内。泥块含量宜小于0.5%，针片状含量应小于5%。在保证*MB*值小于1.4的前提下，机制砂的石粉含量不应小于5%，宜在10%左右。机制砂应采用水洗碎石破碎机制砂工艺制备机制砂，以严格控制机制砂中泥块含量。其他性能指标应符合《建设用砂》（GB 14684—2011）、《普通混凝土用砂、石质量及检验方法标准》（JGJ 52—2006）、《山砂混凝土技术规程》（DB 24/016—2010）等相关标准和规范要求。

考虑到机制砂的波动受到生产工艺等影响较大，每次试配及拌和生产前均应测试机制砂的级配、石粉含量等技术指标，并加以注明。砂率根据机制砂中石粉含量进行调整。

（4）碎石

粗骨料级配组成、颗粒形状、表面结构以及最大粒径与输送管管径之比是影响泵送混凝土可泵性的关键因素。

机制砂超高泵送混凝土粗骨料宜采用连续级配的卵石、碎石或碎卵石，最大粒径不宜超过25mm甚至30mm，针片状颗粒含量宜小于10%。同时应符合《建设用卵石、碎石》（GB/T 14685—2011）、《普通混凝土用砂、石质量及检验方法标准》（JGJ 52—2006）等标准的要求。泵送高度在50m以下时，骨料最大粒径与输送管管径之比宜为1：2.5～1：3；泵送高度在50～100m时，宜为1：3～1：4；泵送高度在100m以上时，宜为1：4～1：5；当泵送高度更高时，可以再降低骨料的最大粒径。

4）机制砂超高泵送混凝土的配制

通过设计目标和原材料技术指标控制，在前期进行不同矿物掺合料种类与掺量（FA、UFA、SL等）、胶凝材料用量、水泥种类（宣峰、畅达）、砂率、水胶比等配合比参数对混凝土性能的影响试验的基础上，针对超高泵送的不同高度提出相应的配制技术，如下所示。

（1）100～150m机制砂超高泵送混凝土配制技术

当泵送高度为100 ～150m时，要求混凝土具有良好的泵送性能。水泥选用宣峰PO42.5水泥，优化砂石料级配、粒径、粒形等，外掺料选择粉煤灰和超细粉煤灰。配合比方案1-1是经过优化设计的配合比，配合比方案1-2是方案1-1不能满足泵送要求或现场原材料出现较大波动时的优化配合比。具体配合比见表16-1和表16-3，性能测试见表16-2和表16-4。

基于基准组配合比，通过水胶比、胶材用量、砂率等配合比参数的优化及矿物掺合料的单掺和复掺技术，获得100～150m泵送高度的超高泵送机制砂混凝土最佳配合比范围①：水泥494～520kg/m^3，粉煤灰取代20% ～30%，水胶比为0.31～0.34，砂率根据机制砂中石粉含量和细度模数进行调整，建议砂率为45% ～50%；10～20mm和5～10mm两种石子的比例为85：15，具体根据现场原材料进行上下微调；外加剂选择项目部外加剂。

100～150m 机制砂超高泵送混凝土配合比方案 1-1　表 16-1

方案	胶凝材料（kg）	粉煤灰（%）	复合掺合料（%）	砂率（%）	水胶比	大/小石子比例	减水剂（%）
1-1	494	20	2-5	50	0.33	85/15	0.95

100～150m 机制砂超高泵送混凝土配合比方案 1-1 性能测试　表 16-2

方案	T/K(mm)	倒坍时间(s)	状态描述	抗压强度(MPa)		
				3d	7d	28d
1-1	230/630	14.8	状态较为黏稠，包裹性较好	45.7	59.2	60.5

100～150m 机制砂超高泵送混凝土配合比方案 1-2　表 16-3

方案	胶凝材料（kg）	粉煤灰（%）	超细粉煤灰（%）	砂率（%）	大/小碎石比例	水胶比	减水剂（%）
1-2	520	20	10	45	85/15	0.32	0.90

100～150m 机制砂超高泵送混凝土配合比方案 1-2 性能测试　表 16-4

方案	T/K(mm)	倒坍时间(s)	状态描述	抗压强度(MPa)		
				3d	7d	28d
1-2	250/625	10.4	拌合物状态较好	40.9	49.6	—

最佳配合比范围②：水泥 520kg/m^3，粉煤灰和超细粉煤灰总取代 20%～30%，超细粉煤灰取代 5%～10%，砂率根据机制砂中石粉含量和细度模数进行调整，建议砂率为 45%～50%；10～20mm 和 5～10mm 两种石子的比例为 85：15，具体根据现场原材料进行上下微调；外加剂选择项目部外加剂。

（2）150～200m 机制砂超高泵送混凝土配制技术

当泵送高度达 150m 以上时，不仅要求混凝土具有良好的泵送性能，而且对施工机械和施工组织等工作也提出了更高的要求。本阶段建议水泥选用畅达 PO42.5 水泥，优化砂石料级配、粒径、粒形等，选用现有外加剂，外掺料选择粉煤灰和超细粉煤灰复掺。配合比方案 2-1 和 2-2 是在方案 1-1 基础上提高总胶凝材料用量，适当增加超细粉煤灰掺量。具体配合比和测试性能见表 16-5 和表 16-6。

150～200m 机制砂超高泵送混凝土配合比方案 2-1 和 2-2　表 16-5

方案	水泥种类	胶凝材料（kg）	粉煤灰（%）	超细粉煤灰（%）	砂率（%）	水胶比	大/小石子比例	减水剂（%）
2-1	畅达	520	20	10	47	0.32	82/18	0.73
2-2	畅达	540	25	10-15	47	0.32	85/15	0.71

150～200m 机制砂超高泵送混凝土配合比方案 2-1 和 2-2 性能测试　表 16-6

方案	T/K(mm)	倒坍时间(s)	状态描述	抗压强度(MPa)		
				3d	7d	28d
2-1	240/630	9.9	包裹性一般，其他方面较好	32.8	40.1	—
2-2	245/630	6.8	拌和物状态良好	33.2	44.4	—

通过配合比参数的调整、矿物掺合料优化复掺技术及外加剂的优化复配技术，获得150～200m机制砂超高泵送混凝土最佳配合比参数范围：水泥520～540kg/m^3，粉煤灰取代20%～30%，超细粉煤灰取代量为10%～15%，水胶比为0.31～0.34，砂率根据机制砂中石粉含量和细度模数进行调整，建议砂率为45%～50%；10～20mm和5～10mm两种石子的比例为85∶15，具体根据现场原材料进行上下微调；外加剂选择新配方的减水剂，其配方为脂类/醚类=1/1，引气成分6‰。

(3)200m以上机制砂超高泵送混凝土配制技术

混凝土泵送高度达到200m以上时，对混凝土的性能、施工机械和施工组织等都提出了更高更严格的要求。本阶段水泥选用畅达PO42.5水泥，优化砂石料级配、粒径、粒形等，选用现有外加剂，外掺料选择粉煤灰和超细粉煤灰。配合比3-1是在2-2基础上进行优化设计的方案，配合比3-2是为满足超高泵送要求而设计的小粒径骨料混凝土方案。配合比方案见表16-7和表16-9，测试性能见表16-8和表16-10。

200m以上机制砂超高泵送混凝土配合比方案3-1 表16-7

方案	水泥种类	胶凝材料(%)	粉煤灰(%)	超细粉煤灰(%)	砂率(%)	水胶比	大/小石子比例	减水剂(%)
3-1	畅达	540	25	10-15	47	0.33	88/12	0.77

200m以上机制砂超高泵送混凝土配合比方案3-1性能测试 表16-8

方案	T/K(mm)	倒坍时间(s)	状态描述	抗压强度(MPa)		
				3d	7d	28d
3-1	250/680	8.1	包裹性一般，黏聚性适宜	36.7	43.6	—

200m以上机制砂超高泵送混凝土配合比方案3-2 表16-9

方案	胶凝材料(kg)	粉煤灰(%)	超细粉煤灰(%)	砂率(%)	水胶比	减水剂(%)
3-2	540	20	5	58	0.34	0.82

200m以上机制砂超高泵送混凝土配合比方案3-2性能测试 表16-10

方案	T/K(mm)	倒坍时间(s)	状态描述	抗压强度(MPa)		
				3d	7d	28d
3-2	250/670	7.0	拌和物状态良好，稍黏	38.0	—	

基于基准组配合比，通过水胶比、胶材用量、砂率等配合比参数的优化及矿物掺合料的单掺和复掺技术，获得200m以上泵送高度的超高泵送机制砂混凝土最佳配合比范围①：水泥540kg/m^{3}左右，粉煤灰取代30%，超细粉煤灰取代量为10%～15%，水胶比为0.31～0.34，砂率根据机制砂中石粉含量和细度模数进行调整，建议砂率为45%～50%；10～20mm和5～10mm两种石子的比例为85∶15，具体根据现场原材料进行上下微调；外加剂选择新配方的减

水剂,其配方为脂类/醚类=1/1,引气成分6‰。

最佳配合比范围②:建议200m以上超高泵送混凝土也可降低粗骨料粒径,采用5~10mm碎石进行配制混凝土,砂率提高至55%~60%,胶凝材料用量530~540kg/m³,矿物掺合料采用粉煤灰和超细粉煤灰复掺,掺量为25%~30%。

5)机制砂超高泵送混凝土的施工

(1)混凝土配制与检测

混凝土出站及泵送前均需进行工作性测线,在满足性能要求的前提下方可进行浇筑或泵送。

(2)混凝土浇筑

①混凝土现场浇筑的顺序为:浇筑前检查→混凝土入模→混凝土摊平→混凝土振捣→混凝土养护。

②混凝土投料方式:输送泵泵送入模,多点下串筒下料浇筑。

③混凝土浇筑前检查:混凝土浇筑前,须对支架、模板、钢筋和预埋件进行检查记录,合格后方可浇筑。模内须无杂物、无积水,钢筋须干净。模板接缝须严密,模板内涂刷脱模剂。混凝土入模前须检查混凝土的均匀性和坍落度。

④混凝土浇筑方向、顺序、层厚控制:混凝土须按一定厚度、顺序、方向分层浇筑,下层混凝土初凝或能重塑前浇筑完上层混凝土。

⑤混凝土浇筑时严禁采取人工捣实混凝土。

(3)混凝土变形控制

混凝土浇筑成型后水泥硬化时,需要一定的水分。一般在混凝土浇筑完成后立即全封闭的状况下,按配合比所加的水分数量足够满足水泥硬化需要,但实际上当混凝土浇筑完成后,会有一段时间完全暴露在空气中,天然空气中一般湿度较低,远远不能满足混凝土中水分蒸发的补充量,如不能及时补给水分,则混凝土就会因干燥而产生收缩裂纹,甚至使混凝土硬化停滞。为避免或减少干缩裂纹的出现,应在配制混凝土时,做到配合比合理,在满足强度的情况下,尽量使水泥用量减小到最低;在混凝土振捣时要密实;浇筑时要减少运距,避免高温浇筑;浇筑完成后,要及时养护,及时补充水分,使混凝土经常保持湿润状态;养护期间,防止振动、负荷等。

混凝土收缩类型包括:

①塑性收缩:混凝土拌和物在刚成型后,固体颗粒下沉,表面产生泌水而形成混凝土体积缩小。

②化学收缩:混凝土终凝后,水泥水化引起的体积缩小,又称自身收缩。

③物理收缩:混凝土在未饱和的空气中,由于失水所引起的体积缩小,又称干燥收缩。

④碳化收缩:由于空气中二氧化碳的作用引起的体积缩小。

收缩变形比较复杂,但必须将它在混凝土的配制及施工中消除或减少到最小,在实施时应采取以下措施防治收缩:

①正确设计密级配集料,并提高集浆比,使集料在混凝土中形成密实骨架。

②采用弹性模量较高的岩石所轧制的集料。

③在混凝土配合比中除了采用较低的单位用水量和低的水灰比外，重视水泥品种的选用。

④正确选用外加剂。

结构混凝土浇筑完成后，对混凝土裸露面须及时进行修整、抹平，定浆后再抹第二遍并压光或拉毛。当混凝土裸露面面积较大或气候不良时，应加盖保护，但在开始养生前，覆盖物不得接触混凝土表面。

6）机制砂超高泵送混凝土的工程应用效果

机制砂超高泵送混凝土应用于北盘江特大桥索塔工程，计划工期490d，于2014年6月1日开始施工，2015年10月4日完成，如图16-2所示。

图16-2　北盘江特大桥主塔施工图

16.4.2　机制砂超高泵送混凝土关键技术在抵母河大桥索塔工程中应用

1）机制砂超高泵送混凝土配合比设计原则与性能控制指标的制订

抵母河大桥索塔混凝土设计采用C50机制砂高性能混凝土，且索塔高度为147m，属于高泵送混凝土。配合比设计原则参照北盘江特大桥索塔工程用不同高度机制砂超高泵送混凝土。

2）机制砂超高泵送混凝土的配制

为实现混凝土超高泵送的要求，首先确定水泥和外加剂品种，优选砂石料，然后确定优质矿物掺合料及其最佳替代掺量，通过调整外加剂性能、砂率、石粉含量等措施，进一步提高混凝土和易性尤其是黏度的经时变化率。最终，确定试验室最佳配合比见表16-11，性能测试见表16-12。

C50机制砂超高泵送高性能混凝土施工配合比　　表16-11

强度等级	水泥（kg/m^3）	矿物掺合料（kg/m^3）	砂（kg/m^3）	碎石（kg/m^3）	水（kg/m^3）	减水剂（kg/m^3）
C50	408	72	781	1036	148	5.76

C50机制砂超高泵送高性能混凝土施工性能参数　　表16-12

石粉含量（%）	施工性能		强度（MPa）	
	坍落度（mm）	扩展度（mm）	3d	7d
7～10	190～210	450～550	≥50	≥60

3）机制砂超高泵送混凝土的施工

参照北盘江特大桥的施工方法。

4）机制砂超高泵送混凝土的工程应用

施工完成的抵母河大桥索塔表面光滑，无裂纹，质量优异，如图16-3和图16-4所示。

图 16-3 抵母河大桥索塔(远景)

图 16-4 抵母河大桥索塔(近景)

16.5 机制砂大体积混凝土关键技术在北盘江特大桥中的应用

大体积混凝土指的是最小断面尺寸大于1m,施工时必须采取相应技术措施妥善处理水化热引起的混凝土内外温度差,合理解决温度应力并控制裂缝开展的混凝土结构。

机制砂大体积混凝土是以机制砂部分或全部取代河砂配制而成的大体积混凝土。近年来,我国加大力度进行西部开发,西部地区建设量逐年增加,建筑工程越来越大型化、特性化,许多新建筑构思应用的新材料、新技术,往往会受到地区资源的制约。因此,人们越来越意识到,结合地区资源开发工程需要的材料,有助于节约建筑成本、提高建造质量,是一件利国利民的大事。由于自然资源分布不均,受到地域的限制,在我国的云、贵、川等地区,传统用来制备大体积混凝土的天然砂资源稀少,而山砂、机制砂资源丰富,只有结合本地区机制砂丰富的特点,制备出大体积混凝土,才能得到良好的推广应用。

大体积混凝土的施工特点是:整体性要求比较高,要求连续浇筑;结构的体量较大,浇筑混凝土后形成较大的内外温差和温度应力。大体积混凝土工程结构较厚,体形较大、钢筋较密,混凝土数量较多,施工条件较为复杂,施工技术要求高,必须同时满足强度、刚度、整体性和耐久性要求,另外,还存在如何控制和防止温度应力、变形裂缝产生等问题。随着大体积混凝土施工技术不断提高,高质量的施工技术也成为社会发展的必然要求。

自20世纪90年代以来,尤其是混凝土耐久性概念的提出,大体积混凝土开裂问题越来越引起工程界与学术界的关注,国内外学者围绕这一问题开展了大量的学术研究与工程实践。为防止大体积混凝土出现开裂,水工桥梁用大体积混凝土多采用预设冷却水管的方式来降低混凝土内外温差,但混凝土设计强度较高则不起作用。

16.5.1 机制砂大体积混凝土原材料要求

1)水泥

大体积混凝土应优先选用中、低热硅酸盐水泥或低热矿渣硅酸盐水泥,大体积混凝土施工所用水泥的3d水化热不宜超过240kJ/kg,7d水化热不宜大于270kJ/kg。对C30及其以下低强度等级的大体积混凝土，胶凝材料用量不大于360kg/m^3，其中水泥用量不超过250kg/m^3。其余采用粉煤灰等矿物掺合料替代。

2）骨料

级配良好的骨料，可以有效改善混凝土的抗裂能力。大量试验表明，骨料中含泥量过大，对混凝土的强度、干缩、徐变及和易性等都产生不利的影响，尤其会增加混凝土的收缩，引起混凝土抗拉强度的降低，对混凝土的抗裂十分不利。

大体积混凝土所用骨料的选择，除应符合《普通混凝土用砂、石质量及检验方法标准》（JGJ 52—2006）的相关规定外，还应符合下列规定：

（1）细骨料采用机制砂，其细度模数应在2.3～3.0之间，*MB*值不应大于1.4，当*MB*值超标时，应在搅拌前进行水洗，检测合格后方可使用。

（2）粗骨料宜选用粒径5～31.5mm，级配良好，含泥量不大于1%，非碱活性的粗骨料；非泵送施工时粗骨料的粒径可适当增大。

3）矿物掺合料

应根据工程的具体情况和耐久性要求确定；粉煤灰掺量不宜超过水泥用量的40%；矿渣的掺量不宜超过水泥用量的50%；两种掺合料的总量不宜大于混凝土中水泥质量的50%。

4）外加剂

宜采用缓凝型减水剂，加缓凝剂等外加剂。选择配合比时，应同时按数种不同流动度的要求选定。水泥或胶凝材料的初凝时间不宜小于8h。

16.5.2 机制砂大体积混凝土配合比设计原则

配合比设计是混凝土设计、生产和应用中最重要的环节之一，配合比设计是否合理，决定了混凝土的技术先进性、成本可控性和发展可持续性等问题。大体积混凝土配合比设计应在首先满足质量要求和工作性能的基础上，减少水泥用量和用水量，选择合理的砂率、控制含气量、提高粗骨料含量，以减少混凝土的自收缩，降低绝对温升，延缓水化热峰值，提高混凝土的抗裂性、密实性和耐久性等。

机制砂大体积混凝土的配合比优化设计除应符合《普通混凝土配合比设计规程》（JGJ 55—2011）外，还应符合以下规定：

（1）经设计单位同意，当大体积混凝土的强度等级为C20以上时，可利用混凝土60d的后期强度作为混凝土强度评定、工程交工验收及混凝土配合比设计的依据。

（2）在保证设计所规定强度、耐久性等要求和满足施工工艺特性的前提下，应按照合理使用材料、减少水泥用量和降低混凝土的绝热温升的原则进行大体积混凝土配合比选择。

（3）大体积混凝土配合比选择时应尽量减少水泥用量，使混凝土浇筑后的内外温差和降温速度得到有效控制，以降低养护的费用。

（4）大体积混凝土配合比设计中应遵循的具体参考指标有：

①混凝土强度等级的设计依据可利用混凝土60d或90d后期强度。

②混凝土拌和物浇注时坍落度应为（160±20）mm；水泥用量宜控制在230～450kg/m^3（强度等级在C25～C40）。

③水胶比不宜大于0.55，拌和水用量不宜大于190kg/m^3，砂率宜为38%～45%，拌和物

泌水量宜小于 10L/m³。

④矿物掺合料的掺量，应根据工程的具体情况和耐久性要求确定；粉煤灰掺量不宜超过水泥用量的 40%；矿渣的掺量不宜超过水泥用量的 50%；两种掺合料的总量不宜大于混凝土中水泥质量的 50%。

⑤混凝土配合比应通过计算和试配确定，对泵送混凝土还应进行泵送试验。

16.5.3 北盘江特大桥 C30 机制砂大体积混凝土配制与性能

北盘江特大桥主塔承台为立方体结构，尺寸为 37.5m×21.8m×7.0m，混凝土设计总方量为 5722.5m³，属于大体积混凝土。

因浇筑承台面积大，对混凝土泵送性能、扩展性、坍落度、坍损等性能要求高：30min 无坍损，1h 坍损不大于 30mm，扩展度不小于 500mm。同时，坍落度应在 150mm 以上，初凝时间应在 15h 以上，T50 控制在 3～6s 之间。通过大量的试配和配合比优化，选取配合比见表 16-13。

C30 混凝土配合比（单位：kg/m³）　　表 16-13

水泥	粉煤灰	砂	10～20mm 碎石	5～10mm 小碎石	水	外加剂
216	144	953	723	158	155	4.6

经试验室测试，C30 大体积混凝土的基本性能指标见表 16-14。

C30 机制砂大体积混凝土的基本性能指标　　表 16-14

坍落度（mm）	1h 坍落度损失（mm）	扩展度（mm）	黏聚性	保水性	有无抓底、离析、泌水	28d 抗压强度（MPa）	60d 抗压强度（MPa）
180	0	500～510	良好	良好	无	37.4	41.8

16.5.4 主塔承台混凝土内部温度场理论计算与分析

通过数值计算的方法，研究结构从浇筑到养护水化放热全过程，得到采用不同粒径骨料时，承台大体积混凝土早龄期温度场分布特征，如图 16-5 所示。结果显示采用大粒径和超大粒径骨料制备大体积混凝土，大大降低了混凝土的绝热温升，进而降低了混凝土结构在早龄期的温度梯度，能很好地控制温度裂缝。

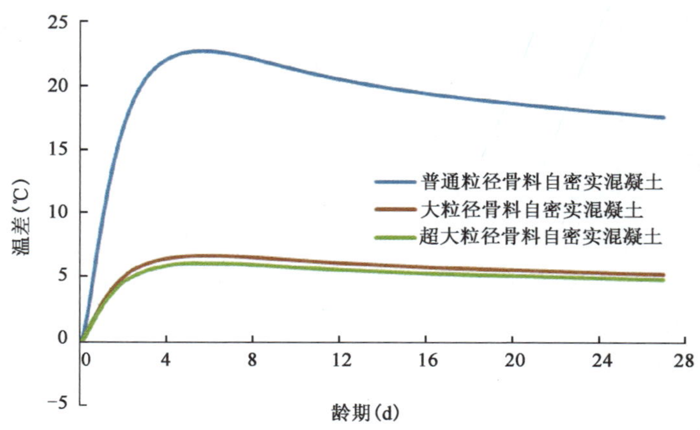

图 16-5　三种材料承台最大温差发展图

16.5.5　机制砂大体积混凝土的施工

承台分两次浇筑。由于混凝土浇筑高度较大(第一次4m,第二次3m),为防止混凝土浇筑时发生离析,采用溜槽形式进行浇筑。浇筑前,应进行冷却水管的布置,严格控制混凝土绝热温升。混凝土的入模温度宜控制在5~30℃,浇筑过程应连续浇筑,新浇与邻接已硬化混凝土或岩土间的温差不得大于15℃。在每次浇筑完成后,应进行凿毛处理。

16.5.6　机制砂大体积混凝土养护与缺陷处理

1)混凝土养护

(1)浇筑混凝土前,应对冷却水管进行通水试验,防止接头滑脱和漏水。

(2)混凝土入模前,测定混凝土的温度、坍落度和含气量等工作性能,只有拌和物性能符合设计或配合比要求的混凝土方可入模浇筑。混凝土的入模温度宜控制在5~30℃。

(3)混凝土入模坍落度按设计的规定值进行控制,控制偏差为±20mm。

(4)由于混凝土浇筑高度较大(第一次4m,第二次3m),为防止混凝土浇筑时发生离析,采用溜槽形式,泵送混凝土先进入溜槽,经溜槽缓冲后进入承台底部。

(5)混凝土的浇筑采用分层连续平行推移的方式进行,泵送混凝土的一次摊铺厚度宜控制在30~50cm,采用插入式振捣棒振捣应选用50型及以上的,承台混凝土浇筑时必须保证现场有至少8个振捣棒,振捣时间以混凝土没有明显气泡上升为控制标准。分层浇捣时严格控制振动棒插入深度,上层振捣插入下层5~10cm,以利于上下层混凝土连成一个整体。承台混凝土等级为C30,混凝土浇筑至承台顶时,严格控制混凝土高程,当高程达到承台顶设计高程时,停止浇筑混凝土。通水清洗输送管,同时对塔座外侧承台顶层混凝土进行精确找平。

(6)混凝土浇筑应连续进行,当因故间歇时,其间歇时间应小于前层混凝土的初凝时间或能重塑的时间。不同混凝土的允许间歇时间应根据环境温度、水泥性能、水胶比和外加剂类型等条件通过试验确定。

(7)新浇混凝土与邻接的已硬化混凝土或岩土间的温差不得大于15°C。

(8)在新浇筑混凝土过程中或浇筑完成时,如混凝土表面泌水较多,须在不扰动已浇筑混凝土的条件下,采取措施将水排出,继续浇筑混凝土仍泌水较多时,应查明原因,采取措施减少泌水。

(9)浇筑混凝土时应设专人检查支架、模板、钢筋和预埋件等的稳固情况,发现有变形、松动、移位时应及时处理。

(10)浇筑混凝土时,应认真填写混凝土施工记录。

2)混凝土凿毛

承台第一次浇筑完成后、第二次浇筑完成后均须对施工缝处已浇筑混凝土表面进行凿毛处理。凿毛应达到以下要求:

(1)应凿除混凝土表面的水泥砂浆和松弱层,凿除时,处理混凝土须达到下列强度:

①用水冲洗凿毛时,须达到0.5MPa;

②用人工凿除时,须达到2.5MPa;

③用风动机凿除时,须达到10MPa。

(2)硅表面的浮浆必须全部凿除干净。

(3)混凝土表面必须凿成深度不小于6mm的凹凸不平面,凿眼间距不大于10cm,一般以5~7cm效果最佳。

(4)凿毛完成后应对其表面进行清理,不得残留有浮灰、砂浆、油渍。

3)混凝土缺陷处理

(1)混凝土拆模后,如表面有粗糙、不平整、蜂窝、孔洞、缺棱掉角等缺陷或不良外观时,应认真分析缺陷产生的原因,及时报告监理和业主,不得自行处理。

(2)当混凝土的表面缺陷经分析不危及结构或构件的使用性能和耐久性能时,可采用专门方案进行修补处理。

(3)混凝土表面缺陷修补后,修补或填充的混凝土应与本体混凝土表面紧密结合,在填充养护和干燥后,所有填充物应坚固、无收缩开裂或产生鼓形区,表面平整且与相邻表面平齐,达到规定要求,修补后的混凝土耐久性能应不低于本体混凝土。

(4)除监理工程师批准外,用模板成型的混凝土表面不允许修饰。

16.5.7 北盘江特大桥机制砂大体积混凝土应用效果

北盘江特大桥于2014年5月进行主塔承台机制砂大体积混凝土施工,项目按照预定方案进行施工并取得圆满成功。承台采用C30强度等级混凝土,整个承台共绑扎高强度钢筋达697t。为确保大体积承台顺利浇筑,主塔承台浇筑分为2次进行,5月7日至5月10日完成4m高;5月20日至5月24日完成3m高,共浇筑混凝土11440m^3,见图16-6、图16-7。

图16-6 主塔承台浇筑前施工状况

图16-7 主塔承台浇筑后施工状况

16.6 机制砂自密实混凝土关键技术应用

16.6.1 机制砂自密实混凝土关键技术在北盘江特大桥索塔工程的推广应用

1)配合比设计原则与性能控制指标的制订

工作性能:坍落度控制在230~260mm,坍落扩展度控制在500mm以上;倒坍落度筒流出时间:10~15s;无泌水、离析,浆体状态比较黏稠,不松散,新拌混凝土表面能够自动流平,能够通过U形槽流平。混凝土重度为2400～2550kg/m^3。力学性能:混凝土7d抗压强度达到35MPa以上,28d抗压强度达到60MPa以上。

2)机制砂自密实混凝土的配制

通过配合比优化技术,研究了粉煤灰掺量、胶凝材料总量、砂率、水胶比、瓜米石掺量等配合比参数对机制砂自密实混凝土性能的影响。从工作性能和力学性能方面综合考虑,建议采用优质原材料:水泥采用42.5及以上普通硅酸盐水泥,且确保和外加剂的相容性好;选用优质粉煤灰(Ⅰ级或准Ⅰ级粉煤灰);粗骨料采用连续级配,含泥量控制在0.5%以内,针片状颗粒含量小于5%;机制砂的含泥量小于1%,亚甲蓝值*MB*小于1.4。最终,得到了适用于北盘江特大桥索塔工程的C50机制砂自密实混凝土的配制技术最佳配合比范围:胶凝材料总量510kg/m^3,矿物掺合料采用30%～40%粉煤灰等量代替水泥,水胶比0.314～0.334,砂率根据机制砂中石粉含量进行调整(石粉含量<13%,适宜砂率为52%～54%;石粉含量≥13%,砂率宜取50%～52%);4.75～9.5mm和9.5～31.5mm两种碎石比例为3.5∶6.5～4.5∶5.5;减水剂优选适量的聚羧酸高效减水剂,具体掺量根据外加剂的种类和固含量进行调整。具体配合比和测试性能见表16-15和表16-16。

C50机制砂自密实混凝土配合比 表16-15

水泥(kg/m^3)	粉煤灰(kg/m^3)	砂(kg/m^3)	石子(kg/m^3)	水灰比	水(kg/m^3)	减水剂(%)
306	208	915	915	0.314	160	1.1

C50机制砂自密实混凝土的工作性能和抗压强度测试 表16-16

T/K(mm/mm)	倒坍落度筒流出时间(s)	工作性能	抗压强度(MPa)			
			3d	7d	28d	60d
260/720	9.1	拌和物黏聚性好,无离析,无泌水	31.1	43.5	54.5	57.8

3)机制砂自密实混凝土的施工

施工前进行混凝土相关性能试验测试,确保其流动性、和易性、泵送性能及缓凝、早强等性能满足要求。索塔上塔柱为钢混结合,混凝土具有特殊性,特别是对钢锚箱与混凝土之间的连接性、耐久性以及混凝土防裂性能要进行试验与研究,混凝土材料选用后尽量保持一致,浇筑时应振捣密实,施工缝均应进行凿毛、除油、清洗处理,以保证新旧混凝土的结合。浇筑完毕后,应及时覆盖养护或喷洒、涂刷养护剂,养护时间不应少于14d,保持混凝土处于湿润状态。

16.6.2 钢管拱机制砂自密实混凝土关键技术在总溪河特大桥的推广应用

1)配合比设计原则与性能控制指标的制订

C55钢管拱自密实混凝土,灌注时不振捣;凝结硬化后有良好的密实性;具有低泡、大流动性、收缩补偿、延后初凝和早强的工作性能,尤其可泵性好,在泵送顶升过程中,能始终保持优良工作性能状态;泌水率小,流动度大,便于混凝土自动扩展填充;在现场温度条件下施工时,能正常凝结硬化,不开裂。具体要求如下:

工作性能:初始坍落度240mm±20mm,坍落扩展度>650mm;拌和4h后坍落度≥160mm,坍落扩展度≥450mm;混凝土常压泌水率≤1.0%;混凝土初凝时间≥10h,终凝时间≤20h;混

凝土含气量 $<3.0\%$；$3s \leqslant T50 \leqslant 15s$。力学性能：混凝土抗压强度 3d ≥ 25MPa，7d ≥ 45MPa；28d ≥ 60MPa；混凝土 28d 弹性模量 $\geqslant 3.5 \times 10^4$ MPa；其他性能：28d 混凝土自由膨胀率 $>1.0 \times 10^{-4}$。

2）钢管拱机制砂自密实混凝土的配制

在确定每种原材料时，通过大量相同配合比的对比试验和不同厂家材料之间的正交法试验，初步确定新拌混凝土重度、总胶凝材料用量、砂率、水灰比等配合比主要数据范围。同时选择不同细度模数的砂和砂率进行正交法试验，通过 U 形箱穿透性试验来确定最佳穿透性的配合比。根据 U 形箱穿透性试验，结合工程实践经验，综合考虑后选定具有最佳穿透性的砂和砂率。然后，进一步优化总胶凝用量、粉煤灰掺量和砂率，测试试验如图 16-8 ~ 图 16-10 所示。最终，确定最佳配合比，见表 16-17。配制的混凝土试件工作性能：初始坍落度 >260mm，4 小时坍损 <20mm，初凝时间 >9h，扩展度 >650mm；力学强度：抗压强度 7d >55MPa，28d >64.5MPa，均能够满足总溪河特大桥主拱圈 C55 自密实混凝土灌注的性能要求。

C55 机制砂自密实混凝土施工配合比 表 16-17

混凝土用途	水泥 (kg/m³)	掺合料 (kg/m³)	机制砂 (kg/m³)	碎石 (kg/m³)	硅粉 (kg/m³)	膨胀剂 (kg/m³)	水 (kg/m³)	外加剂 (kg/m³)
C55 钢管拱 SCC	457	20	855	835	52	38	170	7.938

a)

b)

图 16-8 V 形漏斗通过试验

a)

b)

图 16-9 U 形箱通过试验

a)

b)

图 16-10　C55 钢管拱机制砂自密实混凝土试柱试验

3)钢管拱机制砂自密实混凝土的施工

施工工艺采用主拱圈 1/4(3/4)跨处“下填上顶”的方式施工,示意图和工艺流程如图16-11所示。

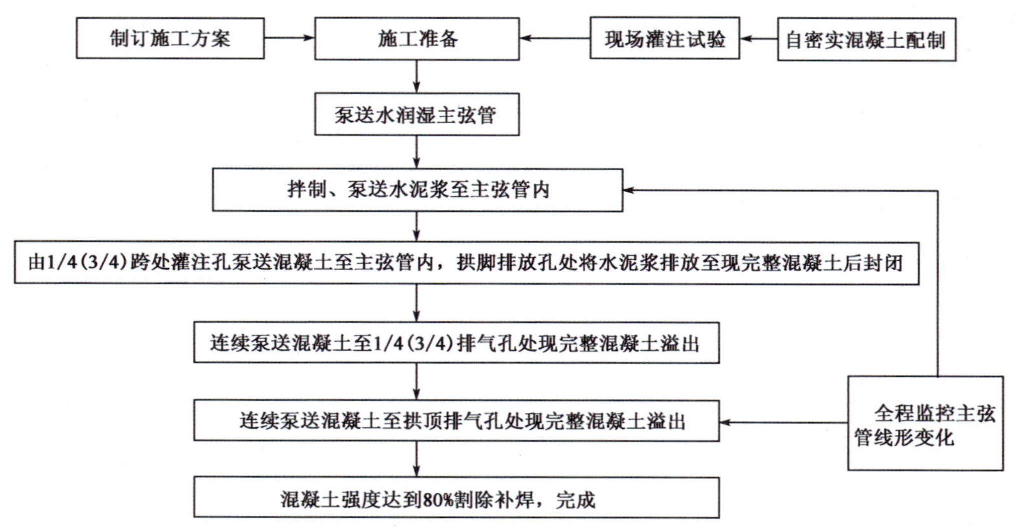

图 16-11　施工工艺流程图

16.7　本章小结

机制砂高性能混凝土综合应用技术可以根据高速公路沿线混凝土原材料特性,并结合高速公路各标段的混凝土性能需求,提出适用于高速公路沿线工程用混凝土的配合比设计原则。通过理论计算及大量相同配合比的对比试验和不同厂家材料之间的正交法试验,初步确定胶凝材料用量、矿物掺合料掺量、砂率、水灰比等配合比参数范围。最终，配制出满足高速公路工程需求的工作性能、力学性能、耐久性能优异的机制砂高性能混凝土，将其应用于毕都线重难点工程——北盘江特大桥、总溪河特大桥和抵母河大桥。

机制砂高性能混凝土推广应用整套技术可进一步推广至我国西部地区，乃至全国，尤其是河砂严重缺乏地区。

参 考 文 献

[1] 孔宪立. 工程地质学[M]. 北京:中国建筑工业出版社,2003.

[2] 皮开荣,张高萍,文豪军. 连续电导率剖面法在探测堆积体的应用效果[J]. 工程地球物理学报,2006,3(4):261-264.

[3] 汤井田,何继善. 可控源音频大地电磁法及其应用[M]. 长沙:中南大学出版社,2005.

[4] 谭捍东,余钦范,等. 大地电磁法三维交错采样有限差分数值模拟[J]. 地球物理学报,2003,46(5):705-711.

[5] 周熙襄. 点源二维电阻率法有限差分正演计算[J]. 物探化探计算技术,1983,5(3).

[6] 王祥春,刘学伟. 起伏地表二维声波方程地震波场模拟与分析[J]. 石油地球物理勘探,2007,42(3):268-276.

[7] 汤洪志. 边界单元法在高密度电阻率法二维地形改正中的应用效果[J]. 物探与化探,2001,25(6):457-459.

[8] 鲍光淑,孙紫英. 用边界积分方程法对地下目标体基本定位[J]. 中南工业大学学报(自然科学版),2000,(02):102-105.

[9] 张碧星,鲁来玉,鲍光淑,等. 电张量格林并矢与三维电磁模拟[J]. 中南工业大学学报(自然科学版),1999,(06):575-577.

[10] 万明浩,王传雷,杨建雄,等. 地质雷达探测地下目的物的方法技术及应用效果[C]//全国地下目的物探测方法技术研讨会文集. 北京:中国纺织大学出版社,1996.

[11] 何继善. 可控源音频大地电磁法[M]. 长沙:中南工业大学出版社,1990.

[12] 袁志亮. 井间声波电磁波层析成像技术应用研究与软件研发[D]. 北京:中国地质大学. 2007.

[13] 李澎,王山山. 浅层地震反射方法在工程物探中的应用[J]. 物探化探计算技术,2004,26(3):227-230.

[14] 姚姚. 地球物理反演基本理论与应用方法[M]. 武汉:中国地质大学出版社,2002.

[15] 王烨. 深大长隧道的电磁测深法应用研究[D]. 长沙:中南大学,2005.

[16] 岳崇旺,王祝文,徐加益. 电磁波层析技术在工程地质中的应用[J]. 物探与化探,2008,32(2):216-219.

[17] 刑光龙,等. 利用高频电磁波测井反演地层介电常数和电阻率[J]. 地球物理学报,2002.

[18] 王振东. 浅层地震勘探应用技术[M]. 北京:地质出版社,1988.

[19] 李澎,王山山. 浅层地震反射方法在工程物探中的应用[J]. 物探化探计算技术,2004,26(3):227-230.

[20] Weidelt P. The Inverse Problem of Geomagnetic Induetion[J]. Geophysical Journal International,1972,38:257-289.

[21] 闫述,陈明生. 电偶源频率电磁测深三维地电模型有限元正演[J]. 煤田地质与勘探,2000,28(3):50-56.

[22] 王连成. 地质雷达的探测实践[J]. 西安矿业学院学报,1999,19(4):318-321.

[23] 陈义群,肖柏勋. 论探地雷达现状与发展[J]. 工程地球物理学报,2005,2(2):149-155.

[24] 吕玉增,阮百尧. 高密度电法工作中的几个问题研究[J]. 工程地球物理学报,2005,2(4):264-269.

[25] 史明娟,徐世浙,刘斌. 大地电磁二次函数插值的有限元法正演模拟[J]. 地球物理学报,1997,40(3):421-430.

[26] 孙洁,普光文,白登海,等. 大地电磁测深资料的噪声干扰[J]. 物探与化探,2000,24(1):119-127.

[27] 杨金山,王百荣,车殿国. 地质雷达技术及其应用[J]. 黑龙江水利科技,2002,(1):91-96.

[28] 阮百尧,熊彬. 电导率连续变化的三维电阻率测深有限元模拟[J]. 地球物理学报,2002,45(1):131-138.

[29] 曾文冲,赵文杰,等. 井间电磁成像系统应用研究[J]. 地球物理学报,2001,44(3):411-420.

[30] 谭捍华,黄家会,罗强,等. 甚高频电磁波多参数层析成像技术及其应用研究[J]. 岩土力学,2008,29(12):3307-3317.

[31] 孟遂珍. 国外道路的管理与气象信息[J]. 气象科技,2000,28(4):60-62.

[32] 李卫民,李爱民,吴兑. 道路雾区预测预报与监控系统[M]. 北京:人民交通出版社,2005.

[33] 刘敏,黄焕寅,张海燕,等. 湖北省2008年初低温雨雪冰冻灾害气象预报服务总结和反思[J]. 暴雨灾害,2008,27(2):172-176.

[34] 李开乐. 相似离度及其应用技术[J]. 气象学报,1986. 24(2):176-183.

[35] 姚艳丽. 沙漠公路风沙危害数据库系统的设计与建立[J]. 新疆气象,2002,25(3),22-24.

[36] 吴兑,邓雪娇. 环境气象学与特种气象预报[J]. 气象,2000,6(8):3-5.

[37] 王淑英,孟燕军,赵习方,等. 北京道路大气能见度与气象条件的相关分析[J]. 气象科技,2002,30(5):306-320.

[38] 张炳臣,刘淑敏. 冬季道路除雪方式的探讨[J]. 山东交通科技,2004(1):76-77.

[39] 骆虹,罗立斌,张晶. 抗凝冰剂对环境的影响及对策[J]. 中国环境监测,2004,20(1):55-57.

[40] 程刚,韩萍. 杜素军. 抗凝冰剂概况及存在的问题[J]. 山西交通科技,2004(5):45-46.

[41] 杨全兵. 盐及抗凝冰剂种类对混凝土剥蚀破坏影响的研究[J]. 建筑材料学报,24:464-467.

[42] 周纯绣. 冰雪地区橡胶颗粒沥青混合料应用技术的研究[D]. 哈尔滨:哈尔滨工业大学交通科学与工程学院,2006.

[43] 汪林,邵强. 橡胶改型沥青在路面工程中的应用[J]. 石油沥青,2009(6):49-52.

[44] 王恭先. 滑坡防治工程措施的国内外现状[J]. 中国地质灾害与防治学报,1998,9(1):1-9.

[45] Fellenius W. Erdstatisch Berechnungen[J]. BerlinW. Ernst and Sohn Revised Edition,1927:1939.

[46] Bishop A W. The Use of The Slip Circle in the Stability Analysis of Slopes[J]. Geotechnique,1954,5(1):7-17.

[47] 赵尚毅,等. 有限元强度折减法求边坡稳定安全系数[J]. 岩土工程学报,2002. 129(3):343-346.

[48] 徐峻龄. 滑坡空间形态确定、动态监测及锚索抗滑桩技术[A]//滑坡文集(第十一集)[C]. 北京:中国铁道出版社,1994:1-7.

[49] Maugeri M. Motta E. 加固滑坡时作用在桩上的应力[J]. 路基工程,1996. 6:35-39.

[50] 唐红梅,陈洪凯. 公路泥石流研究综述(1)[J]. 重庆交通学院学报,2004,23(4):37-43.

[51] 翟文. 试论青藏高原某些公路沿线泥石流及其防治[J]. 山西建筑,2003,29(7):261-262.

[52] 冯卫东. 浅谈泥石流地区及沿河公路水毁灾害防御的技术措施[J]. 东北公路,2002,25(4):36-37,96.

[53] 张有忠. 东川公路泥石流防治探讨[J]. 云南公路科技,1992,(1):46-47.

[54] 陈宁生,崔鹏,陈瑞,等. 中尼公路泥石流的分布规律与基本特征[J]. 中国地质灾害与防治学报,2002,13(1):44-48.

[55] 赵永国. 川藏公路泥石流灾害及其整治对策[J]. 水土保持学报,1993,7(1):69-74.

[56] 中国科学院成都山地灾害与环境研究所,西藏自治区交通科学研究所. 川藏公路典型山地灾害研究[M]. 成都:成都科技大学出版社,1999.

[57] 韦方强,崔鹏,钟敦伦. 泥石流预报分类及其研究现状和发展方向[J]. 自然灾害学报,2004,13(5):10-15.

[58] 刘希林,莫多闻. 地貌灾害预测预报的基本问题——以泥石流预测预报为例[J]. 山地学报,2001,19(2):150-156.

[59] 陈芳,邱祯国,郑炜. 贵州高速公路环境保护与景观营造技术[M]. 北京:人民交通出版社股份有限公司,2015.

[60] 杨世逸,温佐吾. 贵州森林立地区划[J]. 贵州农学院丛刊,1993,(21):23-31.

[61] 冯立光,张金伟,江玉林,等. 基于动态特性的公路景观设计方法研究[J]. 中外公路. 2006,26(6):235-239.

[62] 邓卫东,杨航卓,宁琳,等. 公路景观规划与营造[M]. 北京:人民交通出版社,2011.

[63] 秦晓春,沈毅,邵社刚,等. 公路空间围合度及在景观设计中的应用研究[J]. 公路,2012,1(1):178-182.

[64] 周保钢,赵艳纳,李欣鹤. 公路边坡生态防护设计方法研究[J]. 中外公路,2007,27(5):37-41.

[65] 张阳. 公路景观学[M]. 北京:中国建材工业出版社,2004.

[66] 汤振兴. 高速公路与沿线景观协调性研究[D]. 北京:北京林业大学,2008.

[67] 王荣华. 高速公路景观分区规划研究[D]. 西安:长安大学,2011.

[68] 熊广忠. 论公路美学的研究与应用[J]. 中国公路学报,1994(1),40-46.

[69] 中华人民共和国行业标准. JTJ/B 04—2010 公路环境保护设计规范[S]. 北京:人民交通出版社,2010.

[70] 姜德义,任海霞. 高等级公路路域生态恢复工程效益分析[J]. 水土保持研究,2006,13(4):1400-142.